한국문화와
천지인 조화론

한국문화와 천지인 조화론

2020년 11월 23일 초판 1쇄 인쇄
2020년 11월 30일 초판 1쇄 발행

지은이 | 허호익
펴낸이 | 김영호
편 집 | 김구 박연숙 전영수 김율 디자인 | 황경실
펴낸곳 | 도서출판 동연
등 록 | 제1-1383호(1992. 6. 12)
주 소 | 서울시 마포구 월드컵로 163-3
전 화 | (02)335-2630
전 송 | (02)335-2640
이메일 | yh4321@gmail.com
블로그 | https://blog.naver.com/dong-yeon-press

ISBN 978-89-6447-611-6 94200
ISBN 978-89-6447-609-3 94200 (세트번호)

허호익 신학마당 2

한국 문화와
천지인 조화론

허호익 지음

동연

머리말

입학원서를 내려고 생전 처음으로 연세대학교 교정에 들어섰을 때 가장 인상적이었던 것은 대강당 전면의 ㆍ ― ㅣ를 조합해 놓은 이상한 모양의 십자가였다. 나중에 그것이 한글 기본 모음이 상징하는 천지인 문양의 십자가라는 것을 알게 되었다. 저자가 졸업한 후 새로 만들어진 연세대학교 심볼에 대한 해설에는 연세대학교의 교육 대본大本이 천지인 삼재라고 명시하고 있다.

> 방패 속의 'ㅇ'은 원만무애한 이상의 세계를 목표로 한 인격의 완성을 뜻하며 'ㅅ'은 튼튼한 기초를 닦아 박학의 기반 위에 전공을 세우려는 학문적 태도를 나타낸다. 또한 'ㅇ'은 하늘(天)을 뜻하고 '―'은 땅(地)을 의미하며, 'ㅅ'은 사람(人)을 가리키는 것인데, 이는 연세대학교 교육의 대본(大本)인 천, 지, 인 (天, 地, 人)의 삼재(三才)를 상징하고 있다.

입학 당시는 토착화 신학에 관한 논쟁이 한창이었다. 이즈음 "나는 한국인이며 동시에 기독교인이다"는 자각이 생겨 한국문화의 통시적, 공시적, 통전적인 특성에 대한 관심이 생겨났다. "비본체론적 일원론과 비시원적 원리"로 함축하고 있는 단군신화의 천지인 조화의 삼태극적 원리가 한국문화의 원초적인 사유인 동시에 유구한 역사 동안 기층문화와 표층 문화를 통해 다양한 형태로 전승되어 왔다는 것을 알게 되었다. 뿐만 아니라 성경에도 하나님, 땅, 인간이 핵심적인 주제인 것도 알게 되었다. 이러한 천지인 조화론을 해석학적 원리로 천지인 신학을 모색하면서 쓴 책이 『단군신화와 기독교 – 단군신화의 문화전승사적 해석과 천지인신학 서설』(2003)이다.

우리 한국인들은 예부터 한 인간이 태어나기 위해서는 하늘이 점지點指해 주어야 잉태가 되고, 땅이 갓난아이를 받아주어야 순산하여 출생出生하고 그리고 일곱 칠과 백일과 첫 돌이 지나 성인이 될 때까지 사람들이 잘 키우고 잘 가르쳐(養育)야 인간다운 인간이 될 수 있다고 믿었다.

또한 우리나라는 사철이 변화무상하고 땅이 척박한 풍토에서 벼농사 중심으로 살아가야 했다. 홍수와 한발이 생산성을 좌우하기 때문에 하늘이 날씨로 도와야 하며, 비좁고 척박한 농지마저 홍수나 산사태로 휩쓸려 가지 않도록 땅이 도와야 하며, 모심기와 벼 베기의 노동집약적인 특성으로 인해 이웃의 도움이 있어야 벼농사가 가능한 풍토였다. 따라서 하늘이 돕고 땅이 돕고 이웃이 도와주어야만 농사를 지어 생존할 수 있었다.

이러한 직관적인 세계관이 삼족오와 삼태극 문양으로 전승되고 단군신화로 기록되었다. 단군신화가 말하려고 한 것은 단군은 환웅(天子神)과 웅녀(地母神) 사이에서 태어난 인신人神으로서 천지인天地人 삼재三才의 조화를 이룬 이상적인 통치자이며 이상적인 인간(仙人)이라는 것이다. 이러한 천지인 조화론은 가장 시원적인 한국사상이면서 동시에 지난 5000년 동안 다양한 문화 형태로 전승 발전되어 왔다. 우리 조상들은 천신, 지신, 인신을 섬겨왔고, 조선왕조 때에는 첨성단에서는 천신을, 사직단에서는 지신을, 종묘에서는 조상신을 섬겼다. 왕실에서는 천지인 조화를 정치적으로 구현하려고 했으며, 불교에서도 삼청각을 세우고 삼태극 문양을 사용했으며, 서원과 향교에서는 이를 교육이념으로 삼아 외삼문에 크게 삼태극 문양을 새겼고, 특히 세종대왕은 천지인 삼재를 한글 창제의 원리로 삼았다.

아울러 근대 민족 종교는 단군신앙을 되살려 천도교에서는 '천지인 삼경론三經論'을 통해 천지인 조화의 실천적인 삶의 자세를 가르쳤고, 단군교에서는 '천부경'을 통해 천지인 조화의 철학적 종교적 원리를 제시하였다. 민간인들도 생활용품에 삼태극 문양을 즐겨 사용하면서 이러한 천지인 조화를 삶 속에서 구현하려고 하였다. 1988년 서울올림픽에서는 삼태극을 엠블럼으로 채택하였고, 2016년 대한민국 정부도 삼태극을 모든 정부 부처의 심볼로 채택하였다.

대한민국 임시정부는 조선왕조의 봉건주의, 일본의 제국주의 그리고 이념적 좌우대립을 극복하기 위해 균권, 균부, 균학의 삼균주의를 국가의 이상으로 삼았다. 하늘을 잘 섬기기 위해서는 모든 사람이 균등한 교육을 받을 수 있도록 교육을 제도화하여야 하며, 물질을 소수가 독점하거나 착취하지 않게 하기 위해서는 부를 가능한 균등하게 하는 경제제도를 세워야 하며, 사람을 지배의 대상이 아니라 섬김의 대상으로 삼게 하기 위해서 모든 사람의 권리를 가능한 균등하게 하는 정치제도를 마련해야 한다는 것이었다. 이러한 삼균주의는 현재의 헌법 전문에도 반영되어 "자율과 조화를 바탕으로 자유민주적 기본질서를 더욱 확고히 하여 정치·경제·사회·문화의 모든 영역에 있어서 각인의 기회를 균등히 하고"라고 명시하고 있다.

따라서 천지인 조화론은 통시적으로 한국문화의 원형이고, 공시적으로 한국문화의 요체라 할 수 있다. 천지인 조화론을 통해 드러나는 '통전적 조화성(holistic harmaony), 순환적 역동성(dynamic circulation), 자연 친화성(natiral affinity)은 한국의 한옥, 한복, 한식이라는 의식주의 기층문화뿐 아니라 한국의 철학, 종교, 예술이라는 표층 문화를 통해서도 전승되어 왔으며 이는 최근 각광을 받고 있는 한류의 문화적 기초라고 여겨진다.

아울러 이러한 천지인 조화론을 해석학적 원리로 삼아 저술한 『천지인 신학 −한국신학의 새로운 모색』(2020)은 이 책의 자매편이라 할 수 있다. 하나님, 땅, 사람, 이 셋 중 하나님을 어떻게 신앙하느냐에 따라 나머지 둘인 인간과 자연(또는 물질)에 대한 이해가 달라지기 때문이다.

끝으로 이 책을 세심하게 윤문·교정해준 둘째 딸 효빈이와 아름답게 꾸며 출판해 준 도서출판 동연의 김영호 사장을 비롯한 여러 직원들에게도 깊이 감사드린다.

2020년 가을에

허호익

차례

제1장

이태극과 음양론

I. 주역의 기원과 음양 이태극

동양문화의 구성 원리라고 할 수 있는 태극은 다시 이태극과 삼태극으로 전개되어 왔다.

태극이라는 말은 『주역』에 처음 나온다. '역'은 고대 중국에서 천신·지지地祇·종묘 제사를 지내기 전이나 전쟁과 같은 중대사를 치루기 전에 점을 치기 위하여 사용하였던 서책을 통틀어서 말한다.

『주역』은 주나라 때에 저술된 역경이지만, 그 형성 과정을 살펴보면 은殷 왕조에 성행하던 갑골 복사甲骨卜辭와 관련되어 있다.『주역』효사爻辭에 나오는 문구나 사건들과 복사卜辭에 나오는 점占치는 문구나 사건에는 동일한 것이 자주 보인다.

갑골문자는 중국 고대 상(商, BC 1600-1046년)나라의 수도인 은허(殷墟, 허난성 안양현)에서 1899년 처음 발견된 이후 중국 최초의 문자로 인정받아 왔다. 지금까지 확인된 갑골은 15만 편에 이른다.[1]

그러나 중국 최초의 문자로 알려진 갑골문자보다 1000년이나 오래된 것으로 보이는 새로운 문자가 발견됐다. 2004년부터 최근까지 창러현昌樂縣 지역 주변에서 수집된 수백 개의 골각문자가 소의 어깨뼈, 사슴과 코끼리 뼈에 새겨져 있었다. 점복卜기록인 갑골문자와

---

1 이기환, "전설의 왕조 은나라, 동이족 일파였다", 「경향신문」 2008.11.3.

달리 골각문자에서는 점복의 흔적이 나타나지 않았다. 산둥山東대학교 고고미술학연구소 류펑쥔劉鳳君 소장은 "뼈의 색깔과 석화石化 상태를 판단해 볼 때 문자를 새긴 연대는 4000-4500년 전으로 보이며, 이는 중국 산둥성의 용산龍山 신석기시대에 해당된다"고 말했다.[2] 은왕조 때의 갑골문자는 산둥성 용산문화를 이룬 동이족의 우골점에서 기원했다는 것이다.

> 『태평어람』(太平御覽)에서도 동이족은 우골에 점을 쳤다는 기록이 있고, 『위지』(魏志) 동이전에 "부여(夫餘)사람들이 외부족과 전쟁을 해야 할 일이 생겼을 때에는 소를 잡아서 하늘에 제사를 드리고 그 소의 발굽을 보아 길흉을 점쳤는데, 그 발굽이 벌어지면 흉해 전쟁에 지게 되고, 합해지면 길해 전쟁에 승리한다." … 긍정적 길(吉)과 부정적 흉(凶)의 상대성은 음과 양의 상대적 형식인 양의(兩儀)로도 이해된다. **소 발굽이 벌어지면 흉하고, 합해지면 길하다고 한 것은 나누면 둘이 되고 합하면 하나가 된다는 뜻이며, 음양이 화합하면 길하고 음양이 불화하면 흉하다는 것을 의미한다.**[3]

갑골학자 호후선胡厚宣은 "지하에서 발굴된 것과 고문헌에서 말한 바를 보면 동이 민족은 골복(소뼈)만을 쓰고 귀복(거북등)을 절대로 쓰지 않은 것은 극히 주의할 만한 일이다"라 하였다. "은나라 이전의 흑도시대에는 이미 점복占卜이 널리 알려졌으나, 모두 우골을 쓰고 절대로 귀龜는 쓰지 않았다"는 것이다.[4] 『주역』의 점법이 은의 귀복을

---

2 "갑골문자보다 1000년 앞선 골각문자 발견", 「중앙일보」 2008.10.22.
3 "역학", 『한국민속문화대백과사전』 (http://encykorea.aks.ac.kr).

18 ｜ 제1장 _ 이태극과 음양론

계승한 것이요, 은대殷代의 귀복은 동방의 골복을 계승한 것임을 알 수 있다.

놀랍게도 우리나라에서는 1959년 북한사회과학원에 의하여 함경북도 무산군 무산읍 용곡동 주거지에서 처음으로 갑골이 발견되었고, 이어서 김해지역에서도 전형적인 갑골문화가 기원 1-3세기경에 존재했음이 확인되었다. 이형구는 "갑골문화의 기원과 한국의 갑골 문화"라는 논문에서 다음과 같이 주장한다.

> 첫째, 신석기시대 초기 갑골문화가 주로 중원의 태행산(太行山) 이동·유하(淮河) 이북·홍안령(興安嶺) 동남·흑룡강 이남의 발해연안 지구에 밀집하여 분포되고 있으며, 은대(殷代) 이후 주대(周代)의 복골은 극소수가 산견되나 주의 외역인 발해연안 북동지역에서는 계속 출토되고 있다.
>
> 둘째, 갑골문화의 기원을 지금까지는 산동 용산문화에서 기원했다고 통설처럼 믿어 왔으나, 고고학 자료나 과학적인 자료로 유추하여 보면 우리나라 고대 민족과 매우 밀접한 관계를 갖고 있는 발해연안 북부지구에서 기원했을 것으로 믿어진다.
>
> 셋째, 갑골문화가 발원했던 발해연안 북부지역은 은(殷)의 기원과도 밀접한 관련이 있는 지역이며, 따라서 은망후(殷亡後) 주족(周族)에 밀린 은나라 유민의 퇴로가 즉, 태행산 이동·황하 이북이기도 하며 은유민이 '종선왕거(從先王居)'한 지방이 바로 발해 연안북부·능하 유역이며, 또한 우리가 일컫는 기자 조선의 초거지도 이 지역임을 필

---

4 같은 글.

자는 수 년 전에 이미 논한 바 있다.

넷째, 발해 연안 북부지구에서 기원한 갑골문화가 이를 사용했던 민족과 함께 점차 서남쪽 중원지방으로 이향(移向)하여 룡산문화·초기 상대(商代) 문화를 거쳐 은대(殷代) 문화에 이르러 성행하였을 것으로 추정한다.[5]

이상의 설명은 『주역』이 발해 연안의 동이족에서 기원했다는 주장의 근거가 될 수 있다. 동양 문명의 시원이 (기존의 학설인) 중화주의에 입각한 중원中原 지역(황하·장강 중심)에서 (최근의 고고학적 성과로 인하여 확인된 바 있는) 동북아 지역(요하·요동·북만주 중심)으로 옮겨지고 있으며, 동양 문명의 근원이 바로 동북아 동이족東夷族이 이룩한 역학으로 수렴되고 있음이 검증되고 있는 것이다.[6]

『주역』에 의하면 역의 기원에 대해 포희包犧가 음양과 사상과 팔괘의 도圖를 만들었다고 한다.[7]

옛날에 복희씨가 천하를 다스릴 때, 위로는 하늘의 상(象, 천문)을 관찰하고 아래로는 땅의 법칙(地理)을 관찰하고, 새나 짐승의 문채(文彩)와 천지의 실체를(위치적 특성의 마땅함) 관찰하였으며, 가까이

---

5 이형구, "갑골문화의 기원과 한국의 갑골 문화", 「정신문화」 제15 (1982년 겨울호), 214-215.

6 송재국, "『정역』의 개벽 사상", 『한국종교』 35집 (2012.2), 87.

7 馮友蘭 / 박성규 역, 『중국철학사상』 (서울: 까치, 2002), 599. 풍유란은 주역의 팔괘와 64괘를 중첩하여 복희가 그린 것이지만, 64괘는 문왕, 괘사와 효사는 문왕 또는, 괘사는 문왕, 효사는 주왕의 창작이라는 여러 설이 있다고 하였다. 주역의 해설서인 십익은 공자(BC 551-479)의 창작인 것이 분명하다.

로는 사람의 몸에서 취하며, 멀리로는 온갖 물건에서 (뜻을 또는 상을) 취하여 처음으로 팔괘를 만들었다.[8]

포희는 복희伏羲를 지칭하는데, 중국 고대의 신화적인 인물인 삼황三皇[9] 중의 한 명이다. 삼황에 대해서도 서로 상이한 기록이 등장하지만 공통된 인물은 복희(BC 1195-1080)뿐이다.[10]

복희씨가 동이東夷의 혈통이라는 것은 중국의 사서史書에서도 전한다. 송대 나필羅泌은 "태호 복희는 구이九夷에서 탄생했다"[11]고 했고, 한 대의 정현의 『예기정의禮記正義』에서는 "태호 복희씨는 성덕聖德으로 백왕百王의 으뜸이었고, 복희 황제는 동방에서 나와 동방은 밝은 해를 상징하므로 태호太皞라 칭하였다"[12]고 하였다.

중국의 고대 신화와 전설에서 복희는 동방의 상제[하느님]였다.[13] 그가 나서 자란 기주冀州가 옛 동이족의 땅이므로 그가 동이족이라는 주장이 제기되고 있다. 그의 출생에 관해서도 그의 어머니가 일광을 쬐인 것이 원인이 되어 임신하여 탄생하였다고 하니, 고조선이나 삼국의 시조신화와 유사성이 매우 커 보인다.[14]

---

8 『주역』 繫辭傳(下)」, 古者包犧氏之王天下也, 仰則觀象於天, 俯則觀法於地, 觀鳥獸之文 與(天)地之宜, 近取諸身遠取諸物, 於是 始作八卦, 以通神明之德, 以類萬物之情. 作結繩而爲網罟, 以佃以漁, 蓋取諸離.

9 김상섭, 『태극기의 정체』 (서울: 동아시아, 2001), 226.

10 같은 책, 226-227. '삼황'이 '오제'보다 앞선 시대이나, 용어로 따지면 '삼황'이 '오제'보다 더 늦게 만들어진 것이므로 『사기』에는 등장하지 않는다.

11 『路史』, 伏羲生於仇夷.

12 『禮記正義』 「樂令」 蛇身人首 有聖德 爲百王先 帝出於震 未有所因 故位在東 主春象曰之明 是以稱太皞.

13 袁珂 / 전인초 역, 『중국신화전설』 (서울: 민음사, 1992), 176.

14 김상섭, 『태극기의 정체』, 328; 박시인, "알타이 어족의 이동상황 고찰", 「자유」 3-

복희에 대한 중국 고대 문헌의 기록에는 복희(伏羲, 伏犧, 宓羲) 또는 포희(包羲, 炮犧, 暑羲, 皰羲)[15] 등 16개 이상의 다양한 표기가 등장한다. 그가 중국 사람이라면 비록 한문 글자가 있기 이전의 사람이라 하여도 한 가지 한자로 전승되었을 것이다. 그가 동이 사람 즉 조선 사람이기 때문에 외국인인 그의 이름이 다양한 한자 음운으로 서로 다르게 번역 표기되어 전승되었을 것으로 추정된다.

중국의 전설에는 복희가 불을 가져온 자라고 한다.[16] 복희는 '포희炮犧'라고도 불렸는데, 희생물을 부엌에서 태운다는 뜻이다. 이런 배경과 연관하여 최남선은 복희伏羲라는 이름 자체가 '붉'에서 나왔고 태호는 탕그리와 일치한다고 하였다.

『한서』(漢書) 율력지(律歷志) 하(下)에는 "「태호제역」에 써 있기를 포희(炮犧) 씨가 천하의 왕 노릇을 하였으니 포희는 하늘을 계승한 왕이며, 모든 왕들의 선조가 되었다"라는 구절이 나온다. 그 설화소(說話素)를 보면 진(震: 동방)에서 유래했었다고 하며, 거처가 동방에 있다고 하며, 봄을 관장하여 태양의 광명을 형상한다고 하며, 희생(犧牲: 하늘에 제사를 바치는 소)의 시조, 복서(卜筮: 占)의 시초라고 하여 어느 것 하나 붉(părk)적인 연원을 연상케 하는 것 뿐으로서, 더욱 이 그 제호(帝號)는 태호(太皡: 太昊)라 하여 탕그리(Tangri: 대갈 Taigăr)와의 일치를 보이고 있다.[17]

5월호 (1976), 23−40.

15 袁珂/ 전인초 역,『중국신화전설』, 176-177.

16 같은 책, 178. 인류에 대한 복희의 가장 큰 공헌은 아마도 불씨를 인류에게 가져다 준 일일 것이다. 불이 있음으로 해서 인간은 동물의 익은 고기를 먹게 되어 위장병이나 배탈이 나지 않게 되었다.

따라서 최남선은 태호 복희씨가 대갈Taigâr과 붉pârk이라는 고조선의 두 호칭의 한자식 표기이며, 태양을 천주로 섬긴 동이족의 오랜 설화를 반영한다고 하였다.

안호상 역시 태호는 한문으로 太皥, 太皞, 太昊, 太晧 및 大皥로 표기되었는데, 태호의 太와 大는 우리 배달말로 한桓, 韓이요, 태호의 皥, 皞, 昊는 모두 '밝음鮮, 明'을 뜻한다고 하였다. 그러므로 "太皥태호는 우리말 '한밝'을 한문자를 빌려 이두문식으로 적은 것"이며, '복희'는 우리말 "붉기"(밝기: 밝-벍-붉)의 한자 적기로서, "밝은 사람" 곧 "밝은이"밝은이라는 것이다. 따라서 "태호 복희라는 이름은 우리 동방 '한밝산의 밝은이' 곧 '한밝산 신선'으로 우리 동이 땅에서 일어난 임금이란 말이요 뜻이다"[18]고 하였다.

『淮南子회남자』「時則訓시측훈」에서는 다섯 방위를 설명하면서 태호 복희씨가 다스리던 고조선이 이상국가였음을 묘사하고 있다.

동쪽 끝은 갈석산에서 시작해 조선을 지나고 대인국을 통과해 동쪽으로 해가 떠오른 곳 즉 부목이 있는 땅 청구의 들판까지 이른다. 이곳은 태호복희씨와 구망(句芒)이 다스리는 지역으로 만 이천리가 된다. 그곳의 정령(政令)은 다음과 같다. 뭇 금지 사항들을 없애고, 닫힌 곳을 개방하며 궁한 곳을 통하게 하고 막힌 곳을 뚫어 사람들이 자유롭게 왕래하게 하며, 원한과 미움을 버리고, 노역에 종사하는 죄인을 풀어주어 사람들의 근심거리를 없애고, 형벌의 집행을 미루며

---

17 최남선/ 정재승 · 이주현 역주,『불함문화론』(서울: 우리역사연구재단, 2008), 157-158.
18 안호상,『배달 동이는 동아문화의 발상지』(서울: 한뿌리, 2006), 160-161.

관문과 교량을 열어 재화의 유출을 자유롭게 하고 외국인의 원한을 풀어주고 이웃나라들을 잘 달래어 부드러움과 은혜로 덕을 베풀고 강압적인 태도를 취하지 않았다.[19]

『논어』에 공자는 "동이東夷에 가서 살고 싶다고 하니, 혹자는 그곳은 누추한 곳이라 하니, 군자들이 사는 곳인데 어찌 누추함이 있다 하겠느냐"[20]고 하였다. 공자가 펼치고자 했던 대동사회大同社會가 이미 동이에 펼쳐져 있었던 것이다. 태호 복희씨는 세상만물을 다스리는 이치로 역을 내어놓았으니 太極이요, 태극은 널리 인간을 이롭게 하는 홍익인간의 이념이 되었고, 세상에 펼쳐졌으니 대동사회가 되었던 것이다. 이처럼 민족사상의 원류는 복희씨에 의해 태극사상으로 펼쳐졌다는 것이다.[21]

---

19 『淮南子』「時則訓」, 五位 東方之極 自碣石山過朝鮮 貫大人之國 東至日出之次 榑木之地 靑丘樹木之野 太皡句芒之所司者 萬二千里 其令曰 挺羣禁 開閉闔 通窮室 達障塞 行優遊 棄怨惡 解投罪免憂患 休罪刑 開關梁 宣出財 和外怨 撫四方 行柔惠 止剛强.
20 『論語』「子罕」, 子欲居九夷 或曰 陋 如之何 子曰 君子居之 何陋之有.
21 박종도, "태극기에 내재된 태극사상에 관한 연구", 성균관대학교 석사학위 논문 (2017), 100.

II. 태극과 역(易)의 의미

태극이라는 용어는 주나라 문왕이 편집한『주역』에 처음으로 등장
한다.『주역周易』계사전繫辭傳 상편에는 '역유태극易有太極'이라 하였다.

> 이런 까닭으로 易에 태극이 있으니, 이것이 양의(兩儀 : 陰陽)를 내
> 고, 양의가 4상(四象)를 내고, 4상은 8괘(八卦)를 내니, 8괘가 길흉
> (吉凶)을 정하고, 길흉이 대업(大業)을 生하느니라.[22]

『위서緯書』에 인용한 易은 日과 月의 조합으로 日은 陽, 月은 陰
의 의미한다. 따라서 '태극太極'에서 양의 즉 음양이 나온다는 2수분화
의 원리, 즉 태극(1)→음양(2)→사상(4)→ 팔괘(8)의 원리를 제시
한다. 이것이 음양태극론의 효시이다. 세계형성의 과정으로 보면 太
極은 최고, 최초의 실체이며, 兩儀는 陰陽이나 天地가 되고, 사상은
춘하추동의 四時가 되며, 팔괘는 천, 지, 풍, 뢰, 수, 화, 산, 택의 여덟
가지 자연현상이 된다.[23]

한무제(B.C. 156-187)에게 헌상한 책인『회남자淮南子』「천문훈天文

22『주역』繫辭傳 上, "是故易有太極 是生兩儀 兩儀生四象 四象生八卦 八卦定吉凶
 吉凶生大業.
23 주백곤/ 김학권 역,『주역산책』(서울: 예문서원, 2011), 130-131.

訓」에서는『주역』의 우주생성과 만물 형성을 이렇게 풀어서 설명한다.

하늘과 땅이 형체를 갖추기 전 어지러이 무성하게 요동을 치고, 이어
아득히 밝아지며 도는 허확(虛霩, 끝없이 넓고 텅 비어 있는 곳)에서
시작되었다. 허확이 우주를 낳고 우주는 기를 낳는다. 기에는 일정한
구별이 있으니 맑고 가벼운 기운은 위로 얇게 펴져 하늘이 되었고,
탁하고 무거운 기운은 아래로 가라앉아 땅이 되었다. 맑고 묘한 기운
은 하나로 합치기 쉽고, 무겁고 탁한 기운은 응결되기 어렵다. 그리하
여 하늘이 먼저 이루어지고 땅은 나중에 정해졌다. 하늘과 땅의 정기
가 집적되어 음양이 되었고, 음양의 정기가 한쪽으로 되어 사계절이
되었다. 사계절의 정기가 분산되면서 만물이 형성되었다.[24]

『주역』의 양과 음의 관계는 우주생성뿐 아니라 천지, 귀천, 동정,
강유, 선악, 길흉이 변화하는 원리로도 제시된다.

하늘은 높아 위에 자리하고 땅은 낮아 아래에 자리하고, 둘이 합하여
하나를(태극을) 이루므로 둘로써 역의 건곤을 정하였다. 천지의 높
고 낮음을 본받음이 귀천이고, 그 동정(動靜)을 본받음이 강유(剛
柔)이므로, 일이 되어가는 형편은 모여 있는 무리와 사물의 선악에
따라 정해지고 길흉이 발생한다. 하늘에서는 상(象)을 드리우고 땅

---

24 『淮南子』「天文訓」, 天墜未形 馮馮翼翼 洞洞灟灟 故曰太昭[始] 道始于虛霩 虛
霩生宇宙 宇宙生氣 氣有涯垠 淸陽者薄靡而爲天 重濁者凝滯而爲地 淸妙之合專
易 重濁之凝竭難 故天先成而地後定 天地之襲精爲陰陽 陰陽之專精爲四時 四時
之散精爲萬物.

에서는 형체를 이룸으로 변화가 이루어지니 강유가 서로 부딪고 팔괘가 서로 아우러지는 것이 그것이다.25

만물은 대립되는 음기와 양기가 상생상극의 상호조화를 통해 생겨나고 성장하고 머무르고 사라지는 변화무상한 과정을 전개한다. 이러한 '우주 만물(太)의 궁극(極)적인 원리'(Ulimate Principle of the Universe)가 곧 태극太極이다. 『주역』에서는 이처럼 음양화생과 천지감응의 이태극 원리가 주를 이룬다. 『주역』의 81가지의 단象에 대한 해설 중에서 이를 뒷받침하는 내용이 반복하여 나타난다.26

① 천지음양이 서로 교합할 때 만물이 형통하고, 군신 상하가 서로 교통할 때 뜻이 같아진다는 의미이다.27

② 하늘과 땅이 서로 감응(感)하여 만물이 화생(化生)한다.28

③ 하늘과 땅의 기운이 서로 만나 온갖 사물이 갖가지로 창성한다.29

④ 하늘과 땅이 교합하지 않으면 만물은 흥성할 수 없다.30

⑤ 천지는 떨어져 있어도 일(事)이 같고, 남녀는 떨어져 있어도 뜻이 통하며, 만물은 떨어져 있어도 (구별되어도) 하는 일이 일정하다.31

---

25 『주역』 繫辭傳 上, 天尊地卑 乾坤定矣 卑高以陳 貴賤位矣 動靜有常 剛柔斷矣 方以類聚 物以羣分 吉凶生矣 在天成象 在地成形 變化見矣 是故剛柔相摩 八卦相盪.

26 馮友蘭/ 박성규 역, 『중국철학사 하』 (서울: 까치, 2002), 61.

27 『주역』 泰象, 則是天地交而萬物通也, 上下交而其志同也.

28 『주역』 咸象, 天地感而萬物化生.

29 『주역』 姤象, 天地相遇, 品物咸章也.

30 『주역』 貴妹象, 天地不交, 而萬物不興.

31 『주역』 曉象, 天地股而其事同也 男女股而其志通也 萬物睽而其事類也.

역의 구성에서 가장 기초적인 양의兩儀는 기수 획의 ━(양)과 우수 획의 --(음)으로 부호화하였다. 이 부호를 효爻라고 한다. 양효와 음효는 상반되는 성질을 지니므로 다음처럼 각각 상반되는 사물에 배당된다.

━(양): 천, 존, 귀, 강건함, 동, 선, 길, 낮, 남, 지아비, 군주
--(음): 지, 비, 천, 유순함, 정, 악, 흉, 밤, 여, 지어미, 신하

라이프니츠는 중국에서 활동하던 예수회 선교사 부베(Joachim Bouvet, 1656-1730)로부터 『주역』의 라틴어 역본을 전해 받고 그 원리가 자신이 1679년에 고안한 0과 1의 이진법의 원리와 일치하는 것을 발견했다.[32] 고라이 긴조우五來忻造 박사는 "0과 1이 단순한 두 수를 가지고 일체의 수를 표시한다는 사상은 천재적 재능이 번쩍인 것이다. 『역』으로 말하면 음양 두 기호를 가지고 천지만유를 현시하였으니 역시 천재가 빛을 발한 것이다"고 하였다. 정병석은 주역에서는 태극에서 시작하여 "대성괘大成卦에 이르는 1→ 2→ 4→ 8→16→ 32→ 64의 가배적加倍的 층위層位" 구조를 띠고 있다고 하였다.[33]

우실하는 주역에 나타나는 이러한 음양론이 남방 농경문화의 전통인 인간 중심적이고 현세적인 '2수 분화의 세계관'이라 하였다. 음양론陰陽論으로 습합된 역사상易思想은 약 1만 년 전 중국의 화남 지방에서 시작되어 화북 지방으로 전파된 농경 문화를 토대로 하여 주

---

32 廖名春·康學偉·梁韋弦/ 심경호 역, 『주역철학사』(서울: 예문서원, 1998), 798.
33 정병석, "'易有太極'의 해석을 통해 본 여헌 장현광의 역학 사상", 「한국학논집」 제52집 (2013.9), 139.

나라에서 완성된 2수의 분화(1=道 · 太極→2=陰陽→4=四象→8=八卦→64=64卦)를 특징으로 한다고 하였다.[34]

중국 서한(西漢, 기원전 206-209) 말기에 형성된 것으로 추정되는 주역을 해석한 『역위 건착도易緯 乾鑿度』에는 역을 개념화하여 간이簡易·변역變易·불역不易이라고 하여, 이러한 삼역三易 의미를 다음과 같이 풀이하였다. [35]

'간이'란 담박하여 올바름을 잃지 않음, 무심하게 행함이란 심하게 행함이란 뜻이다. '변역'이란 4시 절기와 천지만물이 모두 변화 속에 있다는 말이다. '불역'이란 천지 질서와 사회적 지위가 뒤바뀔 수 없음, 다시 말해서 존비 · 상하의 질서가 바뀌지 않음을 가리킨다.[36]

간이와 변역의 설은 모두 「계사전」에 나오는 것이다. 역이라는 말은 변한다는 뜻이다. 변역이라는 말은 만물은 변화하며 변화하지 않는 것은 없다는 것을 뜻한다.

역도는 수없이 변천하기 때문에 일정함이 없는 것이다. 항상 변동하여 일정하게 머무름이 없이 육허공간을(천지와 사방으로 괘의 六爻를 말함) 두루 흐르며, 오르고 내림이 무상하고 강유가 서로 번갈아 바뀌기 때문에 고정된 법칙이란 있을 수 없다. 다만 시절의 필요에 따라서 적절하게 변화하되, 드나들며 조화를 이룸에는 절도가 있고

---

34 우실하, 『전통문화의 구성 원리』(서울: 소나무, 1998), 63-64.
35 廖名春 · 康學偉 · 梁韋弦/ 심경호 역, 『주역철학사』, 199.
36 廖名春 · 康學偉 · 梁韋弦/ 심경호 역, 『주역철학사』, 199.

안팎으로 두려운 마음을 간직하도록 알려주는 것이다.[37]

역이라는 말은 쉽다는 뜻이다. 간이簡易라 함은 역의 이치가 간단
하고 손쉽다는 뜻이다.

건도는 간이(簡易)한 것으로 알고, 곤도는 간단한 것으로 할 수 있다.
간단하면 알기 쉽고, 간이하면 좇기 쉽다. 알기 쉬우면 친근성이 있
고, 좇기 쉬우면 공덕이 있으며, 친근성이 있으면 오래 갈 수 있고 공
덕이 있으면 커질 수 있다. 오래 갈 수 있는 것은 현인의 도덕이요,
커질 수 있는 것은 현인의 사업이다. 간이하고 간단하여 천하의 이치
가 얻어지니, 천하의 이치가 얻어지면 자리가 그 가운데서 이루어진
다.[38]

불역不易의 설은 『건착도』에 처음 나온다. 『건착도』는 "이 불역의
설을 가지고 봉건적 계급 질서가 뒤바뀔 수 없음을 설명하고자 하였
다. 곧 양한兩漢 시대 봉건 제도의 규범화가 역학 연구에 반영된 것이
다."[39] 불역은 원래 "변화한다는 사실 자체는 변화하지 않는다"는 의
미인데, 『건착도』에서는 이를 봉건적 가부장제의 질서를 합리화하

---

37 『주역』 繫辭傳 上, 爲道也屢遷. 變動不居 周流六虛, 上下无常, 剛柔相易, 不可爲
典要. 唯變所適, 其出入以度, 外內使知懼.

38 『주역』 繫辭傳 上, 乾以易知 坤以簡能 易則易知 簡則易從 易知則有親 易從則有
功 有親則可久 有功則可大 可久則賢人之德 可大則賢人之業 易簡而天下之理得
矣 天下之理 得而成位乎其中矣.

39 廖名春·康韋偉·梁韋弦/ 심경호 역, 『주역철학사』, 199. 역에 세 가지 뜻이 있다는
설은 역학사에 큰 영향을 끼쳐서 동한의 정현, 당의 공영달, 송명의 리학파(理學
派)로부터 청대를 거쳐 현대에 이르기까지 많은 사람들이 그 설을 수용하였다.

는 이데올로기로 삼은 것이다. 『건착도』의 불역설은 역학사에 큰 영향을 끼쳐서 통한統漢의 정현, 당의 공영달, 송명의 리학파理學派로부터 청대를 거쳐 현대에 이르기까지 많은 사람들이 그 설을 수용하였다.

후대의 주희(朱熹, 1130-1200)는 『주역』에 대한 전통적인 해석의 하나인 '변역'의 뜻에다 '교역'의 뜻을 첨가하였다. [40]

역에는 두 가지 뜻이 있다. 하나는 변역이다. 곧 유행한다는 뜻이다. 또 하나는 교역이다. 곧 서로 상대한다는 뜻이다(『주자어류』 권 65).[41]

이처럼 음이 양으로 변하고 양이 음으로 변하는 즉, 음양으로 번갈아 변하는 교역에 대하여 주희는 다음과 같이 말하였다.

변이란 음에서 양으로 가는 것을 말한다. 이때 홀연히 변하므로 그것을 변이라고 한다. 화란 양에서 음으로 가는 것을 말한다. 이는 점점 소모해 들어가므로 화라고 한다. … 화(化)란 점점 다 바뀌어서 무(無)에 이르름이다. 변(變)이란 돌연히 자라남이다. 변은 무에서 유로 됨이고 화는 유에서 무로 됨이다(『주자어류』 권 74).[42]

그러나 『주역』에 이미 교역의 상응 개념이 다음과 같이 설명되어 있다.

---

40 같은 책, 518: 『주자어류』권 65에서 "역에 두 가지 뜻이 있다. 하나는 변역이다. 곧 유행한다는 뜻이다. 또 하나는 교역(交易)이다. 곧 서로 상대한다는 뜻이다"고 하였다.
41 같은 책, 518. 易有兩義 一是變易 便是流行底 一是交易 便是對侍底.
42 같은 책, 523에서 재인용.

해가 지면 달이 뜨고 달이 지면 해가 떠올라, 서로 번갈아가며 옴으로써 밝음이 생겨나는 것이다. 추위가 가면 더위가 오고 더위가 가면 추위가 와서, 서로 번갈아 가며 옴으로써 한 해를 이루게 한다. 가는 것은 움츠리는 것(屈; 기세가 꺾임)이고 오는 것은 활개를 펴는 것이니(伸; 기세가 당당해짐), 屈伸이 서로 번갈아 가며 감응함으로써 이로움이 생긴다.[43]

따라서 이 모든 주장을 종합하여 역은 네 가지 개념으로 설명되어야 할 것이다.

① 변역(變易): 만물은 변화한다.
② 불역(不易): 변화한다는 사실 그 자체는 영원히 변하지 않는다.
③ 간이(簡易): 변화의 양상을 간단히 말하면 "양의(陰陽, 靜動)→
　　4상(四象)→ 8효(六爻)→ 64괘(卦)"로 설명된다.
④ 교역(交易): 주야가 교대하듯 음이 양이 되고 양이 다시 음이 되어
　　음양은 번갈아 가며 변화한다.

서양의 이데아론은 변화하는 실체와 불변하는 실체를 이원론적으로 구분하였다면, 동양의 태극론은 모든 것이 변화하며 그 변화가 교대로 일어난다는 비실체론적 비이원론을 종지宗指로 삼은 것이다.

---

43 『주역』繫辭傳 上, 日往則月來, 月往則日來, 日月相推而明生焉. 寒往則暑來, 暑往則寒來, 寒暑相推而歲成焉. 往者 屈也, 來者 信也, 屈信相感而利生焉.

III. 주염계의『태극도설』과 조선 시대 성리학의 이기 논쟁

역易, the Change의 이론이 중국 사상계 다시 등장한 것은 중국 북송의 유학자 염계 주돈이(AD. 1017-1073)의 『태극도설太極圖說』이다.[44] 주염계는『태극도설』의 첫 부분에서 주역에서 직관적으로 서술한 태극의 이치를 개념적으로 풀이하여 그 뜻을 밝히려고 하였다. 괄호 안은 저자의 풀이다.

無極而太極: 무극이 곧 태극이니(이 둘이 둘이면서 하나이다).
太極動而生陽 動極而靜 靜而生陰 靜極復動: 태극이 움직이니 양을 생긴다. 양의 움직임이 그 극에 달하면 고요히 머뭄(靜)이 되고 이 머뭄(靜)에서 음이 생긴다. 음의 머뭄이 그 극에 달하면 다시 움직인다(양이 극에 달하면 음이 되고 음이 극에 달하면 양이 되니 서로 '번 갈아 변'(交易)한다).
一動一靜 互爲其根 分陰分陽 兩儀立焉: 한 번 움직이고 한 번 고요함이 서로 그 뿌리가 된다. 음으로 나뉘고 양으로 나뉘어 두 가지 모

---

44 만물의 생성, 인류의 근원을 논한 249글자의 짧은 글이지만, 그 뒤 남송(南宋)의 대유(大儒) 주자(朱子)가 그의 정치(精緻)한 해석을 통하여 자신의 철학을 서술 하였으므로, 주자학(朱子學)의 성전(聖典)으로 여겨지고 있다.

양(兩儀)이 새워진다(동과 정, 음과 양은 둘이면서 하나이다).

陽變陰合 而生水火木金土 五氣順布 四時行焉: 양이 변하고 음이 합하여 수, 화, 목, 금, 토의 오행이 생성된다. 다섯 가지의 기운이 골고루 펼쳐져 춘하추동 사시의 계절이 운행된다(밤과 낮이 교대하듯이 음과 양이 서로 교대로 변화(交易)하여 五行이 생기고, 오행의 기운에 따라 4계절이 생긴다).

五行一陰陽也 陰陽一太極也 太極本無極也: 오행은 하나의 음양이요, 음양은 바로 하나의 태극이니, 태극은 본래 무극이다(오행과 음양, 태극과 무극은 둘이면서 하나이다).

五行之生也 各一其性 無極之眞二五之精 妙合而凝 乾道成男坤道成女: 오행이 생성하여 저마다 하나의 성품을 갖추며, 무극의 진리와 음양 오행의 精髓(정수)가 묘하게 합하고 응기니 하늘의 도로서 남성을 이루고, 땅의 도로서 여성을 이룬다(천도는 男性性이고 지도는 女性性이니 둘은 둘이다).

二氣交感 化生萬物 萬物生生 而變化無窮焉: 두 기운이 서로 느껴져서 만물을 변화, 생성시키나니 만물이 생기고 생겨나서 그 변화가 무궁하다(하늘 기운과 땅의 기운이 교감 상응하여 만물이 무궁하게 변화 생성한다. 따라서 변한다는 사실은 불변한다).

주염계는 『주역』의 태극 음양설과 오행설을 종합하여 만물 생성의 과정이 '무극=태극→음양=동정→오행=만물'로 전개된다는 독특한 음양동정관陰陽動靜觀을 내놓았다. 그는 태극이 능히 동하고 정할 수 있어서 동하면 양을 낳고 정에서 음을 낳는다. 음이 동하면 양을 낳고 정하면 음을 낳는다고 하였다. 태극이 어떻게 양의를 낳는가 하는 문제에 관해 주염계가 이처럼 답한 것은 기왕의 학자들이 논설하지 않았던 문제이다. 동이 극하면 정하고 정이 극하면 동하여서 동과 정이 서로 뿌리가 된다는 논법에는 법증법의 색체가 농후하다. 이 논법은 후대 사람들의 태극관에 큰 영향을 주었다.[45]

주염계는 송학宋學의 선구자로서 도가道家와 불가佛家의 사상을 창조적으로 융화한 사상가이다. 그의 태극사상太極思想은 주역周易의 태극설太極說과 도가의 무극설無極說을 상호 모순적·대립적 관계에서 파악하지 아니하고 조화의 관계에서 파악하였다. '무극無極'이란 말은 『老子』제28장에 "復歸於無極"(무궁·무극의 세계로 복귀한다)에 처음 나타나며, '태극太極'이란 말은 『周易』「계사전 上」에 "易有太極"이라고 처음 등장한다. 그리하여 그의 태극도설은 도가의 유무有無의 무이성無二性을 근거로 형이상학形而上學과 형이하학形而下學의 묘합妙合관계를 음양이기陰陽二氣와 오행설五行說로써 풀이하였다.[46] 그는 또한 음양과 오행의 관계에 대하여 "이본즉일二本則一" 즉, 음양이나 오행의 "두 본체는 하나"이며… 두 개의 기氣와 오행五行은 만물로 변화 발전한다"고 하였다.[47]

주희는 『태극도설』을 해설한 『태극해의太極解義』에서 '태극太極'을 '본원本源에 대한 지극한 탐구'(極本窮源論)라고 정의하고, "『태극도설』이 '도리의 대 두뇌頭腦'이고 '이학理學의 본원'이라고 평가하여 성리학을 창도하였다.[48] 주희는 태극을 '이logos'로 보고 음양을 '기energy'로

---

45 廖名春·康學偉·梁韋弦/ 심경호 역, 『주역철학사』, 399.

46 유정동, "宋學의 開祖·周濂溪", 『世界의 大思想』제30권, 24.

47 주돈이, 『通書』22 「理性命」, 二氣五行, 化生萬物, 五殊二實, 二本則一. 是萬爲 一, 一實萬分.

48 주희/ 곽신환·윤원현·추기현 옮김, 『태극해의(太極解義)』(서울: 소명출판,

보았다. 또한 양자의 관계를 상호의존적이고 불가분리적인 것이라고 하였지만, 이법理法이 기력氣力를 낳는다고 하였다.

> 태극은 리(理)이다. 동정(動靜)은 기(氣)이다. 기(氣)가 가면 리(理) 또한 간다. 이 둘은 상호의존적이면서 분리할 수 없다. … 태극은 음과 양을 낳는다. 리(理)는 기(氣)를 낳는다.[49]

주희는 주염계가 『태극도설』에서 언급한 '오행은 하나의 음양이며, 음양은 하나의 태극이다'(五行一陰陽)와 '무극이면서 태극이다' (無極而太極)를 해석하면서 오행과 음양, 음양과 태극, 태극과 무극에 선후先後가 따로(別) 있는 것이 아니라고 한다.

> '오행은 하나의 음양이며, 음양은 하나의 태극이다'라는 것은, 태극이 있고 난 뒤에 따로 음양·오행을 낳아서 음양·오행에 앞서 먼저 태극이 있는 것이 아니다. '무극이면서 태극이다'와 '태극은 본래 무극이다'라는 것은, 무극이 있고 난 뒤에 따로 태극을 낳아서 태극에 앞서 먼저 무극이 있는 것이 아니다.[50]

주염계의 『태극도설』에 나오는 '태극과 동정' 그리고 '동정과 음

2009), 725-726.

49 『朱子語類』, 94-50. 太極理也. 動靜氣也. 氣行則理亦行, 二者相依, 而未嘗相離也. …太極生陰陽. 理生氣也.

50 주희, 『太極解義』, 五行一陰陽, 陰陽一太極, 則非太極之後, 別生二五, 而二五之上, 先有太極也. 無極而太極, 太極而本極, 則非無極之後, 別生太極, 而太極之上, 先有無極也.

양' 관계를 '이logos와 기energy'의 관계로 주희가 해설한 것으로 인해 유학자들 사이에 이기론에 관한 심오한 논쟁이 촉발되었다. 주염계의 태극론은 성리학자 주희의 이기론 논쟁으로 전개된 것이다.

조선의 성리학자들도 태극론에서 비롯된 이기론 논쟁에 적극 참여하였다. 퇴계와 율곡은 주희의 이기론의 이와 기의 관계를 '인의예지'의 네 가지 마음心을 뜻하는 사단四端과 '희노애락애오욕'의 칠정七情의 관계에 적용하여 사단칠정론으로 발전시켰다.

퇴계 이황(1502-1571)은 "무릇 이는 기의 主宰요, 기는 이의 材料이다. 이 둘은 본래 구분이 있는 것이다. 그러나 그것이 사물에 있어서는 한데 엉켜 있어서 분리할 수 없다"[51]고 하였다. 이황은 이와 기의 관계가 본체론적으로 '떨어짐, 분리됨, 구별됨'(不相雜; 서로 섞이지 않음)이라고 주장했다. 따라서 이와 기, 즉 이법理法과 기력氣力이 서로 섞이지 않는 것이므로 본체론적으로 서로 다른 둘(二物)이라고 보았다.

그러나 퇴계는 생성론적으로 사단은 이가 발한 것이고 칠정은 기가 발한 것이라고 하는 '사단이지발四端理之發, 칠정기지발七情氣之發'의 명제를 내놓았다. 이에 대해 고봉高峰 기대승奇大升(1527-1572)이 그렇다면 이기가 각각 일물一物을 이루어 서로 다른 이물二物이 되는 병폐를 안고 있는 이기이원론이라고 비판함으로써 유명한 퇴고사칠론변退高四七論辯이 전개된다.[52] 그 후에 퇴계는 고봉의 의견을 수렴하여 "사단은 이가 발한 것이나 기가 그 이를 따르고 있고, 칠정은 기가

---

51 『퇴계집』 (권16), 奇明彦非四端七情分理氣辯.

52 김시표, "退溪 理氣論에 관한 硏究", 동아대학교 대학원 박사학위논문 (1991), 86-87.

발한 것이나 이가 그것을 타고 있다"(四端理發而氣隨之 七情氣發而理
乘之)는 기발이승론으로 정정하였다.[53] 그는 이기는 존재론적으로
서로 섞이지 않는(不相雜) 이물二物이라는 본체론적 이원론을 주장했
지만, 생성론적으로는 선후가 없다(無先後)고 하였으니 비시원론을
주장한 것으로 볼 수 있다.

율곡 이이(1537-1584)에 의하면 이와 기의 관계는 '하나이면서
둘이고, 둘이면서 하나'(一而二, 二而一)이다.

> 理氣는 二物이 아니며, 또한 一物도 아니다.
> 一物이 아니므로 하나이면서 둘이며,
> 二物이 아니므로 둘이면서 하나다.[54]
>
> 氣는 理와 떨어질 수 없으며 理도 氣를 떨어질 수 없다.
> 이와 같으므로 理氣는 하나이다.
> …
> 왜 두 물건이라 말하지 않는가?
> 비록 理는 理고 氣는 氣라고 말했지만
> 혼연일체가 되어 선후도 이합(離合)도 없어
> 두 물건으로 보이지 않으므로 두 물건이 아니다. [55]

---

53 『퇴계집』 (권16), 奇明彦非四端七情分理氣辯.

54 『栗谷集』書/答 成浩原 九信. 旣非二物又非一物. 非一物故一而二. 非二物故二
   而一也.

55 『栗谷集』書/答 成浩原 十信. 氣不離理 理不離氣. 夫如是則 理氣一也 … 非二物者
   何謂也 雖曰 理自理氣自氣 而渾淪無間 無先後無離合 不見其爲二物 故非二物也.

율곡은 존재론적으로는 이와 기가 둘이 아니고 하나라는 이기일원론을 주장하였으니 이는 비본체론적 비이원론이라 할 수 있다.[56] 생성론적으로는 기氣가 발發할 때에 이理가 기氣를 탄다는 기발이승일도설氣發理乘一途說을 주장하였다. 기氣는 움직이는 것(發之者, the Moved)이고, 이理는 기氣를 움직이게 하는 것(所以發者, the Mover)이라고 본 것이다.[57] 이처럼 생성론적으로는 기발이승의 선후 관계가 있으므로 위계적 시원론에 빠진 것으로 보인다.

조선 유학자들의 복잡한 이기 논쟁은 이기의 관계에 대해 존재론적인 측면과 생성론적 측면을 개념적으로 명확히 구분하지 못한 데서 기인한 것으로 여겨진다. 따라서 퇴계는 존재론적으로 이기는 구분되어 '서로 섞이지 않는'(理氣不相雜) 서로 다른 둘(二物)로 보는 이기이원론이라는 비판을 받게 되었다.[58] 그러나 그는 생성론에 있어서 '이기호발설理氣互發說'을 근거로 이기의 선후를 근거로 한 위계적 시원성을 반대하고 이기의 비위계적 비시원성을 주장하였다.

반면에 율곡은 본체론적으로 이기는 '하나이면서 둘이고, 둘이면서 하나'이라는 이기일원론을 주장한다. 동시에 생성론적으로는 '기발이승론'을 제시하여 결국 시원적이 위계론에 빠지게 된 것으로 보인다.

이기의 관계에 있어서 주기론이나 주리론이 아니라 이기가 본체론적으로 둘이면서 하나이고, 생성론적으로 이기는 선후 관계가 없

---

56 심성구,『栗谷의 理氣論 硏究』성균관대학교 박사학위논문 (2005), 81-82.

57 李珥,『국영 율곡집』(서울: 민족문화추진회, 1977), 588. 發之者氣也, 所以發者理也, 非氣則不能發,非理則無所發.

58 양승무, "退溪와 栗谷의 理氣心性論 비교연구",「유교사상연구」22집 (2005), 253-254.

으므로 비시원적이라고 하여야 태극의 이치를 바르게 설명하는 것이라고 할 수 있다.

앞에서 살펴본 것처럼 당(唐: 618-907)나라 초기의 학자 안사고(安師古, 581-645)와 북송 때의 범중엄(范仲淹, 989-1052)과 장횡거(1020-1077)도 천지인 삼태극을 학문적으로 전승하여 왔다. 이후 송나라 주염계는 『태극도설』에서 "오행은 하나의 음양이요, 음양은 바로 하나의 태극이다"라고 주장하였으니, 음양과 동정의 원리인 이태극 외에 삼태극이 들어설 여지가 없게 되었다. 이어서 성리학의 집성자인 주자朱子에 의해서 주염계의 『태극도설』은 유가의 존재론과 생성론 및 인성론의 근거로 채택됨으로써 음양 이기二氣만을 함유한 음양태극 개념이 중국의 태극개념의 주류를 이루게 되었다. 이러한 음양태극 개념은 이기론과 맞물리면서 유가의 우주론의 일부로 자리 잡게 되고, 송대 성리학의 형이상학은 철저히 이기론에 입각한 이분법의 논리로도 전개된 것이다.[59]

---

59 우실하, "「최초의 관념은 음양태극이 아니라 삼태극/삼원태극이었다", 「동학사회사학」 제8집 (2003), 12-22.

IV. 『주역』의 천존지비와 『정역』의 후천개벽 사상

　　『주역』이 나오기 전에도 하夏나라 때의 『연산역連山易』과 은殷나라 때의 『귀장역歸藏易』이라는 역서易書가 있었다. 주나라 초기의 제도를 전해주는 후대의 기록인 『주례周禮』에 태복太卜이라는 관리가 삼역三易을 관장하였다는 말이 있다. 이 삼역이란 연산, 귀장, 주역을 말한다.[60]

　　역은 5천여 년 전 처음 문자도 없고 의사소통도 안 되었을 때 괘卦를 그린 복희씨의 획역劃易에서 처음 등장한다. 그 후 약 2000년이 지나서 문자가 생긴 이후 은대殷代 말에 문왕文王이 하·은의 역에 64괘의 차서次序와 괘상卦象의 설명을 붙였고, 주나라의 주공周公이 부친 문왕의 易을 계승하여 각 괘의 384 효마다 효사爻辭를 붙여 작역作易한 것이 『周易經文』이다. 그리고 700여 년이 지난 후 여기에 열 가지 해설十翼을 덧붙여 『주역』을 집대성한 공자의 찬역贊易까지 합하여 세 가지로 구분하기도 한다.

　　복희씨가 괘를 그렸다는 획역은 복희 팔괘도(그림 1)로 전해지고 있다. 지地와 음陰을 상징하는 곤괘坤卦가 맨 아래로 가고 천天과 양陽을 상징하는 건괘乾卦가 맨 위로 놓여 있다.

---

60 김상섭, 『태극기의 정체』, 227.

공자가 해설한 주역周易의 계사전상繫辭傳上에는 이를 천존지비天尊地卑와 귀천위의貴賤位矣와 건남곤여(乾道成男 坤道成女)의 뜻으로 설명하였다.

天尊地卑 乾坤定矣(천존지비 건곤정의): 하늘은 높고 땅은 낮으니 건곤 즉 하늘과 땅의 하는 일은 정하여지고

卑高以陳 貴賤位矣(비고이진 귀천위의): 낮고 높음이 펼쳐있으니 귀하고 천한 것이 정해지고

…

乾道成男 坤道成女(건도성남 곤도성녀): 건의 도는 남자가 행하여 이루는 것이고 곤의 도는 여자가 행하여 이루는 것이다.

(『周易』繫辭傳上)

하늘은 존귀하고 땅은 비천하다는 천존지비 사상은 『주역』의 기본 사상과 원리를 개괄한 것이라고 할 수 있다. 서한(기원전 206년-서기 9년) 말에 저술된 역을 해설한 대표적인 저서인 『역위 건착도』는 역의 이름은 하나이지만 뜻은 간이簡易, 변역變易, 불역不易 셋이라고 하였다. 간이란 이치가 간단하다는 뜻이고, 변역이란 천하 만물이 사시 사철처럼 변화한다는 뜻이다. 그런데 불역에 관하여서는 "변화한다는 사실을 불변한다는 뜻"으로 해석하지 않고, "천지의 질서와 사회적 지위는 바뀔 수 없음, 다시 말하면 존비상하의 질서가 바뀌지 않음을 가리킨다"[61]고 해설하였다.

---

61 廖名春 · 康學偉 · 梁韋弦/ 심경호 역, 『주역철학사』, 199.

『역위 건착도』는 이처럼 한나라 시대의 가부장적 봉건 질서를 합리화하기 위해 역의 개념을 원용한 것이다. 지아비·아비·군주는 존귀하고 아내·자식·신하는 비천하다는 위계적 관념은 여기에서 발전되어 나온 것이다.[62] 그래서 중국 사상에서는 "하늘이 중심이고, 양이 중심이고, 남성 중심이고, 성인군자 중심이며, 중국민족 중심"[63]이 된 것이다. 유교의 골자를 이룬 군신부자, 여필종부의 봉건적 가부장제와 척이斥夷의 중화사상은 『주역』에서 그 연원을 찾을 수 있다.

일부一夫 김항(1826-1898)은 자기가 찬술한 『정역』이 복희씨伏羲氏가 지은 '제일 역'과 문왕文王이 지은 '제이 역'에 따르는 '제삼 역'이라고 하였다. 그리고 『정역』은 문왕이 지은 '선천역'에 뒤따르는 '후천역'이라고 하였다. 김항은 복희·문왕의 역은 모두 선천시대의 것으로 보고 자신의 『정역』은 후천시대의 것으로 보았다. 김항金恒은 『정역』[64]을 통해 『주역』을 해체 재구성한다.[65] 그는 복희씨의 선천역先天易을 '초초지역初初之易'이라 하고, 자신의 『정역』을 '내래지역來來之易'이라 하였다. "先天의 역(복희팔괘)은 交易의 역이고 後天의 역은 變革의 역"이라는 것이다.[66] 주역의 '천존지비天尊地卑'를 뒤집어 '지존천

---

62 같은 책, 183.

63 김지하, 『율려란 무엇인가』 (서울: 한문화, 1999), 17.

64 김항, 『정역 釋義』 (서울: 문해출판사, 1971); 이정호, 『정역과 일부』 (서울: 아세아문화사, 1985); 이강오, 『한국신흥종교총람』 (서울: 대흥기획, 1993).

65 『정역』이 한꺼번에 이루어진 것은 아니다. 56세(1881년)에 정역팔괘도(正易八卦圖)와 「역서(大易序)」를 얻고, 3년 뒤에 『정역』의 상편인 「십오일언」(十五一言)에서 「무위시」(無位詩)까지 찬술하고, 다음 해에 「정역시」(正易詩)와 「포도시」(布圖詩)를 비롯하여 그 하편인 「십일일언」(十一一言)에서 「십일음」(十一吟)까지 저술하여 60세(1885년)에 『정역』을 완성하였다.

66 이정호, 『정역 연구』 (서울: 국제대학인문사회과학연구소, 1976), 294-295.

비_{地尊天卑}'의 개벽 사상을 주창한 것이다.

> 음을 누르고 양을 높임은 선천 심법의 학이요
> 양을 고르고 음을 맞춤은 후천 성리의 도이다.[67]

> 후천 수금으로 된 태음의 어머니시다
> 선천 화목으로 된 태양의 아버이이시다.[68]

김항은 이러한 차이를 드러내기 위해 그의 책에서 복희 팔괘도
(그림 1)[69]와 문왕 팔괘도(그림 2)와 정역 팔괘도(그림 3)를 아래와
같이 비교하였다.[70]

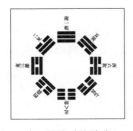 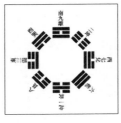 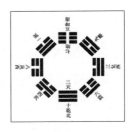

(그림 1) 복희 선천 팔괘도   (그림 2) 문왕 후천 팔괘도   (그림 3) 정역 후천 팔괘도

중국에서는 주희가 주역을 강론하면서 복희의 선천팔괘도(그림

---

67 이정호,『국역주해 정역』(서울: 아세아문화사, 1988), 34-35. 抑陰尊陽先天心法
　　之學 調陽律陰後天性理之道.

68 이정호,『국역주해 정역』, 10-11. 後天水金太陰之母 先天火木太陽之父.

69 朱熹,『周易本義』머리말. 복희8괘방위태극도(伏羲八卦方位太極圖) 또는 참동
　　계태극도(參同契太極圖)라고도 한다.

70 이정호,『국역주해 정역』, 88-91.

1)와 문왕의 후천팔괘도(그림 2)를 구분하여 설명하였다. 선천팔괘도에서 남쪽에 천(南乾)을 북쪽에 지(北坤)를 배치한 것을 약간 변경하여 남이南離를 북감北坎으로 바꿔놓은 것이 후천팔괘도라 하였다.[71]

그러나 『정역』의 후천 팔괘도(그림 3)는 복회의 남건북곤南乾北坤을 뒤집어 남곤북건南坤北乾으로 그려 놓은 것이다. 그림 1의 위의 건괘(☰)와 아래의 곤괘(☷)의 위치가 그림 2를 거쳐 그림 3으로 가서는 위아래를 바꾸어 아래에 건괘(☰)을 놓고 위에 곤괘(☷)를 놓은 것이다.

1860년에 최제우는 유불선의 운이 다하였다고 주장하며 새로운 민족종교인 동학을 창도하였다. 일부는 36세 될 때 비로소 연담 이운규를 통해 동학을 접했고, 이후 19년 동안 정진한 끝에 54세인 1879년 무렵부터 종교적 체험을 하게 된다. 어느 날, 자신의 눈앞에 나타난 괘도가 공자가 말한 복희괘도와 문왕괘도에 이어 제삼의 괘도인 『정역』괘도의 구성 원리라고 깨달았던 것이다. 이것이 바로 제3의 괘도인 정역팔괘正易八卦였다.[72] 김항에 따르면, 『주역』에서 『정역』으로 완성되는 데는 복희괘 → 문왕괘 → 정역괘의 3단계의 절차를 거치고 있다. 정역팔괘도는 우주변화의 완성을 전제하므로 그 3단계를 생生

71 廖名春·康學偉·梁韋弦/ 심경호 역, 『주역철학사』, 521-522.
72 김항은 당대의 일대 기인(奇人)인 연담(蓮潭) 이운규(李雲圭) 선생 밑에서 동학의 최제우, 남학(南學)의 김광화(金光華)와 함께 공부하며 그로부터 결정적 영향을 받았다고 한다. 일설에 의하면 연담 선생은 수운 최제우(1824-1864)에게 선도(仙道)의 부활을, 김광화에게 불교의 혁신을 그리고 일부 김항에게는 크게 천시(天時)를 받들어 역(易)을 새로이 정하라 하고, '그늘이 우주를 바꾼다(影動天心月)'란 화두를 줬다. 그 뒤 그에게 이상한 괘획(卦劃)이 종종 나타나기 시작하여 처음에는 기력이 쇠한 탓인가 생각하였으나 점점 뚜렷이 나타나므로 그것을 그렸는데, 그것이 곧 정역팔괘도(正易八卦圖)였다.

→장長→성成으로 정리할 수 있게 된 것이다.[73]

김항은 선천이 후천으로 바뀌는 이치를 '금화교역金火交易'으로 체계화하였다.

> 왜 우주가 선천에서 후천으로 바뀌어야만 하는가에 대한 답이기도 하다. 천지간에 존재하는 모든 사물은 태어나서[生] 성장하고[長] 결실을 맺는다[成]. 만약 성장만 하고 멈춤이 없다면 만물은 무한 팽창하여 파멸을 초래하게 될 것이다. 우주에는 이러한 무한분열을 막고 만물로 하여금 자율적으로 조절하고 성숙시키는 이치가 있는데, 이것이 바로 '금화교역'의 원리인 것이다.[74]

김항은 선천후천의 하늘과 땅의 문제를 양과 음, 남자와 여자의 문제로 전개시키고 있다. '양만을 존숭하여 음을 억압해서(억음존양) 여자를 억누르고 남자는 존중해 주는 것은 선천의 심법을 닦는 학문이나, 후천에는 조양율음調陽律陰해서 남자와 여자가 구분 없이 똑같이 평등하게 될 것이다. 그것이 후천의 성리性理의 도리이기 때문이다.'[75] '조양율음'은 말 그대로 '양을 고르고 음을 맞춘다'는 뜻으로 사회지도층의 분야인 학문과 '민民'의 분야인 산업의 조화와 '남성과 여성' 그리고 '가진 자와 가난한 자'의 차별이 없는 평등, 지위의 높낮이와 상관없이 존중받는 인간의 존엄성에 중심을 둔 관념이다.[76]

---

73 김철수, "19세기 『정역』의 종교사회학적 의미", 「민족문화논총」 62 (1916.4), 223-224.
74 김철수, "19세기 『정역』의 종교사회학적 의미", 「민족문화논총」 62 (1916.4), 226.
75 『정역』「一歲周天律 呂度數」, 抑陰尊陽 先天心法之學 調陽律陰 後天性理之道.
76 김용한, "『정역』의 민본적 특성 연구", 「유학연구」 42 (2018. 2), 19.

『정역』의 입장에서 보면『주역』3천 년은 군자, 성인, 제왕들이 여성, 인민, 소위 소인과 오랑캐라는 민족으로 억압하고 착취한 역사이다.『정역』은 이처럼 기울어진 역사를 바로 세운다는 후천 개벽의 종말론적 의미가 있는 것이다. 김지하는『정역』의 요체를 다음과 같이 설명한다.

『정역』을 읽다가 정역팔괘도가 하도(河圖)의 부활, 복희역(伏羲易)의 회복이라고 하는데, 사실은 거꾸로 뒤집어진 회복이었습니다. … 건곤(乾坤)의 위치가 복희역에서는 하늘이 남이고 땅이 북인 것이 본래의 위치대로, 하늘이 북으로 땅이 남으로 뒤집어져서 회복된다는 것입니다. 바로 창조적 원시반본인 것입니다.[77]

김항은 수운 최제우와 해월 최시형이 주창한 동학의 선천시대 5000년을 뒤집는 후천개벽 사상을『정역』후천팔괘도로 체계화하였던 것이다.

수운 선생이나 해월 선생, 일부 김항 선생, 증산 선생은 후천개벽은 선천을 없애는 것이 아니라 후천이면서 선천이고 선천이면서 후천이라고 했습니다. 동양의 후천은 공자, 석가, 노자, 장자의 좋은 점을 다 살리면서 그럼에도 중심을 후천에 두고 해체 재구성하는 새로운 개벽을 한다는 것입니다.[78]

---

77 김지하,『율려란 무엇인가』, 55.
78 같은 책, 33.

김지하에 의하면 수운과 해월의 뒤를 이은 김항의 새로운 개벽 사상은 증산의 후천 개벽 사상을 싹트게 하였다. 그러나 그의 후천개벽은 "후천이면서 선천이고 선천이면서 후천"이라는 점에서 기존의 체제를 전복시키는 근대적인 혁명 사상과 궤를 달리한다.

V. 주염계의 대립대칭의 태극도와 한국의 순환대칭의 태극도

역의 이론이 중국 사상계에 다시 등장한 것은 중국 북송의 유학자 염계濂溪 주돈이(周敦頤, 1017-1073)의 『태극도설太極圖說』에서다.[79] 그는 이 책에서 주역에 나타나지 않는 '태극도'(그림 5)를 통해 태극의 도리를 설명하였다.[80] 염계의 '태극도'보다 1세기 이전에 대립대칭의 '태극도'가 등장한다. 송대의 유명한 도교학자인 진단(陳摶, 872-989)이 그린 것으로 알려진 '무극도'(그림 4)가 그것이다. 진단의 무극도는 내단의 수련으로 신선의 경지에 이르고자 하는 도식이다. 그는 무극도를 통하여 天道를 人道로 끌어들여 인간의 존재론적 문제를 천도에서 찾고, 天人合一의 보편적 원리에 의거하여 인간의

---

79 염계 주돈이는 중국 북송(960-1127)의 유교 사상가이다. 성리학의 기초를 닦았다. 존칭하여 주자(周子)라고도 한다. 『태극도설』은 만물의 생성, 인륜의 근원을 논한 249글자의 짧은 글이지만, 그 뒤 남송(南宋)의 대유(大儒) 주자(朱子)가 그의 정치(精緻)한 해석을 통하여 자신의 철학을 서술하였으므로, 주자학(朱子學)의 성전(聖典)으로 여겨지고 있다.

80 한훈, "太極圖의 연원과 도상학적 세계관", 「유교사상연구」 제47집 (2012), 244. 염계의 '태극도'의 유래에 대해여 청대학자들의 고증에 의하면 하나는 도교의 『상방대통진원묘경』에 소개되어 있는 '태극선천도'이거나 후촉(後蜀, 934-965) 시대의 팽효(彭曉)가 지은 『주역참동계통진의서』(周易參同契通眞義序)에 나와 있는 도교의 한 방사(方士)가 만든 「수화광곽도」(水火匡廓圖)를 주돈이가 사용했다는 것이다.

존재와 가치를 파악하고자 했다.

염계의 태극도와 진단의 무극도는 대립 대칭의 형태를 띠고 있다. 진단의 무극도는 한 가운데의 원을 제외한 세 원은 흑백이 수직으로 대립되어 있는 반면에 염계의 태극도는 흑백이 교차 대립되어 있다는 점에서 순환적인 의미를 함축하고 있다.[81]

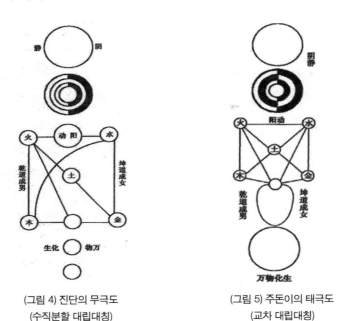

(그림 4) 진단의 무극도   (그림 5) 주돈이의 태극도
(수직분할 대립대칭)   (교차 대립대칭)

명초 조휘겸(趙撝謙, 1351-1395)은 그의 저서 『六書本義육서본의』에 '음양어태극도'를 언급하였는데, 진단의 선천태극도에서 유래한 것이라고 하지만 확실하지는 않다. 음양어태극도는 주염계의 태극

---

81 한훈, "태극도의 도상학적 세계관과 그 매체성", 공주대학교 대학원 박사학위논문 (2013), 89.

도의 대립대칭과 전적으로 다른 순환대칭의 형태이다. 가운데에는
흑백으로 된 두 마리의 물고기 형상이 일체를 둘러싸고 있는데, 이는
음양이기가 서로 왕성하게 교감하는 모습이다. 즉 음양이 서로 대립
하면서도 서로 의존하고 있어 이를 분리할 수 없으며, 어떤 사물을
막론하고 모두 음양의 양면을 가지고 있어, 각각 홀로 존재하는 순수
한 음양만의 사물은 없다는 것을 나타낸다. 또 흰 물고기 머리 가운
데의 흑점과 검은 물고기 머리 가운데의 백점은 양 가운데에 음이
있고, 음 가운데에 양이 있으며, 음양이 서로 교차되어 있어 천하에
순수한 양과 순수한 음의 사물은 없다는 뜻을 표명하는 것이다.[82]

　　명대明代 래지덕(來知德, 1525-1604)의 태극도는 『주역집주周易集
注』에 소개되어 있는데, 천지자연태극도(그림 7)라고도 한다. 이 태
극도의 특징은 그 음양 안에 별도로 작은 동심원을 넣어 태극을 나타
내고 있는 것이다. 음과 양이 서로 꼬리를 물고 껴안은 모습을 지니
며 중앙에 하얀색 원은 음과 양의 대대待對와 유행流行의 관계를 주재
하는 理의 본체를 나타내고 있다. 여기에서 理는 중앙에 주재하는
태극에서부터 음과 양의 시발점이 이루어져 그 성장이 외부로 확대
되면서 극단에 이르렀다가 다시 쇠퇴하여 음양이 시작한 괘의 위치
에 이르러 소멸하게 된다는 논리를 반영한 것이다. 래지덕의 원도는
원 밖에 팔괘방위를 표시하지 않고, 원 아래쪽에 '대대자수待對者數'와
'유행자기流行者氣' 가운데 '주제자리主宰者理'를 주석하였고, 동심의 두
개의 원과 한 쌍의 음양을 도식화하였다.[83]

---

82 신희정, "太極旗의 太極紋樣에 관한 硏究", 원광대학교 동양학대학원 석사학위논
　　문 (2018), 68.
83 같은 글, 67.

청나라 사람 호위(胡渭, 1633-1714)의 『역도명변易圖明辦』 3권에 수록된 '천지자연지도天地自然之圖'(그림 8)가 원 모습 가까운 중국 최초의 태극도라고도 한다.[84] 이 그림은 명초 조중전趙仲全의 『도학정종道學正宗』이라는 책에 실려 있다고 전해지는데, 누가 이 그림을 그렸는지 알 수 없다고도 하고 혹은 『도학정종』에 의거 하여 호위가 직접 그렸다고도 한다. 호위는 주돈이의 태극도와 구분하기 위해 古자를 붙인 그림을 '고태극도'(그림 8)라 하였다. 호위의 태극도는 순환 대칭의 음양 이태극과 팔괘를 종합하여 음양 팔괘 태극도를 발전시킨 것이다.

진단의 무극도(그림 4)와 주염계의 태극도(그림 5)를 조휘겸(그림 6)과 래지덕(그림 7)과 호위(그림 8)의 태극도와 비교해 보면 같은 태극도이지만 그 도형이 판이하다. 전자는 '음양 수직 분할 대립 대칭'이지만 후자는 '음양 회전 순환 대칭'이기 때문이다.

이처럼 가장 발전된 형태의 중국의 음양 순환 대칭의 태극도와 유사한 형태의 한국의 회돌이 태극(그림 9) 문양은 실제로 중국보다

(그림 6)
조휘겸(1351-1395)의
선천태극도

(그림 7)
래지덕(1525-1604)의
천지자연태극도

(그림 8)
호위(1633-1714)의
고태극도

---

84 廖名春 · 康學偉 · 梁韋弦/ 심경호 역, 『주역철학사』, 379.

훨씬 앞선 시기에 등장하였다. 2009년에 우리나라에서 가장 오래된 태극문양이 발굴됐다. 전남 나주 복암리 고분군(사적 제404호) 인근의 수혈(竪穴·구덩이) 유구(遺構·옛 건축물의 흔적)에서 출토된 백제 사비 시기(538-660)의 목제품 한 쌍에서 태극문양(그림 9)이 확인된 것이다.

이는 그동안 공식적으로 가장 오래된 한국의 태극문양으로 알려져 있던 신라 시대 682년경에 세워진 감은사지(感恩寺址) 장대석의 태극문양(그림 10)보다 앞서는 유물이다.[85] 1959년 12월 국립중앙박물관에서 경상북도 경주시 양북면 감은사지를 발굴 조사하였는데, 금당지(金堂址)의 기단석 전면 중앙에 온전한 형태의 태극도가 조각되어 있는 것을 확인하였다. 태극도가 발견된 감은사의 건축년도는 서기 682년 신라 31대 신문왕神文王 시기이다.[86]

태극도형이 중국에서 전래되기 이전부터 태극의 사상을 일찍부터 이해하고 그것을 장식문양으로 활용해 왔음을 알 수 있다. 이 전통이 신라 시대

(그림 9) 백제 목각 태극문양(538-660). 문화재청 제공.

85 이경희, "가장 오래된 백제 태극문양 발굴", 「중앙일보」 2009.06.04.

86 유승국, "태극의 원리와 민족의 이상", 「정신문화연구」 1983년 여름호, 5; 박광하, 『태극기 – 역리와 과학에 의한 해설』 (서울: 동양수리연구원, 1965); 김용운, "Taeguk Pattern on a stone at the Kamunsa Temple," *Korea Journal*, Jen., 1975; 정희종, "한국의 태극기 심볼에 관한 연구", 한양대학교 대학원 석사학위논문 (1980), 46, 58.

(그림 10) 경주 감은사지(682년) 동편태주 장대석(「법보신문」 제공)

로 이어져 사찰 곳곳에 태극문양이 공식적으로 표현되었다. 사찰 돌
계단의 소맷돌이나 건물 서까래의 마구리, 문의 궁창 등에도 태극문
양이 장식되었고, 사찰 경내 사당이 대문이나 벽체에도 나타난다. 대
표적으로 원효대사가 창건한 표충사(654년) 대광전 궁창 그리고 법
주사(736년)와 하동의 쌍계사(854년) 정문에도 삼태극이 크게 그려져
있다.[87]

신라 시대 이후에 창건된 사찰에는 이태극과 삼태극 문양이 발견
된다. 한국 3대 사찰[88]의 하나로, 선덕여왕 15년(646) 자장율사가 당
나라에서 모셔온 부처의 진신사리를 봉안하고 창건한 통도사에는
삼태극과 이태극 문양이 가장 많이 나타나는 사찰이다. 저자가 2017
년 10월 27일 방문하여 조사한 바 통도사 내의 삼성각과 관음전 창
문(그림 13)에서 삼태극 문양 총 27개를 확인하였다. 또한 이곳에는

---

87 정희종, "한국의 태극기 심볼에 관한 연구", 87; 방영주, "조선조 태극문양 연구",
   홍익대학교 산업미술대학원 석사학위논문 (1985); 한종인, "국가의 절대 상징 표
   상으로서의 태극기", 홍익대학교 대학원 석사학위논문 (1992).
88 3대 사찰은 불보사찰, 법보사찰, 승보사찰에 해당하는 절로서 통도사, 해인사, 송광
   사이다.

(그림 11) 허재 석관(1144)

(그림 12) 회암사(1328)

(그림 13) 노국공주 무덤
(1365)

40여 개의 이태극 문양이 그려져 있었다.

고려 중기의 문신 허재(許載, 1062-1144)의 석관에도 태극문양(그림 10)이 사용되었다. 허재는 태조 때 삼한공신三韓功臣에 봉해진 선문宣文의 현손이다. 인종 초에 이자겸李資謙·척준경拓俊京이 정권을 잡았을 때 1124년(인종 2)에 동지추밀원사, 다음해에 지문하성사知門下省事, 1126년에는 참지정사參知政事를 거쳐 중서시랑 동중서문하평장사中書侍郎同中書門下平章事에까지 올랐다. 이 석관은 개성시에서 출토된 것이다.

그 외에도 고려 충숙왕 15년(1328) 인도의 고승 지공화상이 창건한 회암사 석계 좌·우 고형석에 '회돌이 태극'(그림 12)이 정교하고 생동하는 형체로 양각되어 현재까지 잘 보존되고 있다. 그리고 1365년 고려 말기에 축조된 공민왕과 노국공주의 무덤인 현릉과 정릉, 중릉에 장식된 석조물에도 회돌이 태극문(그림 13)이 새겨져 있다.

고려 시대 이후에 세워진 향교와 조선 시대 이후에 건립된 서원에서도 이태극 및 삼태극 문양이 사용되어 왔다. 향교는 1127년(인종 5) 3월에 여러 주州에 학學을 세워서 널리 도道를 가르치라는 조서詔書에 기인한다. 1918년 조사에 따르면 당시 향교의 총수가 335개소였

(그림 14) 박영효의 최초의 태	(그림 15) 미 해군『해상국가(깃	(그림 16) 독립문의 태극기
극기(1882)	발)』의 태극기(1892)	(1897)

다.[89] 서원은 1542년(중종 37년) 풍기군수 주세붕이 순흥에서 고려의 학자 안향을 모시는 사당을 짓고 이듬해 백운동서원이라 한 것이 최초의 서원이었으며, 2018년 현재 581개가 현존한다.[90]

　기독교의 경우 성당과 교회에 십자가를 세워 신앙의 지표를 삼았듯이 모든 향교와 서원에서도 음양 이태극문양 또는 천지인 삼태극문양을 외삼문과 내삼문에 각각 세 개씩 그려 넣어 음양의 조화나 천지인 조화를 교육의 지표로 삼았던 것이다.

　이러한 전통에 따라 대한제국의 국기가 만들어질 때 음양 이태극문양이 도입된 것으로 보인다. 2008년 독립기념관이 영국국립문서보관서에서 확인한 대한민국의 상징인 최초의 '태극기' 원형을 공개했다. 1882년 박영효가 일본으로 가는 선상에서 제작한 태극기(그림 14)의 원형을 그대로 그린 것으로, 같은 해 11월 1일 당시 일본외무성 외무대보(차관) 요시다 기요나리가 주일 영국공사에게 보낸 첨부문서에서 발견된 것이다.[91]

---

89 문화체육관광부 편, 「2018년 한국의종교현황」, 251.
90 문화체육관광부 편, 「2018년 한국의종교현황」, 256. 『증보문헌비고』에서는 조선 말의 서원을 원(院) 388개, 사(祠) 286개로 도합 674개, 국사 편찬 위원회와 국정 도서 편찬 위원회에서 공편한 국사 교과서(고등학교 국사, 2004년 3월 1일 발행, 333쪽)에서는 600여 개소라고 기술하였다.

(그림 17)
태극선천도

(그림 18)
주염계의 태극도

(그림 19) 박영효
의 최초의 태극기

(그림 20) 현재
한국의 태극기

그리고 1892년 미국 해군성 항해국에서 발간한 책으로 원 제목
『해상국가 깃발*Flags of Maritime Nations*』에 한국(Corea)의 태극기(그림
15)[92]가 수록되어 있다. 이는 모두 영국국립문서보관서에서 확인한
최초의 '태극기'와 같은 형태의 좌우 대칭으로 배열한 곡옥의 순환대
칭으로 이루어져 있다. 이런 점에서 현재 상하 대칭의 반원 태극기와
차이가 있다.

중국 도교의 태극선천도(그림 17) 및 주염계가 『태극도설』에서
그려 놓은 태극도(그림 18)와 우리나라의 박영효가 그린 태극도(그
림 19)와 현재의 태극기(그림 20)를 비교해 보면 같은 음양 이태극도
지만 그 모양은 다르다. 태극선천도와 주염계의 태극도(그림 17, 18)
는 삼원의 수직 분할 대립대칭이지만, 우리나라에서 발견된 태극문
양은 모두 곡옥이 역으로 마주 보고 있는 꼴(그림 19)을 형상화한 것
(그림 9, 10, 12, 13, 14, 15, 16)이거나 반월 꼴(그림 11, 20)의 회전 순환
대칭 형태인 '회돌이 태극'이다.

---

91 강태우, "박영효 '최초 태극기' 원형 찾았다", 「충청투데이」 2008.02.29. 태극기 원
형은 현재 태극기와 같이 중앙에는 태극을 그려 청색과 홍색으로 색칠됐고 모서리
에는 건(乾)·곤(坤)·감(坎)·이(離)의 사괘(四卦)가 그려졌다. 원형의 크기는 가로
142.41㎝, 세로 115.14㎝, 태극의 지름 81.81㎝다.

92 신희정, "太極旗의 太極紋樣에 관한 硏究", 44-48.

(그림 21) 곡옥   (그림 22) 감은사 태극문양

　　한반도에서도 원시적 형태의 곡옥(그림 21)이 이미 청동기 시대에 발견되었으며, 선사시대 장신구에서도 찾아볼 수 있다. 2007년 한국 국립중앙박물관과 일본 사가현 교육위원회 공동으로 주최한 요시노가리 특별전에서 곡옥은 한국에서 기원된 것이라는 사실을 다시 한번 확인하였다. 특히 신라왕실의 금관에 장식된 곡옥들과 선덕여왕의 장신구 중에 곡옥 목걸이가 있는 것으로 보아 곡옥은 신라왕실의 상징이었음을 알 수 있다. 곡옥 장식이 있는 대표적인 신라 유물 중에는 '금관총 금관' 등이 있다.[93] 따라서 신라시대의 감은사 태극문양(682, 그림 10)은 두 개의 곡옥(그림 17)이 마주 보는 형상을 하고 있어서 한국 고유의 태극문양의 기원을 유추해 볼 수 있다.

　　조휘겸(1351-1395)의 선천태극도의 순환 대칭 태극도(그림 6) 이전에도, 통도사(646) 관음전 등 여러 사찰과 향교와 서원에 그려져 있는 이태극이든 삼태극이든 모두 순환대칭의 회돌이 태극이다.

　　이러한 형태의 태극문양은 종교시설, 교육기관, 왕실 장신구, 고위층의 사적 유물뿐 아니라, 민간인들의 생활용품에도 두루 사용된

---

93 "곡옥", https://namu.wiki/w(2019.01.14.)

한국의 대표적인 문양 중의 하나이다. 이러한 사용 사례는 중국과 일본에서도 찾아볼 수 없는 한국만의 고유한 특징이다.

VI. 태극도의 도상학적(圖像學的) 특징과 상징적 철학적 의미

아른하임A. Arnheim은『예술심리학』에서 주염계의 태극도(그림 24)의 도상학적圖像學的 특징과 조형적 구조는 가운데 원을 제외하고 세 개의 겹쳐진 원이 모두 엄격하게 수직으로 분할되어 있고 흑백이 교차되어 있는 '정지적靜止的인 선구적線球的 도형圖形'의 변형이라 하였다.[94]

11세기 주돈이가 그린 태극도 중 '최상극도'(最上極圖)에 나타난 음양의 이미지이다. 그림에서 양쪽 음양의 도형은 상호의존과 상호작용의 시각적인 표시로서 사용된다. 원의 수가 늘어남에 따라 흑과 백이 반씩 서로 마주 보고 있지만 왼쪽에서는 백(陽)이, 오른쪽에서는 흑(陰)이 우세하다. 또 좁은 고리 안에서의 수직 분할이 그것을 둘러싸는 이중으로 되어있는 원보다도 훨씬 약하기 때문에 공통 원 안에서 흑백의 결합을 강화하며, 동심원은 교차해 가면서 명암의 순환을 보여준다. 상호영향은 결국 대립의 포기 아니면 극복으로 끝나며, 도형의 변증적 귀결성을 보여준다.[95]

---

94 Rudolf Arnhein/ 이재은 역,『예술심리학』(서울: 이화여대출판부, 1984), 324-325.
95 같은 책, 329.

또한 아른하임은 주염계 태극도(그림 18)의 대립대칭이 보여주는 직선의 경계와 다르게 박영효의 태극기(그림 19)와 같은 형태인 조휘겸(1351-1395)의 선천태극도(그림 6)는 곡옥형의 꼬리와 머리가 자연스럽게 이어져서 '경계가 없는 3차원적인 기능'을 한다고 설명하였다.

양 쪽[두 곡옥] 중 한쪽 두부(頭部)에만 주목을 하면 도형의 성격을 갖게 되며, 위에 겹쳐진 것처럼 보인다. 그러나 꼬리 부분에 눈을 옮김에 따라서 역전 현상이 생긴다. 꼬리 부분은 서서히 좁아지며 경계가 없는 바탕이 되고, 다른 곡옥형의 두부가 들어오게 되어 거기서 겹쳐진다. 이와 같은 내적인 자가당착은 관찰자에게 태극도를 3차원적로 보이게 하기도 한다. 2차원에서 사물이 불편해지면 3차원이 이를 구원해 주는 것이 3차원의 기능의 하나이다.[96]

헬무트W. Helmut 역시 주염계의 태극도(그림 18)가 기본적으로 '대립 대칭'의 구조를 띠고 있다고 하였다.[97] 카프라F. Kapra가 지적한 것처럼, 한국 전통의 회돌이 태극기를 계승한 박영효가 그린 최초의 태극기(그림 19)는 두 곡옥이 한 곡옥의 머리가 다른 곡옥의 꼬리에 이어져 있어 "순환 대칭"에 해당하는 구조이다.[98]

이들의 주장을 종합하면 주염계의 태극도(그림 18)는 좌우가 삼

---

96 Rudolf Arnhein/ 이재은 역, 『예술심리학』, 339.
97 W. Helmut, "Heaven, Earth, and Man in the Book of Change": Seven Eranos Lectures, *Publications on Asia of the School of International Studies* (1977), No.28, 4.
98 F. Kapra/ 이성범 역, 『현대문리학과 동양사상』(서울: 범양사, 1982), 295.

중 반원으로 수직적으로 분할되어 엇갈리면서 대립되어 있는 '정태적 수직 분할 대립 대칭' 구조라고 할 수 있다. 반면에 우리나라의 전통적인 '회돌이 태극'은 "역동적 곡옥 회전 순환 대칭"이라 할 수 있다. 아래의 그림 같이 양자를 비교해 보면 같은 태극도라 하지만 그형태가 매우 다르다. 따라서 이 두 형태의 태극도의 조형적 구조가함축하고 상징하는 미학적 철학적 의미도 다를 수밖에 없다.

☯ 역동적 곡옥 회전 순환 대칭

(그림 23) 한국 전통의 회돌이 태극도

음과 양이 꼬리를 물고 이어져 있어 음과 양이 본체론적으로 비이원적이고(둘이 둘이면서 하나) 음양이 회전하며 순환하니 생성론적으로는 비시원적이다. 무시무종(無始無終)의 상징이다.

☽ 정태적 수직 분할 대립 대칭

(그림 24) 주염계의 태극도

음과 양의 좌우 대칭으로 대립되어 있어 음과 양이 본체론적으로 이원론적이고 생성론적으로 시원적이라는 의미를 함축한다. 천존지비(天尊地卑)이며 양선음후(陽先陰後)의 상징이다.

1. 음양의 우월 여부와 완벽한 상호 조화

주염계의 태극도(그림 24)는 반원이 수직적으로 분할된 태극(☽)에서 변형 발전한 형태이다. 중앙부의 작은 원에 의해 분할이 중단되어 있지만, 전체적으로 삼중원이 엄격하게 수직으로 분할하는 축이 남아 있다. 안에서부터 원이 증가함에 따라 검정과 하양은 반씩 교차 대립하며 상호보완적 대칭을 이룬다.[99] 동심원은 효과적으로 공통의 원형 안에서 흑백 원리의 결합을 강화하지만 언뜻 보아도 왼쪽에서는 백이 오른쪽에서는 흑이 우세하기 때문에 완벽한 상호보완이라고 보기 어렵다.

반면에 한국 전통의 회돌이 태극도(그림 23)는 두 곡옥이 거꾸로 된 위치("69")로 마주하고 있어서 서로 충돌하지 않는다. 이 "곡옥형曲玉形 태극도"는 주염계의 태극도와는 달리 흑과 백의 우열이 나타나지 않는다.

"지고의 하나"와 그것을 구성하는 음과 양이 동일한 것으로 이해되며, 이 두 원리에 대해서 어느 것이 더 우세하거나 열등하거나 하지 않는, 또 전체도 부분도 지배적이 아닌 것이어야 하는 것이다.[100]

음과 양을 상징하는 두 곡옥이 머리를 마주하고 있는 대칭성은 갈등이라기보다는 창조적인 긴장 관계를 낳는다. 이 반목하는 두 힘은 하나는 왼쪽을 또 하나는 오른쪽을 향함으로 충돌하지 않고 결합해서 회전하는데, 이는 모든 존재의 순환을 상징한다. 곡옥들의 뒤집힌 자세 역시 각 곡옥들에게 독자성을 부여해 준다. 두 곡옥은 각각 그 자체로서 완전한 하나의 곡옥이나 원 안에서 상보적으로 공재하는 하나의 원이 된다. 이 두 상대는 원반의 어느 지점에서도 상보적

---

99 최미현, "태극문양의 조형적 구조에 관한 연구", 조선대학교 대학원 석사학위논문 (1994), 33.

100 Rudolf Arnhein/ 이재은 역, 『예술심리학』, 336.

이며 어느 한쪽이 좁을 때 다른 한쪽은 얇은 부분이 되고 이것은 전 비율을 통해 변함이 없다.[101] 두 곡옥의 순환 대칭으로 표현된 음양은 대등한 것으로 이해되며 양자 사이의 우세와 열등은 존재하지 않으므로 완전한 상호보완의 조화를 나타낸다.

2. 위계적 분화와 비시원성

아른하임은 주염계의 태극도가 위계적 분화(hierarchical differentiation)를 형상화한 것이라고 하였다. 그에 따르면, 하나는 양陽와 음陰의 두 개의 원리로 분화되고, 이 둘은 각각 다시 음과 양이 더해져 네 개의 형태로 분화된다. 네 개의 형태(四象)는 다시 각기 음과 양이 차례로 더해져 3자를 이루는 8개의 형(八卦)으로 분화된다. 음과 양은 3번째 요소의 부가에 의해 다양하게 배분(萬物)된다. 이처럼 전체는 분리된 실체로 제시되며 각 부분은 각 단계에 맞게 분화되어 다양하게 나타난다. 이러한 분화가 두 개의 기본 원리로 이루어졌다는 것은 전체가 부분을 낳고 넓어지는 것 그리고 전체를 구성하는 것을 보여준다.[102]

이러한 위계적 분화에는 선후와 우열과 상하가 존재할 수밖에 없다. 주염계의 태극도는 왼쪽에서는 백이 오른쪽에서는 흑이 우세하기 때문에 좌우에 따라 우열이 나뉜다. 안에서 밖으로 분화할 때마다 원의 크기가 달라지니 이 역시 선후에 따른 우월이 불가피하다. 이러한 위계적 분화는 완전한 조화를 이룰 수 없다.

---

101 최미현, "태극문양의 조형적 구조에 관한 연구", 33.
102 Rudolf Arnheim/이재은 역, 『예술심리학』, 323-32.

『주역』에서는 이를 "천존지비天尊地卑라 하여 하늘은 귀하고 땅은 천하다고 보며, 하늘을 머리에 두고 땅을 다음에 둔다"고 하였다. 지아비·아비·군주는 존귀하고 아내·자식·신하는 비천하다는 후세의 관념은 여기에서 발전되어 나온 것이다.[103] 그래서 "하늘이 중심이고 양이 중심이고 남성 중심이고 성인군자 중심이며 중국민족 중심"[104]이 된 것이다. 이러한 위계적 발생 방법은 역 본래의 상호보완의 온전한 조화의 실상을 상실하게 된다.[105]

반면에 순환대칭 태극도는 비시원적이기 때문에 음과 양 어느 쪽이든 한쪽이 다른 쪽을 종속시킬 수 없다. "어떤 순간에는 전체가 우위를 보이며, 다음 순간에는 부분이 우세해진다."[106] 양자 간에 본질적인 위계가 있을 수 없는 것이다. 다시 말하면 음과 양은 본체적으로 "둘이 둘이면서 하나"이며, 따라서 둘 사이의 주종과 선후를 따질 수 없으니 완전한 조화가 가능하다.

3. 정태성과 역동성

태극의 양의兩儀는 공간적으로 이해하면 음과 양이라는 두 본체이지만, 이를 시간적 이해로 보면 정靜과 동動의 생성 원리이다. 다시 말하면 밤낮이 서로 다르지만 낮이 기울어 그 극에 다다르면 밤이 되고 밤이 차서 그 극에 달하면 낮이 된다. 이처럼 음과 양은 둘이면

---

103 廖名春·康學偉·梁韋弦/심경호 역, 『주역철학사』, 183.
104 김지하, 『율려란 무엇인가』, 17.
105 W. Helmut, "Heaven, Earth, and Man in the Book of Change", 4.
106 Rudolf Arnhein/ 이재은 역, 『예술심리학』, 337.

서도 하나가 되며 이 일정—靜과 일동—動에는 선후가 없다. 음과 양은 무시무종 순환유행無始無終 循環流行하는 것으로서 '비시원적인 조화전개의 역동적 원리'를 표상하고 있다.

그러나 주염계의 태극도는 아른하임A. Arnheim이 지적한 것처럼 수직으로 분할되어 있고 흑백이 교차되어 있는 태극도(◐)에서 발전한 형태로 가운데 원을 제외하고 세 개의 겹쳐진 원인 모두 엄격하게 수직으로 분할되어 있고 흑백이 교차되어 있는 '정지적靜止的적인 도형圖形의 변형'이다.

순환대칭의 태극도(☯)에서 두 곡옥이 마주 보는 "이 대립은 갈등이 아니고 오히려 생산적인 긴장을 만들어"내고, "그것들은 순환 모멘트를 만들어내며, 따라서 순환 속에서 결합된다."107 '음양 동정이 서로의 뿌리가 되어 순환운동'108을 표상하기 때문이다.

모든 운동에서 일정한 간격의 시간마다 동일한 상태가 되풀이되는 경우 이를 순환적 주기운동이라 한다. 이러한 주기적인 반복은 근본적으로 변화의 규칙성에 의한 변하지 않는 항구성으로도 이해된다. 이러한 순환질서 자체는 태양의 운행 방향에 따른 순환론적 관념의 우주관에 근원을 두고 있다.109 따라서 순환대칭의 태극도를 통해 모든 것이 변화하지만 변화하는 것 그 자체의 역동성은 변화하지 않는다는 사실을 드러낸다.

앞에서 살펴본 것처럼 역동적 곡옥 회전 순환 대칭과 정태적 수직 분할 대립 대칭의 태극도는 대칭 구조의 형태가 판이한 것처럼 사상

---

107 같은 책, 337.
108 같은 책, 381.
109 최미현, "태극문양의 조형적 구조에 관한 연구", 35.

적 의미도 전혀 다르다.

동·서문화의 차이를 가르는 존재론과 생성론의 골자에 대해 서양은 이원론적 본체론과 시원적 위계론이 주류를 이루고, 동양은 비이원론적 비본체과 비시원적 순환론을 중심으로 삼았다. 이런 관점에서 보면 주염계의 대립대칭의 태극도는 서양문화의 이원론과 시원론을 완전히 극복하지 못한 것으로 평가된다. 반면에 한국의 이태극도나 삼태극도는 비대립적인 곡옥이 하나의 원 안에 비시원적으로 조화를 이루는 일체로 그려져 있다. 따라서 한국의 태극도가 주염계의 태극도보다 비대립적이라고 볼 수 있으며, 비이원적이고 비시원적인 특징을 분명히 드러내고 있다.

본체론이냐 비본체론이냐, 시원론이냐 비시원론이냐 하는 문제에 따라 신과 인간, 영과 육, 남과 여, 정신과 물질, 인간과 자연의 관계에 대한 이해가 달라진다. 주염계의 대립대칭의 태극도에 함축된 음양이태극론은 음양이원론의 철학적 기초가 된다. 이러한 성리학의 음양이원적 태극론을 적극 수용한 조선 왕조의 유교문화에서는 남존여비 사상이 내재화될 수밖에 없었다. 그리하여 여필종부女必從夫, 삼종지도三從之道, 남녀칠세부동석, 칠거지악의 남아선호사상이 이어져 왔다.

우실하는 주염계의 태극도가 유가의 음양 이기론으로 채택되었으나 두 곡옥의 순환대칭의 태극도가 등장함으로써 사라지게 되었다고 주장한다.

첫째, 음양론에 오행론을 결합한 주렴계의 태극도설(太極圖說)이 성리학의 집대성자인 주자(朱子)에 의해서 유가(儒家)의 우주론으로 채택됨으로써 음양만을 함유한 음양태극 관념이 유가 계열의 주류를 이루게 되었다. 이런 음양 2기를 함유한 음양태극 관념은 성리학의 이기론(理氣論)과 맞물리면서 유가의 우주관으로 자리 잡게 된다. 그러나 주렴계의 태극도는 명나라 시대에 '음양어태극도'(陰陽魚太極道)가 등장하면서 역사에서 사라진다.

둘째, 명나라 때에는 현재 우리가 흔히 볼 수 있는 음양태극도 기원이라고 알려진 '음양어태극도'(陰陽魚太趣圖)가 만들어진다. 이후 '음양어태극도'는 일반적으로 '태극도'로 불리며, 우리나라 태극기에서 보이는 것처럼 변형되기도 한다.[110]

성리학을 추종하는 일부 유학자들에 의해 주렴계의 태극도가 그대로 수용되기도 하였다. 고려 충혜왕 원년(1330)에 현유賢儒의 위패를 봉안, 배향하고 지방민의 교육과 교화를 위하여 창건된 양양향교는 당시 존무사存撫使 안축安軸이 양양부 구교리舊校里에 설립하였다. 양양향교의 외삼문(그림 25)에는 주렴계의 태극도가 그려져 있다. 그러나 퇴계 이황의 학문과 덕행을 기리고 추모하기 위해 명종 때인 1561년에 설립된 안동의 도산서원에는 삼태극 문양(그림 26)으로 되어있어 대조된다.[111]

주렴계의 태극도설은 고려의 유학자들에게 소개되어 광범위하

---

110 우실하, "「천부경」, 「삼일신고」의 수리체계와 3수 분화의 세계관(1-3-9-81)", 「선도문화」 1 (2006), 90.

111 도산서원은 조선시대에 와서 여러 차례의 중수를 거쳐 1682년(숙종 8)에 부사 최상익(崔商翼)이 현재의 위치로 이건하였다. 6·25전쟁 때 소실되었다가 1952년부터 대성전·명륜당·동재(東齋)·서재(西齋) 등이 신축되어 지금에 이르고 있다.

(그림 25) 양양향교 외삼문(1330년)   (그림 26) 도산서원 진도문(1561년)

게 논의되었고 이러한 영향으로 후대의 향교와 서원의 외삼문(그림 25)에는 이태극이 그려지기도 하였다. 그러나 신라 시대의 사찰이나 조선 왕조 초기의 왕실문양과 그리고 성리학 수용 이전의 향교와 서원 등에서는 주로 삼태극(그림 26)이 그려져 있다. 이에 대한 자세한 내용은 제2장 "삼태극과 천지인 조화론"에서 다룬다.

VII. 서양의 이데아론과 동양의 태극론

1. 동·서문화 비교론

동양과 서양의 문화와 사상과 종교는 서로 공통점과 차이점이 분명히 드러난다는 여러 주장이 제기되었다. 1939년 동서철학자 대회[112]가 하와이에서 개최된 것을 효시로 동·서문화의 차이에 대한 비교 연구가 여러 학자들에 의해 진행되었다.[113] 동·서문화의 내용적 구분에 대해서 스즈끼 교수는 동양문화는 종합적, 전체적, 종합적, 연역적, 비조직적, 직관적이고, 서양문화는 분석적, 분별적, 차별적, 귀납적, 조직적, 개념적이라고 하였다.[114] 전자의 상호화합적인 점과 후자의 상호배타적인 점인 동·서문화의 차이라는 것이다.

하스W. S. Haas는 서양인의 사고는 '잡다 중 통일'(unity in varity)의 논리를 지향하는 반면에, 동양인의 사고는 병렬과 동일성의 논리를 지향하는 "무차별의 심미적 연속"(undifferentiated aesthetic continuum)이라고 하였다. 무어C. Moor는 피타고라스가 제시한 '한정의 원리'에 따

---

112 Charles A. Moore, *Philosophy, East and West* (Princeton University Press, 1946).

113 최민홍, 『동서비교철학』 (서울: 성문사, 1979); 김하태, 『동서철학의 만남』 (서울: 종로서적, 1985).

114 김하태, 같은 책, 11.

라 서양은 실재를 한정적인 것으로 보지만, 동양의 경우는 형이상학적 실재를 한정되지 않는 것으로 본다고 하였다. 예일대의 노드렙F. S. I. Northrop은 '직관에 의한 개념'과 '가정에 의한 개념'이 동·서문화의 차이라고 하였다. 니시다 기타로는 서양의 유개념과 동양의 무개념을 양 문화의 차이점으로 설명하였다.115

한국 학자로서 동서양의 구분에 대해 김용옥은 "서양을 헤브라이즘, 헬레니즘, 게르마니즘이 서양철학사에서 表現된 것으로 이해하고, 동양을 유가, 불가, 도가의 삼대 사상을 회통會通하여 그 공통성을 찾아 묶어 이해한다면 서양적 동양적이란 구분 근거가 성립할 수 있다"고 하였다.116

김용옥은 서양을 지역별로 구분한 반면에 동양은 사상별로 구분하였다. 그러나 동양도 지역적으로 세분할 필요성이 제기된다. 동양을 지역별로 구분할 때 크게는 근동Near East, 중동Middle East, 극동Far East으로 나눌 수 있다. 극동의 문화권에는 크게 중국, 일본, 한국이 포함된다. 이들 극동 삼국의 학문체계는 일반적으로 동양학East Asian Studies이라 불린다.117

한국신학자 중에서 이 문제를 깊이 다룬 김하태는 이원론적 사고방식이 서양사상의 출발점이라고 하였다. 그에 의하면 동양은 양자택일의 모순 개념이 아니라 양자 조화의 개념을 지향한다. 따라서 서양에서는 신과 피조물, 인간과 자연, 물物과 심心, 필연과 우연, 수단과 목적, 선과 악 등 모든 문제가 분립되어 있다. 그리고 여기서 제기

---

115 같은 책, 19.
116 김용옥, 『동양학 어떻게 할 것인가』 (서울: 민음사, 1985), 177.
117 같은 책, 25.

되는 모순과 반대의 개념을 어떻게 취급하느냐는 서양철학의 당면 과제라고 본다.[118]

이에 반해 김광식은 서양문화와 동양문화의 아프리오리 사이의 근본적이 차이점을 '원연합-불리-재결합의 소외동기'와 '조화전개의 비소외동기'에서 찾는다.

> 서양의 문화적 아프리오리는 원연합-분리-재연합의 논리적 구조를 가졌고 원연합에서 분리되는 것은 소외동기에 의한 것이며, 분리되었다가 재연합되는 것이 구원 혹은 종합이라고 할 수 있다. 이에 반하여 동양의 문화적 아프리오리는 조화적 대칭의 자기전개(음양설)이거나 조화적 통일(理氣論)이거나 혹은 본원적인 조화의 합일(陽明學)에서와 같이 소외동기를 찾아볼 수 없고 구원이나 종합이라는 뜻으로 재연합이 문제되지 않는 것이다. 오히려 동양적인 문화의 아프오리는 주어진 소여(所與)가 분리되지 않고 단지 불완전상태에서 완전한 상태로 전개되는 데 있는 것 같다. 불완전과 완전 사이에는 소외가 있는 것이 아니라 수도(修道)에 의한 성(誠)이 있어서 이것을 가능케 하는 것이 아닌가 생각된다.[119]

서양문화의 아프리오리는 소외동기에 기초한 원연합-분리-재연합으로 나아가는 분석종합의 구조이며 내용적으로는 언물일치言物一致이고, 동양문화의 아프리오리는 소외동기가 없는 불완전에서 완

---

118 김하태, 『동서철학의 만남』, 78.
119 김광식, 『선교와 토착화 - 언행일치의 신학』 (서울: 한국신학연구소, 1975), 112-113.

전으로 나아가는 조화 전개의 과정이며 내용상으로는 언행일치言行一致라는 것이다.[120]

김광식은 복음이 서양문화 속에 뿌리내리는 과정에서 서양문화의 소외동기estrange motif에 근거한 원연합-분리-재결합의 논리구조를 통해 죄-구원론적 서양신학을 발전시킨 것으로 본다.[121] 서양신학이 특별히 이러한 죄론을 기초로 하였기 때문에 기독론에 있어서도 그리스도를 죄를 용서해 주시는 분으로만 첨예화시켰다고 분석한다.[122] 따라서 몰이원적이고 탈소외적인 동양문화의 선험적 개념에 기초하여 언행일치의 신학을 제시한다.

> 그러면 소외로서의 죄 혹은 타락이 문제 되지 않고, 재연합으로서의
> 구원이 문제되지 않는 동양의 문화적 아프리오리에 근거한다면, 복
> 음은 어떻게 이해할 수 있겠는가? 불완전에서 완전으로 나아가는 조
> 화전개와 지행합일(adaequatio intellectus et actionis)을 지향하
> 는 몰이원적이고 탈소외적인 언행일치라는 동양문화의 선험적인 개
> 념을 통해 복음에 나타난 기독론과 속죄론을 재해석하려는 시도로 제
> 안된 것이 '언행일치의 신학'이다.[123]

---

120 김광식, "분석종합과 조화전개 사이에 선 신학의 과제", 「조직신학논총」 1 (1995), 119-146.

121 같은 책, 114.

122 김광식, "신학의 변형과 동양 신학의 제문제", 「기독교사상」 6월호 (1971), 115.

123 김광식의 언행일치의 신학에 관해서는 아래를 참고할 것. "신학의 변형과 동양 신학의 제문제", 「기독교사상」 6월호 (1971), 103-115; 『선교와 토착화 - 언행일치의 신학』 (서울: 한국신학연구소, 1975); "언행일치의 신학", 「현존」 55 (1978), 36-41; 『토착화와 해석학』 (서울: 한국신학연구소, 1988), 36-50.

동·서문화의 특징에 대하여 김하태는 존재론적으로 이원론의 여부로, 김광식은 생성론적으로 소외동기의 여부로 구분하였다. 여기서 한 걸음 더 나아가 이러한 동·서문화의 차이를 밝힐 수 있는 더 종합적인 분석의 기준이 요청된다.

대만 문화대학의 철학교수인 고회민高懷民은 동양과 서양의 문화의 차이의 '근원적 기준'을 태극론과 이데아론의 차이로 분석한다. 플라톤이나 아리스토텔레스의 이데아론은 만물의 불변하는 작용을 전제한다. 태극론에서는 만물이 생성 변화하는 것은 우주의 대유행의 작용이라고 본다. "이른바 태극은 플라톤의 관념Idea과도 다르고 아리스토텔레스의 제일형식과도 다르다"[124]는 것이다.

화이트헤드는 "유럽의 철학적 전통을 확실하게 일반적으로 특징 짓는다면, 그것은 그 전통이 플라톤에 대한 일련의 각주로 이루어졌다는 것이다"[125]라고 하였다. 이 말은 화이트헤드와 관련하여 가장 많이 인용되는 유명한 명제이다. 그는 플라톤의 이데아론의 영향력에 의해 이룩된 2000여 년의 서양문화에 대해서 "최소한의 변화를 반영하려고 한다면, 유기체철학Philosophy of organism의 구축을 착수해야할 것이다"고 하였다. 그가 말한 유기체철학은 동양 사상의 근원과 맞닿아 있다.

동양의 태극론이나 서양의 이데아론은 동서사상의 비교의 기준이 될 수 있는 통시적이면서 동시에 공시적인 사상적 구성 원리이다.

---

124 高懷民, "易經哲學的人類文明之道", 「易學應用之研究」 第二集 (1982, 臺灣中華書局); 廖名春·康學偉·梁韋弦/ 심경호 역, 『주역철학사』, 749 재인용.

125 A. N. Whitehead, *Process and Reality: An Essay in Cosmology* (Cambridge University Press; Corrected edition, New York: The Free Press, 1978), 39.

그러므로 태극론과 이데아론을 기준으로 하여, 양자의 사상 속에 함축되어 있는 존재론과 생성론의 특징을 분석함으로써 동·서문화의 구성 원리를 비교해 보려고 한다.

인간의 근원적인 사고는 칸트가 직관의 형식이라고 한 시간과 공간을 어떻게 이해하느냐에 달려 있다. 공간 내에 존재하는 대립적인 실체들의 관계를 어떻게 이해하느냐는 것이 존재론이다. 시간의 과정 속에 드러나는 선후의 관계를 어떻게 이해하느냐는 것은 생성론이다. 존재론은 다시 대립되는 두 존재를 '본체론적으로 전적으로 다른 실체라고 보느냐' 아니면, '실체론적으로 둘이면서도 하나일 수 있다고 보느냐'에 따라 이원론과 비이원론으로 대별된다. 생성론은 시간 전후 과정을 직선적으로 보느냐, 순환적으로 보느냐에 따라서 소외동기를 전제하는 소외론과 조화로운 전개로 보는 비소외론으로 대별된다.

이원론적 소외론은 '대립과 갈등'이 강조되고, 비이원론적인 비소외론은 '조화의 전개'를 지향한다. 따라서 태극론과 이데아론을 이런 관점에서 분석하려고 한다. 이 둘은 각각 통시적으로 볼 때 동서양의 시원사상이면서, 공시적으로 볼 때는 각 시대를 통해 면면히 이어져 오면서 새롭게 해석되어 온 사상이기 때문이다. 태극론과 이데아론의 공간과 시간 이해, 즉 본체론과 생성론을 분석의 틀로 삼아 동·서문화의 차이를 비교 검토하려고 한다.

2. 이데아론의 본체론적 이원론과 위계적 시원론

서양문화와 철학의 근간이 되는 플라톤 사상의 핵심인 이데아론의 존재론적 및 생성론적 의미를 분석하고, 서양문화를 통해 어떻게 전승되어 왔는지를 살펴보려고 한다.

플라톤의 이데아론은 『이상국가론』에서 제시한 '동굴의 비유'에 가장 잘 함축되어 있다. 이 비유는 영원불변의 빛의 세계와 변화무상한 그림자의 세계를 대비하여 보여준다. 플라톤은 전자를 이데아의 세계로 후자를 현상세계로 이해하였다.

이데아론의 공간이해(존재론)에 따르면 이 세계는 변화무상한 현상의 세계와 영원불변의 이데아의 세계, 다시 말하면 변화하는 것(물질)과 변화하지 않는 것(영혼)으로 구별되는 세계이다. 이데아의 세계와 현상의 세계는 빛과 그림자처럼 절대적으로 구분되기 때문에 이데아론은 존재론적으로 이원론적 본체론substantialism인 것이다. 플라톤 철학을 이원론二元論이라고 할 수 있는 이유는 빛과 그림자라는 두 가지 궁극적인 원리 사이에 생겨난 균열이 끝내 메워지지 않고 있기 때문이다.[126]

플라톤은 이데아의 세계와 현상세계를 본체론적으로 나누고 전자에서 후자가 기원했다고 보았다. 여기에는 공간 인식에 드러난 본체론적 이원론과 시간 인식에 드러난 비시원론적 위계론이 함축되어 있다.

이러한 이원론적 본체론은 근대에 와서는 데카르트에 의해 재정립되었다. 데카르트는 정신과 물질의 본성에 대한 탐구에 집중하였다. 그는 물질에는 무게라는 실체적 성질이 있기 때문에 떨어지는 경향이 있다고 설명하는 스콜라적 자연과학에 만족하지 못하고, 물리

---

126 H. J. Störig/ 임석진 역, 『서양철학사』 (왜관: 분도출판사, 1989), 209.

수학적 연구를 통하여 물질은 연장延長이라는 기계론적 자연관을 정립하였다. 물질과 달리 정신은 사유하는 것만으로, 다시 말하면 신체 없이도 존재할 수 있기 때문에 정신과 물질이 본체론적으로 구별되는 독립된 실체라는 본체론적 이원론에 이르게 된 것이다.

데카르트는 인간은 공간에서 연장을 지니는 물질과 유한하고 불완전하게 사유하는 정신을 지닌 존재이고, 자연은 전적으로 연장만을 지니는 물질이고, 이에 반해 신은 무한히 완전한 사유를 지닌 정신의 존재라고 하였다. 정신(사유)과 물질(연장)뿐만 아니라 신과 인간, 인간과 자연, 자연과 신은 본체론적으로 다른 것으로 이해되어 왔다.

뉴턴은 이러한 본체론적 이원론을 시간과 공간 이해에 적용시켰다. 시간과 공간은 전적으로 다른 실체라는 주장이다. 시간과 공간의 실체적인 대상으로 존재하며, 절대 시간과 절대 공간이 존재한다고 보았다.

플라톤의 이데아론적 세계관에서 유래되는 이러한 본체론적 사고의 경향은 서양 기독교신학에도 그대로 반영되어 예수 그리스도가 본질적으로 인간이냐 신이냐는 양성론 논쟁, 성부와 성자와 성령이 동일본질homoousios인지 아니면 유사본질homoiousios인지에 관한 삼위일체론 논쟁, 성찬론에 있어서 화체설transubstantialism과 동재설consubstantialism 같은 신학적 논쟁에도 그대로 적용되어 왔다. 키에르케고르와 칼 바르트와 같은 현대 신학자들조차 하나님과 인간 그리고 하나님과 자연 사이에 '무한한 질적 차이'가 있으며, 인간과 자연 사이에도 이러한 질적 차이가 있다는 변증법적 신학을 전개한 것이다.

이데아론의 빛과 그림자의 비유는 빛이 있기 때문에 그림자가 따른다는 시원적인 인식을 함축하고 있다. 이데아론적 시간 이해에 있어서 서양문화는 본래적이고 근원적인 것에서 비본래적인 것이 생성되었다는 시원론적 사고를 기본으로 하고 있다. 이러한 시원성이 서양문화의 생성론의 골자이며, 신플라토니즘의 유출설Emanation은 그 전형이라 할 수 있다. 유출설에 의하면 만물은 존재 자체인 일자一者에서 정신Nous, 정신에서 영혼Psyche, 영혼에서 물질Matter의 순서로 방출되어 생성되었다는 것이다.[127]

아리스토텔레스도 모든 운동에는 동인動因이 있고, 동인을 무한히 소급할 때 최초의 동인인 "부동不動의 동자動者"가 존재한다고 하였다. 이러한 유시유종有始有終의 직선적인 사고를 아리스토텔레스는 위계적hierachica이라고 하였다. 다른 말로 표현하면 시원적orientable이라는 뜻이다. 시원적이라는 말은 "이쪽에서 저쪽, 혹은 저쪽에서 이쪽으로 어느 한쪽에 근원을 두고 거기서 출발하여 사고를 전개한다는 뜻이다."[128]

서양의 시원적인 사고는 원연합-분리-재결합의 소외론적인 도식과 차별과 적대를 제도화한 위계적hierachical인 구조를 띠고 있다. 아레오바고의 디오니시우스는 시원적인 위계론을 천상의 계급과 교회의 계급에 적용하기도 하였다. 토마스 아퀴나스는 『신학대전』에서 천상의 계급은 그 위계에 따라 스랍Saraphim, 그룹Cherubim, 보좌Thrones, 주관자Dominations, 능력Virtues, 권세Powers, 정사Principalites, 천사장Archangel, 천사Angel로 일곱 단계의 계급적 차별로 구분하였다. 교회의 계급은 교황, 감독, 사제, 부제, 수사, 평신도, 입문자로 차별화된다.

---

127 J. Hirschberger, 『서양철학사 상권』 (서울: 이문문화사, 1987), 363-372.
128 김상일, 『한철학』 (서울: 지식산업사, 1983), 46.

근대에 와서 시원적인 생성론을 라이프니츠와 쇼펜하우어에 의해 모든 것은 이유를 가진다는 충족이유율Principle of Sufficient Reason로 전개되었다. 생성에 있어서는 원인과 결과가 있고, 인식에 있어서는 이유와 귀결이 있으며, 존재에 있어서는 선후, 상하, 좌우가 있으며, 행위에 있어서는 동기와 목적이 있어야 한다고 설명하였다.129

실존철학에서도 이러한 시원적인 개념의 소외도식을 드러나 있다. 본래적인 것과 비본래적인의 구분이 바로 그것이다. 본래성과 비본래성의 구분은 생성론적 이원론으로서 소외동기가 내재된 위계적인 사고가 현대적인 행태로 나타난 것이다. 마르크스는 서양문화의 기저에 깔린 소외동기를 자본과 노동의 생산관계에 있어서 발생하는 사회적 소외와 계급 갈등의 개념으로 발전시켰다.

이데아론이 함축하듯이 빛이 먼저고 그림자가 나중이라는 시원적 사고는 차별과 적대를 당연한 우주의 생성론적 귀결로 받아들인다. 물론 아리스토텔레스의 사상을 플라톤의 사상과 비교하면 더 종합적이기 때문에 비이원적이고 비본체적이라 할 수 있을는지 모르나, 철저하게 이원론과 비본체론을 벗어나지는 못했다. 그리고 서양사상에서도 비이원론적이고 비시원적이 신비주의적 사상가들이 없지 않았으나, 이들이 서양사상사의 주류를 이루지는 않았다. 단지 서양사상의 비주류로서 시대마다 새롭게 등장한 것은 사실이다.

현대에 와서 화이트헤드의 과정신학은 이러한 서양사상의 비주류를 주류로 만들려는 시도라고 볼 수 있다. 그는 자신의 유기체 철학이 플라톤의 철학적 전제와 어떻게 다른가 하는 점을 규명하려고

---

129 박종홍, 『일반논리학』 (서울: 박영사, 1975), 19-20.

하였다. 화이트헤드가 새롭게 이해한 '현실적 존재'(actual entity)라는 개념은 공간적으로 보면 '파지prehension와 공재togaterness와 결합nexus'이라는 상호 유기체적 현상으로서 비본체론적이다.

화이트헤드는 "실체는 다른 주체에 내재하지 않는다"는 아리스토텔레스의 명제를 전적으로 거부한다. 그와는 반대로 "현실적 존재는 다른 현실적 존재에 내재한다"고 주장한다. 사실 다양한 정도의 관련성 및 무시할 수 있는 관련성을 참작한다면 "모든 현실적 존재는 다른 모든 현실적 존재에 내재한다"는 것이다. "모든 존재는 다른 존재에 내재한다"(being present in another entity)는 관념을 명확하게 밝히려 한 것이 유기체 철학의 근간이라고 할 수 있다.

> 현실적 존재들은 그들 상호 간의 파지(파악, prehension)에 의해서 서로를 포섭한다. 그렇기 때문에 현실적 존재와 파지가 실재적이고 개별적이며 개체적이라고 하는 것과 동일한 의미에서 실재적이고 개별적이며 개체적인, 현실적 존재들의 공재(togatherness)라는 실재적인 개별적 사실들이 존재하게 된다. 현실적 존재들의 공재라는 이 같은 개체적 사실은 모두 '결합체'(nexus)라 불린다.[130]

이러한 의미에서 화이트헤드 철학은 모든 현실적 존재의 유기적 관계성을 강조하는 '유기체 철학'이라고 할 수 있다. 상호의존적 관계는 상호내재mutual immanence의 결합체를 구성하고 있는 현실적 존재들의 가장 일반적인 공통의 기능이다.[131] 화이트헤드에 의하면 신, 자

---

130 A. N. Whitehead, *Process and Reality: An Essay in Cosmology*, Corrected Edition (New York: The Free Press, 1978), 75.

연, 인간은 상호 내재의 유기체적 관계에 있는 현실적 존재이다. 신과 자연과 인간과 모두가 동일한 지평에 있으며, 키에르케고르나 바르트가 말한 것처럼 이들 사이에 무한한 질적 차이가 있는 것은 아니다.

화이트헤드의 '현실적 계기'(actual occasion)라는 개념은 시간적으로 보면 '합생concrescence과 이행추이, transition'의 과정적 생성적 현상으로서 비시원성을 의미한다. 모든 과거의 현실적 존재자들은 현재의 현실적 존재자의 생성에 관여한다는 것이다. 이 현실적 계기의 생성과정은 합생合生, concrescence과 이행移行, transition이라는 새로운 개념으로 설명된다. 전자는 구체성이 없는 분리된 존재들이 합체合體해서 하나의 현실적 존재로 생성되는 내적 과정을 의미하며, 후자는 하나하나의 현실적 생성과정이 그다음 과정으로 이행하는 외적 과정을 의미한다. 합생과 이행은 현실적 존재자의 생성과정의 목적인과 작용인의 조건이 되는 두 가지 종류의 과정이다.

> 한 종류는 개별적인 존재자의 구성에 있어서 고유한 유동이 있다. 이러한 종류를 나는 '합생'이라고 부르고자 한다. 다른 종류는 개별적인 존재자의 완성에 이르러 과정의 소멸이 과정의 반복에 의해 도출된다는 개별적인 존재자의 구성에 있어서 창조적인 요소로서 존재하는 것을 구성하는 유동이다. 이 종류를 나는 '이행'(추이)이라고 부른다. 합생은 주체적 목적으로서 자신의 목적인을 향해 움직인다. 이행은 불멸의 과거인 작용인의 매개이다.[132]

---

131 오영환, 『화이트헤드와 인간의 시간경험』 (서울: 통나무, 1997), 314.
132 Whitehead, *Process and Reality*, 210.

현실적 존재자는 이행(추이)의 과정을 통해 과거가 현재에 작용인으로 작용하도록 순응하며, 합생 과정을 통해서 과거에 대한 현재의 새로운 대응 즉 미래가 현재의 목적인에 작용하도록 대응한다.

이러한 화이트헤드의 생성론이 갖는 또 하나의 중요한 특징은 "동시적인 현실적 존재는 인과적으로 독립해 있으며, 서로 다른 현실적 세계의 외부에 있다"는 명제로 요약될 수 있다.[133] 그는 현실적 계기들은 시간적으로 상호내재하고 있다는 점에서 동시적인 것con-temporaneousness이라 하였다.[134]

과정철학의 비인과론적 동시성은 비시원성을 의미하며, 서양철학의 전통적인 생성론의 인과론적이고 시원적인 위계론과 전적으로 다르다. 과거가 현재를 결정하는 결의론적 시간 이해가 아니라, 과거가 현재의 작용인이 되지만 동시가 미래가 현재의 목적인이 되어 과거와 미래가 현재의 현실적 계기에 의해 이행 합생하는 과정으로 이해되는 것이다. 과거와 현재와 미래는 현실적 계기라는 구체적인 시간 안에서 비시원적 생성과정을 전개한다. 이러한 화이트헤드의 유기체철학 또는 과정철학은 서양의 전통적인 세계관보다는 동양의 전통적인 세계관에 상응하는 점이 훨씬 많다.

3. 태극론의 비이원론적 본체론과 비시원적 생성론

대만 문화대학의 철학교수인 고회민高懷民은 동양과 서양의 본체론의 차이를 태극론과 이데아론의 차이로 보았다. "이른바 태극은 플

---

133 오영환, 『화이트헤드와 인간의 시간경험』, 58.
134 같은 책, 315.

라톤의 관념Idea과도 다르고 아리스토텔레스의 제일형식과도 다르다"135는 것이다.

빌헬름R. Wilhelm은 그가 번역한 『역경』의 서문을 다음과 같이 시작했다.

> 이 '變易의 書', 즉 중국의 『주역』은 의심할 바 없이 이 세상의 모든 문헌 가운데서 가장 중요한 책 중의 하나이다. 이 책의 기원은 고대의 신화시대까지 거슬러 올라가며 중국 내에서는 오늘날까지 가장 탁월한 학자들의 관심을 사로잡았다. 3천 년을 헤아리는 중국문화를 통틀어 가장 위대하고 의미심장한 책이라면 거의 빠짐없이 모두 이 책에서부터 그 영감을 취했거나 거꾸로 이 책의 해석에 영향을 끼쳤거나 했다.136

따라서 화이트헤드의 말처럼 서양철학이 플라톤의 각주라면, '동양철학은 주역의 태극론의 각주'라는 명제에서 논의를 시작하려고 한다. 태극이라는 용어는 『주역』에 처음으로 등장한다. 『주역周易』 계사전繫辭傳 상편에는 '역유태극易有太極'이라 하여 "태극은 양의兩儀: 陰陽를 낳고, 양의는 사상四象을 낳고, 사상은 팔괘八卦를 낳고, 팔괘에서 만물이 생긴다"137고 하였다. 이것이 음양태극론의 효시이다.

易이라는 말은 변한다는 뜻이다. 『주역』은 영어로 *The Greate Change*

---

135 高懷民, "易經哲學的人類文明之道", 『易學應用之研究』; 廖名春·康學偉·梁韋弦/ 심경호 역, 『주역철학사』, 749에서 재인용.
136 F. Capra, 『현대물리학과 동양사상』 (서울: 범양사, 1979), 130에서 재인용.
137 『주역』 繫辭傳 上, 易有太極 是生兩儀 兩儀生四象 四象生八卦.

라고 번역된다. 易자는 '날 일日'과 '달 월月'의 합성자로 보기도 하는데, 해와 달은 계속 바뀐다는 변화의 원리가 우주의 "크고 지극한 이치"[138]라는 뜻에서 太極이라 한 것이다. 태극은 영어로 ultimate principle of universe(우주의 궁극적 원리)라고 번역된다. 플라톤은 이데아론의 '빛과 그림자의 상징'을 통해 '불변의 원리'를 추구했다면, 이와 달리 주역의 태극론은 '음과 양의 상징'을 통해 '변화의 이치'를 우주의 궁극적 원리로 설명된다.

우주나 인간 사회의 현상은 하늘에 대해서는 땅이 있고, 해에 대해서는 달, 남에 대해서는 여, 기수에 대해서는 우수, 강强에 대해서는 유柔가 있는 것과 같이 서로 상대적으로 파악할 수가 있다. 그것을 플러스(+)와 마이너스(-)로 환원시켜 플러스와 마이너스 교체 또는 소장消長의 변화에 의하여 우주 현상 및 인간 역사의 현상을 해석하려는 것이 음양사상이다.[139]

물론 『주역』에는 천지인 삼재론과 음양 태극론이 모두 등장하지만 음양론이 더 큰 비중을 차지하고 있다. 염계濂溪 주돈이(周敦頤, 1017-1073)가 음양의 상관관계와 그 철학적 의미를 해설한 『태극도설太極圖說』이 음양 이태극론을 발전시킨 것이므로 삼태극론보다 이태극론이 비로소 중국의 주류 사상으로 등장하게 된다.

중국 서한(西漢) 말기에 형성된 것으로 추정되는 주역을 해석한 『역위 건착도易緯乾鑿度』에는 역을 개념화하여 간이簡易·변역變易·불역不易이라고 하였다.[140] '후대의 주희(朱熹, 1130-1200)는 『주역』에 대한 전통적

---

138 정병석, "太極 개념 형성의 淵源的 배경과 해석", 「철학」 88 (2006), 48.
139 https://ko.wikipedia.org/wiki/음양.
140 廖名春·康學偉·梁韋弦/ 심경호 역, 『주역철학사』, 199.

인 해석의 하나인 '변역'의 뜻에 '교역'의 뜻을 첨가하였다. [141] 그러나 『주역』에는 이미 교역의 상응 개념이 설명되어 있다.

> 해가 지면 달이 뜨고 달이 지면 해가 떠올라, 서로 번갈아가며 옴으로써 밝음이 생겨나는 것이다. 추위가 가면 더위가 오고 더위가 가면 추위가 와서, 서로 번갈아 가며 옴으로써 한 해를 이루게 한다. 가는 것은 움츠리는 것(屈; 기세가 꺾임)이고 오는 것은 활개를 펴는 것이니(伸; 기세가 당당해짐), 굴신(屈伸)이 서로 번갈아 가며 감응함으로써 이로움이 생긴다.[142]

따라서 이 모든 주장을 종합하여 역은 다음 네 가지 개념으로 설명되어야 할 것이다.

① **변역**變易: 만물은 변화한다.
② **불역**不易: 변화한다는 사실 그 자체는 영원히 변하지 않는다.
③ **간이**簡易: 변화의 양상을 간단히 말하면 "양의(陰陽, 靜動)→ 4상四象→ 8효六爻→ 64괘卦"로 설명된다.
④ **교역**交易: 주야가 교대하듯 음이 양이 되고 양이 다시 음이 되어 음양은 번갈아 가며 변화한다.

『주역』에 나타난 음양 이태극론은 우주는 대립되는 두 움직임兩儀

---

141 같은 책, 518.
142 『주역』繫辭傳 上, 日往則月來, 月往則日來, 日月相推而明生焉. 寒往則暑來, 暑往則寒來, 寒暑相推而歲成焉. 往者 屈也, 來者 信也, 屈信相感而利生焉.

으로 되어 있지만, 둘 다 영원불변의 본체가 아니라 靜動(머묾과 움직임)에 따라 서로 교차하며(交易) 변화무상하다는 것이다(變易). 단지 이 두 움직임(거동)이 변한다는 사실만 변하지 않는 것으로 파악한다(不易). 이를 간단히 기호화하여 음(--)과 양(一)이라 하였다(簡易).

이러한 태극의 원리를 철학적인 체계로 정리한 것이 주염계(AD. 1017-073)의 『태극도설太極圖說』이다. 태극도설은 주역의 태극 음양설과 오행설을 종합하여 만물 생성의 과정을 '무극=태극→동정=음양→오행=만물'로 설명하였다.

무극이면서 태극이니, 태극이 움직여서 양을 생성하고, 움직이는 것이 그 극에 달하면 머묾이 된다. 머묾에서 음이 생겨나고, 머묾이 극에 이르면 다시 움직이나니, 한 번 움직이고 한 번 머묾이 서로 그 뿌리가 되며, 음으로 나뉘고 양으로 나뉘어 두 가지 모양이 새워지도다. 양이 변하면서 음을 합하여, 수, 화, 목, 금, 토의 오행이 생성되며, 다섯 가지의 기운이 골고루 펼쳐져 춘하추동 사시의 계절이 운행되도다. 오행은 하나의 음양이요, 음양은 바로 하나의 태극이니, 태극은 본래 무극이도다.[143]

태극은 '우주의 궁극적 원리'라고 하였다. 우주라는 말은 영어로는 'cosmos'라고도 하는데, 한무제(B.C. 156-7)에게 헌상한 책인 『회남

---

143 주염계, 『태극도설』, 無極而太極 太極動而生陽 動極而靜 靜而生陰 靜極復動 一動一靜 互爲其根 分陰分陽 兩儀立焉 陽變陰合 而生水火木金土 五氣順布 四時行焉 五行一陰陽也 陰陽一太極也 太極本無極也.

자淮南子』「제속齊俗」편에 '宇宙'는 "동서남북 사방과 상하를 일러 '宇'라고 하고, 과거와 현재, 미래를 '宙'라고 한다"고 하였다. 한자의 '宇'는 공간을 의미하고 '宙'는 시간을 의미한다. '世와 界'나 '事와 物'도 마찬가지로, 전자는 시간을 후자는 공간을 의미한다.[144] 우주를 직관적으로 볼 때 시간과 공간으로 나뉜다. 칸트는 공간과 시간 안에 놓인 사물만이 인식의 대상이 되기 때문에 시간과 공간을 직관의 형식이라고 하였다.

철학적으로 시간과 공간을 어떻게 보느냐는 인식론적으로 가장 중요한 요소이다. 시간의 선후와 공간의 대립을 나누는 데서부터 인식론적 자각이 생성되기 때문이다. 서양철학에서는 플라톤에의해 '빛과 그림자'의 상징을 통해 빛이 먼저고 그림자가 나중이라는 위계적 시원론이 생겨났고, 빛과 그림자는 본체론적으로 다르다는 이원론이 제시된 것이다.

그러나 동양의 '음양의 상징'을 표상한 태극에 관하여 『주역』에서는 '역유태극易有太極'이라고 하였으니 태극은 변화의 원리 그 자체를 뜻한다. 그리고 주돈이는 『태극도설』 첫 문장에서 '무극이태극無極而太極'이라고 하였다. 그에 의하면 태극은 변화 그 자체이며 무성무취無聲無臭한 것이며, "우주 변화의 신령한 기운은 일정한 장소가 없으며 역은 하나의 본체가 없는 것"이다(故神無方而易無體).[145] 다시 말하면 음과 양은 빛과 어둠처럼 본체론으로 둘로 나뉘는 것이 아니라서 둘이 둘이면서 하나라는 것이다. 따라서 음과 양은 본체론적으로 비이원론적이다.

---

144 김상일, 『화이트헤드와 동양철학』 (서울: 서광사, 1993), 14.
145 같은 책, 12,

무극이면서 동시에 태극의 움직임(動)과 머묾(靜)에 따라 음양이 생겨난다. 생성론적으로 동과 정의 관계는 비시원적이다. 빛과 어두움처럼 선후가 선험적으로 규정되어 있는 것이 아니다. 움직이면 양이 되고 머물면 음이 된다. 따라서 음과 양은 생성론적으로 비시원적인 것이다.

「태극도」(천지자연지도)에서는 음양의 관계를 다음과 같이 자세히 설명한다.

흑과 백의 고기 모양은 음양 2기가 서로 싸안고 있는 형상이다. 음기가 북방에서 성해져서 순음(純陰)이 되고 곤괘의 위치에 거처하는 한편, 양기는 남방에서 성해져서 순양(純陽)으로서 건괘의 위치에 거처한다. … 정(靜)이 극하면 다시 동(動)으로 돌아가 음양 동정이 서로 뿌리가 되어 이것이 성하면 저것이 쇠하고 저것이 장성하면 이것이 소멸한다. 이처럼 순환 운동을 하여 그치지 않는다. 그림에서 흑 가운데 있는 흰 점은 양(陽)의 정(精)이고, 백 가운데 있는 검은 점은 陰의 魄이다. … 음속에 양이 있고 양 속에 음이 있는 법이다. 해와 달이 운행할 때 흑백 두 점을 감추어져 있어 드러나지 않다가 보름날 저녁에 달이 동방에서 나올 때쯤 감(坎)과 리(離)가 자리를 바꾸면서 성한 양이 장차 변혁하면, 해 속의 음백(陰魄)이 작용하기 시작, 상대편의 음과 감응하여 흘러나와 음을 낳는 근본이 된다. 이렇게 되면 백 가운데 그 흑점이 노출된다. 거꾸로 그믐과 초하루가 되어 성한 양이 장차 변혁하는 때에는 달 속에 원래 있던 양정이 작용하기 시작해서 상대편의 양과 감응하여 새로 나와 양을 낳는 근본이 된다. 이렇게 되면 흑 가운데 그 백 점이 노출된다.[146]

음양의 관계를 '주야晝夜의 관계에 대한 비유'로 설명할 수 있다. 낮이나 밤이 불변하는 것이 아니다. 낮도 변하고 밤도 변한다. 같은 낮이라도 새벽과 정오, 초저녁이 다르듯이, 밤도 초저녁과 한밤과 새벽 미명이 다르다(變易). 밤과 한낮은 서로 다른 것이지만, 밤이 그 극極에 달하는 새벽 미명이나, 낮의 그 극極에 달하는 초저녁에는 밤과 낮은 구분이 사라져 낮과 밤이 둘이면서 하나가 된다(交易). 태극도는 이를 형상화한 것이다. 이처럼 둘은 둘이면서 하나를 이룬다는 개념을 표상하는 것이다. 낮이 밤이 되고 밤이 낮이 되는 주야의 변화처럼 음에서 양으로 양에서 음으로 변화하는 생성의 이치는 둘이면서도 하나라는 것이 음양태극론의 골자이다. 이원론적으로 구분되는 모든 실체들은 시간의 변화에 따라 둘이 둘이면서 동시에 하나라는 논리이다. 따라서 서양의 이데아론의 "빛과 그림자의 비유"가 빛과 어두움을 절대적인 둘로 구분한 "이원론적 본체론"인 반면에, 동양의 "주야의 비유"는 낮과 밤을 '둘이면서 하나'(不二)라고 보았기 때문에 '비이원론적 비본체론'이라 할 수 있다.

서양의 이데아론은 본체론적 시원적 차이를 강조하기 때문에 갈등과 차별이 증폭되고 이를 창조적인 힘으로 이해한 반면에, 동양의 태극론은 비본체적이고 비시원적이기 때문에 조화와 관용을 지향하고 이를 문화 창조의 동력으로 파악한다. 물론 서양에도 비본체론적이고 비시원적인 사상이 없지 않으며, 동양에도 본체론적이고 시원적인 사상이 존재하는 것이 사실이지만 이들은 비주류였을 뿐 주류로 드러나지 않았던 것으로 보인다.

---

146 廖名春 · 康學偉 · 梁韋弦/ 심경호 역, 『주역철학사』, 381.

제2장

삼태극과 천지인 삼재론

I. 중국의 삼태극론 및 천지인 삼재론

『주역』에 등장하는 음양 외에 천지인과 삼재에 대한 언급이 모두 3회에 불과하다. 계사전하繫辭傳下 10장, 설괘전說卦傳 2장, 『주역』 겸단兼彖에만 천도·지도·인도와 삼재三才라는 용어가 쓰였다.

역이라는 책은 광대하여 모두가 모두 갖추어져 있어 天道도 있고, 地道도 있고 人道도 있으니, 三才를 겸하고 두 가지로 나뉘었다. 그러므로 六爻이니 육효는 三才의 도이다(『주역』 繫辭傳下 十章).[1]

옛날에 성인이 역을 지은 것은 성명의 이치를 따르려고 했기 때문이다. 그래서 하늘의 도를 세웠으니 음과 양이고, 땅의 도를 세웠으니 유와 강이고, 사람의 법도를 세웠으니 인과 의이다. 삼재를 겸하여 두가지로 나누었기 때문에 역을 여섯 번 그어 괘가 이루어 졌다(『주역』 說卦傳 二章).[2]

---

1 『주역』 繫辭傳下 十章, 易之爲書也 廣大悉備 有天道焉 有人道焉 有地道焉 兼三才 而兩之 故六 六者 非他也 三才之道也 道有變動 故曰爻 爻有等 故曰物 物相雜 故 曰文 文不當 故吉凶生焉.

2 『주역』 說卦傳 二章, 昔者聖人之作易也 將以順性命之理 是以立天之道曰陰與陽 立地之道曰柔與剛 立人之道曰仁與義 兼三才而兩之 故易六畫而成卦.

천도(天道)는 양기를 하강시켜 널리 빛을 비추고, 지도(地道)는 낮은 데서 상승한다. 천도는 충만한 것을 덜어 겸허한(부족한) 것에 보태주고, 지도는 충만한 것을 깎아 겸허한(부족한) 것에 유입시켜준다. 귀신은 교만한 사람에게 손해를 입혀 겸허한 사람에게 복을 준다. 인도(人道)는 교만을 증오하고 겸허를 좋아한다. 사람이 겸허하면, 존귀한 자리에서 영광을 얻고 비천한 자리에서 멸시되지 않는다. 이것이 즉 군자의 유종의 미이다(『주역』 彖象).[3]

『주역』에서는 실제로 괘를 이루는 효爻를 셋(☰, ☷)으로 나누었다. 상효가 하늘, 중효가 인간, 하효가 땅을 나타내는 삼태극의 표상이다. 효의 음양은 각기 해당하는 사물의 성질을 나타내지만, 효가 이루는 팔괘는 우주의 구조를 나타낸다.[4]

공자는 주역을 해설하면서 역은 지극한 이치로서 하늘과 바른 관계(崇效天), 땅과 바른 관계(卑法地), 인간과 바른 관계(道義之門)를 맺는 것이라고 하였다.

역은 지극하다! 역은 성인이 덕을 숭상하고 業을 넓히는 기반이다. 천명을 높이 받드는 것이 지혜이고, 비근한 데서부터 지켜나가는 것이 예법이다(崇은 效天-고귀한 하늘을 본받아 도와 덕을 높임-이고 卑는 法地-비천한 땅을 본받아 자신을 낮추고 포용력을 넓힘-이다). 천지가 서로 아우르는 가운데 역이 이루어지고 本性(성품)을 이루어

---

3 『주역』 彖象, 象曰謙亨 天道下濟而光明 地道卑而上行 天道虧盈而益謙 地道變盈而流謙 鬼神害盈而福謙 人道惡盈而好謙 謙尊而光 卑而不可踰 君子之終也.
4 이성환, 『주역 과학과 道』 (서울: 신계사, 2002), 183.

서, 이를 중단 없이 보존해 나가는 것이 道義를 실천하는 관문이다.5

따라서 공자는 "효孝란 하늘의 법도이며 땅의 의리이고 백성의 행
실이니라. 하늘과 땅의 법도가 있으니 백성은 그것을 본받아야 하느
니라. 하늘의 밝음을 본받고 땅의 어짊을 근거로 하여 천하를 순하게
하는 것이니라"라고 하였다.6

『주역』 계사전상繫辭傳上에서 처음으로 삼재의 도리인, 천도, 지도,
인도를 '삼극三極의 도'라고 하였는데, '삼극'이라는 용어가 처음으로
등장한다. 여기에 근거하여 음양 이태극론과 구별되는 '천지인 삼재
의 삼태극론'이 전개된 것이다.

변화(陽變과 陰化)는 나아가고 물러나는 상이고, 강유(剛柔)는 밤
과 낮의 상이고, 육효가 움직이는 것은 三極(天地人)의 도이다(『주
역』 繫辭傳上).7

『주역』의 설문에는 음양 이태극에 관한 해설이 천지인 삼태극에
대한 설명보다 많이 언급되었다. 반면에 『道德經』 42장에는 "道는
하나를 낳고, 하나는 둘을 낳고, 둘은 셋을 낳고, 셋은 만물을 낳는
다"8고 하였다. 『주역』에서는 음양 이태극론이 주류 사상이었지만,

---

5 『주역』 계사전상 7, 易其至矣乎! 夫易, 聖人所以崇德而廣業也. 知崇禮卑, 崇效天,
　卑法地. 天地設位, 而易行乎其中矣. 成性存存, 道義之門.
6 子曰 夫 孝天之經也 地之義也 民之行也. 天地之經 而民是則之 則天地明因地之利
　以順天下(『孝經』, 三才章).
7 『주역』 계사전상 2, 變化者, 進退之象也. 剛柔者, 晝夜之象也. 六爻之動, 三極之道也.
8 老子 『道德經』 42장, 道生一 一生二 二生三 三生萬物.

후대 중국의 여러 고전에는 삼태극 사상이 계승되어 당나라 때까지 이어져 왔다.

1. 『주례』와 『사기』

중국 고대문헌에서는 천지인 삼재가 천신의 개념을 점차 탈피하였음을 엿볼 수 있다. "天神 地祇 人鬼"로 지칭된 천신, 지신, 인신의 개념이 천도·지도·인도로 변하였다가 다시 『사기』에는 천황, 지황, 인황으로 변하고 다시 천일, 지일, 인일로 추상화된 것이다.

① 공자(BC 551-479)는 『주역』 십익에서 천도, 지도, 인도로 해설하였다.
② 서주의 주공周公이 편집한 것으로 알려진(BC c.403) 『주례』 태종백(太宗伯)에는 "天神 地祇 人鬼之禮"9라는 표현이 등장한다.
③ 한무제(BC 124) 때에는 천일, 지일, 태일로 기록하였다.
④ 사마천(BC 109-91)의 『사기』 「신사기神祀記」에서 삼재를 天一, 地二, 人三으로 해설하였다.10 그러나 진시왕 본기에서는 천황, 지황, 태황이라고 표현하였다.

이 점에 대해서 조자용은 단군신화는 삼일三一 신화인 데 비하여, 중국의 신화는 삼황오제이며, 단군신화는 삼위일체 신화인 데 비하여 중국의 삼황오제는 각각 나누어진 삼황이며, 단군신화는 천신 지

---

9 조자룡, 『삼신민고』 (서울: 삼신사, 1995), 192-193.
10 조자룡, 『삼신민고』, 233.

신 인신의 신적 존재로서 신인상神人像이지만 삼황오제는 신인神人이 분리된 천황 지황 인황의 수인상獸人像이며, 단군신화는 유목민 신화인데 비해 삼황오제는 농경민 신화이므로 양자는 뚜렷하게 구분된다고 하였다.[11]

2. 맹자

맹자(BC 372?-289)는 천·지·인의 의미를 천시·지리·인화라고 해석하였다. 하늘과 땅 그리고 사람의 조화가 곧 태평안락을 이룰 수 있다는 뜻이다.

맹자께서 말씀하시기를 천시(天時)가 지리(地利)만 못하고 지리(地利)가 인화(人和)만 못하다. 3리(里)되는 성(城)과 7리 되는 곽(郭)을 포위하여 공격하여도 이기지 못하는 경우가 있다고 하였다.[12]

3. 『국어』(國語)

『국어』에는 초楚나라 소왕(昭王: 재위 BC 515-489)이 관역보觀射父에게 "周書에 중重과 여黎가 천상과 지상의 상통을 차단하였다는데 무슨 뜻인가?"라고 질문한 기록이 나온다. 이는 예전에 무격巫覡이 있어 천신, 지신, 인신에 대한 관계와 이들에 대한 제사가 혼란스러워

---

11 이을호, "서양의 변증법 논리를 극복한 한사상", 「광장」 10 (1985), 174-175.
12 『孟子』, 公孫丑章 下, 孟子曰 天時不如地利 地利不如人和. 三里之城 七里之郭 環而攻之而不勝.

지자 '박수와 무당과 신령들의 처소와 지위와 서열을 정한 연후'에 '천지가 서로 통하지 않게 되었다'(絶地通天)는 것이다. 그리하여 천天, 지地, 신神, 민民, 만물萬物에 대한 관직을 각각 두었는데 이를 5관이라 하였다.13 이처럼 중국의 경우 일찍이 천지인의 조화보다는 천지인의 차별과 서열이 강조된 것이다.

4.『여씨춘추』

무엇보다도 진시황 시대에는 이 삼황 중에 태황이 가장 고귀하다는 주장이 제기되어 삼황의 위계질서가 인황 즉 태황 중심으로 재편되고 천황과 지황은 인황에 부속되는 존재로 이해되었다.

『장자』천하편에 "상무상유常無常有의 이치를 건립하고, 태일太一을 중심으로 삼았다"는 표현이 나온다.『說文설문』에는 大와 太는 사람을 형상한 상인형象人形이라 하여 두 팔을 펴고 두 다리를 펼치면 大가 되고, 사람의 생식기까지 표시하면 太가 된다고 한다. 그래서 진나라의 왕 장양莊襄이 천하통일을 완수(BC 221)한 후, 신하들이 진왕에게 다음과 같이 말하였다고 한다.

옛날에 천황이 있었고, 지황이 있었고, 태황이 있었는데, 태황을 가장 고귀하게 여겼습니다. 신들은 죽음을 무릅쓰고 존호를 올리오니, 왕을 '태황'이라 하고, 명(命)을 '제'(帝)라하고, 령(令)을 '조'(詔)라고 하고, 천자는 자신을 '짐'(朕)이라고 하십시오.14

---

13 馮友蘭/ 박성규 역,『중국철학사 하』(서울: 까치, 2002), 47-49.
14『史記』,「진시왕본기」제6. 古有天皇 有地皇 有泰皇 泰皇最貴.

장양왕은 존호를 삼황오제에서 따라 스스로 '황제皇帝'라고 칭한
후에 황제의 지위가 자신으로부터 시작된다 하여 시始황제라 하였
다.15 진시황 원년에 여불위가 쓴『여씨춘추』중하기仲夏記에도 "태일
에서 양의가 나오고 양의에서 음양이 나왔다"(太一出兩儀 兩儀出陰
陽)고 하였다. 같은 의미에서 "만물이 나온 연유는 태일에서 만들어
졌기 때문이며 이로써 음양이 생겼다"(萬物所出 造於太一, 化於陰陽)
고 하였다.16 천황(천일)과 지황(지일)의 모체로서 인황(태일)이 강
조됨으로써 인황 즉 황제로 승격된 통치자가 중심이 되고 천지만물
을 지칭하는 천황과 지황은 황제보다 격이 낮은 부속적인 존재로 여
겨진 것이다.

이러한 태일 최귀사상은 스스로 황제라 지칭한 진시황제의 권위를
격상시키기 위한 정치적 이데올로기라고 할 수 있다. 그래서 한무제
시대인 기원전 124년에 요기譯忌는 "천신 중 태일이 존귀한 자"(天神貴
子太一)라고 하여 태일사太一祀를 세우고 태일신에게 제사드리도록 상
소하였다. 이를 받아들여 태일전太一殿이 세워졌다.17 진시황 때의 삼
황 즉 천황·지황·인황이 한무제 때에는 천일·지일·태일로 바뀐 것이
다.18 그래서 양관은 "한무제 때에는 태일이 동방을 지배했다"(漢武
帝時之泰一亦從東方)고 설명한 것이다.19 김상일은 진시황이 정치적
이유로 인황최귀사상을 주장하여 천지인 사이의 위계적 질서가 생
긴 것을 '중국적 균열'이라고 하였다.

15 김상섭,『태극기의 정체』(서울: 동아시아, 2001), 225.
16 조자룡,『삼신민고』, 203
17 같은 책, 208.
18 같은 책, 209-211.
19 같은 책, 219.

그러나 공자가 편집한 『시경』에는 천신, 인신, 지신에 대한 제사의 사례가 나타난다. 특히 민중 사이에서는 천신보다는 주로 지신(地神)인 후토后土와 방신方神에 대한 제사의 기록과 잉태하고, 낳으시고, 기르시는 후직后稷에 대한 제사 시편이 많이 등장한다.[20]

5. 동중서의 『번로』(繁露)

중국 전한시대의 동중서(BC 179-104)도 형식적으로는 삼재론을 주장하였으나, 그 내용에 있어서 상하, 좌우, 주종관계의 대립적 조화의 이태극의 틀을 벗어나지 못한 것으로 평가된다.

동중서는 『번로繁露』입원신立元神에서는 "천지인은 만물의 근본이다"(天地人, 萬物之本也)라고 하고 그 이유를 다음과 같이 해설하였다.

> 하늘은 만물을 산생하고, 땅은 만물을 양육하고, 사람은 만물을 완성한다. 하늘은 효제(孝弟)로써 만물을 산생하고, 땅은 의식(衣食)으로써 만물을 양육하고, 사람은 예악(禮樂)으로써 만물을 완성한다.[21]

그러나 동중서는 천지인 삼재를 음양에 종속시켜 각각 상하, 좌우, 주종관계의 왕도王道로 설명하여 정치적 이데올로기로 삼았다.

> 군신, 부자, 부부의 도리는 모두 음양의 도에서 취했다. 임금은 양이

---

20 같은 책, 195-197.
21 『繁露』立元神, 天生之, 地養之, 人成之. 天生之以孝弟, 地養之以衣食, 人成之以禮樂.

고 신하는 음이며, 아버지는 양이고 아들은 음이며, 남편은 양이고 아
내는 음이다… 인의(仁義)와 제도의 법칙은 모두 하늘에서 취했다.
하늘은 임금으로서 보호하고 윤택하게 하며, 땅은 신하로서 보조하
고 지탱한다. 또 양은 남편으로서 낳고, 음은 아내로서 기른다. 봄은
아버지로서 낳고, 여름은 아들로서 양육한다. 이처럼 왕도(王道)의
"세 벼리"(三綱)는 모두 그 원리를 하늘에서 구할 수 있다.[22]

6. 응웅의 『태현경』(太玄經)

천지인 삼재의 관계 설정에 대한 중국 문헌의 설명은 아주 제한되
어 있으며 이 역시 한국의 경우처럼 철저하지 못하다. 『도덕경』에서
처음으로 "도에서 일이 생기고 일에서 이가 생기고 이에서 삼이 생겼
다"[23]는 삼수분화의 세계관이 등장한다. 중국 전한 말기의 양웅(揚
雄, BC 58-AD 18)은 『太玄經태현경』에서 천지인의 도가 태현(玄也, 天
道也, 地道也, 人道也)이라고 하였다. 그리고 태현(一)과 삼도(三)의
관계를 다음과 같이 설명한다.

현에는 일도(一道)가 있다. 일은 셋에 의해서 세워지고, 일은 셋에
의해서 생성된다. 이 셋이 바로 세우는 자(起者)이다.[24]
한태동은 "유가의 이원이중적二元二重的인 사상 구조를 한대漢代에

---

22 馮友蘭/박성규 역, 『중국철학사 하』, 39.
23 『도덕경』 42장, "道生一 一生二, 二生三, 三生萬物. 萬物負陰而抱陽, 中氣以爲
和."
24 『太玄』, "玄有 一道, 一以三起, 一以三生. 以三起者."

이르러 양웅楊雄은 삼원이중적인 것으로 격상시켰다"[25]고 한다. 이태극의 이원적 구조와 삼태극의 삼원적 구조의 차이를 설명한 것이다.

7. 범중엄의 『역겸삼재부』(易兼三材賦)

북송 때의 관리였던 범중엄(范仲淹, 989-1052)은 『역겸삼재부』에서 「서괘전」의 "하늘의 도를 세워 음이다 양이다 하고, 땅의 도를 세워 유柔다 강이다 하며, 사람의 도를 세워 인仁이다 의義다 하였다"는 논법을 발휘하여, 자연계 및 인류 사회를 다음과 같이 묘사하였다.

하늘의 도가 세워지면 음양을 제어하여 덕을 온전히 한다. 한편 만약 낮게 처하여 제자리를 얻으면 아래로 땅에 서린다. … 땅의 도가 세워지면 강유(剛柔)로부터 공(功)이 갖추어진다. 이에 높은 자리와 낮은 자리를 각각 올바로 정하고 그 가운데에 사람을 위치시킨다. 강(剛)이면서 위로 올라가는 것은 군주가 되기에 마땅하고, 유(柔)면서 아래로 내려가는 것은 신하가 되기에 마땅하다. 때에 맞추어 행하고 때에 맞추어 멈추기를 신중히 하여 진퇴에 헷갈리지 아니하고, 도(道)가 자라나고 도가 줄어드는 사이를 살펴서 굴신(屈伸)을 절로 드러낸다. 이것이 바로 사람의 도를 세움이다. 사람의 도가 세워지면 인의를 돈독히 하여 윤리가 있게 된다.[26]

다시 말해 『주역』의 삼재론은 자연법칙뿐 아니라, 인간 사회의

---

25 한태동, 『사유의 흐름』 (서울: 연세대출판부, 2005), 14.
26 廖名春·康學偉·梁韋弦/ 심경호 역, 『주역철학사』 (서울: 예문서원, 1989), 441.

법칙을 포함하고 있다는 주장이다. 그러나 범중엄의 경우도 중국의 가부장적이고 위계적인 상명하복의 군신제도의 도리로서 인도를 강조한 것에 지나지 않는다. 모든 인간이 천지와 조화를 이루어야 한다는 삼재사상의 본의에서 크게 벗어난 것이다.

8. 장횡거의 『서명』(西銘)

중국 북송시대의 장횡거(1020-1077)는 『서명』에서 '天地父母 民吾同胞 物吾與也'의 천지인 삼재론을 설명하였다.

> 하늘(乾)이 아버지요 땅(坤)이 어머니인 "나"라는 미미한 존재가 혼연히 가운데에 살고 있으니, 우주에 가득한 기가 내 몸을 이루고 우주의 주재나 나의 본성을 이룬다. 만민은 나의 동포요 만물은 나의 동반자이니, 위대한 임금은 내 부모의 큰아들이고 그 대신들은 큰아들의 가신들이다.[27]

앞서 언급한 이들은 대체로 역을 음양 이원론이 아니라 천지인 삼재론으로 확장하여 천도, 지도, 인도를 통전적으로 설명하려고 하였다. 이러한 가르침은 조선 시대 유학자들이 중요하게 수용하기도 하였다. 그러나 장횡거의 천지부모, 민오동포, 물오여야의 삼재론적인 구조가 일부 제도권 유학자들에 의해 임금과 대신의 위계적인 관계와 주종관계의 근거로 전락되기도 하였다.

---

27 『西銘』, "乾稱父, 坤稱母, 予者渺然 乃揮然中處. 故天地之塞, 吾其體 ,天地之帥, 吾其性. 民吾同胞, 物吾與也."

이외에도 문헌으로는 삼태극의 내재적 관계에 대한 개념이 전승된 흔적이 있다. 후한 초기의 학자 반고가 지은 『漢書』(82년경) 「律曆志」 본문에는 반고가 활동하던 후한 초기의 학자들이 삼태극의 관계를 함삼위일函三爲一로 설명한다.

태극 원기는 셋을 함유하고 있으면서 하나가 된다(函三爲一).[28]

당나라 초기의 학자 안사고(顏師古, 581-645)는 『漢書』 주석에서 맹강의 설명 즉 "원기元氣는 자子에서 처음 일어나는데, 원기가 분화되기 전에는 천지인天地人이 혼합되어 하나(一)로 되어 있다"는 어구를 인용하면서, '函은 含과 같다'[29]고 하였다.

---

28 『漢書』 卷21上 「律曆志」, 太極元氣, 函三爲一.

29 『漢書』 卷21 上, 「律曆志」 第1 上, "函讀與含同 後皆類此": 우실하, "최초의 관념은 음양태극이 아니라 삼태극/삼원태극었다", 「동학사회사학」 제8집 (2003), 13에서 재인용; ___, "삼태극/삼원태극의 논리와 5음 12율의 산율수리체계", 「한국음악사학보」 32집 (2004), 82-83.

II. 한국의 삼태극론 및 천지인 삼재론

삼족오와 단군신화를 통해 상징과 신화로 전개되어 온 천지인 삼재론이 기록된 최초의 사례는 '왕기 묘지명王基 墓誌銘'이다. 낙랑樂浪 수성遂城 출신 왕기가 523년(北魏 正光 4年) 사망하고 그의 장지에서 발굴된 이 묘지명에는 그의 인품과 관련해서 '삼재'가 언급되어 있다.

> 가정에서 가르침을 받지 않았고, 학교에서의 가르침에도 참여하지
> 않았으나, 타고난 생지(生知)에 의지하여 마음속에서 스스로 깨우쳤
> 다. 연희(閱曦)와 같은 아름다운 마음씨에 홍추(鴻秋)와 같은 고운
> 뜻을 지녔으니, 그 행적에 비하고 그 능력에 견주어, 어찌 이 사람보
> 다 앞설 수 있겠는가. 장차 사상(四像)에 향기를 뿌리고, 三才에 향
> 기로운 복을 날리려 하였더니, 하늘은 남겨두지 않고 이 훌륭한 사람
> 을 죽게 하였는가.[30]

그리고 우리나라의 대표적인 정사正史인 고려사, 삼국사기, 삼국유사, 제왕운기 등에도 천지인 삼재가 등장한다. 『고려사高麗史』는 조선 초기 1392년부터 1451년까지 59년 동안 만들고 수정한 고려 시

---

30 "왕기 묘지명(王基 墓誌銘)", 「한국사데이터베이스」 (http://db.history.go.kr).

대에 관한 역사서이다. 『고려사』「열전列傳」 제40권에는 묘청이 풍수설에 의거해 서경 천도를 주장한 내용 가운데 천지인 삼정이 언급되어 있다.

또 다음 해 김안이 아뢰기를, "청하건대 천·지·인 삼정(三庭)의 일의 마땅한 형상에 대해 아뢴 바를 시종관(侍從官)에게 전하여 보이고, 글 세 통을 작성하여 하나는 성(省)에, 하나는 대(臺)에, 하나는 제사(諸司)의 지제고(知制誥)에게 주어서 각각 논의하여 보고하게 하십시오"[31]라고 하였다.

고려 인종의 명을 받아 김부식 등이 1145년(인종 23)에 완성한 『삼국사기』 제32권 「잡지雜志」 제1 "풍속통"의 비파에 대한 기록에도 천지인이 언급되어 있다.

비파(琵琶)는 「풍속통(風俗通)」에서 이르기를 "가까운 시기의 음악가가 만든 것인데 그 기원을 알 수 없다. 길이는 3자 5치로 천(天)·지(地)·인(人)과 오행(五行)을 본뜬 것이고, 4현은 사시(四時)를 상징한다"[32]고 하였다.

『삼국유사』 제3권 「탑상塔像」 제4에도 천지인 삼재가 언급되어 있다.

---

31 請以所奏天地人三庭事宜狀, 傳示侍從官, 書三本, 一付省, 一付臺, 一付諸司知制誥, 令各論奏.
32 近代樂家所作, 不知所起. 長三尺五寸, 法天地人與五行. 四絃, 象四時也.

하늘은 만월(滿月)을 장엄하여 사방 불로 마련하고

땅은 명호(明毫)를 솟구쳐 하룻밤에 열었도다.

교묘한 솜씨로 번거롭게 만 불을 조각하시니

진풍(眞風)을 두루 하늘, 땅 인간(三才)에 퍼지게 하라.

(眞風要使遍三才).

『제왕운기帝王韻紀』는 고려 시대의 학자 이승휴李承休가 충렬왕 13년(1287) 한국과 중국의 역사를 시로 쓴 역사책이다. "정통을 서로 전한 노래"(正統相傳頌)에는 "반고盤古·천황天皇·지황地皇·인황人皇·유소씨有巢氏와 수인씨燧人氏, 삼황三皇"이 언급되어 있다.

고려 충숙왕 때의 문신이며 학자였던 최해(崔瀣, 1287-1340)가 신라와 고려 명현의 시문집 중에서 사륙변려문만을 모아 간행한 시문선집 『동인지문사륙東人之文四六』 7권 "재신宰臣 김부식金富軾이 은혜로운 명을 사양하는 것에 대해 윤허하지 않다"라는 교서敎書에는 김부식이 천지인에 통달한 참 선비라는 언급이 나온다.

하물며 경은 여러 신하들의 사표요, 삼한의 주석(柱石)이다. 천(天)·지(地)·인(人)에 통달하여 평소에 참 선비의 국량을 쌓았고, 지(智)·인(仁)·용(勇)을 가져 또한 대장의 재량을 겸하였다.

『동인지문사륙』 권5 「마제麻制」의 "김부일金富佾에게 상신相臣을 파罷하고 판비서성사判祕書省事를 제수하다"라는 글에도 김부일의 학술이 천지인을 관통할 만하다고 하였다.

구관(具官) 김부일은, 문장은 만물을 아름답게 꾸밀 만하고, 학술은 삼재(三才)를 관통할 만하다. 경세제민(經世濟民)의 방책이 있어 이 나라 안에 은혜를 베풀 만하고, 보필의 업적은 황천(皇天)에 이를 만하다.

역사서 외에 고려 시대 이후 유학자들 중에서 천지인 삼재론을 설파한 사례들을 살펴보면 다음과 같다.

1. 이곡(李穀)의 『가정집』(稼亭集)의 삼재론

이곡(李穀, 1298-1351)은 고려 공민왕 때의 문신으로 『동문선』에는 100여 편에 가까운 이곡의 작품들이 수록되어 있다. 그의 저서 『가정집』 1권에 "성인이 나오면서 삼재가 갖추어졌다"고 하였다.

태극(太極)이 나뉘면서 양의(兩儀)가 성립하고, 성인(聖人)이 나오면서 삼재(三才, 天地人)가 갖추어졌는데, 이때의 성인은 그 이름을 반고(盤古)라고 한다. 그 당시의 상황은 아직도 한데 뒤섞여 있는 혼돈 상태라서 만물이 종류별로 분류되지 않았다. 그러다가 반고가 죽으면서 눈은 일월이 되고, 피는 강하가 되고, 뼈는 구산(丘山)이 되었다. 그런데 산이 형체를 부여받을 때에 돌이 그 바탕을 이루었기 때문에 산의 뼈[山骨]라고 칭하게 되었으니, 그러고 보면 돌이 생겨난 지가 오래되었다고 할 것이다("석문(石問)", 가정집 제1권/잡저[雜著]).

2. 정도전(鄭道傳)의 『삼봉집』(三峯集)의 삼문론(三文論)

삼봉 정도전(1342-1398)은 고려 말 조선 초의 문신이자 유학자이며 조선 건국의 기틀을 마련한 경세가이다. 정도전은 이성계를 도와 한양을 설계하면서 경복궁을 중심으로 좌우에 종묘와 사직단의 위치를 지정하고, 여러 궁전 및 궁문의 칭호와 8개 문의 명칭을 지었다. 정도전은 "해달과 별은 하늘의 무늬이고, 산천과 초목은 땅의 무늬이고, 시서와 예악은 사람의 무늬"라 하여, 이를 각각 천문天文, 지문地文, 인문人文이라고 하였다.[33] 문文을 통해 성인들은 하늘과 땅의 도를 담았기 때문이다.

그는 『삼봉집』 제6권 심기리편心氣理篇의 "이가 심과 기를 타이름"(理諭心氣)이라는 글에서 사람이 만물 가운데 가장 존귀하여 천지와 더불어 천지인 삼재에 참여한다고 하였다.

> 이것은 이(理)가 심(心)과 기(氣)의 본원이 되는 것을 말한 것이니, 이 이(理)가 있은 후에 이 기(氣)가 있고, 이 기(氣)가 있은 후에 양기(陽氣)의 경청(輕淸)한 것은 위로 올라가 하늘이 되고, 음기(陰氣)의 중탁(重濁)한 것은 아래로 엉겨 땅이 된 것이다.
> 사시(四時)가 이에 유행(流行)하고 만물이 이에 화생(化生)하니, 사람이 그 사이에 있어 천지의 이(理)를 온전히 얻고 또 천지의 기(氣)를 온전히 얻어, 만물 가운데에서 가장 존귀하므로 천지와 더불어 천·지·인(天地人) 삼재(三才)에 참여하게 된 것이다.

---

33 정도전, "關隱文集序", 『삼봉집』 권3, 日月星辰 天之文也 山川草木 地之文也 詩書禮樂 人之文也.

천지의 이(理)가 사람에게 있어서는 성품[性]이 되고, 천지의 기(氣)가 사람에게 있어서는 형체[形]가 되며, 심(心)은 또 이(理)와 기(氣)를 겸하여 얻어 한 몸의 주재(主宰)가 되었다. 그러므로 이(理)가 천지보다 앞에 있어 기(氣)가 이로 말미암아 생기고 마음도 또한 품수하여 덕(德)이 된 것이다.

『삼봉집』제6권 "천답天答"에서는 하느님帝과 대화라는 우화의 양식을 빌어 하느님이 정도전에게 네가 "능히 나와 땅과 아울러 서서 삼재三才의 명칭을 얻은 것이다"라고 말한 내용이 기록되었다.

제(帝)가 다음과 같이 말하였다.
아아! 나[予]의 명령을 너[汝]는 들을지어다. 내[予]가 너[汝]에게 덕(德)을 주어 만물 중에서 가장 영(靈)하며, 나와 더불어 함께 서서 삼재(三才)의 명칭을 얻었도다.
제(帝)는 상제(上帝)요, 희희(噫噫)는 탄식하는 소리이며, 나[予]는 상제(上帝)가 자기를 가리킨 것이요, 너[汝]는 마음을 가리켜 말한 것이다. 덕(德)은 인의예지(仁義禮智)의 성(性)이니 하늘이 명한 바이며 사람이 얻은 바요, 삼재(三才)는 천·지·인(天地人)이다.
이 장(章)은 가설적으로 상제(上帝)가 마음[心]에게 대답한 말이다.
탄식하여 말하기를,
"내[予]가 명하는 바가 있으니 오직 너[汝]는 들을지어다. 내[予]가 이미 너[汝]에게 건순(健順)과 오상(五常)의 이치를 주었으니 네[汝]가 얻어 덕(德)으로 삼아 방촌(方寸) 사이가 허령(虛靈)하고 어둡지 않아서 온갖 이치를 갖추어 만 가지 일에 응하므로 만물에 있어

가장 영(靈)한 것이 되었다. 그러므로 능히 나와 땅과 아울러 서서 삼재(三才)의 명칭을 얻은 것이다"라고 하였다.

3. 정인지(鄭麟趾)의 『치평요람』(治平要覽) 및 『훈민정음』 서문의 삼재론

정인지(1396-1478)는 조선 초기의 문신 · 성리학자이며 한글학자, 역사가, 정치인이다. 그의 저서『치평요람』제120권 "송(宋) 휘종(徽宗)" 항목에 천지인 삼태극의 의미를 밝혔다.

대(大)라는 것은 비록 큰 천지도 그 이상 클 수 없다는 것이고 동(洞)이란 것은 통한다는 의미이다. 만물이 공통적으로 이 이치를 소유하고 있으니, 이른바 태극(太極)이란 것이다. 태극이 음양(陰陽)으로 나누어지면 천지인(天地人) 삼재(三才)가 제각기 위치를 찾는데, 이른바 사물이 제각기 태극을 갖추었기 때문에 이를 통틀어 말하는 것이다.

『훈민정음』을 반포하면서 정인지가 서문을 쓴 것이『세종실록』113권(1446)에 수록되어 있다. 이 서문에는 훈민정음의 창제 원리가 삼극(三極, 천지인)의 뜻을 담는 것이라고 밝혔다. 자세한 내용은 이 책 6장 "훈민정음의 창제 원리와 천지인 조화론"에서 다룬다.

천지(天地) 자연의 소리가 있으면 반드시 천지 자연의 글이 있게 되니, 옛날 사람이 소리로 인하여 글자를 만들어 만물(萬物)의 정(情)

을 통하여서, 삼재(三才)의 도리를 기재하여 뒷세상에서 변경할 수
없게 한 까닭이다. …

계해년 겨울에 우리 전하(殿下)께서 정음(正音) 28자(字)를 처음으
로 만들어 예의(例義)를 간략하게 들어 보이고 명칭을 《훈민정음》
(訓民正音)이라 하였다. 물건의 형상을 본떠서 글자는 고전(古篆)
을 모방하고, 소리에 인하여 음(音)은 칠조(七調)에 합하여 삼극(三
極, 천지인)의 뜻과 이기(二氣, 음양)의 정묘함이 구비 포괄(包括)
되지 않은 것이 없어서, 28자로써 전환(轉換)하여 다함이 없이 간략
하면서도 요령이 있고 자세하면서도 통달하게 되었다.

4. 윤선도(尹善道)의 『고산유고』(孤山遺稿)의 삼재론

고산 윤선도(尹善道, 1587-1671)는 조선 시대 중기, 후기의 시
인·문신·작가·정치인이자 음악가이다. 『고산유고』 제2권 "기축년에
올리는 소"는 선문대왕(宣文大王, 효종) 즉위년(1649) 9월 그가 해남
(海南)에 있을 때 지은 것인데 삼극에 대하여 언급하였다.

『서경』에 이르기를 "하늘은 공평하여 하늘의 뜻에 일치하는 자를 오
래 보존케 한다. 그래서 옛날에 은나라가 보존되고 다스려지게 하였
다"라고 하였는데, 해설하는 자가 "평탄하여 사사로움이 없는 것을
평(平)이라고 하고, 삼극(三極, 天地人)에 통하여 간격이 없는 것을
격(格)이라고 한다. 하늘은 사사로이 오래 보존케 함이 없이, 오직 하
늘의 뜻에 일치하는 자이면 오래 보전하게 한다"라고 하였습니다.

고산유고孤山遺稿 제6권 상 별집 "비오고 볕 나는 것에 대한 대책문" (對雨暘策)에서는 "사람이 삼재에 참여한다"고 하였으며, "음양은 저절로 조화되지 않고 사람이 조화시키는 것이다"고 하였다.

하늘의 도를 세워서 음(陰)과 양(陽)이라 하고, 만물의 기운을 이루어 주는 것을 우(雨)와 양(暘, 햇볕)이라고 한다. 비를 내려서 촉촉이 적셔 주고 햇볕으로 포근히 감싸 주나니, 그 절서(節序)를 제대로 얻으면 어떤 물건도 성장하지 않음이 없고, 그 절서를 잃어버리면 어떤 물건도 소멸하지 않음이 없다. … 그러므로 음양이 조화되면 우양(雨暘)이 그 절서를 얻고, 음양이 어긋나면 우양이 그 절서를 잃는 것이다. 그렇다면 만물이 이루어지고 이루어지지 않는 것은 우양(雨暘)이 절서를 얻느냐 얻지 못하느냐에 달려 있고, 우양이 절서를 얻느냐 얻지 못하느냐 하는 것은 음양이 조화되느냐 조화되지 않느냐에 달려 있는데, 음양이 조화되고 조화되지 않는 것은 과연 누가 그렇게 만드는 것인가.
전(傳)에서 "사람이 삼재(三才)에 참여한다"라고 말하지 않았던가. 《서경》(書經)에도 "사람이 하늘의 일을 대신한다"라고 말하였다. 대역(大易)은 재성보상(裁成輔相)하는 도를 인사(人事)에 책임 지웠고, 《중용》(中庸)은 위천육물(位天育物)하는 경지를 중화(中和)와 관련지었다. 그렇다면 이를 통해서 음양은 저절로 조화되지 않고 사람이 조화시키는 것이며, 음양은 저절로 어긋나지 않고 사람이 어긋나게 한다는 것을 알겠다. 그러나 천하의 이치에는 상(常)이 있고 변(變)이 있다. 인사(人事)에 잘못이 있어서 천재(天災)가 땅에 내려오는 것은 상(常)이요, 인사에 잘못이 없는데도 천행(天行)이 절도를 잃는 것은 변(變)이다.

5. 권득기(權得己)의 『만회집』(晩悔集)의 삼재론

조선 중기의 문신 만회 권득기(1570-1622)는 『만회집』 2권 「집사책執事策」의 "천지인 병제"(天地人 幷題)라는 글에서 천지인 삼재론의 조화의 원리를 펼치고 있다.

사람들이 항상 하는 말이 있는데 모두가 천지인을 말한다. 천은 스스로 천이고, 지는 스스로 지이고 인은 스스로 인이다. 이런 까닭에 천지인이 함께 불리운다. 어찌 그런가? 『서명』(書銘)에 이르기를 하늘은 부(父)요, 땅은 모(母)라 하였다. 소자(邵子)는 일신(一身)은 유일한 하늘과 땅으로 돌아간다 하였다. 이에 대한 자세한 설명이 가능하다. 천지에 내재하는 것을 오행(五行)이라 하고, 사람에게 내재하는 것을 오성(五性)이라 한다. 오행과 오성이 서로 표리(表裏)를 이룬다. 이 역시 자세한 설명이 가능하다. 하늘은 우리 인민이 보는 것으로 보고, 하늘은 우리 인민이 듣는 것으로 듣는다. 땅은 역시 사람에게서 보고 듣는다. 만물이 시작하니 하늘이 조화롭게 한다. 만물이 생겨나니 땅이 조화롭게 한다. 천지 간에 인간이 있으니 이 역시 조화롭다. 천지의 생성을 영원하나니 항상 만고에 불변하다. 인간의 도 역시 천지의 도와 짝을 이루니 불변하도다. 천지를 참배하고 화육을 찬양하도록 하라.

6. 선우협(鮮于浹)의 『돈암집』(遯菴集)의 천지인 일성론

조선 중기의 학자 돈암 선우협(1588-1653)은 1681년경 목판으로 초간한 『돈암집遯菴集』을 통해 천지인의 조화를 이루는 것이 성(誠)이라는 일성론을 펼친다.

천도는 생산에 힘쓰고, 지도는 성장에 힘쓰고, 인도는 배움에 힘쓴다. 민생(敏生)하므로 생물이 무궁하고, 민성(敏成)하므로 성물이 측량할 수 없고, 민학(敏學)하므로 정의(情義)가 입신(入神)의 경지에 이르게 된다. 생물(生物)함이 무궁하니 사물들이 끝이 없고, 성물(成物)함을 측량할 수 없으니 각기 성명(性命)이 바르다. 정의가 입신의 경지에 이르니 천하를 조화롭게 한다. 천지인의 도는 한마디로 성(誠)에 불과하다고 말할 수 있다. 천지인과 성(誠)은 하나이다(遯菴先生全書 卷之一 心學至要).

7. 임성주(任聖周)의 『녹문집』(鹿門集)의 삼극론(三極論)

녹문 임성주(1711-1788)는 조선 후기의 학자이다. 그의 저서인 『녹문집』 제6권 "김백고에게 답하는 글"(1763)에서 천극, 지극, 인극 삼극(三極)의 조화에 대하여 논하였다.

하늘의 도를 세워서 음과 양이라 한다.… 담일(湛一)은 천극(天極)은 물론 지극(地極)과 다르고, 지극은 물론 인극(人極)과 다릅니다. 그러나 담일의 본체는 천(天)·지(地)·인(人)이 모두 같으니, 그렇다면 본연지성 역시 같다고 할 것입니다.

〔답〕 담일(湛一)을 가지고 천·지·인과 합한 연후에야 비로소 음양(陰陽)·강유(剛柔)·인의(仁義)의 이름이 있는 것이니, 이른바 "태허(太虛)와 기화(氣化)를 합해서 성이라는 명칭이 있게 되었다"(合虛與氣有性之名)라고 한 것이 바로 이것입니다. 만약 담일만 단독으로 말하면 단지 허공(虛空)일 따름이니 다시 무슨 물건이 있겠습니까.

여기서 말하는 담일에 대해서는 "음양에 구애되지 않는 것이 이른바 담일(湛一)의 본체"라고 한다. "물의 본성은 아래로 흘러가는 것이다"(水之性潤而下)라는 글에서는 아래로 흘러가는 것(潤下)은 물론 물이 갖춘 태극(太極)이요, 위로 불타오르는 것(炎上)은 물론 불이 갖춘 태극이지만, 윤하(潤下) 중에도 담일(湛一)이 있고, 염상(炎上) 중에도 담일이 있는데, 윤하의 담일과 염상의 담일은 두 개의 다른 물건(二物)이 아니라고 하였다. 그는, 담일은 같으면서 다르고 다르면서 같은 비이원론적 원리하고 하였다.

윤하의 담일은 곧 염상의 담일이니 물론 이물이 아닙니다. 그러나 윤하의 입장에서는 전체(全體)가 단지 윤하를 이루고, 염상의 입장에서는 전체가 단지 염상을 이루는 것입니다. — "부분이 바로 전체이다"(偏底卽是全底)라고 한 것이 바로 이 뜻입니다. — 이물(二物)이 아니기 때문에 동(同)이라고 말을 하는 것이고, 각기 그 성(性)을 이루기 때문에 이(異)라고 말을 하는 것이니, 이것이 바로 "같다고 하자니 같은 것 속에 다름이 있고, 다르다고 하자니 같지 않은 적이 없다"(謂之同則同中有異 謂之異則未嘗不同)라고 하는 것입니다.

8. 위백규(魏伯珪)의 『존재집』(存齋集)의 삼경론(三敬論)

존재 위백규(1727-1798)는 조선 후기의 실학자이다. 그는 저서 『존재집存齋集』 제9권 독서차의讀書箚義의 "맹자孟子 공손추公孫丑" 항목에서 직直하여 천지인이 모두 바르게 되고 직하기 위해서는 경敬해야 한다는 삼경론을 암시적으로 주장하였다.

증자(曾子)가 "비록 천만 명이 있더라도 내가 가서 대적할 수 있다"라고 한 말에서 지키고자 했던 도리는 '직'(直)이다. 맹자의 '지언'(知言), '양기'(養氣) 역시 그 근본은 '직'일 뿐이니, 어찌 지키는 바가 간략하지 않은가. '편벽된 말, 방탕한 말, 부정한 말, 도피하는 말'(詖淫邪遁)과 '행하고서 마음에 부족하게 여기는 것'(行有不慊)은 모두 '직'이 아니다. 그러므로 이단이 되어 천만 가지로 갈래가 나뉘어도 내가 지키는 바는 '직' 하나뿐이다.

이 때문에 바르지 않으면 천지인(天地人)이 모두 바르지 않게 된다. 바르다는 것은 천지만물을 생장시키는 핵심이다. 바르려면 '경'(敬)해야 하고, '경'하면 한결같다. 한결같으면 바르며, 바르면 천지만물을 낳는다. 불경(不敬)하면 잡되고, 잡되면 왜곡되며, 왜곡되면 망하게 된다. 하늘은 반듯하여 운행하며 떨어지지 않는다. ― 이를테면 구르는 둥근 원이 똑바로 서 있기 때문에 빨리 회전해도 기울어지지 않는다. 구부러지면 기울어진다. ― 땅의 반듯함은 평평하며 늘 고요하다. ― 물건을 평평하지 않은 곳에 두면 불안정하고, 불안정하면 오래 지속될 수 없는 것과 같다. ― 해와 달이 그 반듯함을 잃으면 그 빛이 가려져서 어두워진다. 사시(四時)가 반듯함을 잃으면 추위와 더위의 순서가 어지러워진다. 온갖 사물이 그 반듯함을 잃으면 재앙이 일어나 제대로 생장하지 못한다. 이 '직'의 도(道)가 크다.

그의 직경론直敬論에서 최시형의 경천, 경물, 경인의 천지인 삼경론三敬論의 실마리를 찾을 수 있다. 자세한 내용은 이 책 제8장 "해월 최시형의 삼경론과 천지인 조화론"에서 다룬다.

9. 『동국문헌비고』(東國文獻備考)의 삼통론(三統論)

조선 영조 46년인 1770년에 편찬된 『동국문헌비고東國文獻備考』 100권을 1903년에 최종 증보하여 발간한 한국 전통문화 백과사전은 총 250권 50책으로 되어 있다. 『증보문헌비고』 제90권 "악고 1 율려제조 율려명의"에는 천통, 지통, 인통의 삼통三統에 대하여 설명하고 있다.

자연계의 생성 과정에 있어서, 하늘은 만물의 생명력을 시생(始生)시키는데, 이를 '천시'(天施)라 하고 땅은 이를 받아들여 만물을 육성시키는데, 이를, '지화'(地化)라고 하며, 이러한 법칙을 적용하여 현실에 맞도록 마름하는 것은 사람의 일이다. 그래서 이를 '인사'(人事)라고 한다. 이 '천시·지화·인사'를 일컬어 천·지·인(天地人) 삼통(三統)이라 하는데, 여기서는 임종과 배속 관계가 있는 미(未)가 지통(地統)에 해당함을 일컬은 것이다. 천통(天統)은 황종 자(子), 인통(人統)은 태주 인(寅)이 여기에 해당한다(주 935).

10. 이규경(李圭景)의 천지인 상응변증설(相應辨證說)과 삼성론(三聲論)

이규경(1788-1856)은 조선 후기의 실학자이다. 그의 저서 『오주연문장전산고五洲衍文長箋散稿』「천지편」에서 천지인 상응변증설相應辨證說을 주장하였다.

무릇 땅의 운행에는 추이가 있고, 이를 천기가 따른다. 하늘의 운행에는 회전이 있어 지기가 이에 호응한다. 천기가 위로 움직이면 인간의 행위는 그것에 호응한다. 인간의 행위가 아래로 호응하면 천기가 이를 따른다. 천지인 삼재는 이처럼 서로 상응한다. … 천지인 삼재는 서로 더불어 생성한다.

천지인 삼재가 더불어 생성하는 이치는 "마치 황하가 천지 간에 하나의 형맥인 것과 같다"(如黃河是天地間第一血脈也)고 하였다.

이규경은 같은 책 「경사편」의 "방씨方氏의 악론樂論에 대한 변증설"에서 명나라의 밀지密之는 방이지方以智의 천성, 지성, 인성과 관련해서 삼성론三聲論을 소개하였다.

방밀지(方密之)는 명나라의 유일(遺逸)로, 그 부자·형제가 모두 학식이 있었고 저술도 많았으며, 그가 학문을 논함은 명나라 말기에 있어 가장 두드러지므로 이제 그가 논한 악학(樂學)에 관한 것 몇 가지를 뽑아서 뒷날 참고의 자료로 삼으려고 변증한다.

그의 천지인성론(天地人聲論)에 이르기를 "북[鼓]이 속은 비고 겉에

구멍이 없는 것은 천성(天聲)이요, 동기(銅器)가 구멍이 없고 테가 있는 것은 지성(地聲)이요, 퉁소가 구멍이 있어서 그 소리가 유리 전변(流利轉變)하여 서로 이어지는 것은 인성(人聲)이다. 금(琴)·슬(瑟)은 줄이 실하고 나무 속이 텅 비어서 소리가 끊어질 수도 있고 이어질 수도 있으니 이것이 곧 천·지·인을 합친 소리이다. 그러므로 균목(均木)으로 성음을 바로잡는 것이요, 직목(直木)은 구멍 없이 서로 두드려도 속이 비어있는 북처럼 맑은 기운이 움직이기 때문에 이것으로 음절을 맞춘다"고 하였다.

11. 최한기(崔漢綺)의 『기측체의』(氣測體義)의 삼재론

최한기(1803-1879)는 조선 후기의 실학자이자 지리학자, 철학자, 사상가이다. 그는 『기측체의氣測體義』 제3권 추측론에서 추정측성推情測性을 설명하며 "성性은 습관에 따라 변천한다"고 주장하면서 "성은 천지인 삼재를 관통한다"고 하였다.

하늘이 명한 것을 성이라 한 것은 그 천기(天氣)를 받은 것을 가리키는 것이요, 기질(氣質)의 성이란 것은 땅의 질(質)을 받은 것을 가리킨 것이며, 성은 서로 가까우나 습관으로 하여 서로 멀어진다는 것은 습관에 따라 변천되는 것을 가리킨 것이다. 성에 이미 다름이 있다고 하면 그 성을 미루어 헤아리는 것도 당연히 서로 다른 점이 있게 된다. 그러나 천지인(天地人)의 삼재(三才)를 관통해 보면, 성은 모두 한 가지라는 것을 자연히 알게 될 것이다.

그러나 청탁은 기의 굴신屈伸에서 생겨나고, 강유는 기의 후박厚薄

에서 생겨나고, 선악은 기의 순역順逆에서 생겨난 것이다. 능히 기를 가지고 삼재를 통찰統察한다면 사람과 만물의 성이 근본을 한 가지로 하고 있음을 알 수 있다고 하였다.

12. 김항(金恒)의『정역』[34]의 삼극론(三極論)

일부—夫 김항(1826-1898)은 자기가 찬술한『정역』이 복희씨伏羲 氏가 지은 '제일 역'과 문왕文王이 지은 '제이 역'에 따르는 '제삼 역'이 라고 하였다. 그리고 정역은 문왕이 지은 '선천역'에 뒤따르는 '후천 역'이라고 하였다. 김항은 복희문왕의 역은 모두 선천시대의 것으로 보고 자신의 정역은 후천시대의 것으로 보았다.

김항은『정역』을 통해『주역』을 해체 재구성한다. 그는『정역』 첫머리에서 천황, 지황, 인황의 삼원론을 주장한다.『주역』에서 언급된 천지인 삼재를 천황, 지황, 인황의 삼극의 원리로 재구성한 것이다. 그리고 천황, 지황, 인황을 각각 무극, 태극, 황극이라 하였다. 김항은 무극의 10이고 태극은 1이며 황극은 5라고 수리적으로도 설명하였다. 그리고 무극은 체體이고, 태극은 용用이고, 황극은 중中이라고 설명한다.

嗚呼라 盤古化하시니 天皇无爲시고 地皇載德하시니 人皇作이로다 (「十五一言」).

---

34 김항,『정역』(釋義) (서울: 문해출판사, 1971); 이정호,『正易硏究』(서울: 국제 대학 인문과학연구소, 1976); 이정호,『정역과 일부』(서울: 아세아문화사, 1985); 이강오,『한국신흥종교총람』(서울: 대흥기획, 1993).

擧便无極이니 十이니라. 十便是太極이니 一이니라. 一이 无十하면
无體요 十이 无一하면 无用하니 合하면 土라. 居中이 五니 皇極이시
니라(「十五一言」).

그리고 '천'은 스스로 존재하는 무위無爲의 '영影'으로 이理, logos에
해당하고, '지'는 덕을 세우는 '체體'로서 기氣, energy에 해당한다. 그리
고 이기가 모여서 사람들에게도 신명神明이 엮인다고 하였다. 따라서
천지의 이치는 삼원이다.

地는 載天而方正이니 體니라. 天은 包地而圓環하니 影이시니라. 大
哉라. 體影之道여 理氣圍焉하고 神明萃焉이로다, 天地之理는 三元
이니라(「十五一言」).

김항은 '삼극三極'을 말하면서 황극을 무극과 태극의 중심에 놓았
다.『정역』은 '황극역皇極易'으로도 일컬어진다. 그만큼 황극을 중시한
다는 의미다. '황극'은『서경』의 주서周書, 「홍범洪範」 편에서 나왔다.
『서경』의 '황극'은 홍범구주洪範九疇 가운데 하나로, 임금이 나라를 다
스리는 표준準極을 말하는 것이었다. 김항이 말하는 황극은 임금에게
만 해당되는 개념이 아니다.『정역』에서 황극은 완성된 인간상, 즉
'후천군자後天君子가 거할 중심처中心處'라 할 수 있다. 그런 의미에서 선
천의 황극과는 대비되는 후천의 황극이다.

진나라 왕 장양莊襄이 천하통일을 완수(BC 221)한 후 천하를 통일
한 통치자에게 걸맞는 황제라는 칭호가 요구되었고, 천황, 지황, 태
황이 있지만 태황人皇이 가장 고귀하다[35]는 주장이 제기되었다. 그러

나 김항은 『정역』을 통해 인황을 지칭하는 "태황 최귀"의 지배 이데 올로기를 뒤집은 것이다. 『정역』의 황극은 오직 황제만이 처할 수 있는 특수한 자리가 아니라, 사람이면 누구나 인간성의 완성을 통해 나아 갈 수 있는 자리라고 본 것이다. 황극의 도에 황제만이 아니라 모든 인간도 가능한 '인간 완성'의 의미를 부여하였다는 점에서 인간존중 사상의 극치라고 할 수 있다. 최성영은 김항이 황극에 해당하는 인황을 통치자가 아닌 일반 백성 가운데서 인간 완성을 지향하는 지인지인至人: 眞人으로 보았다고 해석한다.

> 이것은 김항이 '포도시'(布圖詩)에서 '수식천공대인성'(誰識天工待 人成), 즉 하늘이 하시는 일(造化)이 지인(至人)을 기다려 이루어진 다고 한 말에서도 엿볼 수 있다. 여기서 '지인'은 하늘을 닮은 완전한 인간을 말한다. 결국 인간 완성을 의미하는 것이 아닐 수 없다. 또 "천 지가 일월이 아니면 빈 껍데기이고 일월도 지인이 없으면 헛 그림자 다"(天地匪日月空殼, 日月匪至人虛影)라고 한 말 역시 천공(天工) 을 대신하는 인간의 존엄성을 말하는 것임은 물론, 인간 완성의 후천 시대를 여는 지인(至人: 眞人)의 등장을 알리는 것으로 이해할 수 있 다.[36]

김항은 태극에는 무극, 태극, 황극 삼극의 원리가 존재하기 때문에 선천후천 순환이 가능하다고 본 것이다. 황극(人)을 무극(天)과 태극(地)의 중심에 놓았다는 것은 미래 세계가 '인존人尊'의 시대가 될

---

35 "古有天皇 有地皇 有泰皇 泰皇最貴."
36 최영성, "『정역』(正易)과 한국사상", 「율곡학연구」 34 (2017),

것임을 예시하는 것이기도 하다. 이렇듯 무극과 황극과 태극의 합일을 강조하는 정역 사상은 인간과 우주, 문명과 역사가 근본적으로 조화를 이루는 이상적 세계를 제시하고 있다.[37]

『정역』에서 천지인을 상징하는 무극·태극·황극이라는 삼극과 더불어 음양을 결합시켜 삼재양지三才兩之가 설파된다. 천지인 삼재론과 음양 이원론을 종합하여 이중적 삼원론의 상호보완적 조화와 생성관계를 표상한다.[38] 그리하여 우리 민족문화의 구성 원리인 삼재론을 중심으로 한 음양의 결합 관계가 근대에 또다시 강력한 우주론으로 나타난다.[39]

이 외에도 『조선왕조실록』에도 천지인을 언급한 사례가 70여 건 발견된다. 하나만 예를 들면 『태종실록』(1409. 8. 9.)에서 권우 등의 상소문에도 천경天經·지기地紀·인사人事의 삼재론이 나온다.

신 등은 들으니, 하늘은 위에서 덮고 땅은 밑에서 싣고 사람은 가운데에 위치해서, 삼재(三才)가 일관(一貫)하여 사이가 없다 합니다. 그러므로 예전의 성왕(聖王)이 미륜(彌綸)하고 보상(輔相)하여, 크게는 법전을 후하게 하고 예(禮)를 쓰며, 덕(德) 있는 이를 명하고 죄를 토벌하는 것과, 작게는 한 호령(號令)·한 언동(言動)이 천리(天理)에 순수[純]하지 않음이 없어서, 조금도 사의(私意)를 용납함이 없은즉, 천경(天經)·지기(地紀)·인사(人事)가 모두 잘 닦아져서, 하

---

37 김철수, "19세기 『정역』의 종교사회학적 의미", 「민족문화논총」 62 (1916.4), 229-230.
38 김지하, 『율려란 무엇인가』 (서울: 한문화, 1999), 74.
39 같은 책, 32.

늘과 사람이 합하여 하나가 되었으니, 그 요점은 다만 마음을 가지고 일을 처리하는 것을 한결같이 공경(恭敬)을 주장으로 삼는 데 있을 뿐입니다.[40]

　　그리고 『조선왕조실록』에서 조정의 중요한 인물을 천거할 때 '학문적으로 천지인의 도리를 통달한 것'을 최고의 경지로 평가하였다. 이처럼 고려 시대 이후부터 우리나라에서도 중국 못지 않게 여러 학자들이 천지인 삼재론을 다양하게 전개해 왔다.

---

[40] 『태종실록』 18권, 태종 9년 8월 9일 무신 1번째 기사.

III. 중국 및 일본의 삼파문과 한국의 삼태극 문양

1. 중국 및 일본의 삼파문

우실하에 의하면 중국의 경우 삼파문이 먼저 등장하였다. 밝을 경(囧)자와 밝을 명(明)자의 공통 기원인 갑골문의 '경(囧)'자가 태양을 상형한 것이며, 특히 '밝다·빛나다·환하다'는 의미의 '경(囧)'자는 '빛'을 발생시키는 '불'(火) 곧 '태양 속에 소용돌이치며 타오르는 불꽃'을 상형한 것이라고 한다. 이러한 파문 문양들 가운데 가장 많이 보이는 '원 안에 3개의 선이나 3개의 C자형 곡선이 둘러져 있는 경(囧)자 형상'에서 유래한 것이다. 이러한 삼파문은 사례는 ① 주대(周代) 생(笙)이라는 악기에 장식되어 있고. ② 춘추시대의 청동기에도 장식되어 있으며, ③ 전국 시대의 청동기에도 장식되어 있으며, ④ 전국 시대 마차바퀴의 한가운데에 장식되어 있다.[41]

본래 이러한 삼파문은 '태양 속에 타오르는 불꽃'을 상형한 것으로 아무런 철학적 의미도 없었다.[42] 중국의 삼파문 문양(그림 1, 2, 3)

---

41 김주훈, "한국, 중국, 일본의 삼태극 문양에 관한 연구", 「전보디자인학연구」 21 (2013), 59; 우실하, 『전통음악의 구조와 원리』 (서울: 소나문, 2004), 223-226. 더 다양한 중국의 삼파문 그림 참고: 우실하, "삼태극(三太極)/삼원태극(三元太極) 문양의 기원과 삼파문(三巴紋)의 유형 분류 – 다양한 삼태극 문양의 활용을 위하여", 「동양사회사상」 제21집, 99-137.

(그림 1) 상대   (그림 2, 3) 전국 시대 마차바퀴
청동기

은 상대商代, 주대周代를 거쳐 전국 시대까지는 나타난다. 송대宋代 주렴
계의 태극도太極圖가 등장한 이후에는 삼파문은 사라지고 '음양 태극'
만 보이게 된다.43

　　중국 북경 천단天壇에는 1530년 만주족이 환구(環丘, 그림 4)를 세
웠는데, 하늘은 둥글고 땅은 네모라는 천원지방天圓地方을 형상화하여
세운 사각형 담장에 거대한 3단의 환구 즉 삼륜원의 구조물이 남아
있다.44 하지만 세 원이 중첩되거나 겹쳐진 삼중원의 구조는 삼태극
의 구조와 구별된다. 이 역시 통도사의 삼태극처럼 세 개의 곡옥이
회전대칭으로 머리와 꼬리가 맞물려 있는 삼태극과는 그 형태가 판
이하기 때문이다.

　　환구는 ① 하나의 큰 원으로 구성된 담장 안에 3단으로 구성되어 있
　　으며, ② 3단의 환구를 둘러싸고 있는 원형 담장에는 동서남북 4방에
　　출입구가 있는데 이것도 각각 3개의 문으로 구성되어 있으며, ③ 3단

---

42 우실하, "삼태극/삼원태극문양의 기원에 대하여", 「정신문화연구」 29/2 (2006),
　　205-206.
43 김주훈, "한국, 중국, 일본의 삼태극 문양에 관한 연구", 56.
44 우실하, "3수 분화의 세계관과 홍익인간의 이념", 『홍익인간이념과 21세기 한국』
　　(서울: 단국학회, 1999), 30-31.

(그림 4) 북경 천단의 환구(1530)

의 원형에는 동서남북 4방에서 오르는 각각 4개의 계단이 있는데 모두 9계단으로 되어 있다. 곧, 천단의 환구는 철저하게 1-3-9-81 수의 상징으로 구성되어 있고, 이것은 동북방 만주족들의 우주관을 그대로 드러낸 것이다.[45]

　　　　　　　　일본에서도 삼파문에 예로부터 가계, 혈통, 집안의 지위를 나타내기 위한 가문의 문장으로 사용해 왔다.[46] 일본의 사찰이나 지배계층의 가문(家紋: Kamon)에는 고구려의 고분古墳에서 볼 수 있는 '삼족오 문양'도 더러 나타난다. 그러나 삼태극 문양과 유사한 삼파문三波紋이 가장 많이 사용되었는데, 이를 '미츠 도모에'라고 일컫는다.

　　일본에는 현재 241종 5116몬 이상의 종문宗門이 있다고 알려져 있다. 그중에서 고구려, 백제, 신라 사람들이 가서 개척했다는 관동關東 지방의 무사시노(Musashino: 武藏野) 출신 무가武家들이 특히 삼파문(그림 5, 6, 7)을 가문의 상징으로 많이 쓰고 있다.[47] 이러한 사실은 삼태극과 유사한 삼파문이 "한반도의 부여夫餘, 고구려, 백제, 신라, 가야의 도래인들에 의해 전래되었음"을 알려준다.[48] 일본에 도래한

---

45 우실하, 『전통음악과 구조와 원리』, 187-188.
46 김주훈, "한국, 중국, 일본의 삼태극 문양에 관한 연구", 62 그림 13 재수록.
47 같은 글, 61-62.
48 같은 글, 56-57.

(그림 5) 고바야카 家紋　　(그림 6) 가나오 家紋　　(그림 7) 아카마츠 家紋

한반도인들이 일본 내에서 집권하고 귀족계급으로 등장하면서 일본의 정치 주류 가문을 이루었기 때문이다.

　일본의 파문 문양은 근대에 와서도 나타나는데, 쇼와 천황(昭和天皇: 124대 1901-1989)이 즉위할 때 사용한 제단 전면에는 파문형의 이태극과 삼태극(그림 8)이 새겨진 상징물이 배치되었다. 이것은 일본인들이 여전히 파문 문양을 매우 신성시하고 있음을 증명해 주는 사례이다.[49] 그림 8은 1929년 소화천황 즉위제단을 복원하여 와세다 대학 연극박물관 소장된 것이다.[50]

　삼파장과 유사한 문양은 전세계적으로 다양한 형태로 등장하는데 서양에서는 이를 트라이쿼터 triqueta, triquetara 문양이라고 한다. 고란Ariel Gorlan은 전세계에 흩어져 있는 다양한 문양 가운데 3쌍의 형

(그림 8) 일본 소화천황 즉위 제단(1929년) 모형

---

49 같은 글, 62.
50 저자가 2008년 6월 20일 와세다 대학을 방문하여 촬영한 사진이다.

(그림 9)
1-2. 북오세치아 지역의 코
반문화
3. 아일랜드, 중세,
4. 키예프 루시 12세기,
5-8. 북아메리카, 스칸디나
비아, 리키아, 일본.

상이 원형의 형태로 구성된 다음과 같은 문양들(그림 9:1-8)을 소개
하고 있다.[51] 이들 문양 중에는 삼파문과 유사한 것도 있지만 삼
태극 문양은 아주 드물게 나타난다.

2. 한국의 삼태극 문응

우리나라의 경우 소위 파문波紋, 와문渦紋, 경문絅紋 등으로 불리는
형태들 가운데 삼파문 형태가 나중에 삼태극/삼원태극문양으로 발
전되었다고 보아야 한다. 한국에서는 이태극문양보다 삼태극 문양
이 오래전부터 사용되었기 때문이다.[52]

---

51 Ariel Golan/정석배 역, 『선사시대가 남긴 세계의 모든 문양』(서울: 푸른역사,
   2004), 666.
52 김주훈, "국가상징으로서의 삼태극 문양 연구", 서울과학기술대학교 박사학위논문
   (2014).

1) 신라 시대의 장식 보검과 불교 사찰의 삼태극 문양

현재 국내에서 발굴된 삼태극 문양 중 가장 오랜 것은 1973년 경주 계림로 신라의 미추왕릉지구 계림 14호분에서 발굴된 '장식 보검'(寶劍. 그림 10)인데 삼태극 무늬가 3개 연속적으로 선명하게 조각되어 있다.[53] 신라 13대 미추 이사금(262-284)의 왕릉으로 추정된 곳에서 발굴되어 1976년 보물 635호로 지정되었다.

황금 장식 보검은 피장자의 허리와 가슴 부분에 놓여 있었고 두 쌍의
금 귀걸이와 비취옥 2점, 금제 사자머리 형상의 띠고리 2점(버클),
마구와 철제 대검이 장식 보검과 함께 출토되었다.
두 명의 남자 피장자가 묻혀 있었는데 진골 계급에서만 사용할 수 있
는 비단 조각이 함께 발견된 점으로 미루어 진골 귀족의 무덤으로 파
악되었다. 보검의 칼과 칼집은 소멸된 지 오래고 금장식만 남아 있는
데 장식의 길이는 36cm, 최대 폭 9.3cm인 단검이었다.[54]

경주 장식 보검과 거의 비슷한 모양새의 보검이 중앙아시아 카자흐스탄 에프탈 족의 보드워 무덤과 중국 신장 키질 천불동 69호 석굴벽화에 그려져 있다.[55] 사마르칸트 아프라시압 벽화와 고대 한반도사절 벽화에도 이런 모양의 단검을 찬 인물이 묘사되어 있다. 이 장

---

53 우실하, 『전통문화의 구성 원리』, 227, 234; 문룡호, 『태극기 이야기』 (서울: 미술
  문화, 2000), 23.
54 김은한, "훈족과 신라, 가야의 친연성 (7): 미추왕릉 지구 장식 보검", 「보스톤코리
  아」 2015년 1월 12일.
55 김원룡, "고대한국과 서역", 「미술자료」 34 (1984.6), 14.

식 보검이 발굴된 지 약 40년 만에 최근 국립 경주박물관에서는 "14
호분의 주인은 서역 보물에 관심 많은 신라 진골 계통의 귀족 무사였
다"고 결론을 내렸다. 근거는 크게 두 가지이며 장식 보검의 칼집 아
래쪽에 남아 있던 직물 조각을 정밀 분석해 보니 당시 신라 진골 귀
족층만 입을 수 있던 고급 비단 '능'의 조각이 확인됐다는 것이다. 그
리고 말갖춤, 귀고리, 화살통 등의 다른 발굴품 들은 모두 수입품이
아닌 신라산(産)이었다. 따라서 무덤 형식 또한 신라의 전통적인 돌
무지 덧널무덤에다, 머리를 동쪽으로 둔 매장법도 신라인 주인설을
뒷받침한다고 하였다.[56]

(그림 10) 계림 14호분 장식 보검
(국립 경주박물관 제공)

계림로 14호분의 장식 보
검의 제작지에 대해서는 ①
중앙아시아에서 만들어진 상
태에서 교역을 통해서 수입되
었다는 견해와 ② 중앙아시아
의 원작품을 신라에서 모방해
서 제작한 것이라는 두 가지
견해가 주장되어 왔다.

경주박물관은 장식 보검
의 제작지는 신라가 아니라고
주장한다. "검을 장식하고 있
던 '마노瑪瑙'로 알려져 있던 보
석도 '석류석石榴石'으로 확인

56 "'황금보검' 무덤 주인은 서역인 아닌 신라 귀족", 「한겨레뉴스」 2010.2.1.

(그림 11) 신라 장식 보검의 삼태극 문양　　(그림 12) 에프탈 장식 보검 ×형 문양

되었다. 장식 보검은 외래품外來品으로서 제작지를 정확히 알 수 없으나 흑해 연안에서 중앙아시아에 걸치는 어느 지역으로 추정된다"[57]는 것이다.

　　그러나 김원룡은, 이 장식 보검은 중앙아시아나 소련 지역의 작품에 사용된 보검의 장식 기법이나 형태를 모방하여 신라에서 제작된 것이라고 보는 것이 더 타당하다고 주장한다. 신라에서 모방해서 제작된 것이라고 주장하는 이유는 장식 보검의 형태는 중앙아시아나 구 소련 카자프 공화국에서 출토된 것과 매우 유사하지만, 상감기법은 이미 한대 이후의 낙랑지역의 요대 장식이나 신라의 다른 유물에서 많이 사용된 것과 더욱 유사하기 때문이라고 한다.[58]

　　위의 사진에서 확인할 수 있듯이 카자흐스탄 에프탈 족의 무덤에서 발견된 보검이 형태상으로 신라 보검과 가장 유사하다. 그러나 에프탈 보검의 문양(그림 12)은 신라 보검(그림 11)과는 확실히 다르다. 신라 보검에는 삼태극 문양이 연속으로 나타난다. 그러나 에프탈 보

---

57 "계림로 14호 무덤 - 황금보검을 해부하다", https://www.museum.go.kr.
58 김원룡, "고대 한국과 서역", 14-15 재인용.

검의 문양에는 삼태극이 아니라 ×형 문양이 연속으로 나타나 있다.

삼태극 문양이 새겨진 것은 신라 장식 보검의 고유한 특성을 나타낸다. 이 장식 보검에 세 개의 삼태극이 연이어 새겨져 있는 것은 삼족오 문양 변형으로서 우리 문화의 구성 원리인 '삼수분화의 세계관'을 형상한 것이다. 그 의미를 우실하는 다음과 같이 설명한다.

① 하나의 원이 3개의 파문으로 나뉘어진 삼태극은 하나에서 셋으로 분화되는 '3수 분화의 세계관'을 상정하고 있고,

② 3개의 삼태극이 방향을 달리하여 회전하면서(시계 반대 방향 → 시계 방향 - 시계 반대 방향) 3수의 3변(三變: 3×3=9)을 상징하고,

③ 3개의 삼태극 안에는 고대 태양신의 상징인 삼족오(三足烏)의 변형문이 각각의 삼태극이 회전하는 방향으로 함께 돌면서 3마리의 태양조 혹은 삼족오가 각기 3변(三變)하여 완성수 9수를 이루고 있으며,

④ 이 3개의 삼태극 전체를 감싸고 있는 직각형의 테두리를 장식하고 있는 금알갱이 혹은 금립(金粒)은 삼태극의 상하좌우에 정확하게 9개씩 장식되어 있는데,

⑤ 72개의 금립은 3개의 삼태극의 상하좌우에 정확하게 9개씩 장식되어 72개 합쳐서 우주적 완성 수인 81수(9×9=81)를 이루고 있다.[59]

---

59 우실하, "「천부경」, 「삼일신고」의 수리체계와 '3수 분화의 세계관(1-3-9-81)'", 「선도문화」 제1집, 68.

계림 14호 장식 보검 외에도 신라 시대에 창건된 여러 사찰에도 삼
태극 문양이 다수 발견된다. 한국 3대 사찰[60]의 하나로, 선덕여왕 15년
(646) 자장율사가 당나라에서 들여온 부처의 진신사리를 봉안하고 창
건한 통도사에는 삼태극과 이태극문양이 가장 많이 나타난다. 저자가
2017년 10월 27일 방문하여 조사한 바 통도사 내의 삼성각과 관음전
창문(그림 13)에서 삼태극 문양 총 27개를 확인하였다. 40여 개의 이태
극문양이 그려져 있으며, 그 목록은 다음과 같다.

삼성각: 전면 3개 짝문 각각 삼태극 문양 4개 모두 12개
관음전: 전면 좌우 양짝 3개 각각 삼태극 2개씩 모두 9개
　　　　양쪽 측면 양짝문 각 1개 삼태극 문양 3개 모두 6개
불이문: 양쪽 문에 이태극문양 각각 1개씩 모두 2개
만세루: 전면 5개 짝문에 각각 6개씩 이태극문양 모두 30개
　　　　후면 4개 짝문에 각각 6개씩 이태극문양 모두 24개
　　　　좌우측면 3개 짝문에 각각 3개씩 이태극문양 모두 9개
용화전: 전면 좌우문짝 지워진 이태극문양 4개씩 모두 8개

이외에도 원효대사가 창건한 표충사(654년) 대광전 궁창 그리고
법주사(736년)와 하동 쌍계사(854년) 대웅전에도 삼태극이 크게 그
려져 있다.[61] 이렇듯 신라 시대의 여러 고찰에 이미 사용되었던 삼태

---

60 3대 사찰은 불보사찰, 법보사찰, 승보사찰에 해당하는 절로서 통도사, 해인사, 송광
　사이다.
61 방영주, "조선조 태극문양 연구", 홍익대 산업미술대학원 석사학위논문 (1985); 한
　종인, "국가의 절대 상징 표상으로서의 태극기", 홍익대학교 대학원 석사학위논문
　(1992).

(그림 13) 통도사(646년) 관음전 짝문

극 문양이 신라 장식 보검에도 사용된 것으로 보인다.

2) 서원 및 향교의 외삼문의 삼태극 문양

중국과 일본의 경우 이태극 또는 삼태극 문양이 발견되지만 한국의 경우처럼 광범위하게 등장하지는 않는다.[62] 우리나라는 고려시대부터 서원이나 향교의 외삼문과 내삼문에는 삼태극 또는 이태극 문양을 그려 넣어 서원과 향교의 표식으로 삼았다. 거의 대부분의 향교나 서원의 외삼문이나 내삼문에는 이태극과 삼태극 문양을 각각 세 개씩 그려 놓았다. 교육이념을 상징하여 음양의 이치를 깨닫고 삼재의 도리를 깨우치라는 의미라고 볼 수 있다. 성리학의 영향이 거의 없었던 조선 초기의 향교나 서원은 삼태극이 주로 사용되었고 전체적으로도 삼태극을 사용한 향교와 서원이 더 많은 것으로 보인다.

우리나라에 서원이 설립된 것은 1542년이었다. 당시 풍기 군수

---

62 김주훈, "국가상징으로서의 삼태극 문양 연구", 112-126.

였던 주세붕이 세운 최초의 서원은 '백운동서원白雲洞書院'이라 칭했다. 이황을 비롯한 성리학자들에 의해 서원의 보급운동이 일어나면서 전국적으로 건립되었다. 그리하여 명종 대에 건립된 수가 17개소에 불과했던 서원이 선조 대에는 100개가 넘었으며, 2018년 현재 581개가 현존한다.[63] 서원은 이처럼 조선 시대에 이르면 대표적인 교육기관이며 지역 문화를 대표하는 장소가 된다.

서원과 마찬가지로 현존하는 국내의 모든 향교의 정문 역시 삼립문으로 되어 있다. 이 외삼문과 내삼문에는 삼태극 문양 또는 이태극 문양이 병행 양식으로 그려져 있다. 조선 시대의 지방 교육기관인 향교에는 각 지방관청의 관할하에 두어 부府·대도호부大都護府·목牧에는 각 90명, 도호부에는 70명, 군郡에는 50명, 현縣에는 30명의 학생을 수용하도록 하고, 종6품의 교수와 정9품의 훈도訓導를 두도록 『경국대전』에 규정하였다.

1894년(고종 31) 이후 과거제도가 폐지되면서 향교는 이름만 남아 제사를 지내는 기능을 주로 수행하였다. 1900년에는 향교재산관리규정을 정하여 그 재산을 부윤·군수 등이 관장토록 하였다. 1918년 조사된 바로는 당시 향교의 총수는 335개소였으나 6·25 전쟁 등을 거치면서 일부 소실되었기 때문에 2013년 기준 234개소 향교만 남아 있다.[64] 향교도 서원과 마찬가지로 조선 왕조 초기 이전에 건립된 것에는 삼태극 문양의 외삼문이 주를 이루고 조선 중기 이후 성리학의 영향을 받은 향교는 이태극이 주로 사용되었다.

주요 향교와 서원의 외삼문과 내삼문에 그려진 삼태극 및 이태극

---

63 문화체육관광부 편, 「2018년 한국의 종교현황」, 251.
64 문화체육관광부 편, 「2018년 한국의 종교현황」, 256.

문양 사진은 저자의 한국신학마당(www.theologia.kr) '삼태극 문양' 게시판에서 수록되어 있으니 참고할 수 있을 것이다.

3) 조선 왕조와 왕실의 삼태극 문양

삼국 시대에 『주역』이 전래되었다. 고구려는 372년에 태학을 설치하였는데, 『역경』은 주 교재의 하나였다. 384년에 백제는 처음으로 태학을 세웠고, 513년에는 일본에 건너가 『역경』을 포함한 5경을 전했다. 신라는 675년에 삼국을 통일하고, 682년에 처음으로 당나라의 제도를 모방하여 수도 경주에 국학을 세웠는데 『주역』이 주 교재의 하나였다. 고려 왕조 때에 국학을 확충하여 칠재七齋를 설치하면서, 『주역』을 경학 강좌의 첫머리에 위치시켰다.[65]

이성계는 조선 왕조를 세운 후 한양으로 천도(1393)한다. 정도전은 이성계를 도와 한양을 설계하면서 경복궁을 중심으로 좌우에 종묘와 사직단의 위치를 지정하고, 여러 궁전 및 궁문의 칭호와 8개문의 명칭을 지었다. 정도전은 "해달과 별은 하늘의 무늬이고, 산천과 초목은 땅의 무늬이고, 시서와 예악은 사람의 무늬"라 하여, 이를 각각 천문天文, 지문地文, 인문人文이라고 하였다.[66] 이러한 삼문三文을 통해 성인들은 하늘과 땅과 사람의 도를 닦았기 때문이다.

정도전은 고려 왕조의 통치 이념의 종교적 배경이었던 불교를 배척하고 유교를 수용하는 동시에 고조선의 삼신신앙을 수용하여 천

---

65 廖名春·康學偉·梁韋弦/ 심경호 역, 『주역철학사』, 812-813.
66 정도전, "關隱文集序", 『삼봉집 권3』, 日月星辰 天之文也 山川草木 地之文也 詩書禮樂 人之文也.

(그림 14) 흥인지문 문루(1396)의 삼태극

지인의 조화라는 삼태극의 원리를 조선 왕조의 건국 이상으로 삼았다. 조선 왕조는 의식적으로 억불숭유 정책과 더불어 국호를 조선으로 하고 고조선 단군신화의 삼신신앙을 삼태극 문양으로 상징화하여 왕실의 징표로 삼은 것이다.67

조선이 개국한 후 한양도성의 축조와 함께 여러 궁이 건립되었다. 궁궐들 정전正殿과 침전寢殿의 돌계단 소맷돌을 살펴보면 반드시 태극 문양들이 새겨져 있다. 대표적으로 경복궁(1394) 근정전 계단석에 사태극, 창경궁(1418) 대조전과 창덕궁(1405) 주합문 계단석에 삼태극, 덕수궁(1593) 중화전 계단석과 창경궁 명조전에 이태극문양이 각각 새겨져 있다.

1396년(태조 5년)에 처음 지어진 흥인지문(동대문)68과 1412년

67 방영주, "조선조태극문양 연구", 18-29, 도록 40-49.

(태종 12년)에 건립된 창덕궁의 정문인 돈화문(昌德宮 敦化門)69의 문루 사방으로 난 대창大窓 전면과 후면에 각각 15개 모두 30개의 삼태극 문양이 장식되어 있다. 하지만 숭례문(남대문)에는 이태극문양이 그려져 있다.

종묘宗廟는 조선 왕조의 역대 국왕들과 왕후들의 신주를 모시고 제례를 봉행하는 유교 사당이다. 조선 왕실의 사당인 종묘의 정전과 영녕전 태실의 문설주에도 모두 삼태극 문양이 남아 있다. 정문격인 동문에는 6개의 문설주 주춧돌 위에 지름 30cm 가량의 끌파기를 한 정교한 삼태극 심방목을 적색, 청색, 녹색으로 단청을 하여 장식해 놓았다.

신방목信防木이란 궁궐이나 사당의 대문이나 출입문에서 문설주의 하단에 초석을 받치듯이 직각 방향으로 끼워놓은 짧은 각목을 말한다. 남문의 문설주에도 짙은 감색칠을 한 신방목 6개의 삼태극 문양을 새겨 두었다. 정전으로 오르는 계단 소맷돌에도 풍화된 태극문

(그림 15) 종묘 정전(1395) 정문 신방목   (그림 16) 종묘 영녕전 문설주

68 조선 왕조 초기인 1396년에 건립되고 1453년(단종 1년)에 중수되었으며, 1869년(고종 6년)에 이르러 이를 전적으로 개축하여 현재의 모습을 갖추었다.
69 대한민국의 보물 제383호로 지정되어 있다.

양이 어렴풋이 보인다. 종묘 영녕전(宗廟 永寧殿)은 종묘 정전에서 옮겨온 신위를 모신 종묘의 별묘다. 영녕전에는 모두 34신위가 16감실에 모셔져 있다. 16개 감실 각각의 문설주에도 삼태극 문양이 2개씩 모두 32개가 새겨져 있다.

이성계가 1408년 사망하자 왕실의 묘역으로 동구릉이 조성되었다.[70] 동구릉에는 9개 왕릉을 모셨는데 삼태극이 그려진 홍살문, 음양태극문양 12면, 삼태극 문양 24면을 볼 수 있어 마치 태극문양 종합박물관을 방불케 한다.

조선 왕조의 모두 27대에 이르는 왕과 왕비의 능은 42기에 이른다. 이를 전수 조사한 김명희에 의하면 이들 왕릉의 신계神階의 계단석 머리에 이태극문양이 새겨져 있는 곳이 7군데, 삼태극 문양이 새겨져 있는 곳은 27군데, 이태극과 삼태극이 하나씩 새겨져 있는 곳이 1군데, 연화당초 무늬 한군데, 마모되거나 문양 자체가 없는 곳이 7군데라고 한다.[71]

성현은 『악학궤범樂學軌範』 서문에서 '악'樂을 천지인의 어울림으로 규정하였다.

---

70 동구릉에는 태조 이성계의 능인 건원릉(健元陵)을 비롯하여 현릉(顯陵 : 5대 문종과 그의 비 현덕왕후), 목릉(穆陵 : 14대 선조와 그의 비 의인왕후, 계비 인목왕후), 휘릉(徽陵 : 16대 인조의 계비 장렬왕후), 숭릉(崇陵 : 18대 현종과 그의 비 명성왕후), 혜릉(惠陵 : 20대 경종의 비 단의왕후), 원릉(元陵 : 21대 영조와 그의 계비 정순왕후), 수릉(綏陵 : 23대 순조의 세자인 추존왕 익종과 그의 비 신정왕후), 경릉(景陵 : 24대 헌종과 그의 비 효현왕후, 계비 효정왕후) 등 모두 아홉 개의 능이 다듬어져 있으며 사적 제193호로 지정된 국가 문화재이다.

71 김명희, "삼태극의 의미 고찰", 한국교원대학교 교육대학원 석사학위논문 (2008), 7. 자세한 도표 참고

악(樂)이란 하늘에서 나와서 사람에게 붙인 것이요, 허(虛)에서 발하여 자연(自然)에서 이루어지는 것이니, 사람의 마음으로 하여금 느끼게 하여 혈맥(血脈)을 뛰게 하고 정신을 유통(流通)케 하는 것이다.[72]

우리 음악은 사람人이 만들기는 하였지만 천지天地의 중화中和를 지향하는 자연 친화적인 음악이다.[73] 이런 관점에서 법고, 진고, 건고, 교방고, 소고 등 조선 왕실의 무수한 악기에도 모두 삼태극 문양을 그려 넣었다.[74]

궁중음악뿐 아니라 민중음악에서도 천지인 조화의 원리를 지향한다. 한민족 풍물단 예술감독 정철기는 "풍물과 삼태극의 원리"를 다음과 같이 설명한 바 있다.

결국 풍물의 큰 근본은 하나에서 시작되는데 이것이 나뉘어져 삼태극의 원리인 삼극이 되고 또 삼극이 이루어짐으로 인해 수만 가지 타법과 진법이 이로 말미암아 나게 되므로 그 큰 근본은 쇠진함이 없는 것이라 하겠습니다. 이렇듯 하늘과 땅과 사람을 이롭게 하는 음악, 즉 삼택을 근본으로 한 우리의 풍물은 삼재의 음악이라 할 수 있겠습니다. 그러므로 풍물의 기본 이념은 늘 한결같이 하늘과 땅과 사람은 하나라는 것입니다. 사람은 하늘과 땅의 하나에 맞추어 삼재가 되므로 사

---

72 『국역 악학궤범』 (서울: 민족문화문고간행위, 1983), 서문 참조

73 문성모, "한국 음악의 신학·악학궤범의 신학적 해제", 「한국문화신학회 논문집」 4 (2001), 245.

74 저자의 홈페이지(www.theologia. kr)에서 "천지인신학/태극문양"을 참고할 것; 김주훈, "국가상징으로서의 삼태극 문양 연구", 118.

람이 능히 그 본심의 하나를 잃지 않으면 천지만물의 근본이 사람과 일체가 된다는 것입니다. 그러므로 하늘은 하나를 얻어 하나가 되고, 땅은 하나를 얻어 둘이 되고 사람은 하나를 얻어 셋이 되는 것으로써 이 셋은 결국 삼태극의 근본인바 결국 이 세상의 근본은 사람에게 있는 것이며 이 사람을 이롭게 하는 음악인 풍물은 바로 하늘과 땅과 사람 이 세상 그 모든 이치의 가장 중심에 있다는 것입니다.[75]

4) 민중 생활용품의 삼태극 문양

삼태극 문양은 왕실 건축물과 종교·교육기관뿐 아니라 기층민중의 생활용품 전반에서 고루 사용되었다. 목공예(가구, 능화판, 떡살, 다식판 등), 금속공예(범종, 화로, 향로, 태극문 자물쇠, 열쇠 및 열쇠고리, 가구 장식, 담배통, 수저, 인두와 다리미 등), 직물공예(베갯모, 흉배, 보, 장침, 마구리, 반짇고리 등), 지공예(부채, 반짇고리, 갓집, 태극문 함, 색지 함 등), 석공예(연적, 연적의 함, 벼루, 옥장식, 인갑[印匣] 등) 그리고 무수한 도자공예(청화백자, 연적, 연적의 함)에도 삼태극 문양이 등장한다.[76]

5) 한국의 상징으로서 이태극과 삼태극 문양

전 세계의 국기 중에서 유일하게 태극문양이 등장하는 우리나라

---

75 정철기, "풍물과 삼태극의 원리", http://theologia.kr/board_chungeein/21721.
76 방영주, "조선조 태극문양 연구", 40−49 도록 18−29; 최미현, "태극문양의 조형적 구조에 관한 연구", 조선대학교 대학원 석사학위논문 (1994), 35-46. (저자의 홈페이지 theologia.kr의 삼태극 문양을 참고할 것.)

의 국기는 조선 고종 19년(1882) 8월 14일 박영효朴泳孝가 처음 만들었고, 이듬해에 정식으로 국기로 채택·공포되었다. 성리학의 영향을 받은 박영효는 우리나라 전통의 회돌이 이태극에 주역의 4괘를 추가하여 현대의 태극기를 도안하였다. 흰 바탕의 한가운데에 붉은빛과 푸른빛으로 이태극을 그리고 사방 네 귀에는 대각선상으로 사괘四卦를 그렸다.

한국의 상징으로 삼태극이 전 세계적으로 드러난 것은 1988년 서울올림픽 엠블럼으로 삼태극 문양이 채택되면서 계기가 되었다. 그래픽디자이너 양승춘 교수가 디자인한 서울올림픽 엠블럼은 육상 트랙을 삼태극 문양으로 조형한 것이다. 박성래에 의하면 "양반학자들은 2분법의 태극에 머물러 있었다면, 오히려 민중 가운데서 3태극은 기와와 부채 무늬"[77] 등으로 널리 사용되었다고 한다. 그리고 2태극기가 사용된 지 "1세기 만에 우리의 3태극을 서울올림픽의 상징 휘장(엠블럼)으로 선택"한 것은 "태극의 전통이 동아시아 세 나라에 공통적인 것이건만 한국인의 집착이 가장 큰 결과"[78]라고 하였다.

이어서 서울 방문의 해(2011-2012년)의 포스터에도 삼태극이 사용되었고, 정부 행정 기관의 공식 문양도 삼태극으로 통일되었다. 파란 바탕에 흰색 무궁화 문양이었던 정부의 상징(로고)이 67년 만에 청색·홍색·백색으로 구성된 태극문양으로 바꼈다.[79] 정부 부처별로 제각각이던 상징도 태극문양으로 통일된다. 행정자치부와 문화체육관광부는 2016년 3월 15일 '새로운 대한민국 정부 상징 디자인'(안)을 공

---

77 박성래, "3태극은 천지인 화합의 상징", 「조선일보」 1988.9.17.
78 같은 글.
79 "태극문양으로 정부 상징… 67년 만에 '왜 바꾸나' 10문 10답", 「뉴시스」 2016.3.15.

(그림 17)	(그림 18)	(그림 19)
서울올림픽 엠블럼	한국방문의 해(2011)	행정부 마크(2016)

개했다. 정부는 광복 70주년인 2015년부터 새로운 정부 상징을 개발해왔다. 호돌이(1988년 서울올림픽 마스코트)와 꿈돌이(1993년 대전엑스포 마스코트)를 디자인한 김현(67) 디자인파크커뮤니케이션즈 대표가 새 정부의 상징을 만들었다.[80]

지난 1949년부터 67년간 사용해온 무궁화 문양의 기존 정부기는 역사 속으로 사라지고, 태극문양의 새 정부기가 그 자리를 대신하였다. 2016년 3월 16일에는 서울을 비롯한 전국 10곳의 정부청사에서는 각 부처 관계자들이 모인 가운데 새로운 정부기의 게양식이 일제히 열렸다.

일부 불교 사찰에서는 삼원을 모아 놓은 형태의 삼보문(그림 20)을 묘사하기도 한다. 중국의 원단(元壇, 그림 21)의 경우에는 삼원을 중복으로 포개어 놓았다. 우리의 삼태극 문양은 위 그림에서 비교해 볼 수 있듯이 서양의 삼위일체 문양(그림 22), 유대교의 카발라(그림 23) 그리고 중국의 삼파문(그림 1, 2, 3)이나 일본의 삼파문(그림 5, 6, 7)과도 확연히 비교된다.

---

80 김정환, "정부 로고, 무궁화서 태극 마크로", 「조선일보」 2016.3.16.

(그림 20) 삼보문	(그림 21) 북경 원단	(그림 22) 삼위일체	(그림 23) 유대교	(그림 24) 신라 보검

박석재는 세계의 수많은 국가의 국기 중 우리나라가 유일하게 '우주의 원리'를 바탕으로 한 태극기를 사용한다는 점을 강조하였다. 일본 국기는 태양을 본뜨고 한국 국기는 우주를 본떴다는 것이다.

> 국체를 상징으로 만들어진 국기는 꽤 많다. 예컨대 우리 이웃인 일본의 국기는 태양을 상징하고 있고 중국의 국기는 5개의 별을 이용하고 있다. 반면에 태극기는 세계의 수많은 국기 중 유일하게 우주의 원리를 바탕으로 만들어져 있다. 하지만, 정말 놀랍게도, 많은 사람들이 이에 대해 전혀 인식하지 못하고 있다. 우리 태극기가 5,500년이나 됐다는 사실을 알기는커녕 중국에서 만들어진 것으로 잘못 알고 있는 사람도 많다.[81]

한국에서는 이처럼 '우주의 원리'가 상징적으로 드러나는 이태극이나 삼태극 문양이 훨씬 지속적으로 다양하게 사용되어 왔다. 이런 배경에서 그동안 올림픽에서 남북 단일팀은 한반도기를 사용하였으나, 통일 한국의 국기는 현재의 이태극 대신 삼태극을 사용하자고 주장하는 이들도 있다. 이 외에도 김주훈은 "국가상징으로서의 삼태극

---

81 박석재, "우리가 만들고 일본에 빼앗긴 삼족오", 「Premium Chosun」 2014.9.7.

문양 연구"라는 박사학위 논문에서 삼태극의 다양한 현대적 변용 사례 22개를 열거하고 있다.[82]

　"한국의 연상 이미지로 삼을 만한 것"이 무엇인지 알아보기 위해 2002년 7월 29일부터 8월 14일까지 17일간 월간조선 홈페이지를 통해 실시한 여론 조사에 총 6236명이 참여했다. 태극문양(1165명), 한복(1017명), 한글(793명), 김치(663명), 태권도(355명), 거북선(211명), 세종대왕(180명) 등의 순으로 태극문양을 선택한 사람들이 압도적으로 많았다. 투표한 이들은 태극문양이 "우주 조화를 상징하며 우리가 전통적으로 사용해 온 상징 문양이다", "위기나 국가 행사 때 한국인을 단결시킨 구심 역할을 했다", "월드컵을 계기로 세계인의 마음속에 깊이 인식됐다", "장래 全 세계 한민족의 공동문양이 될 수 있다"는 것 등을 이유로 들었다.

82 김주훈, "국가상징으로서의 삼태극 문양 연구", 154.

IV. 한국문화와 천지인 조화론

1. 한국학과 한 사상

플라톤의 이데아론의 '빛과 그림자의 상징'과 『주역』의 태극론의 '음달과 양달(음양)의 상징'을 통해 동·서문화의 공간 이해와 시간 이해를 비교 분석하는 틀로 삼을 수 있다면 다음과 같은 문제가 제기된다. 동양문화와 한국문화의 관계는 어떠한가? 한국문화는 동양문화에 아류로 흡수되는가? 아니면 한국문화의 고유성과 특이성이 있어 중국문화와의 현저한 상이성을 주장할 수 있는가?

1894년 겨울과 1897년 봄 사이에 네 차례나 조선을 답사하고 『조선과 그 이웃 나라들』을 저술한 비숍(Isabella Bird Bishop, 1831-1904)이 한국을 '중국의 패러디'로 본 이래로 많은 동서양의 학자들은 한국문화를 중국문화에 포함시켰다. 라이샤워O. Reischauer와 페어뱅크Jhon K. Fairbank의 『동양문화사』에서도 한국문화는 '중국문화의 일변형—變形'으로 취급되었다.[83]

그러나 중국이나 일본과 다른 한국문화의 독자성에 대한 자각이 동양학 중에서도 한국학Korean Studies을 독자적으로 자리매김하려는

---

83 우실하, 『전통문화의 구성 원리』, 306-307.

시도를 촉발시켰다. 한국학은 넓은 의미에서 한국과 관련된 모든 주제를 다루는 학문이라고 정의할 수 있지만, 좁은 의미로는 '한국적인, 너무나 한국적인 것'에 대한 학문이다. 넓은 의미의 한국학과 구분하여 한국적인 것의 일관된 고유성Coherent Core 또는 한국문화의 선험성a Priori이나 특이성에 대한 탐구라는 좁은 의미를 한사상 또는 한철학Hanism이라 한다.[84]

한국적인 고유성에 대한 포괄적인 연구는 이어령[85]과 이규태[86] 등에 의해 여러 논저로 제시되었다. 대체로 이들은 문화현상학적 접근을 통해 한국적인 것을 설명하고자 하였다. 서양의 양복바지, 가방, 침대 등이 한국의 한복바지, 보자기, 이불과는 현상적으로 다르다는 이어령의 분석은 한국적인 것의 일단을 잘 끄집어낸 통찰이다. 한국의 의식주 문화와 한국인의 의식구조에 관해 많은 독자적인 저술을 남긴 이규태도 한국적인 것에 대한 자의식을 일깨우는 데에 공헌을 하였다. 이면우가 "한국적 기술, 한국적 산업전략"이라는 부제로 서술한 『W 이론을 만들자』는 주장도 한국적인 것을 산업 전 분야에 적용할 것을 주장한 사례이다.[87]

---

84 김상일, 『한밝문명론』 (서울: 지식산업사, 1988), 11. 어떤 민족이든 그 민족의 고유한 생각을 가장 포괄적이면서도 함축적으로 표현하는 서양의 로고스나 동양의 道와 같은 개념을 문화 인류학자들은 문화목록(文化目錄: inventory)이라고 한다. 한국의 문화와 사상과 종교의 고유성에 대한 자의식이 싹트면서 한국문화의 목록어로서 '한'에 대한 학문적인 관심이 여러 형태로 제시되었다.

85 이어령, 『이것이 韓國이다: 흙 속에 저바람 속에』 (서울: 문학사상사, 1968); ___, 『신 한국인』 (서울: 문학사상사, 1996); ___, 『韓國의 25時』 (서울: 서문당, 1971).

86 이규태, 『한국인의 의식구조, 1-4』 (서울: 신원문화사, 2000); ___, 『한국인의 정신문화』 (서울: 신원문화사, 2000); ___, 『이것이 우리를 한국인이게 한다』 (서울: 남희, 1997).

87 이면우, 『W 이론을 만들자 – 한국적 기술, 한국적 산업전략』 (서울: 지식산업사,

한국적인 것을 사상적으로, 더 나아가서 철학적으로 전개한 이는 김상일, 최민홍, 이을호, 김인회 등이다. 김상일은 『한 철학 – 한국 철학의 과정신학적 해석』(1983)과 『한사상』(1986) 등의 저술을 통해 한사상Hanism을 일관되게 주장하였다. 한은 하나와 많음을 동시에 의미하는 개념이므로, 한의 고유성은 一과 多의 비시원성이라고 정의하였다.[88] 서양철학은 일과 다를 시원적인 것으로 이해했는데, 시원적인 철학은 이원론dualism과 실체론substantialism에 빠지게 된다. 그리하여 "한사상은 이원론이 아닌 비이원론이며, 실체적이 아닌 비실체적이며, 시원적이 아닌 비시원적인 것이다"[89]라고 정의한다. 한은 '하나와 많음'을 하나로 표현하는 종합개념이므로 한사상은 서양철학의 이원론과 실체론의 오류를 극복할 수 있다고 하였다. 더 나아가서 한국문화의 고유성을 드러내 보여주는 한사상은 동양사상 중에서도 가장 비이원론적이고, 비시원적이고, 비본체론적이라는 주장을 제기하였다.

김상일은 한 철학의 틀을 한의 감과 짓과 꼴로 체계화하였다.[90] 틀을 만드는 재료가 감인데 『규원사화』, 『천부경』, 『삼일신고』가 한 철학의 원초적인 감이다. 그리고 한 철학의 감이 될 수 있는 조건을 비시원성이라 하였다. 보이지 않는 솜씨요 조화의 기술이며 한의 짓

1992).

88 김상일, 『한철학 – 한국철학의 과정신학적 해석』 (서울: 전망사, 1983), 47; 김상일, 『한사상』 (서울: 상생출판, 1986), 91. 김상일은 후에 한의 또 다른 개념으로서 same(同), middle(中), about(不定)를 한의 또 다른 철학적 개념으로 발전시켰다.

89 같은 책, 201.

90 같은 책, 73-199.

이며, 이것이 주택과 의복처럼 보이는 형태로 나타날 때 한의 꼴이 된다. 한의 짓과 꼴 역시 비시원적이기 때문에 비실체적이고 비이원론적인 것이다.

최민홍은『한철학 - 한민족의 정신적 뿌리』(1984)라는 저서에서 '한'을 한 민족의 정신적 뿌리로 규정하였다. 한은 전체적인 하나라는 뜻이며, 대립과 분열을 허용하지 않는 통일성, 조화성, 변증법적 지양성, 협동성, 평화성 등을 의미한다고 하였다.[91] 그리고 한사상이 철학적으로 전개되려면 존재론, 인식론, 가치론의 체계를 갖추어야 한다고 하였다.[92]

또한 존재론적으로 볼 때 한은 우주 삼라만상의 실재이다. 이 근원적인 실재는 처음도 끝도 없는 비시원적인 것이며, 양적인 면에서 둘이 아니고 하나이다. 정신과 물질이 하나이며, 변하는 것과 변하지 않는 것이 하나이다. 한의 인식론은 진리의 기준을 상대성에 두는 것이다. 있고 없음, 삶과 죽음이 절대적인 것이 아니라 상대적인 것이다. 한의 가치론은 선과 악을 이원적인 것으로 보지 않고 일원론적으로 보는 것이라고 하였다.

최민홍에 의하면 이러한 한사상은 단군신화와 화랑도, 승랑과 원효 그리고 의천과 지눌의 불교사상, 화담과 퇴계와 율곡의 유학, 홍대용과 정약용의 실학, 최한기의 주기사상, 수운의 동학사상 그리고 소태산의 원불교를 통해 일관되게 나타나는 사상이다.[93]

---

91 최민홍,『한철학과 현대사회』(서울: 성문사, 1988), 79-126. 이 책에서는 상대성의 원리, 협동성의 원리, 조화성의 원리, 통일성의 원리, 평화성의 원리, 삼위일체성의 원리를 제시하였다.
92 최민홍,『한철학 - 한민족의 정신적 뿌리』(서울: 성문사, 1984), 29-51.
93 같은 책, 53-330.

이을호는 '한사상론'(1990)이라는 논문에서 한사상은 서양철학의 변증법이나 동양철학의 음양설과 같이 한국철학의 철학적 기초라고 하였다.[94] 그리고 한의 구조를 '二而一的 妙合묘합'과 '會三歸一的 妙有묘유'라고 하였다. 전자는 단군신화의 단군 신인상神人像과 천도교 인심천심, 사인여천 사상, 인내천 사상 등으로 발전하였고, 후자는 대종교 경전『삼일신고』,『천부경』 등으로 발전하였다고 한다. 이러한 묘합, 묘유, 묘리의 특징을 지닌 한사상은 변증법적 부정의 논리나 음양적 대칭의 세계관을 극복한 또 다른 제삼의 철학이라고 보았다. 한사상은 한국철학의 기초일 뿐만 아니라, 풍류도, 대종교, 천도교, 원불교, 증산교 등 한국종교의 뿌리라고 주장하였다.

김인회는 "중국문화에는 음양의 변천과 갈등의 원리가 중요시된 데 비해 한국 무속에서는 음양의 조화와 균형의 원리가 중요시되는 것 같다"[95]고 주장함으로써 중국문화와 한국문화의 상이성과 차별성을 강조하려고 하였다.

2. 한국문화의 특이성과 천지인 조화론

한국학의 핵심적인 주제로서 한사상 또는 한철학에 대한 학문적인 자리매김이 가능하려면 다음과 같은 엄밀한 방법론을 더욱 개념화하고 체계화하여야 할 것이다.

첫째는 통시적 방법(Diachronic Method)이다. '시대의 변화를 종적으로 거슬러 올라가서' 한국인의 고유한 원형적 뿌리사상을 탐구하는

---

94 이을호 외,『한사상과 한국종교』 (서울: 일지사, 1990), 9-40.
95 김인회,『한국무속사상연구』 (서울: 집문당, 1993), 89.

방법이다. 한국사를 통해 전승되어 온 가장 오래된 문헌 속에 담긴 시원적인 사상이야말로 의심의 여지없이 가장 고유한 한국적인 사상이기 때문이다. 한국의 유구한 역사를 통해 많은 외래적인 사상들이 유입되었다. 유불선이 전래되기 이전부터 존재한 가장 오랜 원형적 사상이 있다면, 그것은 한국의 고유한 사상이라고 할 수 있다.

뿐만 아니라 많은 외래 사상 유입으로 고유한 사상들이 습합되고 변형되기도 하였을 것이다. 그럼에도 불구하고 지금도 여전히 기층과 표층 문화 속에 이어져온 시원사상의 맥을 찾아낸다면 그것 역시 가장 한국적인 한국문화의 구성 원리가 될 수 있을 것이다.

한국 사상의 원형은 단군신화의 인물화소인 환인, 환웅, 웅녀, 단군이다. 환인은 하느님의 한문식 표현으로 한국 고유의 하느님 신앙을 표상한다. 환웅, 웅녀, 단군은 각각 천신, 지신, 인신을 표상하는 삼신신앙을 반영한다. 단군신화는 삼족오로 상징되었고 삼태극으로 추상화되었다. 이에 관한 자세한 내용은 이 책 3장 "동이족의 삼족오와 고조선의 삼신 신앙의 기원" 등에서 자세히 다룬다.

둘째는 공시적 방법(Syncronic Method)이다. '어떤 시기를 횡적으로 바라보아 공통적으로 나타나는 고유한 사상을 분석하는 방법이다. 넓게는 동서 사상을 비교하고 좁게는 동양 삼국의 사상을 비교하는 방법이다. 동양사상은 지역적으로 중국, 일본, 한국의 사상을 말하며, 내용적으로는 '유교, 불교, 도교의 3대 사상의 회통會通'이라 할 수 있다. 한국에 전래된 유교, 불교, 도교라는 외래사상도 한국의 고유한 사상의 영향으로 중국과 일본의 그것들과는 현저하게 다른 양상으로 전개되었을 것이다. 이러한 차이점의 공통분모를 끄집어낸다면 한국문화의 구성 원리의 역사적 적용의 맥락을 가늠할 수 있다.

한국의 유교, 불교, 도교에 대한 개별적인 연구들은 이미 많이 제시되었다. 그리고 한국의 유교와 중국이나 일본의 유교 사이의 비교 연구도 각 나라별로 이루어져 왔다. 여기서 한 걸음 더 나아가서 한국의 유불선과 중국 및 일본의 유불선의 사상적 차이에 대한 비교 연구를 통해 '공통되는 차이점'이 드러나고, 이를 개념화할 수 있다면 한국의 고유한 사상성을 정립할 수 있을 것이다.

단군신화의 천지인 조화론은 고대와 삼국 시대에 삼신신앙으로 전승되었고, 조선조 유교의 천지인 삼재론과 근세 천도교의 삼경론으로 이어졌다. 이에 대한 자세한 내용은 이 책 4장 "단군신화의 천지인 조화론의 전승사적 이해" 등에서 자세히 다룬다.

셋째로 통전적 방법(Wholistic Method)이다. 모든 문화는 지배계층의 표층 문화와 민중들의 기층문화로 나타난다. 따라서 한국문화의 구성 원리는 철학이나 종교 같은 표층 문화와 의식주와 같은 기층 문화 양 측면에서 동시적이고 통전적으로 발견되는 것이어야 한다. 어느 한쪽에서만 발견되는 문화는 한국문화의 총체를 대변할 수 없기 때문이다.[96] 이런 의미에서 천지인 삼재를 추상화한 삼태극 문양은 조선왕조의 대문, 궁전, 왕릉, 왕실 악기 등에서도 나타나고 민중들의 생활소품에도 널리 사용되었다. 그리고 현대에 와서 다양하게 변형된 삼태극 문양이 각종 디자인으로 적용되고 있다. 이에 관한 자세한 내용은 1부 4장 "중국의 음양 이태극과 한국의 천지인 삼태극"에서 자세히 다룬다.

---

96 이경재, 『단군신화의 철학』 (서울: 성서연구사, 1994), 51. 이경재는 단군신화를 '표면구조와 심층구조'로 나누고, 공시적 구조 정적인 구조로서 표면구조인 반면에, 통시적인 구조는 역동적인 심층구조로 보았다.

이러한 세 가지 방법론적 엄밀성을 통해 한국사상의 구성 원리를 모색한다면 분명히 한국문화의 독자적인 고유성을 발견할 수 있을 것이다. 그것이 바로 한국문화의 시원사상이며, 통시적으로나 공시적으로 그리고 표층 문화와 기층문화에서도 동시에 전개되어온 단군신화의 심층구조로 내재된 천지인의 조화를 지향하는 삼재론이라 할 수 있다.

'태극'에 대해서 일반적으로는 음과 양이 어우러진 태극 곧 '음양이태극'을 떠올린다. 그런데 우리나라에서는 음양태극 대신에 흔히 '삼태극 혹은 '삼원태극三元太極'이라고 불리는 문양이 많이 사용되었다. 동아시아 각국에서 사용되는 태극의 모양이 사용된 양상도 다르다. 예를 들어, 중국과 베트남의 전통 북에는 음양 태극이 그려져 있고, 한국과 일본 그리고 티베트의 북에는 삼태극이 그려져 있다.

삼태극 문양이 삼신신앙이라는 신화의 형태로 전승된 것이 단군신화이다. 단군신화는 천신 환인의 아들 환웅과 지신 웅녀 사이에서 인신(人神)인 단군이 태어난 것을 신화로 서술한 것이다. 천지인 삼재가 명시적으로 기록된 문헌은 『규원사화』이다. 북애자北崖子가 1675년에 저술하였다는 「단군기」에는 인간이 창조되어 천지와 더불어 삼재가 되었다는 내용이 나온다.

태고에 음양미분(陰陽未分)할 적에 천지는 혼돈하고 우주는 암흑의 큰 덩어리 같은 상태였다. 상계(上界)에는 문득 하나 큰 신(神)이 있었으니 그는 환인(桓因)이오, 온 세상을 다스리는 무량한 지혜와 힘을 가지고 있었다. 그 모양은 나타나지 않고 제일 높은 하늘에 앉아 계시니 그곳은 늘 환하게 빛이 나고 그 아래에는 다시 수많은 작은 신(小神)들을 거느리고 있었다. 이때에 일대주신(一大主神)이 두 손을 마주잡고 한웅 천황을 불러 창세(創世)의 큰일을 행하도록 명을 내렸다. … 풀과 나무가 뿌리박고 벌레와 물고기 날짐승이 생육하여 지상에 번식하게 하였다. 천지간에 마땅히 만물의 주(主)를 두어야 하니 그 이름은 사람이요 천지(天地)와 더불어 삼재(三才)가 되고 만물의 주가 되게 하였다.[97]

계연수(?-1920)가 편집한 『환단고기』의 「소도경전」에는 복희가 신룡神龍이 해를 좇아 하루 열두 번 색을 바꾸는 것을 보고 『한역桓易』을 지었다고 한다.[98] 한역을 주 나라의 역周易과 구분하여 한족의 역이란 뜻이며, 복희의 이름을 따서 희역羲易이라고도 하였다. 복희의 동문同文인 발귀리發貴理가 노래를 지어 "원圓은 일一이 되어 무극無極이고, 방方은 이二가 되어 반극半極이고, 각角은 삼三이 되어 태극太極이라"[99]하였다. 이 원방각은 각각 둥근 하늘(○)과 네모난 땅(□)과 세모인 인간(△)을 각각 표상한다. 이러한 천지인 삼태극의 상호 관계를 "하나를 잡으면 셋을 포함하고 셋을 합쳐서 하나로 돌아오는"[100] 것이라고 설명한다.

최남선은 『불함문화론』에서 역사성이니 삼재론은 중국에서 기원한 것이 아니라 동이의 옛 철학이라고 하였다.

---

97 북애자, 『揆園史話』(서울: 대동문화사. 1968), 23-27.
98 임승국 역주, 『한단고기』(서울: 정신세계사, 1987), 230.
99 같은 책, 229-230.
100 같은 책, 108. "執一含三會三歸一."

지나(중국)에서의 역사상이며, 삼재론이나 특히 천 및 천자의 관념은 그 문자의 형, 음, 의로부터 이미 동이(東夷)의 고철학(古哲學)에 의거한 듯하며, 그 종교적 정서와 같은 것은 전연 동이(東夷)에서 받아들인 것 같기도 하다.[101]

그리고 이러한 음양론이나 삼재론은 단군신화에 암시되어 있다고 하였다.

우리나라 사람의 사고를 지배하고 있는 음양사상은 주역에서 나온 것이 아니라, 이미 그 이전의 원시사회 설화에서 즉 웅녀와 환웅의 근원 상징 속에서 훌륭하게 암시되어 있다.[102]

조자룡은 『삼신민고』에서 음양 조화의 이태극설과 천지인 조화의 삼태극설을 동양문화의 근간으로 보았다. 「주역」 계사 상편에 기록된 '역유태극易有太極'의 태극, 음양, 4상, 8괘에 대한 설명은 "둘이 둘이면서 하나고 하나 속에 둘이 있다"는 우수偶數주의 태극관인 쌍태극(이태극)관으로서 동양문화의 기본철학이지만, "그 모태적 사상은 복희의 쌍태극과 단군의 삼태극으로 귀결된다"[103]고 하였다. 그리고 계사 하편의 '삼재지도三才之道'의 천도, 지도, 인도의 관계를 "셋이 셋이면서 하나이고 하나 속에 셋이 있다"고 보는 기수奇數주의의 태극관인 삼태극론이 한국문화의 철학적 배경이라고 하였다.[104]

---

101 최남선, 『육당최남선전집 2』 (서울: 현암사, 1973), 43.
102 이어령, 『한국인의 신화』 (서울: 서문당, 1972), 128,
103 조자룡, 『삼신민고』 (서울: 가나아트, 1995), 217.

윤이흠도 중국의 경우 주周나라 시대에 삼재사상이 정착되어 중국사상의 특성을 띠게 되었지만, 단군신화는 중국문화와 독립하여 그 이전에 형성되었다는 사실은 단군신화의 천사상을 통해서도 확인할 수 있다고 한다.

> 고조선을 건설한 주 세력이 처음부터 중국문화와 다른 문화전통에 속했다는 것을 의미하고, 다른 하나는 고조선의 건국은 적어도 주대 이전, 좀더 정확하게는 삼태극의 삼재사상(三才思想)에 입각한 중국적 세계관이 형성되기 이전에 일어난 사건이라는 점을, 단군신화에 담긴 천사상(天思想)이 말해주고 있다.[105]

윤이흠은 이러한 "천지인 삼재사상(天地人 三才思想)이 어느 민족과 어느 문화권에 보편적인 사상"은 아니라고 하였다. 따라서 "삼재사상은 오직 중국사상에 불과하다"는 사실에 근거하여 한국의 고대사상과 문화를 해석하여 온 우리 학계의 관행은 애석한 일이 아닐 수 없다고 하였다.[106]

김지하 역시 동일한 입장을 피력한 적이 있다. 그는 『셋과 둘 그리고 혼돈』(2000)이라는 저서에서 "한민족의 전통 사상이 인간과 지구 생명과 우주를 살리는 천지인 조화의 율려"라고 하였다.

---

104 같은 책, 198-199.
105 윤이흠, "단군신화와 한민족의 력사", 『단군 - 그 이해와 자료』(서울: 서울대출판부, 1994), 28.
106 같은 책, 21.

왜냐하면 현대사상, 특히 카오스 과학과 그 담론에서 절대적으로 요구되는 세 축의 천지인삼재관(天地人三才觀)이 중국 사상에서는 그저 형식만 어렴풋이 남아 있기 때문이다. 3,000년 전에서 지금까지 중국 사상의 핵심은 두 축의 음양오행론 일변도이며 반대로 한민족 전통사상의 핵심은 세 축의 천지인삼재 사상을 중심으로 한 두 축의 음양론의 결합이요 독특한 카오스적 우주론인 것이다.[107]

그는 서양 언론에서 말하듯이 지금 세계는 인간 내면의 황폐, 세계 시장의 대불황 그리고 지구생태계의 오염과 기상 이변이라는 '대혼돈' 즉 '빅 카오스'에 빠져 있다고 한다. 이에 대해 "인간, 사회, 자연의 세 차원을 관통하는 통일적 담론"이 나타나야 하고, 그 대안이 다음의 천지인 삼재론이라고 하였다.[108]

① 전통적인 삼재론의 天에 해당하는 개념은 천지공심天地公心 또는 '우주 사회적 공공성'으로서 사람만 아니라 동식물, 무기물과도 소통하는 마음 곧 하느님 마음으로 우주 만물의 마음과 통하는 마음을 가지는 것이라고 하였다. 이 소통의 마음이 풍류도의 접화군생接化群生 곧 인간과 동식물과 무기물을 가까이 사귀어 감화, 변화, 진화, 완성, 해방시키는 것이다.

② 地에 해당하는 것은 '이화세계理化世界'로서 우주 생명 리듬의 이치와 그에 따른 치유적인 변혁활동이다. 자연과 사회와 생명의

---

107 김지하,『셋과 둘 그리고 혼돈』(서울, 솔과 학, 2000), 117.
108 같은 책, 114-115.

생태론적 이해에 기초하여 해부학적 치유가 아니라 사회생명체적 치유와 지구유기체적 수술과 보전을 실현하는 것이다.

③ 人에 해당하는 것은 홍익인간弘益人間이다. 홍익인간의 弘은 천자문에 나오는 천지홍황天地弘黃의 그 홍이다. 홍익인간은 아득한 은하계까지 자기의 심신적 삶의 감각이 확장되는 그렇게 크고 높고, 깊은 인간이자 공명정대하고 따뜻한 사랑과 자비로 가득찬 '뉴 타이프 인간'이며 우주적 인간이다.[109]

우실하 역시 "태초의 태극 관념은 음양태극이 아니라 삼태극/삼원태극이었다"고 한다.[110] 삼족오나 삼태극은 북방 유목 문화에 기반한 '3수 분화의 세계관'을 반영하는 북방 샤머니즘의 사유 체계로 동북아시아의 모태 문화라고 본다. 3수 분화의 세계관의 수數적인 상징들을 다음과 같이 정리한 바 있다.

3수 분화의 세계관은 없음(0)에서 하나(1)가 나오고 하나에서 셋(3)으로 분화되고 셋이 각각 셋으로 분화되어 아홉(9)이 생겨난다. 이러한 인식틀에서 3은 '변화의 계기수'가 되고 9는 '변화의 완성수'가 되며, 9의 자기 복제수인 81(9x9=81)은 '우주적 완성수'를 의미한다.[111]

---

109 같은 책, 119-123.
110 우실하, "태초의 태극 관념은 음양태극이 아니라 삼태극/삼원태극이었다", 206.
111 우실하, 『전통 문화의 구성 원리』(서울: 소나무, 1998), 12.

그는 서양문화는 유일신중심, 초월적, 영적 세계를 신봉하는 헤브라이즘과 인간중심적, 개인주의적, 합리적, 세속적인 세계를 지향하는 헬레니즘으로 나눌 수 있으며, 서양문화에서 이 두 전통은 서로 경쟁·협력하면서 독특한 문화·사상·문학을 생산·전개·변형시켜 왔다고 보았다. 이런 관점에서 서양문화와 구별되는 동양문화는 크게 음양론, 삼재론, 오행론으로 전개되었다고 분석한다.[112]

첫째는 삼신 사상三神思想 또는 삼재론三才論이다. 이것은 동북방 샤머니즘과 태양 숭배사상과 연결된 것으로서 수렵 문화를 토대로 하는 3수 분화(0=無→1=道→3=三神 · 三才→9=3×3→81=9×9)를 특징으로 한다.

둘째는 음양론陰陽論으로 습합된 역사상易思想이다. 약 1만 년 전 중국의 화남 지방에서 시작되어 화북 지방으로 전파된 농경 문화를 토대로 하여 주 나라에서 완성된 2수의 분화(1=道 · 太極→2=陰陽→4=四象→8=八卦→64=64卦)를 특징으로 한다.

셋째는 오행론(陰陽 五行論)이다. 『주역』에 기록된 음양론(이태극)과 삼재론(삼태극)을 종합하여 추연(BC 305-240)이 천지개벽이래 '토→목→금→화→수'의 오덕五德이 순차적으로 옮아간다는 오덕순환설 즉 오행설로 전개된 것이다.[113]

이러한 동양문화의 구성 원리는 천지인 삼재론과 음양론으로 크게 대별된다. 전자는 동방의 북방수렵문화 전통인 '신 중심적이고 초월적인' 천지인을 근간으로 하는 '3수 분화의 세계관'이고, 기원전 5000년경부터 동북아시아 황화문명권에서는 남방농경문화와 북방

---

112 같은 책, 128-132.
113 馮友蘭/ 박성규 역, 『중국철학사 하』 (서울: 까치, 2002), 257.

유목분화가 뒤섞이기 시작한다. 그러므로 음양 이태극으로 상징되는 '2수 분화의 세계관'이 정리된 『주역』에는 '3수 분화의 세계관'과 '2수 분화의 세계관'이 공존하면서, '2수 분화의 세계관'이 '3수 분화의 세계관'을 통제하고 종속시키는 형태이다.

5수 분화의 세계관이라 할 수 있는 오행론五行論은 농경문화의 '2수 분화의 세계관'과 북방 샤머니즘의 '3수 분화의 세계관'이 산동 반도와 요동 반도를 잇는 발해만 지역에서 만나면서 전국 시대에 완성된 사상 체계이다. 따라서 음양, 삼재, 오행, 이 세 가지의 세계관은 최소한 2000년 이상을 지속하면서 동양의 전통문화를 형성해 왔다는 것이다.114

이 세 가지 구성 원리는 넓은 의미의 세계관과 철학의 '구성요소'인데, 중국·일본·한국이 모두 공유하고 있다.115 그러나 우실하에 의하면 천지인 삼태극으로 상징되는 '3수 분화의 세계관'은 동이족에 뿌리를 둔 동북아시아의 모태사상 혹은 모태문화로서 '한국 전통문화의 구성 원리'이다. 한국 전통문화의 근간은 삼재론이 음양론과 오행론을 통제하고 있는 '삼재론 중심의 음양오행론'이라는 것이다.116이런 까닭에 중국이나 일본에서는 음양이 교차된 이태극문양이 널리 사용되지만 한국에서는 천지인 삼태극 문양이 주로 사용된다고 보았다.

---

114 우실하, 『전통문화의 구성 원리』, 63-64.
115 같은 책, 62. 우실하는 역과 음양오행은 중국, 일본, 한국이 공유한 것이므로 한국의 고유한 것이라는 일부의 주장을 비판한다. "복희, 요임금, 순임금, 노자 등이 모두 동이족이기 때문에 모두 우리 민족이고, 역과 음양오행 모두 우리 민족의 것이라는 국수주의자들의 논의를 수용하는 것은 아니다"라고 밝힌다.
116 같은 책, 68.

한국의 경우 북방 샤마니즘의 전통에 기반한 '3수 분화의 세계관'은 이후에 다른 여러 요인들과 습합習合되어 삼재론三才論, 삼신사상三神思想, 신선사상神仙思想, 풍류도風流徒, 도가사상道家思想 등으로 전개되면서 언제나 '초월적이고, 영적 세계를 중시하는' 특성을 지닌다고 본 것이다.[117]

우실하는 북방 샤머니즘에서 기본적인 사유의 틀인 삼수분화의 세계관은 일반적으로 우주의 구조를 상·중·하 삼계 혹은 천계(천상계), 인계(인간계), 지계(지하계)의 삼계로 나누는 '삼계 우주설'[118]과 뿌리는 지하 세계에 연결되어 있고, 줄기는 인간 세계에 있으며, 가지와 꼭대기는 신의 세계와 연결되어 있다고 믿는 우주목 신앙[119]과 세 가지 영혼이 있다는 믿는 삼혼설[120]이라고 하였다.

---

117 같은 책, 18-19.
118 박원길, 『유라시아 초원제국의 샤머니즘』 (서울: 민속원, 2001), 36.
119 우실하, 『전통음악과 구조와 원리』, 202.
120 같은 책, 202.

V. 한국의 의식주 문화와 천지인 조화론

천지인의 조화를 지향하는 한국문화의 구성 원리는 단군신화를 비롯한 표층문화를 통해서도 다양하게 전승되어 왔을 뿐 아니라 의식주를 구성하는 기층문화에도 그대로 반영되어 있다.

1. 한복: 바지와 보자기의 역동성

보자기는 용량이 정해져 있는 평면성이지만, 보자기에 싸는 입체화 과정은 변화무쌍하며 자유자재다. 싸는 보자기와 싸여지는 물건은 그때 그때마다 완전한 조화(total harmony)를 이룬다. 담는 가방처럼 비어있는 불필요한 공간이 생길 리도 없고 또 용기에 맞추어 내용물을 변형시킬 염려도 없다. 있는 대로 싸기만 하면 되는 '자연自然'이다. 쌀 것이 없으면 그저 호주머니에 넣어 모습을 없애버릴 수도 있는, 극소화極小化와 극대화極大化가 자유롭다. 모양과 차지하는 공간이 정해져 있는 서양의 가방처럼 비어도 그대로 있는 위선이 없다.

담는 가방 문화와 싸는 보자기 문화가 고스란히 의상에도 투영된다. 서양에서는 옷을 만들어 그 속에 육체를 담는다. 가방 속에 물건을 담듯 틀을 만들어 몸을 그 속에 맞추어 넣는다. 곧 인공성人工性이 강하다.[121]

한국의 치마는 외국의 아래옷과 달리 '입는' 옷이 아니라 '싸는' 옷이다. 곧 구조적으로 하체를 감싸게 되어있다는 데서 통일성identity을 지닌다. 규격에 맞추어 재단하는 외국의 것들과는 달리, 한국의 치마는 입지 않고 펼쳐 놓으면 평면화된 하나의 보자기다. 싼다는 것은 한국문화의 특수성과 동일성을 풀어보는 중요한 관건이기도 한 것이다.122

한국의 옷은 꼭 들어맞게 만드는 법이 없다. 항상 체형보다 여유를 두어 넉넉하게 짓는다. 만약 서양의 의복처럼 꼭 들어맞게 만들었다면 그것은 맞는 옷이 아니라 작은 옷으로, 입지 못할 것으로 판단될 것이다. 그러기에 한복에는 양복처럼 사이즈가 없으며 신체의 규격이 배제된다.123

이 여분의 가치 때문에 한복은 나름대로 구조적 특성을 갖는다. 이를테면 바지 허리통이나 가래통을 보면 지체肢體가 전혀 옷에 닿지 않게도 입을 수 있게끔 여유가 있다. 그러기에 연령과 상관없이 누구나 다 입을 수가 있다. 특히 어른 옷은 누구나 입어도 품이 맞게 되어 있다. 올 프리 사이즈(all free size)인 것이다.

치마의 평면성은 더욱 그렇다. 복부가 큰 사람이나 임부가 입었던 치마도 깃만 더 올리면 어떤 여인에게도 맞게 되어 있다. 아무나 입을 수 있다는 점에서 양장과 다른 구조적 독특성을 지닌다.

또한 치마의 허리를 매는 허리띠와 치마끈, 옷고름 등의 의복의 결속 방식도 여유와 여분을 위해 그 같은 형태를 갖게 된 것이다. 몸

121 이규태, 『우리의 옷 이야기』 (서울: 기린원, 1991), 254.
122 같은 책, 248-249.
123 같은 책, 261-262.

이 큰 사람은 큰 사람대로 작은 사람은 작은 대로 자유자재로 맬 수 있게 되어있다. 이에 비해 단추나 후크나 지퍼와 같이 양복의 결속물들은 옷을 육체에 꼭 맞게 부착시키는 고정 장치에 불과하다. 옷고름이나 바지띠처럼 느슨해질 수 있는 자유자재의 구조가 아니다.[124]

김상일은 3차원 공간에 시간을 합쳐 4차원이 되는 초공간이론의 전개과정을 한복과 한옥의 구조에서 찾으려고 하였다. 옷과 집에 담긴 한국사상이 서양의 비유클리드 기하학의 첨단이론을 이해할 수 있는 실마리를 제공한다는 것이다.

> 우리 조상들은 초공간이론을 실생활에 적용함으로써 이원론을 극복했습니다. 예를 들어 한복바지를 만들 때 우선 큰 사폭을 자른 뒤 남은 천으로 작은 사폭을 만들어 붙입니다. 옷감과 옷꼴의 구분이 없는 셈이죠. 이것은 한옥을 지을 때 요철형으로 맞물리는 바시미기법과도 통합니다.[125]

김상일은 뫼비우스의 띠 원리를 응용한 것이 한국 남성들이 입어 온 전통 한복바지라고 하였다. 뫼비우스의 띠Möbius strip는 띠 모양의 직사각형 종이를 180도 돌려서 붙이면 쉽게 만들어지는 위상수학적인 곡면으로, 어느 지점에서든지 띠의 중심을 따라 이동하면 출발한 곳과 반대 면에 도달할 수 있다. 이 상황에서 계속 나아가면 두 바퀴를 돌아 처음 위치로 돌아오게 된다. 대칭점끼리 서로 붙을 경우 상하좌우가 없어지는 동시에 전후의 두 면이 하나로 이어진다. 이러한

---

124 같은 책, 263.
125 한윤정, "한복은 뫼비우스띠 구조와 일치", 「경향신문」 2001.5.24.

연속성에 의해 뫼비우스 띠는 앞면과 뒷면이 순환 대칭의 하나로 이어지는 비시원적(non-orientable) 형태가 된다. 한 면의 선을 그으면 모든 면에 선이 그어지며 그어진 중앙선을 따라 잘라도 두 조각이 되지 않고 두 번 꼬인 한 개의 띠가 생긴다. 이는 태극의 원리와도 상응한다.126

김상일에 의하면 서양의 바지는 원기둥을 세로 길이로 4등분 시켰기 때문에 전후좌우의 대칭이 선명하다. 중국의 바지는 원기둥을 토러스로 만들어 토러스의 한 부분을 잘라서 좌우 가랑이를 만든다. 서양 바지는 전후 좌우의 대칭선이 뚜렷하다. 중국 바지는 좌우에 한 줄씩 대칭을 만든다. 그러나 한복 바지는 뫼비우스의 띠의 원리가 적용되었기 때문에 전후 좌우를 비대칭적으로 180도 돌려서 허리띠에 이어 붙여 순환대칭의 원리가 적용되었다. 한복과 중국 바지는 허리라는 주요 한 부분을 통해 띠 옷의 흔적을 보존하고 있다. 서양 바지의 띠의 상실 그리고 중국 바지의 밑으로 내리는 포의 상실은 옷을 입었을 때에 불편하게 만드는 원인이 된다. 우리 한복 바지는 허리띠와 가랑이 포로 이루어져 있어 바지를 어떤 몸에도 맞출 수 있게 된다.127

뫼비우스 띠는 둘이 둘이면서 하나라는 본체론적 비이원론과 앞뒤의 선후가 없이 연결되는 비시원적인 생성론의 상징으로 표상된다. 이는 태극의 원리를 입체적으로 보여주는 것이기도 한데, 전통 한복 바지에 이 원리가 적용되었다고 볼 수 있다.

---

126 박암종, "동서비교를 통한 한국디자인의 원형탐구 1 – 삼태극과 뫼비우스의 띠", 「월간 디자인」 1992년 4월호, 132.

127 김상일, 『초공간과 한국문화』 (서울: 교학연구사, 1999), 139.

2. 한식: 비빔밥(비비다), 구절판(싸다), 곰탕(고우다), 김치(삭히다), 신선로(끓이다)의 조화와 역동성

유동식은 『민속 종교와 한국문화』에서 한국의 대표적인 3대 음식으로 비빔밥, 곰탕, 김치를 손꼽고 있다. 비빔밥은 콩나물, 고사리, 오이무침, 김, 다시마, 달걀, 산나물, 고추장 등 하늘과 땅, 바다에서 나는 모든 것을 한곳에 모아 고추장과 참기름을 넣고 비빈 것이다. 그러나 비빔밥은 단순히 잡다한 것을 한곳에 모아 놓은 것만은 아니다. "비빔이라는 율동적인 작업을 통해 새로운 맛이 창조된 음식"[128]이다.

곰탕도 '음'에 속하는 오장과 '양'에 속하는 육부를 한 솥에 넣고 끓인 것으로서 곧 우주의 축소판이다. 이러한 온전한 조화를 내는 한국 음식이 김치에 와서 절정을 이루게 된다. 공중(天)의 열매인 고추, 배, 밤 따위와 무우, 마늘 등 땅(地)에서 나는 것과 굴 젓, 새우 젓 등 바다에서 나는 것들을 모두 다듬고 썰어서 여러 사람들(人)이 함께 모두 버무리고 익혀서 온전한 조화의 묘미로 거듭나게 한 것이 김치이다.[129]

김상일은 서양의 샐러드와 달리 한국의 김치가 음과 양을 조화하여 제삼의 맛을 내게 하는 것은 '절이고, 삭히는' 과정이 있기 때문이라고 하였다. 음·양으로 대칭되는 요소들을 섞어 시너리즘의 상승효과를 내자면 반드시 '절이고' '삭히고' '뜸들이'는 역동적 과정(dynamic process)을 거치지 않으면 안 된다. 이 과정 후에 음·양

---

128 유동식, 『민속 종교와 한국문화』 (서울: 현대사상사, 1978), 26.
129 같은 책, 26-27.

이 조화되어 제삼의 맛의 효과를 내게 된다.

서양 음식도 서로 다른 요소를 섞어서 먹는데, 대표적으로 샐러드Salad가 있다. 그러나 종종 김치를 코리안 샐러드(Korean salad)라고 하는데 당치 않은 비유이다. 불고기를 코리안 바베큐(Korean barbecue)라고 하는데 이것도 잘못된 비유이다. 샐러드나 바베큐는 '절이고' '삭히고' '뜸들이'는 과정이 없는 즉 시너리즘 효과가 없는 음식이다. 두 개의 양극이 되는 맛(二)을 조리고 삭히어 종합한 가운데 제삼(三)의 맛을 내게 하는 것이, 그래서 전혀 별개의 새 맛을 창조하는 것이 한국 맛의 특징이다.130

이규태는 비빔밥의 유래를 제사 음식의 신인공식神人共食에서 찾았다. 제사를 지내고 나면 조령에게 바쳤던 신주神酒를 나눠 마시는 음복飮福처럼 제사상에 올렸던 갖가지 음식을 골고루 한데 섞어 비빔밥을 모든 식구가 고루 나눠 먹었다. 그리고 그 제수를 이웃, 친척과 나눠 먹었으니 신인합일에 상응하는 신인공식神人共食을 한 것이다.131

김상일은 비빔밥이 '일과 다의 조화의 절묘한 맛'이라고 하였다. 비빔밥은 콩나물, 고사리, 오이무침, 김, 다시마, 고추장, 달걀 등 잡다한 맛을 섞어 만들지만, 비빔밥 자체는 이미 이 모든 맛들을 초월한 또 다른 하나의 맛을 낸다는 것이다. 즉, 잡다한(Many) 요소들을 섞어서 별개의 또 다른 종합된 하나(One)의 맛을 내니 'One'과 'Many'는 절묘하게 조화(total harmony)를 이루고 있다고 할 수 있다.132

---

130 김상일, 『흔』 (서울: 온누리, 1986), 207.
131 이규태, 『우리의 음식이야기』 (서울: 기린원, 1991), 93.
132 김상일, 『흔』, 207.

이규태는 구절판과 쌈 음식도 대표적인 한식으로 꼽았다. 구절판의 밀전병에 계란채며 살코기, 미나리, 숙주 등을 싸 먹듯이 그 잡다한 식재료의 각기 다른 빛깔과 촉감과 맛을 한데 절충·융합시켜 조화로운 맛을 만들어내는 독자적인 음식 문화를 형성하였다는 것이다. 곧 구절판에 놓인 음식을 먹는 행위에는 이 세상에 있는 거의 모든 것에 독자적인 가치를 인정하면서 그 가치를 절충·융합·조화시키는 사상이 담겨있다.[133]

쌈 음식에 대해서는 이미 18세기 실학자 이익의 『성호사설』에 소채 중에 잎이 큰 것은 모두 쌈을 싸서 먹는데 상치쌈을 제일로 여긴다는 기록이 있다. 19세기 작자 미상의 『시의전서是議全書』를 살펴보면 상치쌈뿐 아니라 곰취쌈은 물론 깻잎쌈, 피마자잎쌈, 호박잎쌈, 배추쌈, 김치쌈 등 잎이 큰 것이면 모두 쌈이 될 수 있었다. 특히 구절판에서 보듯 각기 다른 8색의 어육채소魚肉菜蔬를 얄팍한 전병에 싸서 먹는 쌈문화는 오색 오미를 포함한 다양한 맛과 다양한 멋의 완전한 조화의 미학을 내포하고 있다.[134]

3. 한옥: 정원의 차경, 온돌(취사, 난방, 보온)의 조화

한옥의 특징 중 하나가 자연 친화적인 차경이라면(자세한 내용은 다음 절 "삼태극의 철학적 미학적 의미"에서 다룬다), 모든 '한옥의 공통된 특징 중 하나는 구들이다. 구들은 '취사와 난방과 보온'을 동시에 완전하게 조화(total harmony)시킨 세계 유일의 건축 구조이다. 구들

---

133 이규태, 『우리의 음식이야기』, 163.
134 같은 책, 179.

은 아궁이에서 땐 불과 연기의 열기를 골과 골 사이로 순환시킨 후 꿀뚝을 통해 배출하는 역동적 순환(dynamic circulation)의 원리가 적용된다. 그리고 돌과 흙으로 만들어진 바닥에 몸을 대고 그 열기를 직접 피부로 느끼는 자연 친화적(Natural affinity)인 건축물이기도 하다. 강영환은 구들의 아홉 가지 특징을 다음과 같이 설명한다.[135]

구들은 인류 최초의 바다 난방
구들은 인류 최초의 연기 없는 난방법
구들은 최초의 축열 난방(蓄熱援房)
구들은 인류 역사상 최초의 중앙 난방식
구들은 난방과 취사 기능을 지혜롭게 결합
구들은 가장 이상적인 실내 온도 형성
구들은 자연 법칙에 가장 충실한 난방법
구들은 난방 성능이 가장 뛰어나 난방법
구들은 한민족 문화의 바탕[136]

구들이 몸에 닿아 따뜻함을 전달하는 쾌감은 다른 난방에서는 도저히 느낄 수 없으며, 서양 난방은 천장을 향하여 가열하는 방식인데, 반면에 사람의 몸은 항상 천장이 아니라 추운 바닥에 가깝게 있어 의자, 침대 등 땅에서 떠 있는 불안한 상태에 있고 페치카나 난로 등이 인체의 한쪽 부분만을 데우게 된다. 우리가 요를 깔고 누우면 구들의 열을 요에 축열하여 혈액순환이 불량한 등, 허리, 다리 등

---

135 강영환, 『새로 쓴 한국 주거문화의 역사』 (서울: 기문당, 2002), 127.
136 김남웅, 『구들이야기 온돌이야기』 (서울: 단국대학출판부, 2004), 501-506.

몸의 많은 부분을 직접 따뜻하게 해주고 이불은 구들에서 나는 열을 모아서 바닥에 닿지 않는 가슴, 배, 무릎, 발 등 몸의 대부분을 따뜻하게 한다. 그래서 자는 동안에도 혈액순환을 원활하게 해준다

우리 민족은 불과 열의 자연적 순환 원리를 이용하여 하늘로 올라가는 불을 고래 속을 기어 들어가게 하여 결국 불을 밟고 서고, 불을 깔고 앉고, 불을 베고 잘 수 있는 구들에서 살게 되는 것이다.[137]

우리 민족이 세계에 내어놓을 수 있는 문화유산 세 가지를 들라면 서슴없이 한글과 금속활자와 구들일 것이다. 한글이나 금속활자는 지금까지도 활발한 현대화 작업을 통해 그 순수성과 우수성 을 입증하려는 노력이 이루어지고 있다. 그러나 상대적으로 우리의 유산인 구들이 크게 주목받지 못하고 있다.[138]

현대건축가 프랭크 로이드 라이트는 그의 회고록에 이렇게 썼다. "한국인의 방은 인류가 발명한 최고의 난방 방식이다. 이것은 태양열을 이용한 복사난방보다도 훌륭하다. 발을 따스하게 해주는 방식이야말로 가장 이상적인 난방이다." 그는 미국으로 돌아가서 바닥에 깐 돌 사이로 온수 파이프를 통하게 하는 패널 난방 방법을 개발하여 그의 주택 작품 전반에 보편적으로 채용하였다.[139]

구들은 중요한 문화 요소 중 하나로서 우리 민족의 정신문화, 물질문화의 발전과 밀접한 관계를 가지고 있다. 특히 주목되는 것은 복합문화의 성격을 띤 구들이 대대로 전해 내려오면서 우리 민족의 인체구조는 물론, 생산도구의 제작과 사용, 음식생활, 예의범절, 원시

---

137 김준봉 · 리신호, 『온돌, 그 찬란한 구들문화』 (서울: 청홍, 2006), 17-18.
138 같은 책, 205.
139 같은 책, 238.

신앙, 민간예술, 민속놀이 등 제반諸般 문화 활동에 깊은 영향을 주었다는 사실이다.[140]

우리의 많은 자연 친화적 문화적 요소는 구들이 생겨난 이후에 발전된 것이며 구들은 말 그대로 우리 문화의 바탕이며 삶의 그릇이기 때문이다.[141]

---

140 같은 책, 80.
141 같은 책, 506.

VI. 삼태극의 철학적 미학적 의미

　제1장 "이태극과 음양론"에서 한국에서 흔히 사용되는 회전 대칭의 태극문양과 주염계의 대립대칭의 태극도를 비교하여 양자가 함축하고 있는 철학적 의미를 살펴보았다. 그리고 이를 다시 서양 이데아론의 "빛과 그림자"의 상징과 동양 태극론의 "양달과 음달"의 상징이 지니는 철학적 의미를 다음과 같이 해명했다.

　주염계의 태극도: '**정태적 수직 분활 대립 대칭**'으로 음과 양의 좌우 대칭으로 대립되어 있어 음과 양이 본체론적으로 이원론적이고 생성론적으로 시원적이라는 의미를 함축한다. 천존지비(天尊地卑)이며 양선음후(陽先陰後)의 상징이다.

　한국 전통의 태극도: '**역동적 순환적 회전 대칭**'으로 음과 양이 꼬리를 물고 이어져 있어 음과 양이 본체론적으로 비이원적이고(둘이 둘이면서 하나) 음양이 회전하면 순환하니 생성론적으로는 비시원적이다.

　서양의 이원론을 극복한 논리가 음양 이태극론인 것이다. 태극의 양의兩儀는 공간이해로서 존재론적으로는 음과 양이지만, 이를 시간이해로 보면 생성론적으로 정靜과 동動을 의미한다. 태극의 생성론에 의하면 시간적으로 밤낮이 서로 다르지만, 낮이 기울면 밤이 되고 밤이 차면 낮이 된다(交易). 음과 양이 비이원론적인 것이듯이, 동과 정은 비시원적인 것이기 때문이다.

그러나 이태극론 역시 만유를 음양으로 나누는 이원론에서 온전히 벗어날 수 없다. 회전 대칭의 음양 이태극문양이 비이원적이고 비시원적이라고 하여도 모든 사물을 대립되는 둘로 나누는 음양론과 "태극→양의→ 4상→8괘→64괘"로 분화되는 위계적 구조는 생성론적으로 완벽하게 시원성을 벗어날 수 없다.

음양 이원론에도 역시 모든 관계를 양극화polarization하는 폐단이 따르게 마련이다.

> 양극을 처리하는 방법으로 서양에는 '변증'과 '선택'의 두 방법이 있었다. 즉, 헤겔의 변증법은 양극을 종합시켜 위로 지양시키는 것이며, 키에르케고르의 선택은 한쪽 극을 선택함으로 다른 극을 배제하는 논리이다. 전자는 'both/and'의 논리이고 후자는 'either/or'의 논리이다. 이 두 논리가 모두 귀속주의(Reductionism)에 빠지게 된다. 헤겔은 절대정신에다 모든 것을 귀속시키는 절대주의(absolutivism)에 빠졌다. 절대주의는 어느 궁극적 전제나 결론을 실체(substance)로 상정하는 실체주의(substantialism)에 빠지게 된다.[142]

그러나 음양은 두 가지 대립되는 관계만 존재하는 것이 아니라 중재의 역할을 하고 있다는 것이 삼태극의 요체이다. 음과 양이 변하

---

142 김상일, 『세계철학과 한 - 일과 다의 문제로 본 동서철학의 비교』(서울: 전망사, 1989), 235.

여 중이 되기도 하고 중은 음양 변화의 원동력이 되기도 한다. 또 음·양·중은 합하고 변하여 오행을 이루기도 한다.

음양사상의 기원 문제를 처음으로 다룬 뒤르껭Durkheim은 천지, 고저, 우좌로 나누고 후자가 전자보다 열등하다고 표상한 것은 실제로 한 집단이 다른 집단에 비해 지배적인 관계에 있을 때 우세한 집단과 열세한 집단이 생기는 법칙과 밀접한 관계가 있다는 사회적 기원설을 주장하였다. 리버스Rivers는 말레네시아 사회의 사례에 근거하여 사회적 이분법조직이 존재하는 경우에, 즉 두 개의 다른 부족이 있을 경우에, 그중 하나는 승리를 거둔 침략자요 또 다른 하나인 원주민 부족은 피지배자로 전락했을 때 침략자는 신성족이 되고 피지배자는 속俗된 부족이 된다고 주장하였다. 이에 비해 레비 스트로스(Lévi-Strauss)는 좌우나 고저와 같은 공간구조의 분극성은 오른손과 왼손을 등가적으로 보지 않은 원시적 사고 구조의 보편적 현상이라고 보았다. 그리고 시간적으로 밤낮과 계절의 변화를 통해 모든 시간이 균질하지 않으며 길일과 흉일이 구분된다고 본 시간구조의 분극성이 성과 속의 구분과 양과 음의 구분으로 구조화되었다는 것이다. 이러한 음과 양의 대립은 그 자체가 불완전한 것이기 때문에 음양의 대립을 넘어서는 동서남북과 천정天頂 지저地底에서 중심을 추가하여 삼분三分 구조를 통해 천지와 음양의 대립과 부조화를 극복할 수 있는 '삼원적 조화'를 추구하였다고 한다.[143]

논리적인 측면에서도 삼원성三元性은 현대 양자역학의 패러다임에서 중요한 의의를 갖는다. 동일률과 모순율에 기반한 이원론적 논

---

143 이은봉, 『중국 고대사의 원형을 찾아서』 (서울: 소나무, 2003), 55-56.

리에서는 참과 거짓의 이가二價 논리만이 가능하다. 하지만 현대 양자 역학의 체계에서는 이가二價 논리만으로는 세계의 실상을 묘사하기에 한계가 생기며 그래서 참과 거짓 그리고 미결정이라는 세 가지 논리적 지평을 갖는 삼가三價 논리가 중요한 논리형식으로서 주목되고 있다.[144]

안창호는 "중국과 일본에 나타나는 음양태극과 달리 삼태극은 우리 민족의 정체성을 가장 잘 이어온 문양"[145]이며, 태극문양은 조화, 창조, 단결의 상징이라고 하였다.[146] 김동환도 3이라는 수는 창조와 질서, 조화와 완성을 상징한다고 보았다.

> 3이라는 숫자는 동서고금을 막론하고 창조와 질서, 조화와 완성이라
> 는 상징으로 종교 상징과 밀접하다. 그러므로 3은 인류가 초창기에
> 인식할 수 있던 최고의 숫자라는 평가도 결코 과장이 아니다.[147]

삼태극은 적어도 세 가지 중요한 철학적 미학적 의미를 가진다.

---

144 이찬희, "대종교(大倧敎)의 삼원(三元)적인 민족주체적 생명철학에 관한 현상학
　　적 해석", 「종교연구」 77/1, 16-17.
145 안창호, "전통문양에 나타난 음양태극과 삼태극 연구", 「한국디자인포럼」 10
　　(2004), 64. 태극은 음양론과 이분법 구조를 중심으로 주로 중국이나 일본에서
　　많이 나타나며 서양의 기본사상인 신본주의를 많이 닮았다. 이런 음양 태극의 철
　　학적 배경은 순수히 우리 민족의 고유의 것이라고 자부하기에는 너무 이질성이
　　많다. 이에 비해 삼태극은 천지인 삼합사상을 상징하는 문양이며 삼태극에는 평
　　등과 민주적 사상이 있으며 삼라만상을 창조하는 이치가 담겨 있어 예로부터 신성
　　히 여겨왔다.
146 같은 글, 64.
147 김동환, "동이의 문화사상 -三足烏를 중심으로-", 「국학연구」 13집 (2008), 224.

1. 통전적 조화(Holistic Harmony): 음양 조화 대 천지인 조화

이태극도 음양의 조화를 표상하지만 상생과 상극의 모순적인 의미를 지닌다. 이태극에서 하늘과 땅을 둘로 분할하는 선이 직선이 아니고 유연한 곡선인 것에 유의하여야 한다. 즉 태극은 상대적인 것이 아니라 상보相補이며, 상생相生의 의미를 담고 있다. 이는 곧 조화를 뜻하고 조화란 서로의 성질과 기운을 잃지 않으면서 잘 어울려 하나됨을 말하는 것이다.[148] 그러나 이태극의 원리는 상생과 더불어 상극의 의미를 함축하고 있다.

음양 태극에 나타나는 이분법은 서양사상에서 가장 대표적인 사상으로 하늘과 땅, 빛과 그림자, 천사와 악마, 좋고 나쁨 등 극단적인 이분법으로 모든 우주의 원리로 이해되어 왔다. 이런 이분법의 음양설은 억음존양抑陰尊陽 즉 음을 누르고 양을 높힌다는 사상으로 이어져 우리나라 조선 시대 500년의 봉건주의 사상으로부터 뿌리 깊게 내려왔으며 남녀칠세 부동석, 부창부수, 삼종지도와 같은 남존여비의 가부장적 질서를 낳게 된다.

음양의 이분법과는 달리 삼태극三太極은 천태극, 지태극, 인태극으로 이루어져 있으며 각 태극은 전체의 삼태극의 모습을 닮아가는 패턴을 일원상一圓相에서 반복한다. 패턴의 반복 작용은 음양陰陽의 교역交易에 의해서 이루어진다. 삼태극은 세 개의 태극이 완벽한 조화(total harmony)와 균형을 이루고 분화와 통일, 발전과 조화를 이루어 간다.[149]

---

148 안창호, "전통문양에서 나타난 음양태극과 삼태극 연구", 61-74.
149 김주훈, "한국, 중국, 일본의 삼태극 문양에 관한 연구", 57.

대칭 자체가 이원론이라 할 수는 없다. 천부경은 모든 양극의 대칭을 '二'라 표현한다. 易은 모든 대칭을 '陰'(--) '陽'(-)으로 표현한다. 이를 兩義라 하고, 兩義는 四象으로, 四象은 八卦로 分化된다. 천부경은 易과도 다른 '一析三極'(하나가 셋으로 나뉜다)이란 논리 구조를 가지고 있다. 물리학에서도 종래에는 '陰'과 '陽'의 兩極만을 얘기했지만 그 '中間子'가 있다는 사실이 발견되어 결국 三極이 궁극적 존재를 결정한다는 사실이 밝혀졌다.150

부분과 전체가 별개의 다른 존재가 아니라 서로 의지하고 밀어주어 결국 부분이 전체를 이루고 전체가 부분이 되는 온전한 조화와 균형 상생의 원리를 담고 있는 것이 삼태극이다.

삼태극으로 상정되는 '3수 분화의 세계관'은 한국문화 전통에서 가장 심도 있게 발전하였기 때문에 '하나를 잡아서 셋을 포함하고, 셋을 모아 하나로 돌아간다'(執一含三 會三歸一)151는 논리와 '셋에서 하나로 돌아가는 것을 체體로 삼고, 하나에서 셋으로 나뉘어지는 것을 용用으로 삼는다'(三一其體 一三其用)는 고유한 논리를 지니게 되었다는 것이다.152 이러한 논리가 비록 후대의 천도교 문서에 나타나긴 하지만, 음양 이태극론의 "둘이 둘이면서 하나"라는 불이론적不二論的 이원 일치의 논리에서 "셋이 셋이면서 하나"라는 삼원 일치의 논리로 발전된 것임에 분명하다.

150 김상일, 『세계철학과 한 · 일과 다의 문제로 본 동서철학의 비교』, 234-235.
151 임승국 역주, 『한단고기』(서울: 정신세계사, 1987), 230.
152 우실하, "3수 분화의 세계관과 홍익인간의 이념", 『홍익인간 이념과 21세기 한국』(단군학회 홍익인간 교육이념 제정 50주년 기념학술대회 자료집 1), 22.

대종교의 『신리대전神理大全』에서도 다음과 같이 삼재론의 이러한 특징을 암시하고 있다.

둘이란 것은 다함이 있으되 셋은 다함이 없느니라. 무릇 셈법의 하나
로써 나누는 것은 그 본수에 변함이 없고, 둘로써 나누는 것은 남음이
없고, 셋으로써 나누는 것은 돌고 돌아 끝이 없는지라. 그러므로 천지
의 이치는 하나로서 원칙이 되고, 셋으로서 변함이 되나니, 대개 조화
와 교화와 치화의 세 가지에 하나만 모자라도 한얼님의 공적이 이루
지 못할 것이며, 통달하고 알고 보전함의 세 가지에 하나만 모자라도
「밝은 이」의 공적이 다 마치지 못할지니, 그러므로 둘을 쓰지 않고
셋을 씀이니라.[153]

따라서 삼재론은 음양론에 비해 "비이원론적 비시원론적 비본체
론적인 성격"을 강하게 띠게 되는 통전적 조화를 이루는 것이다.
한편, 모든 삼태극 문양은 3색으로 채색된다. 쌍태극 문양이 대부
분 흑백으로 처리되거나 청·적의 2색으로 채색되는 것과는 다른 모
습이다. 삼태극의 3색은 청·적·황 3원색이 지배적이다. 이 세 가지
색에서 주목할 것은 그 색상의 시각적 화려함이 아니라 세 가지 색의
조합이 만들어내는 색의 작용과 그 수리체계다.[154]

---

153 二는 有盡이로 而三은 則無盡也라. 凡數法이 以一除者는 不變原數하고 以二除
   者는 分析無餘하고 以三除者는 循環無窮이라. 故로 天地之理는 以一爲常이오
   而以三爲變야니 蓋造敎治三者에 缺一이면 則神功이 不可以成하며 通知保三者
   에 缺一이면 則哲功이 不可以完하나니 所以로 不用二而用三也니라.
154 조자룡, 『삼신민고』, 475.

2. 순환적 역동성(Dynamic Circulation) : 이중 순환 대 삼중 순환

『주역』에 '역유태극易有太極'이라 했으니, 태극은 우주의 역동적인 원리를 함축하고 있다. 역이라는 말은 변한다는 뜻이다. 이 책 1장 2절에서 살펴본 것처럼, 음이 양으로 변하고 양이 음으로 변하는 것은 음양으로 번갈아 변한다는 것이다. 따라서 이 모든 주장을 종합하여 역은 네 가지 개념으로 설명되어야 할 것이다.

① 변역變易: 만물은 변화한다.
② 불역不易: 변화한다는 사실 그 자체는 영원히 변하지 않는다.
③ 간이簡易: 변화의 양상을 간단히 말하면 "양의(陰陽, 靜動)→ 4상四象→ 8효六爻→ 64괘卦"로 설명된다.
④ 교역交易: 주야가 교대하듯 음이 양이 되고 양이 다시 음이 되어 음양은 번갈아 가며 변화한다.

태극의 양의兩儀는 공간이해로서 존재론적으로는 음과 양이지만, 이를 시간이해로 보면 생성론적으로 정靜과 동動을 의미한다. 태극의 생성론에 의하면 시간적으로 밤낮이 서로 다르지만 낮이 기울면 밤이 되고 밤이 차면 낮이 된다(交易). 음과 양이 비이원론적인 것이듯, 동과 정은 비시원적인 것이기 때문이다. 일정一靜과 일동一動에는 선후가 있는 것이 아니다. 주희는 『태극도설』에서 언급한 '오행은 하나의 음양이며, 음양은 하나의 태극이다'(五行一陰陽)와 '무극이면서 태극이다'(無極而太極)를 해석하면서 오행과 음양, 음양과 태극, 태극과 무극에 선후先後가 따로別 있는 것이 아니라고 한다.155 따라서 음과 양은 무시무종 순환유행(無始無終 循還流行)하는 것으로서 '비시원적인 조화전개의 역동적 원리'를 표상하고 있다.

특히 『천부경』의 첫 구절(一始無始一)과 마지막 구절(一終無終一)은 생성론적으로 '비시원성nonorientable'을 드러낸다는 것이다. 일에는 처음도 끝도 없다는 것은 '일자와 다자의 역동적 과정'을 의미한다.

> 일은 무시무종(無始無終)이다. 일자와 다자 어느 한 군데에 시원점을 두고 생각할 수 없다는 뜻이다. 일자가 시작되어 다시 일자에로 되돌아오는 과정이 바로 "일"이 "다"로 확산되고(expansion) 수렴되는 (conversion) 과정인 것이다. 일자가 다자로 확산되었다가 다시 일자로 수렴되는, 즉 일자와 다자의 역동적 과정(dynamic process)으로 실체를 파악하려고 한 것이다.[156]

태극은 소용돌이를 뜻하는 파형波形의 역동성을 상징한 것이다. 음양 이태극의 역동성은 두 곡옥의 파형이 이루는 '이중 회전으로 순환'을 표현하지만, 삼태극의 경우는 세 곡옥이 서로 맞물려 소용돌이 치는 파형이 '삼중 회전으로 순환'하는 가장 역동적인 모습을 함축적으로 표현하는 상징이다. 삼원론으로 표상하는 여러 문양을 비교해 보면 삼태극이 지니는 파동적 역동성의 면모가 드러난다. 한국문화의 특징 중에 하나를 역동성이라고 주장하는 이들이 많으며 한국을

---

155 주희, 『太極解義』, 五行一陰陽, 陰陽一太極,則非太極之後, 別生二五, 而二五之上, 先有太極也. 無極而太極, 太極而本極, 則非無極之後, 別生太極, 而太極之上, 先有無極也.
156 김상일, 『세계철학과 한・일과 다의 문제로 본 동서철학의 비교』, 209.

'다이나믹 코리아'(그림 25)라고 소개하기도 하였다.

3. 자연 친화성(Natural affinity): 조경 대 차경

한국인의 자연관은 자연을 거역하지 않고 수용하거나 자연 속에 동화되는 형태로 자연을 이용한다. 자연과 싸우고 자연을 점령하며 또 완전히 차단하는 형태로 이용하는 서양과는 근본적으로 다르다.[157] 우리 선조들은 자연스러운 것을 가장 아름다운 것으로 여기며 대지의 조건과 자연의 변화에 그대로 순응하며 사는 모습을 보여주었다.

서양에서 말하는 "자연$_{nature}$"이라는 개념은 동양인들이 중시하는 대자연$_{大自然}$이라는 개념과 구별된다. 동서양의 자연관의 차이를 인식해야만 그 본질적 개념을 파악할 수 있다. 서양에서는 전통적으로 자연의 정점은 인간이며, 인간의 본성$_{nature}$을 이성으로 보았다. 루소의 "자연으로 돌아가라"는 구호는 '대자연으로 돌아가 전원 생활을 즐기라'는 뜻이라기보다는 인간의 본성에 따라 합리적 이성에 입각하여 행동하라는 의미이다.

반면에 동양의 '자연$_{自然}$'은 '그냥 그대로 있음'의 상태어라고 할 수 있다. 무위자연의 도가 사상에서 강조하듯이 인위적인 것을 배제하고 자연 상태의 '그냥 그대로 저절로 있음'을 체득하는 것을 삶과 아름다움의 극치로 여겼다. 하서$_{河西}$ 김인후(金麟厚, 1510-1560)의 『하서집』

---

157 이규태, 『우리의 집 이야기』, 56.

에 '자연가'라는 다음과 같은 한시가 실려 있다.

靑山自然自然 綠水自然自然
山自然水自然 山水間我亦自然

'자연'이라는 말의 순수한 우리말은 '저절로'이다. 이 시조는 전체 44자 가운데 절반에 가까운 20자가 자연 즉 '절로절로'라는 단어의 되풀이로 구성되어 있다.

청산도 절로절로 녹수도 절로절로
산절로 수절로 산수간에 나도 절로
이 중에 절로 자란 몸이 늙기도 절로절로

서양에서 자연을 인간과 대립, 주종 관계에 있는 대상으로 파악했다. 반면에 동양에서 인간은 자연의 일부로 간주되었으며, 대자연 자체가 신성의 현현이요, 신앙의 대상으로 여겨졌다. 천지인 삼태극론에서는 하늘 다음에 인간이 아니라 자연이 위치한다.

동양적인 자연관이 가장 잘 드러나는 것은 한옥이다. 건축학에서는 조경과 차경을 구별한다. '조경造景'은 경치를 아름답게 꾸미는 활동을 의미한다. 현대에는 이것을 외부환경을 꾸미는 'exterior' 개념으로, 'interior'와 반대되는 대지 디자인과 수목식재 등을 모두 포함하고 있다.[158] 반면에 '차경借景'은 '경치를 빌린다'는 뜻으로, 주변

---

158 오소미, "옛 그림에서 찾는 전통조경(傳統造景) – 조경(造景)과 그림(圖畵)", 「문회유산채널」 2012.1.6.

경관과 정원을 조화롭게 배치함으로써 자기 정원의 일부인 것처럼 자연물과 풍경을 빌려 쓴다는 의미이다. 명대 말 계성計成은 저서『원치園治』(1634)를 통해 차경借景에 대한 이론을 제시하였다. 차경은 거리, 시각/관점, 시간, 장소 등에 따라 달라지는데, 크게 '직접 차경'과 '간접 차경'으로 분류된다. 먼저 직접 차경은 다시 일곱 가지로 나누어진다.

① 정원 안에서 밖을 감상할 때 가까이에 있는 경물을 빌리는 근차(近借)
② 강을 끼고 있는 원림에서 강가 풍경을 볼 때와 같이 폐쇄되지 않은 정원에서 먼 곳의 경물을 바라보는 원차(遠借)
③ 한 원림에서 근처의 다른 원림의 경물을 빌려 보는 인차(隣借)
④ 두 원림이 서로를 빌려 서로의 경물을 바라보는 호차(互借)
⑤ 정원 안에서 바깥의 높은 산봉우리나 근처 절의 높은 탑 등을 우러러 보는 앙차(仰借)
⑥ 정원의 어느 높은 지점에서 정원 밖의 경물을 내려다보는 부차(俯借)
⑦ 계절 또는 특정 시간의 경물을 빌려보는 응시차(應時借)

임석재에 의하면 차경은 특히 동양의 건축과 조경에서 공통적으로 나타나는 주요한 개념이다. 한옥의 경우는 '건물 밖에 있는 경치를 집 안으로 들여와 감상 대상으로 활용한다'는 뜻이다. 주로 창을 통해 경치를 선별하고 재단해서 마치 액자에 담긴 한 장의 그림처럼 만들어 즐기게 한다. 하지만 한옥은 정치精緻한 계획을 세워 차경을 활용하고 즐긴다. 그리하여 수많은 창이 아름다운 풍경화를 연출하게 된다. 한옥에서 차경을 특별하게 의도했음을 보여주는 장치를 다음의 다섯 가지로 요약할 수 있다.

첫째, 마당의 존재다. 방과 한 몸으로 작동하는 방의 일부다.

둘째, 창밖의 풍경요소 가운데 차경의 대상으로 삼고 싶은 것은 분명
히 찍어서 창에 대응시킨다.

셋째, 마당을 가급적 비워서 차경 대상에 대한 집중도를 높인다.

넷째, 방 전체의 스케일 감이다. 한옥에서 창을 통한 차경은 방바닥에
엉덩이를 붙이고 앉아서 볼 때, 즉 좌식 형식일 때 그 맛이 가장
좋다.

다섯째, 창이 작동하는 방식이 다양하다. 우선 창이 여닫이와 미닫이
두 종류다.[159]

우리나라 건축물 가운데 직접 차경이 가장 잘 드러나는 대표적인
사례는 소쇄원과 다산초당이다. 소쇄원瀟灑園은 양산보(梁山甫, 1503-
1557)가 1520년에서 1557년까지 은둔 생활 기간 중 전남 담양에 조
성한 별서정원이다. 그는 바위로 구성된 계곡에 광풍각과 제월당을
배치하고 대나무 숲으로 입구를 내어 정원으로 향하는 길목을 아득
한 느낌이 들도록 조성했다. 다산초당茶山草堂은 정약용이 18년 동안
강진에서 유배생활을 하며 초당을 짓고 주변에 차밭과 정원을 함께
조성한 건축물이다. 다양한 식물들이 어우러지며 고아한 정취를 풍
기는 별서정원으로 다산이 직접 그린 다산 초당도를 통해 자세한 정
보를 알 수 있다.

---

159 임석재, "한옥에서 발견한 선조들의 지혜, 차경(借景)", 「문화유산정보」 (한국문
화재단), 2013년 2월.

중국과 일본의 대표적인 건축물들은 간접 차경으로 인위적인 자연물을 축소하여 설치하고 이를 감상하는 수준이지만, 한국의 경우는 자연물을 그대로 두고 그 사이 사이에 건물을 조성하여 자연과의 조화가 빚어내는 새로운 경관을 창조하는 더 높은 차원의 차경의 이치를 통해 무위자연의 자연 친화적인 삶을 향유하려고 한 것이다.

차경과 더불어 한국인의 자연 친화적인 정서를 잘 드러나는 예화가 있다. 펄벅(Pearl S. Buck, 1892-1973) 여사가 1960년에 한국 농촌 마을을 방문하였을 때, 황혼 무렵 지게에 볏단을 잔뜩 진 농부가 볏단을 실은 소달구지를 끌고 가는 모습을 보게 되었다. 그녀는 "왜 소달구지를 타지 않고 힘들게 짐을 지고 걸어갑니까?"라고 물었다. 그러자 농부가 말했다. "에이, 어떻게 타고 갑니까! 저도 하루 종일 일했지만, 소도 하루 종일 일했는데요. 그러니 짐도 나누어서 지고 가야지요." "서양의 농부라면 누구나 당연하게 소달구지 위에 짐을 모두 싣고, 자신도 올라타 편하게 집으로 향했을 것입니다. 하지만 한국의 농부는 소의 짐을 덜어 주고자 자신의 지게에 볏단을 한 짐 지고 소와 함께 귀가하는 모습을 보며 전 온몸에 전율을 느꼈다"고 말했다.

펄벅은 고국으로 돌아간 뒤 이 모습을 세상에서 본 가장 아름다운 풍경이었다고 고백하였다. 그녀는 초겨울인데도 따지 않은 감이 달려있는 감나무를 보고는 "따기 힘들어 그냥 두는 거냐"고 물었다가 "까치밥이라 해서 겨울새들을 위해 남겨 둔 것"이라는 설명을 듣고 "바로 이거에요. 내가 한국에서 와서 보고자 했던 것은 고적이나 왕릉이 아니었어요. 이것 하나만으로도 나는 한국에 잘 왔다고 생각해

요"라고 탄성을 지르기도 했다. 우리 선조들은 논두렁에 씨앗을 심어도 셋을 심었다. 하나는 하늘의 새, 하나는 땅의 벌레, 나머지는 내가 나눠 먹겠다는 뜻이었다.[160] 인간 중심적이고 합리적인 서양인으로서는 자연 친화적인 천지인 조화의 한국인의 정서가 진기하고 놀라웠던 것이다.

---

160 황인희, "펄 벅 여사를 감동시킨 한국 농부의 마음", 「시니어신문」 2017.07.17.

제3장

동이족 삼족오와
고조선의 삼신(三神)신앙

I. 소호족(少昊族)의 '열 개의 태양' 설화와 삼족오의 기원

　고대문명의 여러 부족들이 '까마귀'를 토템으로 하거나 '태양신'으로 숭배하였다. 예컨대, 북유럽 민족들의 태양신 오딘의 천사조天使鳥, 이란 전설의 천사조天使鳥 까마귀, 구약성경의 노아 방주의 까마귀, 중국 장사長沙의 마왕퇴馬王堆 1호 한묘漢墓의 그림에 나온 태양신 까마귀 등이 그 대표적인 것들이다.[1] 그러나 이 까마귀들은 모두 '두 발' 까마귀이다. 예외적으로 오직 고조선 문명권에서만 태양신 또는 태양신의 천사조天使鳥를 다리가 셋인 '삼족오三足鳥'로 표현한 형상이 여러 고분 벽화에 남아 있고, 문헌에서도 언급되었다. 중요한 것은 이 삼족오가 동이의 지역에서 집중적으로 발견된다는 점이다. 특히 동이족의 토템 가운데 새의 형상을 한 것에 관한 고고학적 발굴 결과가 가장 많았다.[2]

　이런 자료들의 연구를 종합하여 삼족오가 중국 문헌에도 등장하지만 삼족오 신앙이 고조선 문명권을 통해 전승되었으며, 고조선 이래 고분 벽화를 통해 전승되어 온 삼족오 문양은 삼태극 문양과 더불

---

1 신용하, "고조선문명권의 삼족오태양 상징과 조양 원대자벽화묘의 삼족오태양", 「한국학보」 제105집 (2001), 10.
2 김동환, "동이의 문화사상- 삼족오를 중심으로", 「국학연구」 13 (2008), 215.

어 단군신화의 천지인 조화론을 반영한다는 것을 살펴보려고 한다.

문서 기록으로는 중국 산동 지방에서 신석기시대 말기 BC 2800-2000년에 소왕국을 건설하여 살았던 소호족少昊族의 "열 개의 태양"과 "열 개의 태양을 쏜 예"3의 신화 가운데 '삼족오태양'의 기원에 관한 서술이 자세히 나온다. 이러한 소호족 전설의 줄거리를 요약하면 다음과 같다.4

① 태양(해)이 돋는 곳은 산둥지방으로부터 바다 건너 동쪽 양곡(暘谷)이란 곳이다(한반도 또는 랴오둥반도의 어느 곳을 가리킴).

② 양곡의 통치자는 천제[天帝, 하느님]인 제준(帝俊)인데, 10명의 아들 태양을 두었다. 그는 10개의 태양을 번갈아 하나씩 이어서 떠오르게 하여 세상을 알맞게 환하고 따뜻하게 비추고 있었다.

③ 10개의 태양들은 모두 까마귀를 싣고 있었는데, 모두 '세발까마귀'였다.

④ 10명 아들 태양들은 번갈아 뜨고 지는 똑같은 일의 반복에 싫증을 느껴서, 부모 몰래 동시에 떠올라 한꺼번에 10배의 혜택을 주기로 하였다. 이에 요임금 때 10개 태양이 동시에 떠올랐다. 세상은 10배 혜택을 받은 것이 아니라 갑자기 너무 뜨거워서 동식물이 타 죽어 갔다.

⑤ 요임금은 놀라 무당을 부르는 등 백방으로 대책을 세워보았으나 효력이 없었다. 요임금은 결국 바다 건너 동쪽 천제에게 도와달라

---

3 Ke Yuan/ 전인초·김선자 역, 『중국신화전설 I』 (서울: 민음사, 2002), 289-309.
4 신용하, "고조선 문명권의 삼족오태양 상징과 조양 원대자벽화묘의 삼족오태양", 5-7.

고 간청하였다.

⑥ 천제 제준은 10명 아들 태양들에게 훈계했으나 아들들은 아버지 제준의 말을 들으려 하지 않았다. 이에 제준은 활을 매우 잘 쏘는 '예'[羿, 夷羿]를 내려보내 요임금을 도와서 10명 아들을 징벌하도록 하였다.

⑦ '예'가 요임금을 도우러 내려와 보니 10개 태양의 장난으로 만물이 타 죽어가고 있었다. '예'는 분개하여 태양의 심장을 겨누어 활을 쏘았다. 태양은 예의 화살에 명중되어 땅에 떨어졌는데, 달려가 보니 화살에 심장이 꿰뚫린 태양들은 황금빛의 '세발까마귀 태양신(太陽神)'들이었다.

⑧ 요임금은 태양이 하나는 남아있어야 알맞게 세상을 따뜻이 비출 터인데, '예'가 10개 태양을 모두 쏘아 떨어뜨릴까 염려되었다. 그래서 요임금은 예의 화살통에서 화살 1개를 뽑아 감춰버렸다. 이 때문에 '예'는 9개 태양만을 떨어뜨리고 1개 태양은 남기게 되었다.

⑨ 이제 모든 문제가 해결되었으므로 예는 고국의 천제에게로 돌아가려고 사실을 보고하였다. 그러나 천제 제준은 9개 태양을 징벌만 하지 않고 죽여버린 사실에 진노하였다. '예'의 화살에 죽은 9개 태양은 제준의 아홉 아들이었기 때문이었다. 제준은 '예'가 고국에 돌아오는 것을 허락하지 않았다.

⑩ '예'는 할 수 없이 지상에 남아 요임금을 도와서 사람들을 괴롭히는 괴물들을 퇴치하였다. 사람들은 기뻐서 요임금을 천자로 추대했는데, 이는 '예'의 도움에 의거한 것이었다.[5]

---

5 정길선, "고구려 '태양 삼족오' 유물 (6/8부)", 국학원, http://www.kookhakwon.org.

신용하는 몇 가지 점에서 소호족의 이 삼족오 태양 전설은 부여·고구려 신화·전설의 원형과 연결되어 있다고 한다.

첫째, 9개의 태양의 퇴치가 무엇을 의미하는가 하는 문제이다. 주목할 것은 중국의 옛 학자들은 이 '삼족오태양' 전설을 하족夏族이 동이九夷족을 무찔러 나라를 보전한 사실을 전설화한 것이라고 해석해 왔다. '구이'가 아홉 개의 '세발까마귀 태양'으로 묘사된 것이라는 주장이다. 중국의 고문헌에 구이九夷는 여러 곳에 역사적 사실로 기록되어 남아 있기 때문이다.6 『후한서』「동이열전」에는 다음과 같은 기록이 있다.

> 「왕제(王制)」에 이르기를 '동방을 '이(夷)'라 한다'고 하였다. '이'라는 것은 '근본이 되는 뿌리[根]'라는 의미이니, 어질고[仁] 살리기를 좋아하여[好生] 마치 만물이 대지로부터 솟아나오는 것과 같음을 말하는 것이다. 그러한 까닭에 천성이 유순하여 도덕이 펼쳐지기 쉬워 군자불사지국(君子不死之國)이라 불리우게 되었다. '이'에는 아홉[九夷]이 있으니 견이(畎夷)·우이(于夷)·방이(方夷)·황이(黃夷)·백이(白夷)·말이(末夷)·현이(玄夷)·풍이(風夷)·양이(陽夷) 등이다. 때문에 공자는 九夷에 머무르고자 하였다.7

「논어」에는 산동 곡부曲阜 지방 노나라 출신인 공자가 일찍이 이 지방에서 도가 행해지지 않자 제자들에게 한탄하면서 "바다에 뗏목

---

6 신용하, "고조선 문명권의 삼족오태양 상징과 조양 원대자벽화묘의 삼족오태양", 8.
7 『後漢書』卷一百十五「東夷專」第七十五: 김동환, "東夷의 文化思想 – 三足烏를 중심으로", 212.

을 띄워 구이九夷에 가서 살고 싶다"고 했는데, 언사고彥使古는 '구이'는 곧 '동이'라고 주석하였다. 구이九夷를 9개의 '삼족오태양'으로 묘사한 소호족少昊族의 전설은 중국의 전설과 신화 속에 들어 있지만, 그 내용을 보면 '삼족오태양'은 중국의 부족 또는 원 민족을 가리킨 것이 아니라, 고조선이 지배했다는 '구이', 즉 중국학자들이 말한 '동이東夷'의 '구이九夷'의 이야기인 것을 알 수 있다.[8]

둘째, '삼족오태양'의 전설의 배경이 되는 시기는 중국의 경우에는 요 임금의 시대이고, 동시에 조선은 고조선 시대이다. 『삼국유사』에 인용 수록된 『위서』는 단군이 '아사달'에 도읍을 정하고 고조선을 건국한 시기를 중국의 요堯 임금과 동시기라 하였다. 소호족의 이 전설은 구이九夷라고 부르던 동이족과 하화족이 대결했던 고대 초기에 하화족이 동이족을 무찔러 나라를 보전한 설화라고 중국학자들은 해석하고 있다. 그러나 고려와 조선 시대 한국의 전통사학자들은 단군이 고조선왕검조선을 건국한 처음부터 구이九夷를 다스렸으며, 요堯와 순舜의 치세를 도와주었다고 주장한다. 이런 배경에서 '한족을 핍박하던 동이의 상징'인 까마귀에 대한 한족의 시각이 빚어낸 신화로도 해석된다. 중국 소호족의 삼족오 태양 퇴치 전설은 요임금이 예羿를 도와서 동쪽의 구이족이 섬겼던 삼족오 태양을 퇴치하였다는 전설이라고 해석된다. 따라서 삼족오는 중국의 상징이 아니라 동이족의 상징이 되는 것이다.

셋째, 소호족少昊族이 누구인가 하는 문제이다. 소호족은 자신들의 기원을 바다 건너 동쪽 해 돋는 나라 '양곡暘谷'이라 하라고 했고 그곳

---

8 신용하, "고조선 문명권의 삼족오태양 상징과 조양 원대자벽화묘의 삼족오태양", 9.

의 통치자인 천제[天帝]의 아들, 즉 하느님의 아들 제준帝俊이 활을 매우 잘 쏘는 '예'[羿, 夷羿]를 내려보내어 9개의 태양을 쏘아 떨어뜨리게 되었다. 이 설화에 등장하는 천제, 제준, 예는 각각 고구려 신화의 인물소에 해당하는 하느님(천제), 하느님의 아들(해모수), 활을 잘 쏘는 이(주몽)와 상응한다. 해모수는 '해머슴애'가 한자로 표기된 것이며 해의 아들[日子]을 뜻하기 때문이다.[9]

소호족少昊族의 '昊'자는 원래는 '皞'자로서 '본래 白족', '본래 박달족', '본래 환한 태양족'이라는 의미의 명칭을 가진 부족이었다. 그들이 팽이형 토기에 '아사달' 문양을 새겨 사용함으로써 그들의 기원이 고조선과 연결되어 있고, 그들의 문화가 고조선문명권의 서쪽 변방이었음을 알려주고 있다. 소호족의 '삼족오태양' 전설은 후에 소호가 중국에 동화되어 그 일부가 되었다 할지라도 '三足烏太陽' 그 자체는 '고조선 문명권'의 상징의 하나이거나 전설일 것이다.

---

9 김상기, "국사상에 나타난 건국신화의 검토", 『동방학논총』 (서울: 서울대학교출판부, 1986), 6-7참조.

II. 중국과 일본의 삼족오

1. 중국 한대의 삼족오

중국에서는 삼족오 태양의 전설이 기록으로 남아 있지만, 삼족오 태양의 전설이 그 후에 계속 전승된 사례를 찾기가 어렵다. 삼족오 문양은 여러 벽화 등에서 발견되었다.

> 일중삼족오(日中三足烏)(惑 金烏)와 월중섬여(月中蟾蜍)(惑 玉兔) 및 인수사신(人首蛇身)의 복회씨와 여와씨에 대한 신화 전설이 성행하기 시작한 시기인 한대(BC 206-AD 222)에는 하남(河南), 협서(陜西), 산동(山東), 호남(湖南), 강소(江蘇). 사천(四川) 및 낙랑(樂浪) 지역에서 발견되고 있다. 여기에서 우리가 특별히 주목하는 것은 이들은 모두 발해 연안의 석묘계의 고분에서 출토되고 있다고 하는 사실이다.[1]

이형구는 이 지역에서 발굴된 삼족오의 다양한 형태를 여덟 가지로 분류하였다.

---

[1] 이형구, "고구려의 삼족오(三足烏) 신앙에 대하여 – 고고학적 측면에서 본 조류숭배 사상의 기원 문제", 「동방학지」 제86권 (1994), 22.

① 일중삼족오 월중섬여상(日中三足烏 月中擔餘像)

② 양용(또는 사)일월상(兩龍[蛇]日月像)

③ 교룡(또는 사)상(交龍[蛇]像)

④ 교룡(또는 사)양조상(交龍[蛇]兩鳥像)

⑤ 미교미 복회여와상(未交尾代羲女媧像)

⑥ 교미 복회여와상(交尾代羲女媧像)

⑦ 봉일중삼족오 월중섬여 복회여와상(棒日中三足烏 月中蟾蜍代
羲女媧像)

⑧ 복회여와씨 복중일월상(代羲女媧氏腹中日月像)

이형구는 중국의 경우 가장 이른 시기의 금오金烏의 형상은 서한
전기(BC 175-145) 장사長沙 마왕퇴馬王堆 1호묘에서 출토된 채회백화
彩繪帛畵 상연 좌우에 그려진 일상日中二足烏과 월상(뚜꺼비와 토끼)의 일
상에서 찾아볼 수 있다. 태양을 상징하는 원형 안에 두 발 달린 까마
귀金烏가 그려져 있다.2

한대漢代 하남 방성현方城縣 성관진城關鎭 화상석묘에서 출토된 동족
문짝과 하남 남양현南陽顧 영장英莊 화상석묘에서 출토된 서쪽 문짝은
모두 두 발 달린 주작이 좌우 대칭으로 마주 보고 있는 모습을 그려
놓고 있다.3 이형구는 중국에서 한대에 음양오행설이 정착되면서 삼
족오 벽화에 음양론·오행론·복회 여와 신화 등이 결합되기 시작하였
다고 한다.

---

2 같은 책, 23.
3 왕대유/ 임동석 역, 『용봉 문화 원류 – 신화와 전설, 예술과 토템』(서울: 동문선,
1994), 515: 우실하, 『전통문화의 구성 원리』(서울: 소나무, 1998), 232에서 재인용.

우실하는 이런 사례로 볼 때 음양오행론화된 유교를 국교로 삼은 한나라 이후에 중국이나 고구려 등에서 ① 삼족오가 다리가 두 개인 '이름뿐인 삼족오'로 변형되고, ② 태양조·삼족오의 또 다른 변형인 주작도 다리가 두 개인 공작새의 모습으로 변형되어 애초에 삼족오가 의미하는 상징으로서의 3수 분화의 세계관은 잊혀지고 음양 오행론에 흡수되어 갔다고 한다.[4]

중국에서도 삼족오＝태양조太陽鳥＝양조陽鳥＝현조玄鳥를 현대적으로 재해석하여 활용하고 있다. 중국의 경우 요녕성 요녕대학 안에는 5m나 되는 태양조太陽鳥 조각이 상징물로 세워져 있고, 동북 3성의 중심지이자, 고대로부터 북방문화의 중심지였던 심양시의 상징물도 태양조이다. 시청 광장에는 30m는 족히 되는 태양조가 한가운데 세워져 있다. 심양 북역北驛 광장에도 50m가 넘어 보이는 현대적으로 디자인된 태양조가 비상하고 있다. 뿐만 아니라 시내 곳곳에 디자인된 삼족오 벽화가 그려져 있다.

2. 일본의 삼족오

일본에서도 제15대 오진천황(應神天皇, 재위: 270(390)?-310 (430)?) 이전의 개국 신화에서 일본 왕의 군대의 길을 안내하는 태양신의 사자인 삼족오 '야타가라스八咫烏'가 고대 고분과 각종 유물에서 등장한다. 아직도 쿠마노본궁대사熊野本宮大社 등에서 모시는 대상이기도 하다. 대표적인 예로 규스의 고분 벽화에는 항해 중인 뱃전에 새가 앉

---

4 우실하, 같은 책, 261.

아 있는 그림이 있다. 세 발 달린 까마귀가 일본의 초대 천황인 진무천황(神武天皇, BC 711-585)이 탄 선두의 배를 일본으로 인도했다는 역사적 기록도 남아 있다.[5]

일본에서는 삼족오를 신조로 여기고 있다. 일본 왕이 즉위할 때 입는 곤룡의의 좌측 상단에 세 발 달린 까마귀가 날개를 펴고 서 있는 모습이 수놓아져 있다. 일본 신사에 가면 이런 모양의 삼족오는 숭배의 대상으로 흔히 볼 수 있다. 또 일본축구협회JFA의 엠블렘이 삼족오이다. 지난 2002년 월드컵 일본 응원단은 삼족오가 그려진 유니폼을 입고 나와 응원전을 펼쳤다. 이 엠블렘은 삼족오가 두 다리로 서 있고 세 번째 발로 축구공을 잡은 형상을 하고 있다.

그러나 송언은 고구려 고분 벽화의 삼족오와 일본의 삼족오와는 차이가 있다고 한다.

고구려 벽화에 나오는 삼족오는 반드시 머리에 볏이 있다. 볏 역시 처음과 태초를 상징한다. 반면 일본의 삼족오는 볏이 없는, 단지 세 발이 달린 까마귀일 뿐이다.

삼족오의 볏(一)이 물이나 시원, 즉 태초의 생명성을 상징한다면, 날개(二)는 화합, 부부, 상대적 균형, 따뜻함을 상징한다. 그리고 세 발(三)은 자연의 생명성(싹), 순환, 부부 사이에서 태어난 자녀, 초목, 생장-소멸-순환, 시공, 힘, 완성 등을 상징한다.[6]

---

5 김주훈, "한국, 중국, 일본의 삼태극 문양에 관한 연구", 「전보디자인학연구」 21 (2013), 61.
6 송언, "삼족오. 우리 민족의 상징인가?", http://khc2508.tistory.com/entry.

"고구려 대표상징물 삼족오 일본축구협회 엠블럼 둔갑"[7]이라는 기사로 인해 삼족오에 대한 대중적인 관심이 생겨나기도 하였다. 박석재는 삼족오가 우리나라를 통해 일본으로 건너간 것이라고 주장한다.

삼족오는 우리나라를 통해 일본으로 건너간 것이다. 그러나 정작 우리는 삼족오를 잊고 살았다. 〈연개소문〉이나 〈주몽〉 같은 TV 연속극이 국민들에게 삼족오를 소개하면서 비로소 그 존재가 인식됐다고 해도 과언이 아니다. 어떻게 보면 삼족오를 일본에게 뺏긴 셈이다.[8]

이에 대해 우실하는 다음과 같이 반박한다.

일본도 나름대로 북방문화의 전통을 전해 받았고 그들은 나름대로 삼족오를 활용할 자격이 있다. … 삼족오는 동북아시아 공동의 유산이고, 일본은 그것을 현대적으로 활용하고 있고 우리는 그렇지 못할 뿐이다.[9]

대한민국 3대 국새에 금이 가서 새로운 국새를 제작하고자 했을 당시, 방영하던 MBC 드라마 '주몽'의 영향을 받아 인장 손잡이(印紐)를 삼족오 형태로 제작하자는 주장이 나온 적이 있다. 하지만 일

---

7 "고구려 대표상징물 삼족오 일본축구협회 엠블럼 둔갑", 「동아일보」 2001.2.19.
8 박석재, "우리가 만들고 일본에 빼앗긴 삼족오", 「Premium Chosun」 2014.9.7.
9 우실하, "삼족오(三足烏), 태양조(太陽鳥)의 도시 심양", http://www.gaonnuri.co.kr/z/view.php?id=punch&no=31.

본 축구 대표팀의 엠블렘과 겹치는 점, 한국에서 까마귀를 불길한 생물로 인식하고 있다는 등의 이유로 무산되어, 4대 국새 인장손잡이 형태도 역시 3대 국새와 마찬가지로 봉황을 채택했다.[10] 한국에서 삼족오는 이미 원형인 까마귀의 개념을 벗어나 '볏이 있는 봉황'과 동일시되었으나, 결론적으로 국새 인장손잡이를 삼족오 형상으로 만들자는 주장은 수용되지 않았다.

한국에서는 신조 숭배의 상징인 삼족오 문양보다도 우주적 원리가 더 상징적으로 드러나는 이태극이나 삼태극 문양이 훨씬 지속적으로 다양하게 사용되었다. 이에 관해서는 제2장 "중국의 음양 이태극과 한국의 천지인 삼태극"에서 자세히 다룬다.

---

10 "삼족오", https://namu.wiki/.

III. 한국의 삼족오 문양의 전승

1. 고구려의 삼족오 변형문

고대 동북아시아 샤마니즘에서 신의 세계와 인간 세계를 연결하는 태양신의 사자인 삼족오는 이미 기원전 4000년경의 앙샤오仰韶 문화 유적지 토기에서부터 대량으로 발견되고 있다. 기원을 전후한 시기에 삼족오는 옛 고구려 지역을 비롯한 산동과 요녕 지방 일대 고분벽화에서 공통적으로 발견된다. 중요한 것은 이 삼족오가 동이의 지역에서 집중적으로 발견된다는 점이다.[1]

삼국 시대 고구려의 삼족오는 〈안악3호분〉·〈각저총현실천정성수도〉·〈무용총현실천정성수도〉·〈장천1호분〉·〈약수리벽화고분〉·〈천왕지신총〉·〈덕흥리1 - 2호분〉·〈쌍영총〉·〈덕화리제1호무덤〉·〈평남진파리7호분출토금동관식〉·〈오회분4 5호묘〉·〈사신총〉·〈강서우현리중묘〉·〈개마총〉 등과 〈운산용호동1호분〉에서 출토된 금동봉황장식에서 볼 수 있다.[2]

---

1 위의 글, 217.
2 손환일, "삼족오 문양의 시대별 변천", 117.

(그림 1) 고구려 삼족오, 우실하 『전통문화의 구성 원리』

고구려 벽화에는 풍속화, 초상화, 사신도 등과 함께 성신도(星辰圖: 천체의 그림)가 많다. 성신도에는 해와 달, 별자리 등이 그려져 있고 해 속에는 까마귀가 그려져 있다. 이 까마귀가 삼족오이다. 고구려 고분 벽화는 대략 세 시기로 나눌 수 있는데, 초기인 4, 5세기 무렵에는 주로 고분 주인공의 생활 장면이 주를 이룬다. 중기인 6세기 무렵에는 풍속화적인 장면 묘사가 주를 이루는 가운데, 불교 사상의 영향으로 불교적인 요소가 많이 눈에 띈다. 그러다가 후기인 7세기 무렵에는 도교적인 영향으로 무덤을 소우주로 생각하고 많은 별자리며 해와 달 등 천상의 모습을 담았다.

이형구에 의하면 고구려 고분 벽화에 보이는 일중삼족오와 관련된 신화적인 내용을 세 가지로 분류할 수가 있다고 한다.[3]

첫째 유형은 고분의 천정에 성숙과 함께 동쪽에는 일중삼족오를, 서쪽에는 월중섬여를 묘사한 일중삼족오월중섬여상이다. 이 유형에는 무용총, 각저총, 장천 1호묘, 황해도 안악 제1호분, 제3호분, 복사리伏獅理 벽화고분, 평안남도 강서 태성리 연화총 등의 비사신도非四神圖 고분과 평남지구의 강서 약수리 벽화 고분, 강서 삼묘리 중묘, 용강

---

3 이형구, "고구려의 삼족오(三足烏) 신앙에 대하여 - 고고학적 측면에서 본 조류숭배 사상의 기원 문제", 7-11.

쌍영총, 덕화리 제1·2호분, 평양의 진파리 제1·4호분, 내리 제1호분 등이 있다.

둘째 유형은 복희·여와신화에서 볼 수 있는 쌍룡(雙龍蛇像) 문형 및 양인수일사신兩人首一蛇身을 묘사한 교미복회여와상未交尾代羲女媧像인데, 이에 해당하는 것은 집안 통구 우산하묘구 상실총과 평안남도 순천順川 천왕지신총天王地神塚에 나타난다.

셋째 유형은 위의 양자가 결합한 형상으로 인수용신익우人首龍身有羽의 복희씨와 여와씨가 양수로 일중삼족오와 월중섬여(혹은 옥토)를 머리 위에 받들고 있는 상봉일중삼족오 월중섬여 복희여와상(棒日中三足烏 月中蟾蜍代羲女媧像)이다. 이 유형은 집안 통구 우산하묘구의 사신총, 오회분 4호묘, 오회분 5호묘 등에서 발견된다.[4]

이 외에도 진파리 7호 고분에서 발굴된 일중삼족오금동관식日中三足烏金銅冠飾[5] 조양朝陽 원태자袁台子 벽화묘의 삼족오 문양[6] 등이 있다. 우

---

4 같은 글, 진파리 7호묘, 무용총, 평남 덕흥리 벽화고분, 집안 사신총, 집안오회분 4호묘, 그리고 집안 오회분 5호묘의 삼족오 사진(1-6)과 그림(1-12) 참조; 신용하, "고조선 문명권의 삼족오태양 상징과 조양 원대자벽화묘의 삼족오태양", 3. 조양원태자벽화, 고구려 각저총(角抵塚), 고구려 오회분(五恢墳) 4호묘, 그리고 고구려 덕화리(德化理) 1호분의 삼족오 그림 1, 3-5 참조.

5 김원룡, 『한국미술사』(서울: 범운사, 1937), 64. 1941년 평안남도 중화군(中和郡) 진파리(眞坡里) 제7호 고분에서 고구려의 왕관으로 추정되는 일중삼족오금동관식(日中三足烏金銅冠飾)이 출토되었다. 이 관식은 높이가 약 13cm, 폭이 약 24cm의 반원형으로 금동판 전신에 문양을 투조하여 그 중앙에는 태양을 상징하는 원권(圓圈)을 두르고, 그 안에 삼족오를 안치하였다.

6 신용하, "고조선 문명권의 삼족오태양 상징과 조양 원대자벽화묘의 삼족오태양", 18-19. 1982년 발굴되고 2001년 서울대학교 박물관에서 전시된 바 있는 중국 요령지역 朝陽(龍城)에서 발굴된 "원태자(袁台子) 벽화묘"의 벽화에는 삼족오 태양과 곰을 상징하는 문양이 그려져 있다. 중국학자들은 대체로 이 벽화의 연대를 4세기 중엽에서 5세기 중엽으로 추정한다. 그리고 묘의 주인이 소속한 국가를 선비(鮮卑)족이 세운 전연(前燕)이라고 한다. 그러나 중국학자들이 이 무덤을 중국의 선비족의

실하는 고대 동북아시아의 태양숭배사상과 샤마니즘의 산물인 삼족오는 우리나라에서도 중국의 영향을 받아 몇 가지 경로의 변형이 일어난다고 한다.

고구려와 백제는 지역상으로 신라에 비해 중국의 영향을 더 많이 받았기 때문에 고구려 벽화에 나타난 삼족오는 중국신화와 음양오행론의 영향이 나타나 보인다고 하였다.7

백두대간 서쪽의 고구려는 육로와 해로를 이용한 중국과의 문화교류를 통해서 정복 문화로 들어온 음양 오행론을 일찍이 수용하였고, 한사군 특히 낙랑군과의 접촉을 통한 한나라의 '음양 오행화된 유교'를 수용하면서 '음양오행론 중심의 삼재론'을 문화의 구성 원리로 삼았다. 백제는 고구려로부터 남하한 고구려 유민들이 주축이 되었기에 고구려와 비슷하였다.

그러나 백두대간의 동남부에 자리한 신라의 경우에는 음양 오행론과 음양 오행화된 유교의 유입이 고구려에 비해서 1-2세기 정도의 시간차를 두고 있는 까닭에 기존의 삼재론이 중심이 되어 음양 오행론과 음양 오행화된 유교를 통제하는 '삼재론 중심의 음양 오행론'이 문화의 구성 원리로 자리 잡게 되었다.

따라서 고대의 샤머니즘·태양 숭배 사상·조령 숭배 사상과 연결된

것으로 추정한다면 '곰'의 상징은 선비족이 사용한 바 없는 것이기 때문에 문제로 제기된다고 하였다. 그래서 신용하는 고구려가 370-376년 사이에 선비(鮮卑)를 공격한 적이 있으며 조양을 점령하고 요서를 지방을 점령한 적이 있으므로 원태자묘의 주인공의 이 때에 고구려 서변방을 지키던 무장의 묘일 가능성이 더 크다고 주장한다. 원태자벽화묘가 선비족의 것으로 결론되든지 또는 고구려의 것으로 결론되든지 간에, 이 벽화묘의 주인공이 고조선 문명권의 후예였음은 '삼족오태양' 상징이 잘 증명하고 있다고 하였다.

7 같은 책, 217.

삼재론의 상징인 삼족오가 백두대간의 서쪽인 고구려와 백두대간의 동쪽인 신라에서 각각 다르게 변형되었다는 것이다. 고구려 지역 고분에도 삼족오는 다음과 같이 음양론과 결합되어 나타난다고 하였다.

① 양(陽)의 상징으로서의 '태양 속의 삼족오'(日中三足烏)로서, 음(陰)의 상징으로서의 '달 속의 두꺼비'(月中擔蜍) 또는 옥토끼 형태와 짝을 이루어 나타나거나 ② 양과 음의 상징으로서의 복희(伏羲)와 여와(女媧)가 '태양 속의 삼족오'와 '달 속의 섬여'를 각각 두 손으로 받쳐들고 뱀 모양의 하체를 서로 꼬아 교미하는 형상인 '봉일중삼족오 월중섬여 복희여와상'(棒日中三足烏 月中蟾蜍 伏羲女와像)으로 나타나거나 ③ 이 두 가지가 오행론에 입각한 사신도와 복합되어 나타난다.[8]

신라의 경우 이러한 모습을 전혀 찾아 볼 수 없다. 신라 지역에서는 음양론의 상징인 '복희여와도'나 '일중삼족오·월중섬여' 등이 어디에서도 보이지 않고, 삼족오의 형태가 나름대로 변형된 문양들이 보인다는 것이다.

2. 신라의 삼족오 전승과 삼태극 문양의 등장

신라와 가야에서 삼족오나 조류신앙과 관련된 문양이 발견된 유적은 다음과 같다.

---

8 같은 책, 217-218.

〈서봉총출토금관봉황장식〉·〈서조도와당〉·〈목제칠기조형잔〉·〈불국사출토토제조형와〉·〈김해출토환두대도〉·〈경주월지출토쌍조 문수막새〉 등과 백제의 〈무녕왕릉출토목제봉황족좌봉황〉·〈부여능산리출토백제금동대향로봉황〉·〈부여규암면외리출토산경문전봉황〉 등에서 심족오와 조류신앙과 관련된 흔적이 있다.[9]

신라에서는 삼족오가 지닌 '3수 분화의 세계관'과 '삼신사상'이 구체적인 새 모양을 넘어서서 삼태극三太極으로 추상화되는 변형이 일어난다. 삼족오에서 삼태극으로 추상화되는 중간단계의 모습이 보물 635호인 '신라 미추왕릉 지구 계림로 14호분 출토 장식 보검'에 잘 나타나 있다. 장식 보검에서 보이는 삼태극의 원형으로서의 '삼파형문'이 동부 소련의 바슈킬Bashkil 공화국 내의 서기 7-8세기경의 주거지에서 나온 대금구帶金具에도 나타나 보인다고 한다. 하지만 신라 장식 보검은 이보다 2-3세기가 늦은 5-6세기의 것이다.[10]

그리고 신라 지역의 5-6세기 고분에서 집중 발견되는 왕의 보검인 환두 대도(環頭大刀)의 칼자루 끝에 장식된 여러 형태의 문양들이 있는데, 둥근 원 안에 태양조·삼족오의 변형이 주작이나 봉황 무늬를 넣은 봉황문 환두대도(鳳凰紋環頭大刀)와 삼엽문 환두대도(三葉紋環頭大刀)[11]이다. 3개의 둥근 고리가 연결된 환두대도環頭大刀는

9 손환일, "삼족오 문양의 시대별 변천", 117.
10 국립경주박물관 편,『국립경주박물관』(1996), 133: 한병삼,『한국 미술 전집』2 권 (서울: 통화출판공사, 1975), 68쪽 도판, 144쪽 설명문: 한국문화재 보호 협회 편,『문화재 대관』7권 (서울: 대학당, 1992), 51쪽 도판, 194쪽 설명문 참고.
11 우실하,『전통문화의 구성 원리』, 236. 삼엽문 환두대도에 보이는 '삼엽문'은 삼족오의 변형문이 날개 부분만 아래로 향한 또 다른 변형문이라고 생각된다고 한다.

삼족오의 또 다른 변형이라 할 수 있다.[12] 그러므로 이 세 가지 유형은 신라의 고분에서 많은 수가 발굴되었다. 이들은 모두가 태양 숭배 사상·조령 숭배사상·샤머니즘 등과 연결된 삼족오의 변형문과 연결이 되어 있다고 보여진다.

이러한 삼엽문은 신라와 가야 지역의 왕관에서 나비 모양이나 새 날개 모양의 관장식으로 그리고 출자형出字形으로 변형되어 나타났다. 특히 서봉총瑞鳳塚에서 출토된 금관(보물 339호)은 세 개의 가지에 새 마리의 새가 앉아 있는 모양을 보여주고 있다.[13] 이는 현재 전국 각처에서 발견되는 세 마리의 새 형상의 솟대와 일치하는 형태이다.

투구 위에 장식한 삼지창이나 영기令旗로 사용된 삼지창 그리고 무구巫具로 사용되는 삼지창은 꼬리를 길게 늘려 비상하는 삼족오의 형상을 변형한 것이라고 한다. 삼지창으로 부르는 것은, 가운데 가지는 새의 머리를 상징하고 양쪽이 날개 모양으로 휘어져 있어서, 찌르는 용도의 무기로서의 '창'이 아니라 샤머니즘·태양 숭배 사상·조령 숭배 사상과 연결된 3수 분화를 상정하는 것으로 태양조 삼족오의 변형으로 보인다는 것이다.[14]

3. 고려 및 조선 시대의 삼족오의 전승

그동안 고려 시대의 문헌과 유물에서 발견된 삼족오는 다음과 같다.

---

12 국립경주박물관 편, 『국립 경주 박물관』, 91. 도판 178-180.
13 한병삼, 『국보』 1권 고분금속 I, 73. 도판 63; 우실하, 『전통문화의 구성 원리』, 247. 저자가 직접 그린 세부도를 참조.
14 우실하, 같은 책, 248.

〈법천사지지광국사현묘탑비〉·〈삼보명지수가사수장〉·고려대장경
화엄변상도인〈대방광불화엄경제43권변상〉·〈대방광불화엄경제50
권변상〉·〈대방광불화엄경제56권변상〉·〈교토지은원소장관경변상
도〉·〈다라니주머니〉·〈일월광보살불화〉·〈기와수막새〉[15]

조선 시대의 일상 생활용품에서도 매우 다양하게 표현된 삼족오
를 발견할 수 있다. '삼신각칠성도'·'석비비두'·'가사' 등에 일월도가
그려져 있으며 '민화'에도 사용되었다. 물론 막새기와 '가사수장'·
'등잔'이나 '문자도'·'당상관흉배일월도'·'무구(巫具)'·'무화(巫畵)'
·'국가의장기'·'지명' 등에서도 삼족오가 표현되었다. 이 외에도 변
형된 삼족오가 다수가 있다.[16]

조선왕조실록이나 악학궤범에 등장하는 주작은 머리와 다리가
각각 셋인 형태를 띠고 있다. ① 1454년(단종 2년)에 편수된 『세종실
록』 오례五禮에 보이는 것으로, 궁중의 각종 행사 시에 사용된 오방기
五方旗 가운데 주작기朱雀旗에는 '머리가 셋이고 다리도 셋'인 '삼두 삼족
주작'의 모습이 분명하게 그려져 있고, ② 1493년(성종 24년)에 펴낸
『악학궤범』 정대업정재의물도설定大業呈才儀物圖說에 보이는 오방기五方雄
가운데 주작기朱雀旗에 그려진 주작도 '머리가 셋이고 다리도 셋'인 '삼
두삼족주작'의 형상이다.

조선 시대의 삼재三災를 피려는 목적으로 만든 부적符籍 삼재부三災
符에 '머리가 셋이고 다리는 하나'인 독수리나 매를 그려넣은 '삼두일
족응三頭一足鷹' 혹은 '삼두매'도 삼족오의 한 변형이라고 볼 수 있다.

15 손환일, "삼족오 문양의 시대별 변천", 117-118.
16 같은 책, 118.

그러므로 신라의 전통을 잇고 있는 조선에서 나타나는 주작의 형상은, ① 머리가 셋이고 다리도 셋인 형상을 지니고 있어 3수 분화의 세계관을 계속해서 전승하고 있을 뿐 아니라, ② 모습도 공작새를 닮은 주작과는 다른 '독수리'나 '매鷹'의 형태이다. 중국과 고구려에서 대부분 2개의 다리를 지닌 공작새의 형태였던 주작이 '삼두 삼족'으로 그려진다는 것은, 주작이 태양조인 삼족오의 변형문으로 인식되고 전승되어 왔다는 것을 의미한다.

따라서 이것은 고구려나 음양오행의 발생지 등에서 삼재론이 음양오행론에 흡수되어 삼족오의 변형이었던 주작이 3수 분화의 상징성을 상실하고, 다리 두 개의 공작새 모습의 주작으로 변하고 오행 가운데 남방의 상징 동물이 되어 버린 것과는 대조적이다.

IV. 삼족오와 삼족토기 및 삼족정

발足이 세 개인 것은 삼족오 이외에도, 삼족토기 및 삼족정三足鼎 등이 있으며, 역시 고조선 유물로 주로 발견된다.

금강유역을 중심으로 한 백제의 전 지역에서 발견된 토기들의 공통점은 세 개의 발이 달려있다는 것이다. 이름하여 '삼족토기三足土器: Tripod pottery'또는 '세발토기'라고 불리는 고대 토기들이다. 충남 보령군 웅천면 구룡리에서 출토된 높이 8.6cm의 삼족토기와 높이 10.2cm 의 삼족배三足杯가 대표적인 예다. 뿐만 아니라 높이 22.4cm의 짧은 다리가 셋 달린 고구려 시대의 토기 항아리인 삼족호三足壺가 있어 고구려 시대에도 삼족토기가 유행했다는 것을 알려준다.

신라 6세기에 향불을 담아 올리는 그릇으로 사용된 경주 천마총天馬冢 의 청동솥青桐鼎에도 새의 다리를 본 딴 세 개의 다리가 달려있다. 이러한 삼족호는 백제와 신라, 가야 지방에서도 출토됐다. 모양과 크기가 다양한 삼족토기들은 그 특이한 모습 때문에 대부분의 학자들은 일상 생활용이 아닌, 의례용儀禮用이나 제사용祭祀用 토기라고 추정하고 있다. 즉 '의기儀器' 또는 '예기禮器'의 목적으로 만들어졌다는 것이다.

이러한 삼족토기들은 한반도뿐만 아니라, 중국과 서아시아, 수메르를 중심으로 하는 이집트 지역에도 분포한다. 이들 지역에서 출토되는 삼족토기는 대부분 선사先史 또는 원사原史 시대의 것이다.

삼족토기와 더불어 "세 발 달린 솥"은 신성한 제기祭器로 사용되었다. 중국학자 이금산李鐵山은 삼족오의 태양을 지니고 있는 형상이 동이의 유지遊地에서 발굴되는 '규鬹, 세발달린 가마솥'를 형상화한 것이라고 보았다. 그리고 규(三足鼎)를 동이인들의 새 토템을 나타내는 근거로 보았다. 그는 부언하여 "'계오'는 다리가 둘이지만 '규'는 다리가 셋인데 이 형상은 전설 중의 금오(삼족오·준오)와 매우 흡사하다. 이것은 태양을 신령으로 삼아 금오가 자연스레 태양조太陽鳥가 되는 것으로, '도규陶鬹, 삼족토기'가 동이족 일부의 태양숭배를 나타내는 것이라 할 수 있다"고 하였다.[1]사람들이 규를 '계이鷄鑫'라고 칭하는 것에도 주목했다. 청동으로 제작된 술잔 모양의 제기이다. 몸통 부분에 닭의 그림을 새겨넣었고 그 받침에도 역시 닭이 새겨져 있다. 봄과 여름 제사 때에 쓰이는데 봄에는 계이에 명수明水를 채우고 여름에는 신을 부르는 향기로운 술인 울창鬱鬯을 채운다고 하였다.

동이의 대표적 유물인 삼족정三足鼎을 보더라도 헤아릴 수 있다. 삼족정은 단순한 요리기구가 아니며 동이의 종교문화와 밀접한 상징물로 제천祭天에 사용된 제기祭器이다. 즉 삼족정이라는 종교적 영기靈器를 이용하고 제천이라는 수단을 통해 삼족오라는 신앙의 대상으로 향해가는 것이 동이의 종교적 특성의 하나였던 것이다.[2]

문헌상으로 고구려 연개소문이 보장왕에게 "솥에는 발 세 개가 있고 나라에는 삼교三敎가 있는 법인데 신이 보기에 우리나라에는 오직 유교와 불교만 있고 도교는 없습니다. 그래서 나라가 위태롭습니다"[3]라고 진언하는 대목 역시 삼족정의 3이라는 숫자가 이러한 안정

---

1 김동환, "동이의 문화사상 – 삼족오를 중심으로", 218.
2 같은 책, 229.

(그림 2) 경복궁 근정전의 삼족정

과 질서의 상징임을 알게해 준다. 고조선 시대의 제기로 사용된 삼족정三足鼎과 연관시켜 '세 발'을 천계의 사자使者, 군주, 천제天帝를 상징하는 것이라고 분석하기도 한다. 현재에도 경복궁 근정전 기단 좌우에는 삼족정의 형태를 가진 청동향로가 설치되어 있는데, 이는 근정전에서 국가의식이 행해질 때 사용하던 의기儀器이다.

손환일은 삼족오 문양의 시대별 변천 과정을 다음과 같이 요약하였다.

고구려의 고분벽화와 장의기물, 신라나 백제의 기와나 설화, 고려시대에는 불화와 불구, 조선시대에는 비석과 민화, 지명에 이르기까지 민중의 일상생활 곳곳에 삼족오가 표현되어 있다. 삼족오가 시대에 따라 달리 표현되는 것은 당시의 문화를 대변해주는 것이다. 고구려나 통일신라 시대의 융성기에는 봉황으로 표현되고, 고려시대의 무인시대에는 천마로 나타나며, 조선시대에는 까마귀·봉황·닭 등으로 표현되었다. 그 뒤에 삼족오 다리가 생략되어 일월만 남은 일월도가 되었다. 이런 생략된 표현은 그만큼 복잡해진 시대가 반영되었기 때문이다.[4]

---

3 『三國遺事』卷三「寶藏奉老 普德移庵」.
4 손환일, "삼족오 문양의 시대별 변천", 117.

V. 삼족오의 상징적 의미와 천지인 삼재론

삼족오 설화의 기원과 함께 중요하게 살펴보아야 하는 것은 삼족의 의미에 대한 여러 해석이다. 소호족 전설 외에도 진晋나라(265-420)의 곽박郭璞이 기존의 자료를 모아 편찬하여 주註를 단『산해경山海經』「대황동경大荒東經」에는 "한 개의 해가 막 도착하자 또 한 개의 해가 떠오르는데 이들 해에는 까마귀가 실려 있다(日中有烏謂三足烏也)"라는 단편적인 구절을 확인할 수 있다.

『회남자淮南子』정신훈精神訓 편에는 "해 안에는 준오踆烏가 있고 달 안에는 두꺼비가 있다"고 하였다. 고유주高誘註에는 "준은 꿇어 앉은 것이며 삼족오를 말한다謂三足烏"고 하였다.

특이한 것은 그 역사적 진정성이 논란이 되긴 하지만『환단고기桓檀古記』,「단군세기檀君世紀」에는 8세 단군 우서한(혹은 오사함) 재위 8년 갑인 7년에 삼족오에 관한 다음과 같은 기록이 등장한다.

세 발 달린 까마귀가 날아와 대궐 뜰 안으로 들어왔는데 그 날개 넓이가 석자나 되었다고 한다(甲寅七年三足烏飛入苑中其翼廣三尺).[1]

1『桓檀古記』,「檀君世紀」.

삼족오가 왜 하필 세 발 까마귀인지, 세 발이 무엇을 의미하는 것인지에 대해서도 몇 가지 상이한 해석들이 제시되었다. 양정설陽精說, 음양설, 연합토템설, 태양흑점설 그리고 샤머니즘적 해석 등이 있다.

1) 중국의 저명한 신화학자 손작운孫作雲은 "무엇 때문에 해 속에 까마귀가 있는가?"라는 질문에 대해서는 "이는 동이족들이 모두 해와 새를 공동의 토템으로 하는 까닭이기 때문이다"라고 하였다. 그리고 "왜 까마귀 다리는 셋인가?" 하는 문제에 대해서는 "이런 새는 근본상 신기한 새(神鳥)이지 보통 새(凡鳥)가 아니며, 이런 새들은 세 발로서 남다르다는 것을 나타낸다"고 하였다.[2]

2) 중국 학자 주도周到는 1975년 발표한 눈문에서 삼족오는 까마귀 같은 태양흑점이라고 추정한다. "이런 '까마귀와 같은 것은 나는 태양흑점이 아닌가 하고 의심한다. … 서한 시기에 이미 태양흑점이 발견되었다"는 것이다.[3] 북한 학자 리준걸도 이러한 견해에 반대한다.[4] 그는 삼족오는 태양흑점이 아니라 모든 동이족이 공유한 태양 토템과 새 토템의 연합토템(Associated Totem)이라고 해석하였다. 해가 떠오르면서부터 그 아래로 까마귀鳥가 동시에 따르는 것과 같이 운행하는 태양과 타행跎行하는 까마귀가 한 점에 놓여 겹치고 있어서 마치 까마귀가 태양 안에 들어가 앉아 있는 것蹲居과 같다고 하였다.

---

2 孫作雲, "后羿傳說叢考", 「中國學報」 1卷 3·5期 (1944): 이형구, 같은 책, 4-5에서 재인용.
3 周到, "南陽漢書像石中的幾幅天上圖", 「考古」 1: 59 (1975); 이형구, 같은 책, 6에서 재인용.
4 리준걸, "고구려벽화무덤의 해와 달그림에 대하여", 「력사과학」 2 (1985), 43.

그러나 태양흑점설은 고대인인의 토템신앙을 비신화화하여 지나치게 과학적으로 자의적으로 해석한 것이 아닐 수 없다.

3) 당대唐代 서현徐堅의 『초학기初學記』 권30에는 "해 안에 있는 삼족오를 양정陽精"[5]이라고 하였다. 한대漢代의 홍흥식洪興祖의 『금사보주禁辭補註』는 춘추원명포春秋元命苞를 인용하여 "양인 해 안에는 삼족오가 있는데, 이것을 양정陽精이라 한다"[6]고 하였다. 이형구는 양정을 양물로 보고 "아마 세 발 중 하나(가운데)는 남성의 상징인 양물陽物일지도 모르겠다"고 하였다.

4) 중국의 경우 양의 상징인 일중삼족오日中三足烏 외에도 음의 상징인 월중섬여月中蟾蜍 또는 옥토玉兔가 가미되어 등장한다. 이에 대해 『문선文選』 사희일월부주謝希逸月賦註에는 「春秋元命苞춘추원명포」를 인용하여 "두꺼비蟾蜍와 토끼는 각각 응달과 양달에 거처하므로 밝은 양은 음을 제압하고 음은 양에 의탁한다"고 하였다.

이병도는 "강서고분의 연구"에서 일중日中의 까마귀를 삼족으로 그린 것에 대하여 역시 음양사상陰陽思想과 관계가 있다고 하였다. 그것은 벽화의 일월상이 역시 음양가류陰陽家類, 도가류道家類의 사상과 색채를 띤 것이기 때문에 이는 '음양사상'에서 기인하였다고 논하고 있다.[7]

---

5 日中有三足烏者, 陽精.
6 陽成於三, 故日中有三足者, 陽精也.
7 이병도, "강서고분벽화의 연구-주로 대표벽화에 대한 연구", 『한국고대사연구』 (서울: 박영사, 1976), 411-412.

이에 대해 우실하는 중국의 화남 농경 지역의 남계 봉조鳳鳥에서
는 주로 태양을 가운데 놓고 두 마리의 봉조가 엇갈려서 복합된 쌍봉
태양문雙鳳太陽文 또는 쌍봉조양문雙鳳朝陽文으로 나타나고, 새의 다리도
정상적으로 2개로 나타나는데, 이러한 2수 분화의 세계관은 나중에
음양의 이태극의 역사상易思想으로 정리되는 것이라고 한다.[8]

이는 북방계열의 수렵문화의 삼수분화의 세계관을 반영하는 것
이 아니라, 후대의 남방문화인 이수분화의 세계관을 반영하는 것으
로서 고대의 삼족오 자체가 음양론이나 음양오행론의 원리에 흡수
된 것이다. "이러한 변형은 삼족오가 지닌 3수 분화의 세계관이나 천
상계와 인간계를 날아다니며 연결하는 독수리·까마귀 형태의 삼족
오와는 전혀 다른 것이다"라고 하였다.[9]

5) 우실하는 "삼족오는 문자 이전에 그림으로 표현된 동북아 샤
머니즘의 태양숭배와 조령숭배와 연관된 수렵문화의 삼수분화의 사
상을 나타내는 것으로, 그 변형의 최종적인 모습이 삼태극"이라고 하
였다.[10]

첫째, 실제의 새 모양을 간직한 채로 변형되는 것으로 각종 고분의
삼족오와 우리나라 민속에서 보이는 삼두매(一足三頭鷹), 『조선왕
조실록』과 『악학궤범』에 보이는 삼두삼족주작(三頭三足朱雀) 등이

---

8 우실하, 『전통문화의 구성 원리』, 109; 우실하, "최초의 태극은 음양태극이 아니라
　삼태극/삼원태극이었다", 「동양사회사상」 8 (2003), 5-37.
9 우실하, 『전통문화의 구성 원리』, 220.
10 같은 책, 107.

그것이다.

둘째, 삼족오가 지닌 '3수 분화의 세계관'과 '삼신사상'이 구체적인 새 모양을 넘어서서 삼태극(三太極)으로 추상화되는 변형이 일어난다. 삼족오에서 삼태극으로 추상화되는 중간단계의 모습이 보물 635호인 '신라 미추왕릉 지구 계림로 14호분 출포 장식 보검'에 잘 나타나 있으며, 이런 추상화는 이미 주(周)나라 시대에 확립되었다.[11]

동북아 샤머니즘은 영의 세계인 하늘 세계와 죽음의 세계로서의 지하 세계를 샤먼을 매개로 하여 인간 세계와 연결하는 무巫의 세계관으로서 수렵의 문화를 통해 발전된 것이다. '영의 세계'로서의 하늘과 '죽음의 세계'인 땅 그리고 하늘과 땅을 매개하고 이어주는 영적 능력자로서의 무·샤먼이 대표하는 '인간 세계'를 통해서 천·지·인의 조화라는 삼재론의 이상을 드러낸다.[12]

그리고 수렵인들에게 하늘과 땅을 자유자재로 날아다니는 새는 하늘의 메시지를 전달하는 매개자로 숭배된다. '하늘(천신) 숭배'와 '태양 숭배' 그리고 '영의 매개자로서의 새(鳥)'가 영의 세계의 수인 3과 결합된 복합 토템 또는 연합 토템(Associated Totem)으로 나타난 것이 바로 태양 속에 있는 삼족오이다. 이러한 영의 세계에서의 3수의 비밀이 형상화된 최초의 상징물은 하늘 세계의 상징인 태양 속에 살고 있다는 '세 발 달린 까마귀'인 삼족오三族鳥의 형태로 표현된 것이라고 한다.[13]

---

11 우실하, "삼족오(三足鳥), 태양조(太陽鳥)의 도시 심양", http://www.gaonnuri.co.kr.
12 우실하, 『전통문화의 구성 원리』, 128.

우실하는 이러한 삼족오 신앙은 북방 수렵문화의 천신강림 신앙과 남방 농경분화의 지모신 신앙이 결합되어 환웅과 웅녀가 단군을 낳았다는 단군신화의 삼신사상으로 전승되어 오다가 삼태극 문양으로 변형된 것이라고 주장한다.

6) 신용하는 '삼족오三足烏', '세 발 까마귀'는 오직 고조선 문명권만이 가졌던 '태양신'의 상징이며, 이 삼족오는 삼신을 상징하는 것이며, 이 삼신은 환인, 환웅, 단군 삼신이라고 한다.

> 고조선 문명권에서는 '삼족오' 자체가 실재하지 않는 까마귀이기 때문에 처음부터 '신' 자체였으며, '삼족오'는 삼신(三神)을 상징화한 것이었다고 본다. 고조선에서의 '삼신'은 널리 아는 바와 같이 '한인, 한웅, 단군'으로 인지되어 왔다.[14]

신용하는 고조선족과 고조선 문명권에 포함된 부족 및 원민족原民族들은 '태양 숭배', '하느님 숭배', '천제天帝 숭배' 사상을 가지고 있었음이 여러 유적들에서 증명된다고 한다. 그들은 스스로를 '태양신의 자손', '하느님의 자손', '천손天孫'이라는 의식을 갖고 있었으며, '태양', '하늘', '하느님'과 자기들을 연결시켜 주는 동물 매체를 '새鳥'라고 생각하였다. 그래서 '태양太陽'과 '새'를 결합하여 태양신을 상징적으로 형상화할 때는 '삼족오三足烏', '세 발 까마귀'로 상징화하여 표현하였

---

13 같은 책, 136-137.
14 신용하, "고조선문명권의 삼족오태양 상징과 조양 원대자벽화묘의 삼족오태양", 11.

다는 것이다. 삼한 시대의 솟대문화나 소도蘇塗문화도 이와 관련이 깊다. 솟대는 긴 장대에 새의 형상을 조형한 것으로 샤머니즘의 천상 지상 지하의 삼계를 관통하는 우주목과 이 삼계를 주유하는 새가 결합된 형태이기 때문이다.[15] 그리고 단군신화에서는 '한인, 한웅, 단군'이 천신의 직계로 인지되어 왔다는 사실을 강조한다.

7) 최근 삼족오에 대한 방대한 연구를 수행한 김주미는 결론적으로 삼족오는 천지인 삼재의 세계관을 반영하는 상징이라고 한다. 삼족오는 天을 상징하는 '천자와 천명의 사자', 地를 상징하는 '곡령의 전달자와 풍요', 인人을 상징하는 '영혼의 운반자와 불사'를 의미한다는 주장이다.

(1) 천자天子와 천명天命의 사자使者: 일상문에 묘사되는 현조인 까마귀는 동이계東夷系 설화에서 태양과 왕을 상징하거나 왕과 왕재王才를 보필하거나 위험에서 구하는 존재로 그려진다. 공중을 넘나드는 이들의 비상飛翔의 능력과 용맹성과 위엄, 날쌘 동작 등은 천신의 메신저 역할을 수행하기에 적합하다고 여겨졌기 때문이다.[16]
조류 중에 가장 영특한 까마귀가 태양과 왕을 상징하는 경우는 북부여를 세운 해모수가 머리에 쓴 오우관(烏羽冠, 깃털로 만든 관)이 있다. 왕을 보필하거나 위험에서 구하는 경우처럼, 고구려의 시조인 주몽이 동부여의 추병追兵을 피할 때 주몽을 따랐던 오이烏伊와 백제의 시조인 온조왕의 남하시 동행했던 오간烏干의 이름에 각각 까마귀의

---

15 이필영, 『솟대』(서울: 대원사, 2003), 8-16.
16 김주미, 『한민족과 해 속의 삼족오』(서울: 학연문화사, 2010), 159.

한자어인 '오烏'가 들어 있다. 이 외에도 신라 유리왕 때 왕을 보필하는 관직으로 대오大烏와 소오小烏가 있었다. 일상문日象文의 삼족오는 천자나 천명天命의 전달자를 상징하는데, 그 예로 대한제국의 의장기인 일기日旗에는 원 안에 두 발 달린 현조가 그려져 있다. 일상문의 삼족오를 천명의 전달자로 인식할 수 있는 또 다른 예는 조선시대의 사대부 묘비에서 찾을 수 있다. 16세기 중후반에 건립된 이곤李坤과 박운朴雲의 묘비 관석冠石에 새겨진 일상문에는 원 안에 날개를 펴고 날아가는 모습의 삼족오가 표현되었다. 이들은 연산군燕山君의 폭정에 항거하는 중종 반정에 참여한 공신들이다. 군주의 마음을 바로 잡아 왕을 도운 천명의 사자의 상징이라고 볼 수 있다.[17]

(2) 곡령穀靈의 전달자와 풍요의 상징: 북아메리카 인디언들 사이에서는 까마귀가 처음으로 인류에게 곡식을 전해주었다는 신화가 전승되고 있다. 이처럼 까마귀가 생산과 관련된 곡령의 전달자로 인식된 것은 북방의 혹독한 기후 조건 속에서 썩은 고기를 먹어가며 생존하는 까마귀의 탁월한 능력 때문이라고 여겨진다. 농경에 있어서 물은 필수불가결한 요소이므로 물새인 오라와 학을 농경의 풍요와 연계시킴으로써 물새는 농경의 보조신으로 여겨졌다. 물가를 끼고 있는 농경사회에서는 물새인 오리가 솟대에 주로 올려졌는데, 이는 오리의 다산성과 농경의 풍요를 연계시켰기 때문이다. 이때 솟대위에 얹어진 오리는 앞서 언급한 영혼의 운반자이며 동시에 곡령과 풍요를 상징한다.

---

17 같은 책, 436-440.

「동명왕 편」에는 주몽에게 비둘기가 보리씨를 전해 준 이야기가 있다.

주몽이 떠나면서 어머니와 이별하기를 못내 안타까워하니 어머니는 내 걱정은 조금도 하지 말라 하며 오곡 씨앗을 싸서 보냈다. 주몽은 이별이 너무 괴로워 보리를 깜박 잊고 왔다. 그 뒤 주몽이 남하하여 얼마를 가다가 큰 나무 밑에 앉아 쉬는데 어머니가 보낸 비둘기가 보리씨를 전해주었다. 활로 비둘기를 쏘아 떨어뜨려 목구멍에서 보리씨를 꺼내고는 물을 뿜으니 비둘기가 되살아나 날아갔다.[18]

여기서 유화가 보낸 비둘기는 신모神母의 대리자 내지 별태別態로 이해되며, 보리씨를 보낸 유화는 다산과 풍요를 의미하는 지모신地母神과 농업신의 특성을 지닌다. 따라서 유화가 보낸 비둘기는 곡령과 풍요를 상징하며 어머니인 유화로부터 곡종穀種을 받아 나라를 경영하게 되는 주몽은 농경 왕자의 면모를 보인다. 한편으로 삼족오의 세 번째 발은 남성의 성기를 상징하는 것으로 알려졌다. 이 역시 생산과 풍요를 상징한다.[19]

(3) 영혼의 운반자와 불사不死의 상징: '해속의 삼족오'는 망자亡者와 관련된 유적과 유물에서 주로 발견되었다. 까마귀·독수리·매 등의 조류의 검은 색은 어둠과 죽음을 상징한다. 인육을 먹고 높이 나는 맹금류들은 조장鳥葬의 풍습에서 살펴볼 수 있듯이 이 세상에서

18 『東國李相國集』「東明王 篇」.
19 같은 책, 440-443.

저 세상으로 인간의 영혼을 실어 나른다고 믿었기 때문이다. 아울러 솟대 위에는 철새와 물새의 속성을 지닌 새가 주로 얹어지는데 그 이유는 주기성을 갖는 철새를 인간 세계와 신神의 세계를 넘나드는 영혼의 운반자로 생각했고, 잠수 능력을 지닌 물새를 홍수에서도 살아남을 수 있는 불사不死의 새로 인식했기 때문이다. 이런 까닭에 철새이며 물새인 오리가 솟대에 많이 올려졌다. 이처럼 현조인 삼족오는 영혼의 매개자와 운반자이며 불사의 새로 인식된 것이다.[20]

영혼의 운반자·천명의 사자·곡령의 전달자의 성격을 지닌 삼족오를 일상문에 등장시킨 것은 천상에서 지상으로 태양의 정령을 전해줌으로써 하늘과 땅을 연계시키고 만물을 살리며 풍요와 행복을 가져다주는 삼족오의 공복共福 개념을 일상문에 담고자 했던 것으로 풀이된다.[21]

김주미는 이처럼 삼족오의 다리 셋은 구체적으로 천지인을 상징한다고 하였다.

삼족오의 다리 셋은 天地人 사상을 반영하는 것으로 풀이되는데, 이 때 天은 영의 세계인 하늘을, 地는 육체와 죽음의 세계인 땅을, 人은 하늘과 땅을 매개하고 이어주는 영적 능력을 지닌 샤먼을 의미한다. 따라서 천지인 사상은 영의 세계인 하늘 세계와 죽음의 세계인 지하 세계를 샤먼을 매개로 하여 인간 세계와 연결하는 무속의 세계관을 말한다.[22]

---

20 같은 책, 434-436.
21 같은 책, 452.
22 같은 책, 435-436.

삼족오에 대한 여러 해석이 있지만, 우실하는 북방 샤만니즘적 관점에서 그리고 신용하는 천신신앙의 관점에서 김주미는 신의 전령이라는 관점에서 삼족오를 단군신화의 천지인 삼신신앙에 상응하는 것이라고 주장한다. 동북아시아 샤마니즘에서 새는 신의 세계와 인간 세계를 연결하는 태양신의 사자로 보았다. 특히 우리 민족은 까마귀를 '신의 사자使者'로 보았는데, 발이 두 개인 까마귀는 천신과 지신의 뜻만을 전하였으나 발이 세 개 달린 까마귀는 인신人神의 뜻도 전달하는 신조神鳥라고 본 것이다. 이러한 삼재사상이 내재되어 있는 삼족오는 하늘과 땅과 사람을 이어주는 완전한 태양의 전령이기 때문이다. '세 발 달린 까마귀'를 천지인天地人 삼계를 관통·주유하는 삼신의 형상으로 숭상한 것이다.

제4장

단군신화의 천지인 조화론의
문화전승사적 이해

I. 단군신화의 천지인 조화론과 그 형성 배경

    단군신화의 심층구조의 구성 원리를 이해하기 위하여 중심부의 이야기 단위에 담긴 이야기 소재 즉, 화소motif들의 구조를 여러 가지로 설명할 수 있다.[1] 그 중 인물화소 중심의 방법론으로 그 기본 구성 원리를 살펴보면 단군신화의 원형적 심층구조는 환인과 환웅의 천신天神, 웅녀의 지신地神, 단군 왕검의 인신人神의 조화라는 삼신론의 구조를 취하고 있다. 이에 관해서 여러 학자들이 의견 일치를 보이고 있다.[2]

    유동식은 단군신화의 형성과정을 3단계로 설정한다. 북방 유목민(수렵)문화의 천신강림신앙과 남방의 농경문화의 지모신의 승화가 융합하여 새로운 제3의 문화를 창조하였는데 그것이 시조의 탄생과 나라의 창건이다.[3] 그리고 이러한 문화창조를 초래하는 영성의 기본구조는 하늘과 땅과 인간의 유기적 원융관계로 되어 있는 삼태

---

1 윤이흠, "檀君神話와 韓民族의 歷史", 『단군 -그 이해와 자료』 (서울: 서울대출판부, 1999), 19. 윤이흠은 단군신화의 화소의 구조를 다음 네 가지로 설명한다.
  ① 환인과 환웅의 신성(divinity)의 천명.
  ② 환웅이 이끌고 온 천계우리의 神市內에서의 우월한 위치.
  ③ 천계무리 이외의 존재인 '곰'과 '범'이 당한 시련의 극복과 실패에 대한 각각의 보상.
  ④ 천계무리와 시련을 극복한 곰과의 사이에서 태어난 단군.
2 허호익, 『단군신화와 기독교』 (서울: 대한기독교서회, 2003), 71-124.
3 유동식, 『풍류도와 한국종교사상』 (서울: 연세대출판부, 1999), 36.

극으로 표현되는 천지인 삼재의 원융구조라고 하였다.

고대 한인들의 궁극적 관심은 나라를 세우고 문화를 창조하는 데 있었다. 그리고 그 창조 작업은 하나님과 인간이 결합되는 데서 이루어진다고 믿는다. 그런데 인간은 탄생은 또한 천신과 지모신의 결합에서 이루어진다. 그러므로 문화의 창조를 초래하는 영성의 기본구조는 하늘과 땅과 인간의 유기적 원융관계로 되어 있다. 삼태극으로 표현되는 천지인 삼재의 원융구조는 신화를 통해 나타난 한국적 영성의 규범적 조형을 나타내는 것이다. 삼태극이 한국을 상징하는 문양이 된 것은 그것이 우리의 영성을 표현하기 때문이다.[4]

단군신화는 이처럼 환인과 환웅을 하나님과 하나님의 아들인 천신으로, 웅녀는 지모신으로, 단군은 시조신으로서 각각 천지인 삼재의 원융조화라는 삼태극적 신화구조를 드러낸다. 단군신화에 나타나는 천지인의 조화라는 삼태극적 기본 구조는 고구려의 주몽신화, 신라의 박혁거세 신화에서도 그대로 나타난다.[5]

이인건 역시 단군신화의 심층구조를 하늘天, 땅地, 인간人의 천지인의 구조로 분석한다. 하늘은 인간 세상을 탐하고, 땅은 인간이 되기를 원하였다는 점에서 위로는 하늘, 아래로는 땅이 인간을 접점으로 하여 균형을 이루고 있다고 보았다.

하늘이 정신, 영혼, 신성성, 도덕성의 근원, 생명의 씨앗 등을 상징한

---

4 같은 책, 37
5 같은 책, 32. 고대의 우리 부족 국가들은 이 세 집단으로 분류될 수 있다고 한다.

다면, 땅은 물질, 육체, 생명의 터를 상징한다. 이 두 가지가 결합되어야만 인간이 된다. 하늘(환웅)의 의지와 땅(웅녀)의 의지가 묘합(妙合)되어 단군이 된다. 그래서 단군은 신성과 물성을 함께 가지는 존재가 된다.

인간은 하늘과 땅을 떠나지 못하는 존재이기는 하지만, 또 한편으로는 하늘과 땅을 조화시킨 새로운 차원의 존재이다. 인간존재의 이러한 측면 때문에 하늘과 땅은 인간을 통해야만 그 의지를 실현할 수 있게 된다.[6]

이은봉 역시 단군신화의 삼신 구조를 왜래 종교와 무관한 한국인 고유의 신앙의식이라고 설명한다.

단군신화는 천신, 지신, 인신의 신앙 구조로 되어 있는데 환인과 환웅은 천신이며 풍백, 운사, 우사는 환웅이 거느리는 기능신(農龍神)이요. 웅은 천신의 배우자요 대지여신이요, 단군은 천신의 대리자로서 시조신이다. 결국 한국인의 신앙의식은 다른 민족으로부터 도입한 종교들과 하등의 관계가 없을 뿐 아니라 자연숭배, 샤머니즘과도 관계가 없다.[7]

무엇보다도 단군신화에는 갈등 요소가 전혀 없다. 이것은 우리 민족이 꿈꾸는 세계가 갈등과 대립이 아니라, 조화와 균형에 있다는 의식의 반영이라 할 수 있다. 단군신화에는 세계의 세 축인 하늘 · 땅 ·

---

6 이인건, "한민족의 정체성과 단군신화", 「비교문화연구」 12 (2001).
7 신채호, 『조선상고사』 (서울: 종로서원, 1948), 253-267.

인간이 모두 등장하면서도 각각에 있어서 갈등이 보이지 않을 뿐 아니라, 불균형도 보이지 않는다.

하늘, 땅, 인간 이 세 가지는 한국 고대인의 정신을 이해하는 축이 되고 있다. 이 축은 서로 뗄 수 없는 관계를 유지하고 있을 뿐 아니라, 어느 하나의 축은 다른 하나의 축의 근거가 되고 있다. 하늘이 없는 땅을 생각할 수 없고, 땅의 협력이 없이 하늘의 초월적 능력이 발휘될 수 없으며, 하늘과 땅이 조화됨이 없이 인간이 존재할 수 없는 것이다.[8]

김인회는 단군신화를 비롯한 우리의 시조신화의 공통된 논리는 천지인 삼재의 조화라고 밝히고 있다.

단군신화와 혁거세신화를 비롯한 시조신화들은 공통된 논리를 전개하고 있다. 하늘과 땅의 조화 곧, 우주적 질서에 의해 인간(사람이 사는 세상)을 다스리는 왕을 낳았다는 것이 시조신화의 기본구조다. 왕(王)은 글자의 형국 그대로 하늘과 땅과 그 사이에 있는 사람, 즉 천지인 삼재(三才)를 하나의 법으로 연결하는 존재이다. 하늘과 땅을 연결하는 일을 맡은 사람을 무(巫)라고 하는데『주자어류(朱子語類)』에 의하면 '巫'자(字)가 '工'자(字)의 양쪽에 '人'자를 넣은 것은 사람이 춤추는 모양을 표현한 것이라고 한다. '무'는 춤으로써 신을 섬기고 천(天)과 인(人)을 연결하는 사람이다. 그러므로 고대사회에서 왕은 곧 제사장이고 무(巫)였을 것은 당연한 일이다. 천지인(天地

---

8 이은봉,『한국고대종교사상의 구조적 탐구』, 성균관대 박사학위논문 (1983), 5-6.

人)이 화합하여 조화를 이루는 것이 홍익인간(弘益人間) 광명이세
(光明理世)의 실현이라고 믿었던 것이다.9

김두진 역시 단군신화에는 천신과 지신, 천신과 지신의 결합을
통해 태어난 단군이라는 인신人神을 축으로 하는 삼신 사상이 내재해
있다고 한다.10 그 외에도 많은 학자들이 단군신화의 심층구조 또는
구성 원리를 천지인 조화의 삼재론으로 설명한다.

조선왕조가 건국되면서 고조선의 단군신화는 새롭게 복권되고
전승되었다. 『조선왕조실록』에 의하면 태조 대왕(이성계)이 1393년
까지 강화도와 거제도에서 고려 왕손들을 척살, 전국의 왕씨 일족을
말살하고 천하를 평정한 뒤 조선을 국호로 정하고 고조선의 계승을
기치로 개국하였다.

태조 1년(1993)에는 단군은 동방 최초의 천명을 받은 임금이므
로 태조묘에서 제사 지낼 것을 예조 전서禮曹典書 조박趙璞 등이 상서上書
하였다. 세종 7년(1424년) "단군의 사당을 별도로 세우기"를 상소한
기록도 남아 있다.

단종 원년(1425) 경창 부윤(慶昌 府尹) 이선제李先齊의 상서문에
서 황해도 문화현 "구월산 허리에는 신당神堂이 있습니다. 어느 시대
에 창건하였는지 알지 못하나, 북쪽 벽에 단인 천왕(檀因天王)이 있
고 동쪽 벽에는 단웅 천왕(檀雄天王)이 있고 서쪽 벽에는 단군 부왕
(檀君父王)이 있는데, 고을 사람들이 삼성당三聖堂이라고 칭한다"는
내용을 확인할 수 있다.

---

9 김인회, "21세기 한국교육과 홍익인간 교육이념", 『정신문화연구』 22-1 (74), 44.
10 김두진, 『한국고대의 건국신화와 제의』 (서울: 일조각, 1999), 31-33.

세조 2년(1457) 조선 단군 신주(朝鮮檀君神主)를 조선 시조 단군
지위(朝鮮始祖檀君之位)로 고쳐 정하였다. 성종 3년(1477)에는 황
해도 관찰사(黃海道觀察使) 이예李芮가 치계馳啓하기를 "문화현 삼성
당三聖堂에 환인 천왕(桓因天王)은 남향南向하고, 환웅 천왕(桓雄天王)
은 서향西向하고, 단군 천왕(檀君天王)은 동향東向하여 다 위패가 있는
데, 단군檀君과 아버지 환웅桓雄, 할아버지 환인桓因을 일컬어 삼성三聖
이라 하고 사우祠宇를 세워 제사를 지냈다"고 하였다.

단군신화에 등장하는 천신 환인이나 환웅, 지신 웅녀, 시조신(인
신) 단군의 삼신론이 조선왕조의 황실에서는 천왕 환인, 천왕 한웅,
부왕 또는 천왕 단군으로 해석됨으로써 지신 웅녀를 배제한 것 같다.
곰이 인간이 되어 단군의 어머니가 되었다는 단군신화의 내용에 대
한 탈신화화의 동기에서 웅녀 대신 환인을 넣고, 단군을 천신이 아닌
천왕으로 재해석한 것이라고 볼 수 있다. 그리고 환인, 환웅, 단군이
할아버지, 아버지, 아들의 관계라는 점을 부각시켰다. 단군신화의
심층구조인 천지인 삼신 신앙이 조부자祖父子 삼대로 해석된 것은 당
시의 지식인들이 중국의 유교를 받아들인 이후에 일어난 일이므로
중국 사상의 영향이라고 보아야 할 것이다.

최근 초등학교 국어 교과서에도 이러한 '천지인의 조화의 원리'를
단군신화의 구성 원리로 설명한 내용이 실렸다.

후에 단군 왕검은 평양성을 도읍으로 하여 새 나라를 세웠다. 하늘의
아버지와 땅의 어머니, 하늘의 태양과 땅의 농사가 합하여 이루어진
가장 조화로운 국가가 탄생한 것이다. 이것이 바로 우리 민족 최초의
국가인 고조선이다.[11]

신화는 우연의 산물이나 인위적 창작이 아니라 그 신화를 만들어 낸 종족들의 집단적 생활과 주위 환경을 반영한 것이다. 따라서 단군신화 형성 배경에 관해서 우실하는 북방수렵문화의 삼수분화의 세계관이 그 형성의 배경이라고 하였다.12

단군신화의 삼신 사상三神思想 또는 삼재론三才論은 동북방 샤머니즘과 태양 숭배사상과 연결된 것으로 수렵 문화를 토대로 하는 3수분화(0=無→1=道→3=三神·三才→9=3×3→81=9×9)와 남방 농경문화의 요소가 접합한 것이 특징이라고 주장하였다.

> 단군신화에서, ① 하늘 세계의 환인(桓因)의 아들인 환웅(桓雄)이
> 강림한다는 천신 강림 신앙은 북방 수렵 문화의 산물이고, ② 생명의
> 상징인 햇빛을 보지 못한 채 생명을 낳는 어머니의 자궁의 상징인 동
> 굴에서 칠 일만에 인간으로 재생하는 웅녀(熊女)는 죽었다가 다시
> 살아나는 곡신 신앙의 형태로 나타난 지모신(地母神)이자 생산신
> (生産神)으로 농경문화의 산물이며, ③ 환웅과 웅녀가 혼인하여 단
> 군왕검(禮君王檢)을 낳았다는 것은 북방 수렵 문화와 남방 농경문화
> 의 결합을 의미하는 것이라고 볼 수 있다.13

우실하는 단군신화의 형성 배경을 북방수렵문화와 남방농경문화의 결합으로 해석하였으나, 이남영은 단군신화의 형성 배경으로서 한반도의 기후학적 배경을 새롭게 조명하였다. 그에 의하면 "단군

---

11 "단군의 건국이야기", 『국어 읽기』, 6-1학년, 133.
12 우실하, 『전통문화의 구성 원리』(서울: 소나무, 1999), 128-132.
13 같은 책, 130.

신화에서 찾을 수 있는 세계는 천신이 존재하는 영역과 인간과 금수가 공생하고 있는 지상을 포괄하는 조화로운 유기체 내지는 통일적인 세계"[14]인데, 이러한 삼원적이고도 전일적 세계관은 한국의 기후와 토양과 농업적 생활양식과 밀접한 관련이 있는 것이다.

한국의 경우 지리적 기후적 특성상 논농사를 지어야 했고, 하늘과 땅과 사람의 조화를 통해서만 풍작을 기대할 수 있었다. 지리적으로 산림의 면적이 국토의 2/3 이상이어서, 농사를 지을 만한 토지는 부족했기 때문에 농작지를 얻기가 매우 어려웠다. 땅이 있어도 하늘의 도움이 필요하였다. 여름철에는 주기적으로 태풍이나 한발이나 홍수가 거쳐 갔다. 따라서 단군신화에 등장하듯이 태풍을 다스리는 풍백風伯과 구름을 몰고 와서 한발을 막는 운사雲師와 홍수를 막아주는 우사雨師의 도움이 요청되었다. 이처럼 한국의 경우는 일본이나 중국과 달리 지리 기후학적으로 하늘신의 도움天佑과 지모신의 도움神助이 불가피하였다.

그리고 또한 벼 농사는 일시에 파종하고 일시에 수확하여야 하므로 사람들의 협업이 필수적인 요소였다. 일손의 도움 없이는 농경이 불가능한 것이었다. 비옥한 토지와 순조로운 천후天候가 주어지더라도 여기에는 파종과 경작, 수확과 저장 같은 노동집약적이고 공동체적인 노역이 보태져야만 하는 것이다. 한국에서 농경을 통한 생존은 하늘과 땅의 도움과 사람들의 협력이라는 천지인 삼재의 조화가 불가분한 것이었다.

---

14 이남영, "단군신화와 한국인의 사유", 『한국사상』 13 (1975). 15.

요컨대, 천과 지 그리고 노동하는 인간, 이 삼자야말로 자신의 생존에 있어서 불가결, 불가분의 기초가 아닐 수 없다는 지혜를 터득하게 한다. 이것이 동양사상의 있어서 기본이 되는 삼재 사상이다.[15].

기우제나 지신밟기나 두레 등은 이러한 천지인의 조화를 통해 생존하려는 삶의 지혜를 반영하는 것이다. 천지인 조화사상은 이러한 한반도에서의 생존의 조건과 밀접한 관련이 있었기 때문에 여러 형태로 전승되었던 것이다. 왜래 사상이 많이 유입되었지만 한국문화의 구성 원리로서의 천지인 조화론은 여러 다양한 형태로 면면히 이어져 내려왔다.

---

15 같은 책, 18.

II. 한국 고대 종교의 삼신신앙[16]

근세 이후로 단군신화를 연구한 많은 이들이 단군신화가 한국문화의 근간으로 고대로부터 면면히 전승되어 왔음을 주장한다.

최남선: "조선 문화의 일절 종자이다", "사유양식과 생활양식의 출처
    이다"[17]
손진태: "단군신화는 민족 정신사의 불가발(不可拔)의 근거이다."[18]
박은식: "삼국 시대 이후의 정신사적 근간이다."[19]

이런 까닭에 박종홍은 유교와 불교가 한국에 토착화한 후 전개된 사상적 성격은 여러모로 중국의 유학과 불교와는 다른 개성이 보인다고 전제한다. 따라서 신라의 화엄불교 이론이나 조선의 퇴계와 율곡의 성리학도 "그 내적 구조에 있어서는 단군신화의 신화적 정신 내지 그 구조와 크게 다르지만 않다"[20]고 하였다. 그리하여 단군신화의 천지인의 조화라는 삼재론적 사상이 한국문화의 구성 원리로서 계

---

16 이 절은 『단군신화와 기독교』(2003), 125-148의 내용을 재정리한 것이다.
17 같은 책, 6에서 재인용.
18 손진태, 『한국민족사개론』(서울: 을유문화사, 1967), 20.
19 박은식, 『조선통사』(서울: 박영사, 1996), 제3편 60장.
20 이남영, "사상사에서 본 단군신화", 277.

승된 문화전승사적 궤적을 하나하나 살펴보려고 한다.

이은봉은 한국 고대 종교 현상에 나타나는 신들의 기능과 성격에 관한 연구에서 천신·지신·인신·삼신이 중요한 역할을 하였다고 분석하였다.[21]

한국에는 분명히 천부신天父神과 지모신地母神, 시조신始祖神 신앙이 고대부터 있어왔으며, 어느 때는 천부신이 무대 전면에 나타나 일정한 역할을 하기도 하고, 어느 때는 지신地神이 지배적으로 삶의 원천을 지배하는 자로서 숭배의 대상이 되었고, 또 항상 눈에 보이는 존재로서 인간문화의 창조자인 시조신을 모시고 자연과 인사의 문제를 해결하려고 하였다는 것이다.

1) 한국에는 신들이 수없이 많은데, 한국의 고유한 신 가운데서 중심을 이루는 것은 하느님, 즉 천신이다. 이 신은 매우 지위가 높으면서도 한국인들의 일상생활의 영역에까지 크게 영향을 미쳤다.

단군신화에 나타나는 환인은 고아시아의 무문토기를 사용한 수렵인들이 믿었던 세상사와 일정한 거리를 두고 있는 격절신隔絶神으로서 하나님이요, 이 하나님이 기능적인 면을 강조한 표현한 것이 환웅이라고 하였다. 이은봉은 "환인과 환웅을 독립된 존재로 보는 것보다는 단군신화의 신은 격절신적인 면과 기능신적인 면이 동시에 공존하는 신화적 성격을 띠고 있다고 보는 것이 좋을 것이다"[22]고 하였다.

특히 천신인 환웅이 가화假化하여 인간으로 변한 곰과 결혼하고 단군을 낳는다는 테마 즉, 천신과 지신이 결합하여 국가의 시조를 낳

---

21 이은봉, 『증보 한국고대종교사상』 (서울: 집문당, 1999), 13.
22 같은 책, 148.

고 문화를 창조한다는 이야기는 그 후대의 많은 시조신화의 원형이
되고 있다.

2) 인간 생활에 더욱 밀접한 관련을 맺고 있는 신들은 지신地神으
로 총칭되는 산신과 용신 그리고 지모신地母神이다. 선사시대의 고고
학적인 발굴을 통해 지모신을 상징하는 토우土偶 신상, 골제骨制 신상
이 많이 확인되었다.23 문서상으로는 「북사」에 기록된 부여의 '부인
목상歸人木像'이 대표적인 지모신에 대한 언급이다.24 그 당시에 여신
신앙, 혹은 지모신 신앙이 성행했었다는 것을 말해 준다. 또한 1481
년 편찬된『동국여지승람東國輿地勝覽』에 나오는, 지금도 남아 있는 산
의 명칭 중에서도 이러한 지모신 신앙의 흔적을 찾을 수 있다.25

대모산(大母山, 京離道 廣州, 覽 卷6)
대모성산(大母山, 江華遺, 覽 卷12)
모산(母山, 利川 서남쪽 30리, 覽 卷4)
모악산(母岳山, 金階縣, 현의 동쪽 25리, 覽 卷34)
모후산(母后山, 順天都護府, 覽 卷40)
불모산(佛母山, 昌原都護府, 覽 卷32)
녀귀산(女貴山, 珍島君, 覽 卷37)
오모산(吾母山, 興陽縣, 寶 卷40)

---

23 같은 책, 154. 함북 청진 농포동과 웅기 서포항에서 출토된 토제인상과 서포항 4기
　　충에서 출토된 골제입상이 대표적인 지모신상이다.
24『北史』券94, 東夷傳 高句臨, 有神廟二所, 一曰夫餘神 刻木作歸人像.
25 이은봉,『증보 한국고대종교사상』, 113.

여신상은 토지의 생명력을 기본으로 하는 지모신과 물의 생명력을 기본으로 하는 용신龍神으로 나뉜다. 전자는 땅의 신성성을 바탕으로 믿음의 대상으로까지 승화된 신이고, 후자는 물의 신성성을 바탕으로 승화된 신이다. 기록에 등장하는 곡신穀神과 수혈신隧穴神 또는 혈거신穴居神도 여신으로서 지모신으로 여겼다.26 한반도는 산이 국토의 70% 이상을 차지하기 때문에 산신이 오랫동안 한국인들에게 있어서 지모신으로서 믿음의 대상이 되었다. 그리고 이들 산신은 남신인 하느님, 즉 천신의 배우자가 되는 여신적 성격을 띠는 경우가 많다.

3) 인간이 신격화된 경우도 많은데, 크게 보면 시조신과 조상신, 그리고 인귀신이다. 사람에 대해서 가졌던 고대인들의 신앙내용을 알게 해주는 가장 오래된 유물은 지석묘이다. 지석묘는 즐문토기의 유적에서도 발견되고 있으나 다수가 무문토기의 유적에서 발굴되고 있다. 지석묘의 규모를 보면 그 당시 상당한 정도의 정치적 구심체가 이미 형성되어 있었던 것으로 짐작된다. 한국 고대인들의 조상들이 사후에도 이 세상과 같은 조건에서 살 수 있도록 순장, 부장, 조상제사 등을 통해 조상들을 신격화하고 숭배하였다. 27

조상신 가운데 시조신은 국가를 건국한 시조들을 말하는데, 고조선의 단군과 고구려를 건국한 주몽, 신라의 박혁거세, 백제의 온조, 가야의 수로왕 같은 존재들이다. 시조신은 천신의 대리자로 여겨졌다.

---

26 같은 책, 157. 송사(宋史) 열전 고구려조에 있는 "나라 동쪽 굴을 세신(歲神)이하하였다"는 기록에서 세신은 곡신이라고 한다.

27 같은 책, 238.

III. 삼국 시대 건국신화의 삼신론적 구조

1. 고구려의 주몽 신화

고구려 조에 기록된 『삼국유사』의 주몽신화도 단군신화의 삼신론적 구조가 그대로 드러난다. 이 신화의 골자는 '하나님의 아들 해모수'가 하백의 딸 유화 사이에 태어난 주몽이 고구려의 시조인 동명성왕이라는 것이다. 해모수는 단군신화의 환웅에 해당하며, 해모수의 '해'는 '하늘'(天)을 의미하며 '수'는 수컷으로서 남자 아들을 뜻한다. 해모수가 나타난 웅신산은 곰뫼로서 단군신화의 태백산에 해당하며 웅녀(곰)와 상응하는 의미소를 지닌다.

유화가 태기가 있어 알을 낳으니 그 알에서 태어난 이가 주몽이다. 이 알은 새알과 곡식의 낟알을 동시에 표현하는 말로 농경문화의 생산성을 내포하며 동시에 "새알은 낟알과 함께 이중탄생(dvi-ja)의 신비"를 상징한다.

주몽이 어머니와 생이별을 할 때 어머니 유화柳花 부인은 보리 종자 또는 오곡 종자를 주었으나 도중에 이를 잊어버리고 큰 나무 밑에서 쉬고 있을 때 비둘기 한 쌍을 발견하고 "이는 틀림없이 神母께서 사자를 시켜 보리씨를 보내온 것이다"고 하였다. 여기에 '신모神母'라는 말이 처음으로 등장하는데 유화가 농업신, 곡모신으로서 지모신이라는 것을 분명히 하고 있다.

유화는 '하백의 딸'(河伯女)로서 물 속에서 나왔으며, 주몽이 도망을 가는 중에 엄수淹水를 만나 자신을 하백의 손녀라고 하니 고기와 자라가 다리를 놓아 주었다고 한다. 따라서 유화는 곡모신이면서 동시에 수신으로 묘사된 것이다. 이에 대해 장지훈은 지모신들은 곡모신적 성격을 가졌음과 동시에 수신적水神的 성격도 다분히 가지고 있다고 한다.[28]

농경의 풍요는 물의 풍부와 직접적으로 관련이 있고, 용龍은 물을 모으고 비를 몰고 오는 존재로 인식되었다. 우리 지명地名에는 용자가 많이 등장하는 데 그곳에는 반듯이 우물이나 강이나 샘이 있어 수원이 풍부한 지역이다. 농경 사회에서는 기우제祈雨祭가 다반사로 행해졌는데, 이를 용신제龍神祭라고 칭한 것도 용신龍神이 수신水神으로서 농경신인 지모신과 연관이 있음을 드러낸다.[29]

주몽은 고구려의 시조 동명 성왕으로 불렸는데 동명東明은 '새 밝'이라는 뜻이다. 지금도 동풍을 샛바람이라고 하기 때문이다. 이처럼 하나님의 아들인 천신 해모수와 수신의 딸이자 지모신인 유화 사이에 태어나 새로운 '붉 임금'이 된 것이 바로 동명성왕 주몽이다. 이렇듯 주몽신화는 단군신화의 삼신구조와 상응 일치한다.

---

28 장지훈, "한국 고대의 지모신 신앙", 『한국 고대사의 재조명』(서울: 신서원, 2001), 91-92.

29 유동식, 『한국무교의 역사와 구조』(서울: 연세대학교, 1975), 98-99. 『삼국사기』에는 용신에 대한 많은 기록이 등장하는데 수신이 용으로 표현된 것은 중국에서 비롯된 것이지만 중국의 용신이 전래되기 전에 수신에 대한 고유한 신앙이 존재한 것이라고 한다.

2. 신라의 박혁거세 신화

『삼국유사』에 기록된 신라시조 혁거세 신화의 골자 역시 삼신론적 심층구조를 가지고 있다. 신화에 따르면 하늘에서 내려온 흰 말이 나정蘿井 우물가에서 절하는 것을 보고 가까이 가보니 '붉은 알'이 있었고, 그 알에서 한 동자가 태어났다. 사람들이 동천東泉에 목욕을 시켰더니 그 몸에서 광채가 천지진동하고 일월이 청명하여 사람들이 그의 이름을 혁거세赫居世 또는 불구내弗矩內라고 하였다. 우리말로 '붉은이'를 의미한다.[30]

혁거세의 아내 알영閼英의 '알'은 또한 낱알(穀粒)을 뜻하는 말로서 농경문화의 곡모신 신앙을 반영하는 것으로 해석된다.[31] 알영부인은 알영 우물에 나타난 용신계룡(鷄龍)의 왼편 갈비에서 태어났으니 입술이 닭 벼슬 같아 월성 북천北川에 목욕을 시키니 부리가 빠졌다고 전해진다.

주몽신화의 신모神母 유화柳花부인인 하백녀河伯女가 물 속에서 나왔듯이, 알영도 우물과 개울과 용신이 관련된 수신적水神的인 성격을 지닌다. 지모신은 곡모신적 성격과 동시에 수신적 성격도 다분히 가지고 있기 때문이다. 이와 같이 고대 신화에 나오는 한국의 지모신들은 농경문화를 배경으로 곡신, 수목신樹木神, 산신, 수신水神 등 농업신의 성격을 복합적으로 가지고 있다.

---

30 유동식, 『풍류도와 한국종교사상』(서울: 연세대출판부, 1997), 58-59. "부거안"(弗居內)은 우랄·알타이어의 부르칸(Burkhan)에서 유래한 것으로 불·밝·환·한·한울·태양 등의 뜻과 함께 하느님을 나타내는 개념이다.

31 장지훈, "한국 고대의 지모신 신앙", 84.

    박혁거세와 알영이 후에 결혼하여 왕과 왕후가 되어 신라(새벌)를 세웠다. 박혁거세 신화는 농경문화의 성격이 짙은 비교적 후대의 것이어서 둘 사이에 태어난 아들에 관한 이야기가 빠져 있으나, 그 기본적인 구조에 있어서는 단군신화나 주몽신화처럼 "하늘의 주제신과 땅의 생산신이 결합하여 새로운 문화세계가 창조된 것"[32]을 묘사하는 삼신론적 구조를 띠고 있다.

---

32 유동식, 『한국무교의 역사와 구조』, 45.

IV. 삼국 시대의 제천의식과 삼신 제사

　단군신화의 삼신론은 고구려와 신라의 건국시조신화에 등장할 뿐 아니라, 삼국 시대의 삼신 제사를 통해 역사적으로 전승되었다. 『삼국지三國志』 위지魏志 동이東夷전 등에는 부여의 영고迎鼓, 고구려의 동맹東盟, 예의 무천舞天과 같은 제천의식이 행해진 것으로 기록되어 있다. 이 제천의식을 통해 천신뿐 아니라 지신과 시조신(인신)을 포함한 삼신 모두에게도 제사를 지낸 것이다.

　『삼국사기』 32권 잡지 1의 제사조에는 삼국의 다양한 제사풍조를 기록하고 있다. 유동식은 이 제사들을 아래와 같이 분류하였다.[33]

　신라: 시조제(始祖祭), 오묘제(五廟祭), 사직제(社稷祭), 농제(農
　　　　祭), 풍백제(風伯祭), 우사제(雨師祭), 영성제(靈星祭), 산
　　　　천제(山川祭), 성문제(城門祭), 정제(庭祭), 천상제(川上
　　　　祭), 명제(明祭), 오성제(五星祭), 기축제(祈祝祭), 압악제
　　　　(壓岳祭), 벽기제(辟氣祭)
　고구려: 귀신제(鬼神祭), 사직제(社稷祭), 영성제(靈星祭), 천제
　　　　(天祭), 수신제(襚神祭), 시조제(始祖祭), 왕모신제(王母神

祭), 산천제(山川祭)

백제: 천신제(天神祭), 시조제(始祖祭), 천지제(天地祭)

위의 제사의 종류를 분류함에 있어 유동식은 세 유형으로 나누어 시조제, 농신제, 산천제로 구분하였다.[34] 전통적인 제천의식에서 가장 중요하였던 천신제를 빠트렸다. 이는 무교적 입장에서 제사를 유형화하다 보니 이런 자의적인 분류가 생겨난 것으로 보인다.

위에 언급된 신라의 영성제靈星祭, 오성제五星祭, 명제明祭와 고구려의 영성제靈星祭, 천제天祭, 백제의 천신제天神祭는 모두 천신제로 분류되어야 한다. 또한 농신제나 산신제는 둘 다 지신제로 분류하여야 할 것이다. 따라서 삼국의 제사를 천신제, 지신제, 시조제로 분류하는 것이 전승사적으로나 역사적 맥락으로도 더 정확하여 보인다. 이러한 세 가지 성격의 제사 구분은 단군신화의 천신, 지신, 인신의 삼신 신앙의 문화사적 전승과도 맥을 같이한다.

1. 고구려의 동맹

중국 문헌인 『삼국지三國志』 위지魏志 동이전東夷傳에 따르면 고구려의 제천의식인 동맹同盟을 다음과 같이 설명한다.

남여가 무리가 함께 모여 창악(倡樂)을 하고 귀신, 사직(社稷), 영성(靈星)을 제사한다. 10월이면 제천대회를 열고 이를 동맹이라 한다.[35]

---

34 같은 책, 76-77.
35 徐兢, 『高麗圖經』 17권, 祀子.

여기서 귀신은 사귀死鬼로서 조상신이며, 사직은 땅社과 곡물稷의 뜻인 지신地神이며, 영성靈星은 오성五聖 또는 칠성七星으로도 불리는 천신을 지칭하는 것으로서 고구려의 동맹이 천지인 삼신을 제사한 것임을 밝히고 있다.

『북사北史』 동이전東夷傳에도 고구려에는 신묘神廟가 둘이 있는데 하나는 부여신이라 하여 나무를 새겨 부인의 상을 만든 것이고, 다른 하나는 고등신高登神이라 하여 시조신을 모셨는데, 하백녀와 주몽의 신묘라고 기록되어 있다.[36] 그리고 천제天祭를 지낼 때에는 동쪽에 있는 큰 굴에 수신隧神을 모셔다가 제를 지냈다고 한다. 유동식은 이에 관하여 단군신화에 나오는 동굴 속의 웅녀인 지모신 제사를 뜻한다고 하였다.[37]

그러나 장지훈은 신체神體로 모셔지는 나무상(像) 즉 목수木隧는 하백녀河伯女를 상징하고 있는 것이라고 보았다. 나무와 여신은 전 세계의 신화에서 매우 밀접한 관계를 가지고 있는데, 고대의 도상圖象과 신화神話에서 나무 옆에 여신이 보편적으로 나타나는 것을 볼 수 있다. 또한 나무와 여성은 둘 다 풍요의 원천을 상징한다. 우주목宇宙木은 무한한 우주의 창조성의 상징으로서 대여신大女神과 동일시되고 있다.[38] 따라서 동명 제사 때에 지모신 제사도 병행된 것이 분명하다.

동맹 또는 동명東明은 풍년이 들기를 빌고, 풍성한 수확을 주신 하늘에 감사하는 농제農祭이며, 제천의식으로서 천신뿐 아니라 지모신 하백녀와 조상신 동명성왕 고주몽에 대한 제사를 병행하여 지낸 것

---

36 장지훈, "한국 고대의 지모신 신앙", 83.
37 유동식, 『한국무교의 역사와 구조』, 54.
38 장지훈, "한국 고대의 지모신 신앙", 83-84

이다. 고구려의 동맹을 통해서도 단군신화의 삼신신앙이 실제로 전
승되어 삼신제사로 시행된 것을 알 수 있다.

2. 백제의 삼신 제사

『삼국사기三國史記』에는 중국 사서史書인 『책부원기冊府元龜』를 인용
하여 백제에서는 천신과 지신과 조상신 즉, 삼신에 대한 제사가 동시
에 시행된 내용이 기록되어 있다.

> 백제에서는 사계절의 가운데 달마다 왕이 하늘 및 五帝의 신에게 제
> 사를 지내고 시조 구태묘를 국성에 세워 일년에 네 번 제사를 지냈
> 다.39

여기서 말하는 하늘 및 오제의 신은 각각 천신天神과 오방(東西南
北中)의 방위신으로서 지신地神을 의미한다. 구태仇台는 동명東明의 후
손이고 백제의 시조이므로 그의 묘를 세워 제사하였으니, 결국 백제
는 천신, 지신, 시조신始祖神 삼신에게 제사를 지낸 것이다. 이와 유사
한 기록이 『수서隨書』 백제전에도 나타나 있다.

『삼국사기』 백제 본기에는 온조왕, 다루왕, 비류왕, 근초고왕, 아
신왕, 전지왕, 동경왕 등이 여러 차례 천지산천과 동명왕묘에 제사를
지낸 기록이 남아 있다. 제사 시에는 중신中臣에 대한 임명도 뒤따라

---

39 『三國史記』 32. 雜志, I, 祭祀誌 "百濟每以四仲之月 王祭天及五帝之神 立其始祖
仇台廟於國城 歲四祠之": 최광식, "한국 고대의 천신관", 사학연구」 58-59
(1999), 59.

이루어졌다.[40] 제사라는 말도 천신天神에 대한 제사인 '祭'와 지신地祇에 대한 제사인 '祀'가 합하여진 말이다.[41]

『삼국사기』에 의하면 신라시대에도 신궁神宮과 시조묘始祖廟 즉 종묘宗廟가 있어 천지신과 조상신에게 제사를 드린 기록 여러 번 등장하며, 『삼국유사』에는 시조묘 제사 6회와 신궁의 천지신 제사가 21회 등장한다.[42] 신라에 불교가 들어온 후에도 천지신과 조상신에 대한 제사는 계속된 것으로 보인다.

3. 신라의 팔관회와 화랑도의 삼신신앙

신라 진흥왕 때에 거칠부가 고구려에서 데려온 승려 혜형惠亮과 더불어 처음으로 시작된 팔관회八關會는 고려말까지 약 800년에 걸쳐 행해진 제전이다. 송나라의 서긍徐兢도 팔관회에는 남녀 무리가 함께 모여 창악倡樂을 하고 "귀신, 사직社稷, 영성靈星을 제사한 고구려의 東盟會가 지금의 八關祭"라고 기록하였다. 팔관회는 고구려의 삼신 제사를 신라가 전승한 것임을 알 수 있다.[43]

최남선은 '八關'이라는 말도 불구내弗矩內와 같이 '붉은이'의 뜻에서 비롯된 용어라고 한다.[44] 신라의 팔관회와 유사한 연등회도 그것이 사찰에서 행한 행사라고 하지만, 실제로 금욕적인 불교 법회가 아니었다. 오히려 음주가무를 위주로 하는 민족적 제전의 전통을 계승·

---

40 같은 책, 60-63.
41 같은 책, 65-66.
42 같은 책, 66.
43 徐兢, 『高麗圖經』, 권 17.
44 최남선, "고려의 명절", 『故事通』 (서울: 삼중당, 1944).

반복한 것이었다.[45] 불교의 영향에도 불구하고 단군신화의 삼신신앙이 그대로 지켜진 것이다.

한국문화의 시원사상인 단군신화의 삼신신앙은 중국으로부터 유불선 삼교가 들어오기 이전부터 우리 민족이 가지고 있었던 고유신앙을 통해 전승되었는데, 그것이 바로 풍류도이다. 고대의 제천의례에서 보았듯이 하느님을 섬기는 "밝은 뉘" 신앙이 그것이다. 또한 이 신앙을 부루夫婁라 했으며,[46] 이를 한자 사음寫音한 것이 풍류風流이다. 최치원이 말한 풍류도는 바로 팔관회를 주도한 화랑조직의 신앙형태를 말한 것으로 유불선 삼교三敎의 정신을 포함하는 삼신신앙의 성격을 보여준다.[47]

김부식이 『삼국사기』에서 화랑의 유래를 설명하면서 최치원의 '난랑비서'를 인용하거나, 최치원이 '화랑'에 관한 비문을 쓰면서 현묘지도인 '풍류'를 언급한 것은 '화랑과 풍류의 불가분의 관계'를 설명하기 위함으로 보인다. 고대의 풍류도가 신라시대의 화랑정신에 반영되어있음을 밝히려는 목적이 분명한 것이다.[48]

잘 알려진 것처럼 신라의 화랑들은 '도의를 연마하고 가악을 즐기며 산수를 유오했다'고 전해진다.[49] 이들의 노래와 춤은 상고부터 제천의식으로 행해진 것으로 먼저 하늘에 제사하고 신과 일체를 이루

---

45 유동식, 『한국무교의 역사와 구조』, 133.

46 유동식, 『풍류도와 한국종교사상』, 58-59.

47 유동식, 『한국무교의 역사와 구조』, 85, 92. "삼교를 포섭했을 뿐만 아니라 전통적인 종교 속에는 이미 유불선 삼교의 요소가 들어있기도 했다는 뜻이다"

48 김충렬, "화랑오계의 사상배경 고(考)", 「아세아연구」 14-4 (1971), 206. 1971. 김충렬은 "풍류도는 개념적 명명(命名)이고 화랑도는 형식적 명칭"이라고 한다; 도광순, "풍류도와 신선사상", 321.

49 『삼국사기』 진흥왕 37년조. 相磨以道義 惑相悅以歌樂 遊娛山水.

는 신내림의 신명神明에 이르기 위한 것이었다. 이는 단순히 가무를 즐기는 것이 아니라, 처용무의 경우처럼 가무로써 역신疫神을 감동시키기 위한 과정이었다.[50] 유오산수 역시 단순히 산수유람을 즐기는 것이 아니라, "팔관八關은 천령天靈과 오악五岳 명산대천名山大川과 용신龍神을 섬기는 것"[51]이다. 이는 명산과 대천을 찾아 다니며 천신天神인 천령과 지신地神인 용신을 섬기는 신앙의 표현이다.[52]

『삼국사기』에는 '오악삼산의 신들'(五岳三山神等)[53]로 표현되어 있으며, 특히 삼산三山에는 호국신(護國之神)[54]이라 불리는 산신을 제사하는 사당이 있었다. 산신신앙은 단군이 태백산 산신이 되었다는 단군신앙에서 유래한 것이다. 이런 배경에서 선도는 원래 천신과 산신을 숭배하는 산천제山天祭를 지내는 집단이라고 하였다.[55]

『고려사』에는 신라에서 크게 유행한 선풍仙風의 내용을 '龍天歡悅용천환열', '民物安寧민물안녕', '人天咸悅인천감응'이라고 기록되었는데, 천지인의 조화를 표방한 것이다. 이는 명백히 천지인의 통전적 조화를 포함하는 내용이다.

예부터 신라에는 선풍이 크게 유행하였다. 이는 하느님을 기뻐 즐거워

---

50 김태준, "화랑도와 풍류정신", 「한국문학연구」 18 (1995/12), 334-335.
51 「태조훈요십조」 其六, 八關所以事天靈及五嶽名山大川龍神也.
52 김태준, "화랑도와 풍류정신", 337-338.
53 『삼국유사』 景德王 忠談師 表訓大德, 德經等 大王備禮受之 王御國二十四年 五岳三山神等.
54 『삼국유사』 金庾信, 穴禮 骨火等三所護國之神. 오악은 토함산, 지리산, 계룡산, 태백산, 父岳(公山)이고, 삼산은 祭歷, 骨火,穴禮이다.
55 이도흠, "풍류도의 실체와 풍류도 노래로서 찬기파랑가 해석", 「신라학연구」 8 (2004), 39.

하며(龍天歡悅) 사람과 만물이 더불어 안녕(民物安寧)을 누리려는 데서 유래한 것이다. 먼 옛 조상 이래로 이러한 풍속이 숭상하는 것이 근래의 팔관회를 통해 계속되고 있다. … 이러한 고풍을 통해 사람과 하늘이 함께 즐거워하는(人天咸悅) 데에 이르려고 하는 것이다.56

신라가 고풍에 따라 팔관회(붉은회)를 통해 숭상해 온 선풍 즉 풍류도의 사상적 · 신앙적 경지를 도광순은 천인天人이 교령 · 교감하는 가운데서 천지신명과 만물(생명체와 무생명체를 막론하고)로 더불어 화락과 안녕을 누리는 '신인합일의 경지'57로 보았다. 그러나 내용적으로 보면 단군신화의 삼신신앙으로 전승된 '천지인 합일의 경지'로 보아야 할 것이다. 그래서 박희진은 "천 · 지 · 인 삼재의 조화와 균형이 풍류도"이며, 삼신신앙으로 전승된 "풍류도의 근원은 단군성조이고 극치는 화랑도"58라고 하였다. 풍류의 종교적 의미는 화랑들의 수련 과정이 잘 설명하고 있다. 가령 산수를 유람하는 것은 단순히 자연을 즐기는 데 있는 것이 아니라 그곳에 깃든 천령과의 종교적 교제를 갖는 데 있었던 것이다. 제천의례에서의 가무나 가락은 다같이 하나님의 영과 교제하는 것이었으며, 가무강신을 통해 하나님과 인간이 하나가 되는 것을 체험하는 것이었다.

---

56 『고려사』 권18, 世家 권18, 毅宗 22년(1168), 昔新羅仙風大行 由是龍天歡悅 民物安寧 故祖宗以來 崇尙其風久矣 近來兩京八關之會 · 依行古風 致使人天咸悅.
57 도광순, "풍류도와 신선사상", 「신라종교의 신연구」 5/1 (1984), 292, 299.
58 박희진, "한국인의 자연관과 풍류도", 『숲과 문화 총서』 4 (1996), 25.

V. 삼국 시대의 종교와 삼신신앙

1. 무교의 삼신신앙

무교의 역사는 단군신화로까지 거슬러 올라간다. 단군이 제사를 주제하는 무군巫君으로 기록되어 있기 때문이다. 무巫라는 한자어 자체가 하늘과 땅을 이어주는 인간의 형상을 나타낸다. 무당의 기원에 대한 바리공주 무조巫祖신화나 법우화상 전설에도 기본적으로는 이러한 천지인 조화의 신앙이 함축되어 있다.[59]

무교의 발전에 따라 정교하게 체계화된 '굿'의 경우 제의 절차가 12거리로 구성되어 있지만, 그 핵심이 되는 본풀이는 대감거리, 제석거리, 성주成造거리로 되어 있다. 여기서 "성주成造는 천신이요, 대감은 지신이요, 제석은 자손의 수복신壽福神"[60]으로서 조상신을 가리킨다. 천신 성주는 강녕康寧의 복을, 지신 대감은 재물財物의 복을, 그리고 제석은 자손들에게 수복을 주는 신으로 여긴 것이다.

단군신화의 천지인 삼신신앙이 굿을 통한 민중들의 기복신앙으로 체계화된 것을 보여준다. 강용권은 각 지방의 대표적인 굿으로 전승되어오고 있는 별신굿의 원래 뜻 역시 "붉신군"이라고 풀이한다.[61]

---

59 유동식, 『한국무교의 역사와 구조』, 110.
60 같은 책, 318.

2. 도교 및 불교의 삼성각

단군신화의 삼신신앙은 도교의 삼청三淸신앙으로 전승되어 오다가 불교 전래 이후에도 삼신각三神閣이나 삼성각三聖閣으로 수용된다.

한국 도교에서는 칠성, 산신, 독성의 삼신을 숭배해 왔는데, 칠성은 인간의 길흉화복과 수명을 주관하는 천신이다.[62] 한웅대왕은 태백산에 강림한 산신山神으로 해석되었다. 단군 천왕 역시 아사달에 들어가 신선神仙이 된 산신으로 이해되었다. 따라서 산신신앙은 수호守護, 구병救病, 기자祈子, 기우祈雨 신앙과 연결되어 산신제山神祭로 계승되었다.

독성獨聖은 삼신 중에 가장 애매한 존재이다. 천신인 칠성이나 지신이 산신과 달리 독성은 성인聖人 중 하나로 여겨졌기 때문이다. 이희수에 의하면 독성은 불교가 전래되기 이전부터 한국에 있었던 존재로, 홀로 도를 깨친 성자聖者라는 뜻이며 "그리고 그가 다름 아닌 단군왕검이었다고 한 말은 독성의 이해에 직접적인 단서이다."[63] 단군이 홀로 도를 깨친 신선神仙이 된 신성한 존재라는 의미에서 도교에서는 독성으로 표현한 것이다.

12세기경에는 칠성이 무신巫神으로서 도교와 무교에 등장하는 삼신 중 대표적인 신위였다. 불교의 환인제석, 도교의 옥황상제는 모두 칠성신으로 천신인 환인에 해당하는 하느님이었다.

불교가 전래된 후에도 이러한 삼신신앙은 그대로 한국불교 내에 쓰며들었다. 유동식은 국내 15개의 주요 사찰을 답사하고 연구한 결

---

61 강용권, "부산지방의 별신굿고", 『문화인류학』 제3집 (1971), 90.
62 유동식, 『한국무교의 역사와 구조』, 269.
63 이희수, 『토착화 과정에서 본 한국 불교』 (서울: 불서보급사, 1971), 161.

과, 사찰의 주요 법당에는 대웅전과 명부전과 삼성각이 있다는 것을 확인하였다. 불교사찰의 본전 즉 석가모니불을 모시는 법당을 '대웅전'이라 하는데 '대웅'은 단군신화에 등장하는 '환웅'을 뜻한다.『태백일사』의 신시본기에 인용된 고려팔관기 잡기雜記에도 그 사실을 명시하고 있다.

> 불상이 처음 들어 오매 절을 세워 이를 大雄이라 불렀다. 이는 승도들이 옛 것을 세습하는 칭호로서 본래의 승가의 말이 아니다. 또 가로되 승도와 유생이 모두 낭가에 예속되어 있다.[64]

불교 사찰에 대웅전 삼성각을 세운 것은 단군신화의 삼신신앙의 끈질긴 전승이 외래 종교인 불교와 습합한 결과이다. 불교의 대웅전에는 본존불을 안치하였지만 실제로 대웅은 '하느님의 아들'을 뜻하는 환웅을 의미한다. 한국불교가 단군신화의 삼신신앙의 틀에서 크게 탈피하지 못한 증거이다.

현존하는 대부분의 불교 사찰 경내에는 명칭은 조금씩 다르지만 내용은 칠성七星[65], 산신山神, 독성獨聖을 삼신 혹은 삼성으로 모시는 법당이 있다.[66] 무교와 도교의 칠성신, 산신과 더불어 독성신앙이 그대로 불교에서 홀로 성도成道를 이룬 독각불獨覺佛 신앙으로 수용된 것이다.

조자용은 이 삼성각에는 신교神敎의 천일天一, 지일地一, 인일人一 삼

---

64 임승국 역주,『환단고기』, 199.
65 유동식,『한국무교의 역사와 구조』, 269. 불교의 영향으로 천황인 옥황상제의 지배를 받든 칠성신을 단군신화나 무속의 천신과 동일시하였다.
66 같은 책, 262. 일부 사찰에는 聖母閣 또는 聖母殿이라는 명칭이 나타나기도 한다.

신이 일체하는 천지인 삼신 중에서 인신人神만을 민불교民佛教의 독성獨聖님으로 바뀐 것이라고 주장한다.

> 칠성이 천일신(天一神)이고, 산신이 지일신(地一神)이라고 보면 인일신(人一神)은 마땅히 단군이나 환웅천왕의 조상신이라야 할 것인데, 불교의 독성신으로 바꾸어 버렸으니 이러한 현상은 다른 자료에서도 발견된다.[67]

이는 단군신화의 삼신신앙을 전승해온 신승神僧들과 불교의 탈을 쓴 신교도神教徒들이 사찰 안에 삼신각을 모셔왔다는 것이다. 일찍이 만해 한용운도 『조선불교유신론』에서 불교의 이러한 폐해를 유신維新해야 한다고 주장하였다.[68]

불교 전래 이후에도 단군신화의 삼신신앙은 사찰 내에 건립된 대웅전과 삼신각을 통해 전승되었고, 민간신앙 속에는 "天地神明"이란 표현으로 뿌리내리고 있었다. 삼신각에서는 주로 일반 신자들이 천지신명에게 기도하였는데, 이 '천지신명'이 천신과 지신 그리고 단군을 지칭하는 붉신(神明)을 통칭한 것이 아닌가 여겨진다.

삼성각은 도교적 칠성과 무교적 산신과 불교적 독성을 한곳에 모심으로 유불선 삼교융합이라는 한국적 이상의 표현인 것이다. 이 역시 도교와 불교 이전의 삼신신앙의 토착화라고 볼 수 있다.[69]

---

67 조자룡, 『바니이다 비나이다 – 내 민족 문화의 모태를 찾아서』 (서울: 삼신학회 프레스, 1996), 429.
68 한용운, 『조선불교유신론』 (서울: 운주사, 1992).
69 조자룡, 『삼신민고』 (서울: 가나아트, 1995), 272.

VI. 고려의 팔관회와 삼신신앙

고려 시대에 국가적으로 행한 제천의식은 신라 시대의 팔관회를 계승한 것이다. 고려 태조는 943년에 친히 내린 십훈요十訓要 제6항을 통해 연등회와 함께 팔관회를 지킬 것을 훈계하였다. 더불어 팔관회를 설명하기를 "천령天靈과 오악五岳, 명산名山, 대천大川, 용신龍神을 섬기는 것"[70]이라고 하였다. 이에 따라 고려의 역대 왕들은 모두 이 팔관회을 열었으며 고려 말기까지 이어졌다. 중경中京에서는 음력 11월에, 서경西京에서는 10월에 각각 팔관회를 열었으며, 이날은 등불을 밝히고 술과 다과 등을 베풀며 음악과 가무 등으로 군신이 같이 즐겼으며 천신天神을 위무하고 국가와 왕실의 태평을 아울러 기원하였다.

『고려사』 지권志卷에 기록된 길례吉禮 대사大祀의 내용은 크게 셋으로 요약된다. 첫째는 환구圜丘에서 제천祭天하는 것이요, 둘째는 사직社稷 곧 토지신土地神과 곡신穀神에게 춘추로 제사하는 것이요, 셋째는 대묘를 세워 태조太祖와 조상에게 제사 지내는 것이었다. 환구, 사직, 종묘를 세운 것은 유교주의를 신봉하던 성종 때였다.[71]

유동식에 의하면 『고려사』에는 팔관회를 열었다는 기사가 109회나 발견된다고 한다.[72] 그리고 『고려사』 세가世家에 기우제에 관한

---

70 『高麗史』 世家 卷 2. 太祖 26年.
71 유동식, 『한국무교의 역사와 구조』, 121.

기록이 98회나 있고, 기청祈晴 13회, 기설祈雪 6회 등을 합치면 도합 117회나 된다. 이러한 행사의 양상은 대체로 크게 셋으로 분류된다. 이는 산천 신지神祇에 비를 비는 것, 종묘 신사神社에 비를 비는 것, 무격巫覡을 모아 하늘에 비는 것이다.[73] 이러한 제사는 모두 천지, 산천, 종묘에 지내는 것이다. 물론 불교의 전래로 부처에게도 기우제 등이 드려졌다. 또한 고려 시대부터 크게 유행하기 시작한 풍수설도 인간의 양택과 음택을 천지와 조화시키려는 천지인 조화 사상에서 비롯된 것이다.[74]

최광식은 "이처럼 한국 고대의 제의는 천신·시조신·지신에 대한 제사가 그 기본을 이루고 있다"[75]고 하였다. 그리고 천신에 대한 제사는 수장사회 단계이며, 천신과 시조묘에 대한 제사가 함께 이루어지는 것은 초기국가 단계이고, 그리고 천신과 지신과 시조신에 대한 제사권을 모두 장악하면 정복국가 단계에 진입한 것이라고 보았다.

---

72 같은 책, 132.
73 같은 책, 122.
74 같은 책, 119.
75 최광식, "한국의 고대 천신관", 168.

VII. 조선 시대의 천지인 삼재론

1. 퇴계의 경천(敬天), 인민(仁民), 애물(愛物)의 삼재론

퇴계는 리理의 지고성과 주재성을 강조한 주리론主理論의 성리설性
理說을 주창하였다. 리기理氣가 결합되어 있는 현상세계에서 보면, 리理
가 물질적 기초인 기氣와 결합하여 인간과 사물을 생성하는 만큼 인간
과 사물의 개체를 구성하는 기질氣質에는 맑은 기질과 탁한 기질(淸·獨),
순수한 기질과 잡박한 기질의 차이가 있지만 어디에나 天(理)으로부
터 이입된 性(理)이 내재하고 있음이 확인된다. 이런 의미에서 인간
과 사물은 존재의 양상에서는 질質에 따른 차이가 있음에도 불구하
고, 존재의 본질에서는 性(理)이 일치한다는 것이다.[76]

퇴계는 천지의 큰 덕이 만물과 인간에게 두루 미치는 천지인의
조화를 강조한다. 이러한 하늘(天地)의 사랑이 만물보다 하늘을 더
많이 닮은 영특한 인간에게 더 크게 작용한다고 강조한다.

> 天地의 큰 덕은 生이라 하는데, 무릇 천지 사이에 생명을 가진 무리가
> 빽빽하니 움직이는 것(동물)과 땅에 심어져 있는 것(식물), 큰 것과

---

76 금장태, 『퇴계의 삶과 철학』(서울: 서울대학교출판부, 1993), 178.

미세한 것들이 모두 하늘이 덮어 주고 사랑하는 것인데, 하물며 형상이 하늘을 닮고 가장 영특하여 천지의 마음이 되는 우리 백성에 대한 사랑은 말할 것도 없습니다.[77]

퇴계는 『성학십도聖學十圖』에서 장횡거가 『서명』에서 언급한 '천지부모'를 설명하면서 "천지만물과 더불어 일체가 되는 것"(天地萬物爲一體)이라고 하였다. 인仁의 실현(求仁)이 깊어져 체인體仁의 차원에서 확립되는 물아일체物我一體라는 자연과의 조화의 극치에 이르게 된다는 것이다. 조선 성리학의 대가 퇴계 이황의 학문과 덕행을 기리고 추모하기 위해 명종 때인 1561년에 설립된 안동의 도산서원에는 삼태극 문양이 있는 것도 주목할 필요가 있다.[78]

이러한 퇴계 사상의 핵심을 금장태는 경천敬天, 인민仁民, 애물愛物이라고 하였다. 그리고 퇴계의 이러한 천지인 사상을 다음과 같이 도식하였다.[79]

---

77 『퇴계집』, 권6. 54; 금장태, 『퇴계의 삶과 철학』, 181 재인용.
78 조선시대에 와서 여러 차례의 중수를 거쳐 1682년(숙종 8)에 부사 최상익(崔商翼)이 현재의 위치로 이건하였다. 6.25전쟁 때 소실되었다가 1952년부터 대성전·명륜당·동재(東齋)·서재(西齋) 등이 신축되어 지금에 이르고 있다.
79 금장태, 『퇴계의 삶과 철학』, 184.

이러한 퇴계의 '경천敬天'에서 비롯되는 성학聖學의 '천지만물일체' 사상은 현대 환경운동이 제시하는 "자연과 인간, 인간과 인간에 대한 온 생명 체계'의 패러다임과 매우 근접한 상통성을 지닌 것으로 볼 수 있다.[80]

김흡영은 금장태가 분석한 퇴계의 '신-인간-우주적 경' 사상은 게리쉐Brain Gerrish가 정리한 칼빈의 '신-인간-우주의 비전'과 상응한다고 보았다.[81] 새로운 한국신학은 '한국인들의 영성의 기본 틀인 천지인의 패러다임'을 수용하여 세 가지 모형전환이 수반되어야 한다고 주장한다. 먼저 서양신학의 전통적인 구속사 중심의 신-역사적 (구원론적) 패러다임에서 신-인간-우주적(창조론적, 성령론적) 패러다임으로, 형이상학적 패러다임에서 생태학적 패러다임으로, 그리고 로고스 패러다임에서 프락시스 패러다임으로 전환하여야 한다[82]는 것이다.

이런 관점에서 퇴계의 경론은 신유학적인 체계로서 학문적이고 형이상학적이고 논리적 측면이 강하다면, 앞으로 다룰 해월의 삼경 사상은 종교적이고 생태학적이고 실천적인 면이 더 강하다고 평가된다.

---

80 같은 책, 197. 1997년 6월 5일 서울 올림픽공원 체조경기장에서 열린 세계환경의 기념식에서 채택된 "환경윤리에 관한 서울선언문"의 前文에서는 "지구환경의 위기를 극복하기 위한 새로운 패러다임은 자연과 인간, 그리고 인간과 인간에 대한 온 생명 체계'(Whole-life System)의 생태론적 관점에 바탕을 두어야 한다"고 언명하고 있다.
81 김흡영, "신·인간·우주: 신학, 유학, 그리고 생태학",『도의 신학』(서울: 다산글방, 2001), 326.
82 같은 책, 335.

2. 정약용의 천시(天時), 지리(地理), 인화(人和)의 삼농정책

일찍이 다산 정약용(1762-1836)은 임금에게 올리는 '농책'에 관한 상소에서 "농업이란 하늘(天時)과 땅(地利)과 사람(人和)이라는 3재三才가 어울려 상생과 화합의 길을 일궈감에 있어, 세 가지 불리한 점을 극복하기 위하여 이른바 3농三農정책을 펼쳐야 한다"고 주장했다.[83]

대저 농(農)이란 천하의 가장 큰 근본으로서 때(天時)와 땅(地利)과 사람(人和)의 화합을 기해야 그 힘이 온전하게 되고, 심고 기르는 것이 왕성하게 된다. 그렇기 때문에 낳는 것은 하늘이고, 기르는 것은 땅이며, 키우는 것은 사람이다. 이 삼재(三才)의 도(道)가 하나로 모인 다음에야 농사일과 나랏일에 모자람이 없게 된다. … 그런데 천하 사람이 차츰 (나랏일의) 근본(本)을 버리고 끝(末)만 도모하니 기름진 논밭과 살찐 흙이 두루 묵히게 되고, 높은 모자, 좋은 옷을 입은 놀고먹는 사람들이 늘어난다. … 농사일의 고통스러움을 근심하지 않고서 어찌 왕업의 터전이 굳건하길 바랄 수 있으며, 농민의 고달픔을 어루만지지 못하면서 어찌 모든 백성의 평안함을 기대할 것인가? 차라리 대막대기를 끌며 바다를 건너 떠나는 것만 같지 못하다.[84]

---

83 허승욱, 『3農혁신 : 더 좋은 변화와 공생의 패러다임』 (서울: 따비, 2015); 김성훈, "농업개방과 다산의 3농정책", 「경향신문」 2001.11.23
84 "다시 생각나는 다산의 3농 사상과 농책(農策)", 「한국농어민신문」 2014.3.26에서 재인용.

다산의 "농업이란 하늘(天時)과 땅(地利)과 사람(人和)이라는 3 재三才가 어울려 농업의 도道를 일군다"는 사상 역시 오늘날 현대경제학 용어로 말하면 친환경적 친자연적 농업관을 피력한 것이다. 특히 농업은 태생적으로 세 가지 불리점이 있는 바, 이를 극복하기 위하여는 다음과 같은 삼농三農 정책 즉, 후농厚農, 편농便農, 상농上農을 펴야 한다고 주장하였다. 후농厚農은 '두터울 厚'자를 썼으니 소득이 높아야 한다는 뜻이고, 편농便農은 '편할 便'자를 썼으니 편하게 농사를 지을 수 있도록 해야 한다는 의미이다. 상농上農의 의미는 농사를 짓는 사람들의 사회적 지위가 높아야 한다는 것이다.[85]

삼농의 구체적인 내용은 첫째로 대저 농사란 장사보다 이익이 적으니, 정부가 각종 정책을 베풀어 "수지맞는 농사"(厚農)가 되도록 해주어야 하며, 둘째는 농업이란 원래 공업에 비하여 농사짓기가 불편하고 고통스러우니, 경지정리, 관개수리, 협동화를 통하여 농사를 편히 지을 수(便農) 있도록 하여야 할 것이며, 셋째로 일반적으로 농민의 지위가 선비보다 낮고 사회적으로 대접을 제대로 받지 못함에 비추어 농민의 사회적 위상을 높이는(上農) 정책을 펼쳐야 한다는 것이었다.[86]

---

85 허승욱, "다산삼농과 3농혁신", 「한국농어민신문」 2012.8.27.
86 "다시 생각나는 다산의 3농 사상과 농책(農策)", 「한국농어민신문」 2014.3.26.

VIII. 근대의 종교 경전에 나타난 천지인 삼재사상

한국문화의 시원은 단군신화에서 찾을 수 있을 것이다. 그리고 한국문화의 시원사상인 단군신화의 핵심은 삼신신앙이다. 단군신화의 삼태극적 구조를 가장 명시적으로 설명한 것은 한웅이 신지 현덕에게 명하여 녹도鹿圖의 글로 쓴 것을 최치원이 번역해 전했다는『천부경』[87]인데,『삼일신고』와『참천계경』과 더불어 1917년에 단군교의 경전으로 채택된 것들이어서 역사적 진위여부가 논쟁이 되고 있다. 그러나 농암聾巖 이현보(李賢輔, 1467-1555)의 문집에서 「천부경」 81자가 발견되어 그 역사성에 새로운 근거로 제시되었다.[88]

1. 천부경

『천부경天符經』에는 단군신화의 삼수분화의 삼재론적 세계관이

---

[87]『천부경』은 태백산에 있는 단군전비(檀君篆碑)에 새겨져 있는 것을 신라시대에 고운 최치원(崔致遠)이 번역하여 전한 것으로 기록으로 남아 있었는데, 묘향산에서 10년간 수도한 계연수(桂延壽)가 1916년에 암벽에 새겨진 내용을 발견하여 이듬해 대종교에 전하였다고 한다. 1975년 대종교의 교무회의에서 경전으로 공인하였으며 1983년의『대종교요감』에 처음 경전으로 수록되었다. 조선시대 이후로 이름만 전해져서 위작 여부에 대한 논란이 있다.

[88] "갑골문자 天符經 발견, 단군·환웅 실재성 높아", 「일요시사」 2002.9.29.

수리적으로 간략하게 묘사되었는데, 삼극三極이라는 표현이 처음으로 등장한다. 『천부경』의 전문은 다음과 같다.

  一始無始一析三極無

  盡本天一一地一二人

  一三一積十鉅無櫃化

  三天二三地二三人二

  三大三合六生七八九

  運三四成環五七一妙

  衍萬往萬來用變不動

  本本心本太陽昻明人

  中天地一一終無終一[89]

천부경은 3장 81자로 구성되었는데 천지장天之章은 대우주 생성의 원리를 다루었고, 지지장地之章은 만물의 생성을 다루었고, 인지장人之章은 인간 궁극의 문제를 다루었다. 1에서 10까지의 숫자가 지닌 원리를 통해 천天·지地·인人의 삼극三極이 태어나[生] 자라고[長] 늙으며

---

89 천부경의 영문은 다음과 같다. One begins without beginning one. Split into three extremes can not exhaust true nature. Heaven one one, Earth one two, Men one three. One Amasses to ten big, without contain men became three. Heaven two three, Earth two three. men two three. Rearranging three produce four, envelop five, seven. One moves mysteriously, thousands go, thousand come. Purposes change, alters not character, true heart. Primary immense light ascend and shine. Within men Heaven and Earth are one. Light ascending men, they are most precious in the universe. One ends without ending one.

[老] 병들고[病] 죽는[死] 것을 끝없이 반복하는 경위를 설명하였다.

『천부경』은 "하나는 없음에서 시작되며, 시작된 하나는 셋으로 쪼개어져도 그 근본은 다함이 없다"(一始無始一析三極無盡本)로 시작되어 "하나는 끝나지만 끝이 없는 하나이다"(一終無終一)라는 말로 끝난다. 이를 『삼일신고』에 나오는 "하나를 잡으면 셋을 포함하고, 셋이 모아 하나로 돌아간다"(執一含三, 會三歸一)로 풀이한다.

김상일은 「천부경」을 다음과 같이 해설한다. 첫째로, 「천부경」의 첫 구절(一始無始一)과 마지막 구절(一終無終一)은 생성론적으로 '비시원성nonorientable'을 드러낸다는 것이다.

일(一)에서 시작되어 일로 끝난다. 만물은 일에서 비롯(始)되고 일로 끝남(終)을 「천부경」은 보여주고 있다. 일은 처음이요 마지막이라는 뜻이다. 그리고 일에는 처음도 끝도 없다는 뜻이다. 일은 무시무종(無始無終)이다. 일에는 원인-결과(cause-eff ect)의 논리도 적용할 수 없고, 제1원인자(the first cause)라고도 할 수 없다. 플로티누스에서와 같이 일자는 만물의 원인자요 근원일 수 없다. 거기에는 처음도 끝도 없다. 이를 가리켜 "비시원적"(非始源的, nonorientable)이라고 한다. 일자와 다자 어느 한 군데에 시원점을 두고 생각할 수 없다는 뜻이다. 일자가 시작되어 다시 일자에로 되돌아오는 과정이 바로 "일"이 "다"로 확신되고(expónsion) 수렴되는(conversion) 과정인 것이다. 일자가 다자로 확산되었다가 다시 일자로 수렴되는, 즉 일자와 다자의 역동적 과정(dynamic process)으로 실체를 파악하려고 한 것이다.[90]

둘째로 「천부경」의 두 번째 구절인 "일은 나뉘어 세 갈래로 갈라지나, 그 본은 다함이 없다"(一折三極無盡本)라는 말은 일一이 삼三이라는 다多로 나뉘어지는, 즉 일一이 다多로 확산되는 역동적 과정과 생성의 원리라고 한다. 하늘(天), 땅(地), 사람(人)은 다자의 전체성 즉 "3"을 대신하는 말이다.

여기서 삼(三)이란 수는 다자(多者)를 의미한다. 일자를 다자로 아무리 나누어도 그 근본 되는 일(一)에는 늘어나고 줄어드는 변화가 없다. 플로티누스의 일자는 다자와 위계적 관계를 맺고 있기때문에, 일자에 가까울수록 순수하고 선하며, 다자에 가까울수록 불순하고 악하다. 그러나 「천부경」에서는 일(一)에 있으나 다(多)에 있으나 그 양이나 질에 있어서 같다. 이것이 바로 "일(一)의 근본은 다함이 없다"는 말의 뜻이다.[91]

일자一者는 그 근본에 있어서 다함이 없다는 말을 두고 일자가 마치 불변하는, 움직이지 않는 것이라고 해석해서는 안 될 것이다. 일자一者는 '실체'가 아니고 "생성"이기 때문이다. 따라서 그 생성 과정의 순서를 "하늘은 일의 첫 번째 나눔(天一一)이요, 땅은 일의 두 번째 나눔이요(地一二), 사람은 일의 세 번 째 나눔이다(人一三)"라고 한 것이다.[92] 같은 일자가 첫째, 둘째, 셋째로 순서가 정해지고 질서

---

90 김상일, 『세계철학과 한 – 일과 다의 문제로 본 동서철학의 비교』 (서울: 전망사, 1989), 209.
91 같은 책, 209-210.
92 같은 책, 209-210.

order가 매겨짐을 의미한다. 존재의 세계에 이러한 질서가 없으면 유기체적 생명(organic life)은 불가능해진다.

셋째로 "하나는 열로 불어나 쌓이면서(一積十鉅) 결국 모자람 없이 셋으로 변한다(無櫃化三)"는 것은 이러한 천지인 조화의 원리를 설명한 것이다. 따라서 천지인은 각각 대칭적 조화를 지닌다. "하늘도 대칭적 생성을 하고(天二三), 땅도 대칭적 생성을 하며(地二三), 사람도 대칭적 생성을 한다(人二三)"는 뜻이다.93

2. 삼일신고

계연수가 편찬한 「삼일신고」 해설에는 삼태극을 원방각(○ □ △)으로 설명한다. "원은 일이 되어 무극이고, 방은 이가 되어 반극이고, 각은 삼이 되어 태극이라"(圓者一無極 方者二也反極 角者三也太極)94고 하였다. 이는 중국의 『회남자』에서 원방 이태극만을 설명한 것과 비교할 때 원방각圓方角 삼태극이 그보다 크게 발전된 형태라고 평가할 수 있다. 신라 시대의 문화예술의 극치인 석굴암이나 첨성대는 그 기본구조에서 이러한 원방각 즉 천지인의 조화의 극치를 이루고 있다.

발해 고왕 즉 대조영이 지었다고 전해지는 『삼일신고三一神誥』에는 환인, 환웅, 단군의 기능과 이 셋의 관계를 새롭게 설정한다. 환인은 조화의 주主요, 환웅은 교화의 주요, 단군은 치화의 주이다. 환인은 창조와 그 보존을 맡고, 환웅은 환인의 뜻을 전하고 가르치는 일을

---

93 같은 책, 211.
94 같은 책, 230.

맡고, 단군은 그것을 지상세계에서 완성하기 위해 다스리는 일을 맡고 있다는 것이다.[95]

이러한 삼신론은 연산군 시대의 사람인 이맥이 지었다는 『태백일사』에도 등장한다. 이맥은 「고려팔관기」의 삼신설을 다음과 같이 인용한다.

「고려팔관기」에 삼신설이 있는데 "상계의 주신(主神)은 그 호를 천일(天一)이라 하나니, 조화(造化)를 주관하시며, … 하계의 주신은 그 호를 지일(地一)이라 하니, 교화(敎化)를 주관하며, … 중계의 주신은 그 호를 태일(太一)이라 하며, 치화(治化)를 주관한다.[96]

삼신오제본기三神五帝本紀에서도 "삼신三神이란 천일天一 지일地一 태일太一이다. 천일天一은 조화(造)를 주관하고, 지일地一은 교화敎化를 주관하고, 태일太一은 치화治化를 주관하는 것이다"[97]라고 하였다.

안호상(安浩相, 1902-1999)은 단군교의 이러한 삼신사상이 바로 단군의 3뿌리 사상이며 이는 우리 배달사람의 민족사상이 되어야 한다고 주장하고, 삼신을 각각 한울 아버지, 한울 스승, 한울 임금으로 해석하였다.

1. 한얼은 온누리와 온갖 것을 다 만들어 되(全造化)게 하는 조화님

---

95 유연석 · 서행연, "『단군신화』의 출전과 구조 연구", 『과학과 교육』(순천대) 5 (1997), 92-93.

96 임승국 역주, 『환단고기』, 53. "上界主神其號曰天－主造化, 中界主神其號曰地一 主敎化, 下界主神其號曰太－主治化."

97 「桓檀古記」, 三神五帝紀.

(造化主)으로서 한울의 아버지요.

2. 한얼은 온누리와 온갖 것을 다 가르쳐 되(全數化)게 하는 교화님
(敎化主)으로서 한울(天: 온누리)의 스승(師)이요.

3. 한얼은 온누리와 온갖 것을 다 다스려 되(全治化)게 하는 치화님
(治化主)으로서 한울(天: 온해)의 임금이다.[98]

그리고 안호상은 이러한 배달 사상을 경천, 숭조, 애인으로 재해석하였다.[99]

· 한얼공경(敬天): 한얼제사로 근본갑기(祭天報本)
· 조상숭배(崇祖): 조상숭배로 한얼같이(崇祖如天)
· 사람사랑(愛人): 사람사랑 제몸같이(愛人如己)

하지만 안호상의 경천, 숭조, 애인의 삼재론은 환인-환웅, 웅녀, 단군의 천지인 삼신에 등장하는 천신, 지신, 인신 구조에서 웅녀의 지모신적인 면모를 제거하고 환인, 환웅, 단군의 유교적 가부장적 구조로 변형시킨 것이므로 지모신의 자연 친화적 요소가 배제되고 말았다.

『삼일신고』에는 또한 환인, 환웅, 단군이 하나라는 표현이 나오고, 셋이 하나 되는 진리야말로 가장 으뜸 되는 이치, 즉 대종지리大倧之理라고 한다.

---

98 안호상, 「민족사상의 전통과 역사」 (서울: 흔뿌리, 1992), 81.
99 안호상, "단군과 화랑의 세·한(3·1) 철학과 도의 원리", 이은봉 편, 『단군신화연구』 (서울: 온누리, 1994), 280-281.

하나를 잡으면 셋을 포함하고, 셋이 모이면 하나로 돌아간다(執一含三 會三歸一).

하나만 있고 셋이 없으면 이것은 쓰임이 없는 것이요, 셋만 있고 하나가 없으면 이것은 몸이 없는 것이다(有一無三 是無其用, 有三無一 是無其体). 그러므로 하나는 셋의 몸이 되고 셋은 하나 쓰임이 된다(故一位三体 三位一用).[100]

삼신의 일치와 조화를 삼극三極이라 한 것이며, 이러한 삼극론은 서양철학의 가장 큰 오류인 이원론의 극복을 의미하는 것으로 평가한다.

양자(+)와 전자(-), 남자와 여자, 빛과 어두움, 음과 양 등과 같은 것이 대칭 단위인 것이다. 그러나 대칭·자체는 정체적(static)이다. 여기서는 생성이 일어나지 못한다. 거기에는 반드시 가운데(中)를 자리 잡는 요소가 있어야 한다. 양자와 전자 사이에 중성자(中性子)가 있다는 새로운 사실이 알려졌을 때 현대 과학은 양극(兩極) 구조가 아니고 삼극(三極) 구조로 되어있음을 알게 되었다. 그러나 가운데 요소는 항상 양극을 전제하고 있고, 그것을 상호 관계시켜 생성을 가능하게 하는 것이기 때문에 기본 단위는 대칭으로만 보아야 한다는 것이다. … 그런데 만물은 생성 과정 속에 있고 제3의 중간적 요소가 없이는 생성과 조화가 불가능하기 때문에 결국 양자, 전자, 중성자는

---

100 임승국 역주, 『환단고기』, 235-236.

항상 동시적이라고 할 수밖에 없다.[101]

3. 최시형의 삼경론

동학 또는 천도교는 1대 교주 수운 최제우(1824-1864)의 시천주侍天主 사상에서 시작하여 2대 교주 해월 최시형(1827-1898)의 양천주養天主 사상을 거쳐 3대 교주 의암 손병희(1860-1920)의 인내천人乃天 사상으로 전개되어 온 것으로 알려져 있다. 그러나 해월이 수운의 시천주론을 심화하여 동학의 체계로 완성한 것이 경천, 경물, 경인의 '천지인 삼경론三敬論'이다. 자세한 내용은 이 책 8장 "해월 최시형의 삼경론과 천지인 조화론"에서 다룬다.

① 경천론은 양천주養天主와 십무천+毋天으로 구체화되었음을 밝힌다. 전자는 내 속의 한울을 키우는 것이고 후자는 내 속에 한울이 아닌 것을 배제하는 것이다. 전자는 적극적이고 긍정적인 경천의 실천이라면 후자는 소극적이고 부정적인 의미의 경천의 실천 강목이다.

② 경인론은 나와 나 자신과의 관계인 '아심아경 향아설위'(我心我敬 向我設位)와 부부관계의 원리인 '부부화순'(夫婦和順), 그리고 대인관계의 척도인 '인오동포 사인여천'(人吾同胞 事人如天)으로 전개되었다.

③ 경물론은 만물이 한울이며 만사가 한울이라는 '물오동포 물물

---

101 김상일, 『세계철학과 한- 일과 다의 문제로 본 동서철학의 비교』, 210-211.

천 사사천'(物吾同胞 物物天 事事天)의 가르침과 만물이 천이므로 '이천식천'(以天食天)하라는 가르침이다. 이에 대한 자세한 내용은 제8장 "해월 최시형의 삼경론과 천지인 조화론"에서 자세히 다룬다.

이러한 천지인 조화론은 단군교와 천도교의 전례를 따라 그 후에 등장한 대표적인 근대 민족 종교인 증산교[102]와 원불교 등에도 큰 영향을 끼쳤다. 증산교와 원불교의 사상체계에도 천지인 삼재론이 다양한 형태로 재해석되어 수용되고 있는 것이다.

---

102 증산도도전편찬위원회 편, 『도전(道典)』(서울: 대원출판사, 1992), 제1편 1장 1절-4절. "태시(太始)에 하늘과 땅이 '문득' 열리니라. 홀연히 열린 우주의 대광명 가운데 삼신이 계시니, 삼신(三神)은 곧 일신(一神)이요 우주의 조화신이니라. 삼신께서 천지만물을 낳으시니라. 이 삼신과 하나 되어 온 우주를 다스리시는 통치자 하느님을 동방의 땅에 살아온 조선의 백성들은 아득한 예로부터 삼신상제 (三神上帝), 삼신하느님, 상제님이라 불러 오니라."

IX. 한국 전통 음악과 천지인 조화론

　　이러한 삼신신앙의 삼태극적 구조는 전통 한국 음악에도 그대로
적용되었다. 전통 한국 음악의 삼현三絃에 해당하는 거문고, 가야금,
비파에도 이러한 음양오행 삼재의 원리가 드러난다.[103] 삼국유사 북
부여기에 기록된 설명을 보면 가야금의 외형은 삼재를 본뜬 것이라
고 한다.

　　위가 둥근 것은 하늘을 상징함이요, 아래가 평평한 것은 땅을 표준한
　　것이요, 가운데가 비어있는 것은 육합(六合)에 준거한 것이요, 줄과
　　괘는 열 두 달을 모방한 것인 바, 이야말로 어질고 슬기로움을 상징하
　　는 기구이다. … 쟁의 길이를 여섯 자로 한 것은 율(律 : 6律과 6呂를
　　합하여 12율려가 됨)의 수에 맞춘 것이요, 줄을 열 둘로 한 것은 사시
　　를 상정한 것이요, 패 높이를 세 치로 한 것은 삼재(三才)를 상정한
　　것이다.[104]

　　이처럼 가야금에는 ① 천원지방 사상, ② 12지지와 12달의 배합,
③ 12지지와 12율려의 배합, ④ 12지지와 사시의 배합, ⑤ 천지인

---

103 우실하, 『전통문화의 구성 원리』, 282-292.
104 『三國史記』卷 제32 志 제1 樂 : 우실하, 『전통문화의 구성 원리』, 290.

삼재론과 3수 배합원 원리들이 내재하여 있고, 비파의 경우에는 ① 천지인 삼재론, ② 오행론, ③ 사시 등 배합되어 있다고 하였다.

전통 악기뿐만 아니라 사물놀이와 풍물놀이에서 이러한 천지인의 조화와 음양의 조화가 그대로 반영되어 있다.

한국 시문학을 특징짓는 시조의 기본구성은 천지인 삼재론에 의해서 초장, 중장, 종장의 삼장논리三章論理로 구성되었다. 이에 비해 중국의 5언 절구나 7언 절구는 모두 기起·승承·전轉·결結의 4행으로 되어 있다.

> 시조의 기본구성은 ① 천지인 삼재론에 비해서 3장이라는 큰 틀을 짜고 ② 초장과 중장 전체가 천지 음양의 대립구조로 되며, ③ 초장과 종장의 각 구(句)들도 대립구조를 이루며, ④ 이러한 대립구조를 해소 조화하는 것이 종장 특히 종장 초구 3자가 되는 것이다.[105]

이처럼 삼태극적 삼재론의 구조는 훈민정음과 시조와 전통음악을 통해 표층문화로 수용되었을 뿐만 아니라, 기층문화를 형성하고 있는 민중들의 생활용품인 다양한 민속품과 민속공예에 스며들어 삼태극의 문양으로 더욱 광범위하게 사용되었다.

현대 중국이나 일본에서 삼태극이 그렇게 보편적으로 사용되지 않고, 음악의 경우에도 중국·일본이 모두 2분박을 사용하고 있다는 점, 주작기의 경우에도 우리나라가 3수 분화의 세계관을 잇는 매나 독수리 모양의 '삼두삼족주작三頭三足朱雀'인 반면에 중국과 일본에서는

---

105 우실하, 『전통문화의 구성 원리』, 280.

다리 2개인 공작새 모양의 보통의 주작이라는 점 등을 통해서 이런 점들을 추론할 수 있다.[106]

한국에서는 삼족오나 삼태극과 삼재론이 광범위하게 사용되었다. 삼태극은 삼신신앙과 관련된 우리 민족 고유의 상징이었으나, 1882년 8월 14일 박영효가 태극기를 처음 사용하면서 성리학의 영향으로 주염계의 태극도설에 나타나는 2태극에 주역의 8괘를 4괘로 줄여 도안하였다.[107]

박성래는 "양반학자들은 2분법의 태극에 머물러 있었다면, 오히려 민중 가운데서 3태극은 기와나 또는 부채 무늬" 등으로 사용되었다고 한다. 2태극기가 사용된 지 "1세기 만에 우리의 3태극을 서울올림픽의 상징휘장(엠블럼)으로 선택"한 것은 "태극의 전통이 동아시아 세 나라에 공통적인 것이건만 한국인의 집착이 가장 강한" 결과라고 평가하였다.[108] 따라서 태극기도 현재의 이태극기에서 삼태극기로 바꾼다면 한민족의 정신을 더 온전히 표상할 수 있다고 본다.

---

106 같은 책, 313.

107 한국에서 국기 제정 논의가 처음으로 거론된 것은 1876년(고종 13) 1월이었다. 이 해 일본과 처음으로 근대조약인 강화도조약을 맺을 때 일본 사신이 국기를 내건 데 대하여 당시 조선 사신은 국기가 없어서 내걸지 못하였다. 그리하여 국기를 만들자는 주장이 있었으나, 조선에서는 아직 국기의 필요성을 느끼지 못하여 지나쳐버렸다. 그 뒤 외국과의 교섭이 자주 있으면서 국기의 필요성을 느껴, 1881년 충청도 관찰사 이종원(李淙遠)이 제출한 태극 팔괘의 도식(圖式)에 의해 비로소 국기를 정하였다. 그러나 실제 태극기를 국기로 사용하기는 1882년 8월 임오군란의 뒤처리를 위하여 박영효(朴泳孝)가 일본에 특파대사로 갈 때 처음으로 내걸면서부터이고, 국내에서 국기로 제정하여 공포·사용한 것은 1883년부터이다.

108 박성래, "3태극은 천지인 화합의 상징", 『조선일보』, 1988.9.17.

X. 민중의 삼신신앙

　　조선조 민속자료에는 여러 종류의 삼신신앙의 흔적을 발견할 수 있다. 삼신은 산신産神으로서 삼신할머니라고도 한다. 이능화李能和의 『조선무속고朝鮮巫俗考』에서도 속칭 삼신에 대해서 "대개 풍속에 태胎를 보호하는 신을 삼신이라 한다. 우리말에 태를 '삼'(三; sam)이라 하는 것은 삼신을 이르는 것으로 태신胎神을 말한다. 삼신의 '삼'을 하나의 숫자로 봐서는 안 된다"고 하였다.[109]

　　조자용의 의하면 이러한 삼신신앙은 산신産神 신앙으로 최근까지 광범위하게 전승되어왔다.[110]

　　삼신자루(三神囊): 박달나무 못을 벽에 박은 후 백지로 만든 고깔이
　　　　달린 쌀 주머니.
　　삼신 줄(三神繩): 세 줄로 꼰 새끼 줄인데 산 기도처에 매달거나 또는
　　　　남편이 산모를 위해 만들어 안방 기둥에 매달아 해산시 사용하
　　　　는 줄.
　　삼신 동아줄: 정월 대보름 당산제에 줄다리기용으로 만든 3번씩 3번
　　　　꼰 줄.

---

109 이능화, 『조선무속고』 (서울: 창비, 2016), 290.
110 조자용, 『삼신민고』, 59-60.

삼신 바가지: 가난한 산모가 산후에 안방 아래 머릿맡에 볏집을 펴고
바가지에 쌀을 담아 매 칠일마다 간소한 제사 드림.
삼신문: 천왕문, 지왕문, 인왕문 세 문.

삼신三神은 민중들 사이에서는 산신産神 또는 산신山神으로 알려져
있다. 그러나 촌산지순村山智順은 『朝蘇의 鬼神』(1929년)에 대한 조
사 보고서에서 삼신三神은 아기의 수태, 생산, 발육을 주관하는 신神이
라고 하였다. 포태신, 출산신, 생육신를 삼신일체라고 본 것이다.[111]
무당 전승에도 첫째신은 아기를 배게 해 주는 신이고, 둘째신은
아기를 낳게 해주는 신이고, 셋째신은 아기를 키워 주는 신이라고 말
하고 있다. 그리고 이 포태신 · 출산신 · 생육신 삼신三神은 일체一體로
서 여신상女神像으로 묘사되기도 한다. 첫째 신은 뿔(龍角)을 쥐고 있
는데 바로 뼈를 주는 신이며, 둘째 신은 돌칼을 쥐고 있으니 살을 주
는 신이요, 셋째 신은 술병을 들고 있으니 피를 주는 신이다. 골신,
육신, 혈신(骨神, 肉神, 血神)의 기능을 가진 일위삼신一位三神의 모습
이라고 설명하고 있다.[112] .
임동권任東權 역시 '서울의 산속産俗'에서 "산신産神은 속칭俗稱 삼신
할머니라 해서 여신女神으로 산産의 다과多寡나 유무有無가 모두 그의 소
관所管에 속하는 것으로 알려지고 있다"고 하였다.
조자용에 의하면 1985년 입수한 한자본 『삼신경三神經』에는 천황
天皇, 지황地皇, 인황人皇이 모두 다 수태신授始神으로 취급되었다는 점이
특이하다고 한다.[113] 어쨌든 단군신화의 천지인 삼신이 포태신, 출

---

111 같은 책, 273.
112 같은 책, 64.

산신, 생육신 삼신三神으로 전승된 것이라고 볼 수 있다. 그러므로 "생아生兒와 관련되는 삼신三神인 민속 산신産神과 이론 위주로 꾸며진 민족삼신民族三神인 천지인삼신天地人三神이 한문화韓文化 속에서는 생아生兒 점지를 공분모로 삼아 일치된 것"이다.[114]

일단 잉태를 해서 출산을 하게 되면 가정에서는 산후 3일과 초이렛날·두이렛날·세이렛날 등 7일 간격으로 음식을 차리고 삼신을 위하는 제례를 올린다. 이 제례를 주관하는 주부는 이때에 산모의 회복과 산아의 무사함을 비는 것이 일반적이다. 이러한 민중들의 산신産神 신앙의 뿌리도 단군신화의 내재된 천지인 삼신신앙이 것을 확인할 수 있다.

---

113 같은 책, 71.
114 같은 책, 189.

XI. 대한민국 임시정부의 건국강령과 삼균제도

　　1905년 을사늑약 이후 일제의 철권통치가 강화되면서 우리 민족
은 마치 이집트에서 노예살이하던 이스라엘 백성들처럼 정치적 억
압, 경제적 착취, 민족적 차별, 그리고 종교적 박해를 당하였다.
1940년대에 접어들면서 많은 국내의 지도층들이 일본으로부터의
독립은 불가능한 환상이라고 생각할 때 김구(1876-1949)와 조소앙
(1887-1957) 등 민족지도자들은 해외로 망명하여 상해에 대한민국
임시정부를 세우고 언젠가는 새 나라를 건설하리라는 희망을 버리
지 않았다. 일본이 대동아공영과 내선일체內鮮一體를 앞세우면서 정치
적으로 억압하며 조선 사람들을 노예로 삼고, 온갖 공출로 경제적으
로 착취하고, 한글을 말살하는 등 민족적으로 차별하며, 그리고 신사
참배를 강요하여 종교적으로 박해하는 등의 온갖 탄압을 직접 겪은
선각자들은 일본제국과는 전혀 다른 나라 대한민국을 세우기로 열
망하여 마침내 임시정부를 수립한 것이다. 그러나 독립운동가들 사
이에도 독립국가의 이상에 대한 좌우 이념논쟁으로 큰 갈등이 있었
으나 다행히도 조소앙이 좌우를 아우르는 삼균주의를 주장함으로써

---

* 자세한 내용은 저자의 『통일을 위한 기독교신학』 (서울: 동연, 2010) 제6장 1절을
　참고할 것.

좌우합작의 가능성이 열렸다.

1941년 10월 28일 대한민국 임시정부는 좌우합작의 이념적 통합을 실질적으로 보여주는 삼균주의에 입각한 '대한민국건국강령'을 제정·공포했다. '대한민국 건국 강령'의 내용은 총강(總綱)·복국(復國)·건국(建國)의 3장 22항으로 구성되어 있는데, 총강에는 다음과 같이 삼균제도의 이상이 잘 드러나 있다.

> 제1조 우리나라는 우리 민족이 반만년 이래로 공통한 말과 글과 국토와 주권과 경제와 문화를 가지고 공통한 민족정기를 길러 왔다.
>
> 제2조 우리나라의 건국정신은 삼균제도에 역사적 근거를 두고 있으니⋯ 수미균평위(首尾均平位)라야 흥방보태평(興邦保泰平)하리라 하였다. 이는 사회 각층의 지력과 권력과 부력의 가짐을 고르게 하여 국가를 진흥하며 태평을 보전, 유지하려 함이니 홍익인간과 이화세계하자는 우리 민족의 지킬 바 최고의 공리이다.[116]

그리고 "임시정부는 이상에 근거하여 혁명적 삼균제도로서 복국(復國)하고, 건국을 통하여 일관한 최고 공리인 정치, 경제, 교육의 균등과 독립, 민주, 균치의 3종 방식을 동시에 실시할 것"(제7조)임을 만방에 천명하였다. 특히 제3장 건국 제2조는 삼균제도의 구체적 시행 지침을 자세히 제시하고 있다.

---

116 신우철, "건국강령(1941. 10. 28) 연구 - '조소앙 헌법사상'의 헌법사적 의미를 되새기며", 「중앙법학」 10-1 (2008), 76-87.

삼균제도를 골자로 한 헌법을 시행하여 정치, 경제, 교육이 민주적 시설로 실제상 균형을 도모하며 전국의 토지와 대생산기관의 국유화가 완성되고 전국 학령아동의 전수가 고등교육의 면비수학이 완성되고 보통선거 제도가 구속 없이 완전히 실시되어 전국 각 동, 리, 촌과 면, 읍과 도, 군, 부와 도의 자치조직과 행정조직과 민중단체와 조직이 완비되어 삼균제가 배합, 실시되고 경향 각층의 극빈계급에 물질과 정신상 생활정도와 문화수준을 높이어 보장되는 과정을 건국의 제2기라 함.117

이처럼 좌우를 아우르는 새로운 대한민국 건국의 이상으로 채택된 삼균제도는 '정치의 균등'(참정권), '경제의 균등'(수익권), '교육의 균등'(수학권)으로 구성되어 있는데, "삼균제도라는 것은 정치적으로 인민이 균등히 참정권을 가지는 일이며, 경제적으로는 인민이 균등히 수익권을 가지는 일이며, 교육적으로는 인민이 균등히 수학권을 가지는 일"이라고 하였다.118 그리고 이 삼균의 각 항목을 하나의 축으로 삼고 개인과 개인 사이의 평등, 민족과 민족 간의 평등, 국가와 국가 간의 균등을 다른 축으로 삼아 두 가지 이상의 차원에서의 삼균을 강조하였다. 즉, 정치·경제·교육에 있어서의 균권均權·균부均富·균학均學이라는 축과 인균人均·족균族均·국균國均이라는 축을 통합한 이중적 삼균사상이 반영된 것이 '대한민국건국강령'이다.

'대한민국건국강령'의 삼균제도는 일제의 제국주의적 통치를 종식시키고 동시에 독립운동 주체들이 좌우대립을 극복할 수 있는 대

117 같은 글, 76-87.
118 "대한민국건국강령", http://www.gcomin.co.kr/static/426/F425392.html.

안이었다. 다시 말하면 삼균주의는 식민주의, 자본주의, 공산주의가 존재하는 국제사회에서 내부적으로 한민족의 동질적 발전을 도모하고, 외적으로 한민족이 인류의 공헌체로 존재할 가치를 이론화한 것이다.[119]

1) 삼균제도는 일본의 식민지 지배와 달리 정치적 억압과 경제적 착취와 교육적 차별이 없는 새로운 나라를 건설하려는 이상을 담은 것이다. 삼균주의三均主義는 조소앙에 의해 1920년대 말에 기본 구상이 세워지고, 1931년 임시정부의 '대외선언'에서 체계가 정립되었다. 조소앙이 삼균주의를 최초로 전면에 내세운 「한국독립당 근상近象」(1931)을 살펴보면 일제식민지 지배로 인해 민족과 민족이 균등하지 못한 약소민족의 피압박과 피통치의 상황을 타개하기 위하여 식민지 침탈의 종식과 민족독립의 이상을 담고 있다.[120]

독립당이 표방하는 주의는 과연 어떤 것인가. 그것은 개인과 개인(人與人), 민족과 민족(族與族), 국가와 국가(國與國)가 균등한 생활을 하게 하는 주의이다. … 무엇으로 민족과 민족이 균등을 이룰 것인가? 민족자결을 자타민족에게 적용하여 소수민족과 약소민족이 피압박·피통치의 지위로 빠지지 않게 하는 것이다. 무엇으로 국가와 국가가 균등을 도모할 것인가? 식민정책과 자본제국주의를 무너뜨리

---

119 정용대, "조소앙의 삼균주의와 민족통일노선",「정신문화연구」27-4 (2004), 76.
120 조소앙은 1940년 민족주의자들의 단일정당조직으로 조선혁명당·한국독립당·한국국민당 등 3당을 한국독립당의 이름 아래 통합하여 집행위원장에 추대되었으며, 임시정부 국무회의의 주석으로 선출되었다.

고, 약소국을 겸병하거나 공격하는 전쟁행위를 근절시켜 모든 국가로 하여금 서로 간섭하거나 침탈할 수 없도록 함으로써 국제생활에 있어서 평등한 지위를 갖게 하는 것이다. 나아가 사해일가(四海一家)·세계일원(世界一元)을 궁극적인 목적으로 한다.[121]

따라서 1940년경에 발표된 「한국독립당 당의해석(黨議解釋)」에는 일본의 제국주의적 지배에 대한 대안으로 "현 단계의 우리의 임무는 민족 전체가 단결하여 우리의 원수 일본을 우리 강토에서 내쫓고 우리 국토를 완전히 광복"[122]하는 것이라고 하였다.

2) 삼균제도는 자본주의 체제의 근본 모순을 지적하고 그 대안으로써 계획경제와 경제적 균등을 주장하면서 토지와 대생산기관의 국유화를 실천과제로 제시한다. 「한국독립당 당의해석」에는 "현재 자본주의 국가 내에는 두 가지 대모순이 있다. 이는 곧 생산의 집체적 무정부 상태와 분배의 불합리·불균등성이다"라고 지적하고, 소수 자본가·지주의 욕망을 달성하기 위하여 국가자본 일체를 상품화하여 놓고 사회적 필수 여부를 불문하고 개인이익 중심에서 계획 없는 생산을 경행(競行)하고 있다는 점을 비판하였다. 그리고 "이러한 모순으로 인하여 대지주·대자본가가 세계의 정치·경제·군사를 임의로 좌우 지배케 되었고, 절대다수의 무산대중은 기아에 헤매며 죽어 쓰러지게 되었다"고 분석하였다. 따라서 이러한 모순의 원인이 '생산과 분배의 불합리함'에 있으므로, 이를 제거하는 방법으로 '토지와 대생산기

---

121 조소앙, 『소앙집』 (삼균학회, 1932), 84-85; 강만길 편,『 한국근대사상가선집 6: 趙素昻』(서울: 한길사, 1982), 311-312.
122 강만길 편, 『한국근대사상가선집 6: 趙素昻』, 199-200.

관을 국유로 하여 국민의 생활권을 균등'하게 할 것을 대안으로 주장
하였다.

> 이와 같은 사회적 모순은 오직 경제상의 생산과 분배의 불합리함에
> 원인한 것이다. 불합리하다는 것은 경제생산성의 무계획성과 분배의
> 불균등을 의미하는 것이다. 본당은 이에 감(鑑)하여 인민생활과 국가
> 존재의 기석(基石)인 경제제도를 합리화하기 위하여 생산의 국가사
> 회적 지도 및 계획조정과 분배의 민족적 합리성을 구하는 경제의 균
> 등을 주장한다. … 간단히 말하며 그 요점은 토지와 대생산기관을 국
> 유로 하여 국민의 생활권을 균등화함에 있다.[123]

3) 삼균제도는 봉건주의와 사회주의처럼 양반이나 노동자 농민
과 같은 특정 계급이 권력을 독점하는 비민주적인 제도에 대한 대안
으로 정치권력의 균등을 제시한다. 한국이 일본에 의해 침탈당한 원
인은 복잡다단한 것이지만, "간단히 말하면 중대한 원인은 이조 5백
년을 통하여 존재하였던 소위 양반·당인 간의 정치적 불균등" 때문
이라고 전제하고 '정치균등'을 새로운 대안으로 제시한 것이다.

> 본당은 이족(異族)의 손으로부터 우리의 정권을 완전히 광복한 후에
> 서는 어떠한 계급으로 하여금 정권을 전람(專攬)케 하려 하지 아니하
> 고, 다시 말하면 이조시대의 양반과 같은 새 특권계층을 만들어 내지
> 아니하고 광복한 정권을 국민전체에게 돌리어 균등히 향유케 하려한

---

123 같은 책, 202-203.

다. … 사회주의 소련에서는 노동전정(勞農專政)을 실시하고 있다. 본당이 주장하는 정치적 균등은 어떠한 계급의 독재전정을 요구하지 아니하고 오직 진정한 전민적(全民的) 정치균등을 요구하는 것이다.[124]

그리고 사회주의 역시 소련의 경우처럼 노동자 농민을 중심으로 한 무산계급이 독재를 통해 정치적 균등을 저해하는 요소임을 분명히 지적하였다.

4) 삼균제도는 당시의 독립운동 세력 사이의 좌우대립을 극복하고 좌우합작을 모색하여 '사회적 민주주의와 사회적 시장경제'라는 '제3의 길'을 통한 새로운 대한민국을 건설하려고 한 것이다.[125]

1920년대 후반부터 독립운동 진영은 좌우파로 나눠지면서 첨예한 갈등을 드러내었다. 삼균주의는 좌우로 나눠진 독립운동 세력을 하나로 모으려는 대안으로 제시된 것이므로 현실적으로는 자본주의를 전제로 하되 그 위에 사회주의적 요소를 가미한 좌우절충사상이었다고 보인다. 따라서 자본주의와 사회주의 각각의 단점을 극복하고 장점을 극대화하기 위한 대안으로 삼민주의를 제시한 것이다. 서구식 자본주의의 경제적·교육적 불평등과 공산주의의 정치적인 반민주 독재에 대한 대안이 필요했기 때문이다. 조소앙은 정치적 평등의 주요 수단으로 보통선거제를 통한 자유민주주의 방식을 제시하

---

124 같은 책, 202.
125 주봉호, "조봉암과 진보당: 제3의 길", 「동아시아문화학회 2009년도 추계국제학술대회 자료집」, 501-509.

고, 경제적 평등을 위해서는 '토지와 대생산기관의 국유제' 실시를 제안하였다.126 이처럼 자본주의와 사회주의의 이데올로기가 첨예하게 대립되어 가는 세계정세를 간파하고 양이데올로기를 수렴하는 새로운 대안인 삼균주의를 대한민국의 건국 이상으로 제시한 것이다. 따라서 삼균주의는 일본제국주의의 식민지 지배를 종식하기 위해 일체의 계급과 당파를 떠나 "좌우익의 사상적 대립을 극복해 보고자 하는 시도"로 평가된다.127

1948년에 발표한 "남북협상안에 대하여"라는 글에서 조소앙은 조국의 통일을 위하여 "내부의 대립을 해소함으로써 외부의 모순을 극복하여 영토불가분의 원칙과 민족과 주권의 비의타적인 독립운동을 철저히 집행"하자고 제안한다. 따라서 남북이 통일되고 외세로부터 독립된 "신정부의 형식은 과학상 지력을 경제상 부력과 함께 각층급에 골고루 배급 주기 위하여 선결 문제로 정치상의 권력은 어느 한 계급에 독점되지 않고 공민 각개의 기본적 균형을 완성"하는 방안으로 추진되어야 한다고 주장하였다.128

그리고 "통일과업의 전망"이라는 글에서 "남북분열이 외군분점이란 외부적 원인에서 개시되어 사상대립의 내부적 모순을 조장한 결과로 소위 양단 분열 형태를 3, 4년 계속하게 된 것"이라고 분석하

---

126 당시는 좌우대립을 해소하기 위한 민족유일당운동이 전개되다가 좌절되어 가는 시기였다. 조소앙은 좌·우익의 극심한 대립상황을 겪으면서 중국 쑨원(孫文)의 삼민주의(三民主義)와 캉유웨이(康有爲)의 대동사상(大同思想)·무정부주의·사회주의 등 여러 사상들을 참고하여 좌우 절충적 정치사상을 제시함으로써 그 대립을 타개하고자 한 것이다.
127 정학섭, "일제하 해외 민족 운동의 左右 합작과 三均主義", 「사회와역사」 1권 (1986. 12), 159-203.
128 조소앙, "남북협상안에 대하여", 「서울신문」 1948.04.20.

고, 삼균주의를 통해 사상적 이념적 대립을 극복하고 통일 방식에 대해서는 무력통일이나 의타적인 외교통일론이 아니라 남북의 모든 정당사회 단체들이 통합하는 자주적인 '화평통일론'을 주장하였다.[129]

조소앙은 1950년 5월 30일 선거에 출마하여 전국최다득표로 국회위원에 당선되어 그의 삼균주의를 실현해 볼 기회를 가졌으나 6.25 전쟁으로 그 뜻을 펴지도 못하고 9월에 납북되었다. 조소앙은 납북 후에도 삼균주의에 입각한 민족통일을 위해 활동한 것으로 전해진다. 조소앙은 북한 노동당 가입을 거부하고 안재홍과 함께 '재북 평화통일촉진협의회'에 참가하여 민족통일을 위한 활동을 전개하였고 그 실현을 유언으로 당부하였다고 한다.[130]

조소앙의 삼균주의는 민족독립운동 전선뿐만 아니라 해방 이후 좌우노선 대립을 지양하고 민족통일운동의 새로운 방향을 제시한 것으로 평가된다. 노농자와 농민의 독재정권과 자본가의 전횡을 모두 비판하고 민족전체 구성원의 정치·경제·교육상의 균등을 실현하려고 한 것이다.[131]

해방 직후 국가형성 초기에 어떤 대안보다 치열하게 사회적 민주주의, 사회주의적 시장경제, 평화통일을 결합하여 '제삼의 길'을 모색하여 제시된 것이 삼균주의이다.[132] 특히 좌파와 우파, 분단과 통일, 이상과 현실의 대립을 극복하려한 조봉암의 삼균주의는 탈냉전

---

129 강만길 편, 『한국근대사상가선집 6: 趙素昻』, 261-262.

130 정용대, "조소앙의 삼균주의와 민족통일노선", 91.

131 강만길, "민족운동·삼균주의·조소앙", 332.

132 박명림, "한국민주주의와 제3의 길: 민주주의, 사회적 시장경제, 그리고 평화통일의 결합- 조봉암 사례연구", 『죽산 조봉암 전집 6』(서울: 세명서관, 1999), 109-118.

이후 제삼의 길 논의와 사회민주주의 부활 그리고 우리나라에서 남북화해와 평화의 흐름을 계기로 다시 조명되어야 할 중요한 통일논의 지침이라고 여겨진다. "조봉암의 노선의 재평가는 과거의 문제가 아니라 미래의 '대안의' 문제"이기 때문이다.[133]

　　5) 정영훈은 조소앙의 삼균주의가 민족 고유의 홍익인간사상·균평흥방론·삼일사상에 기초해 있다고 분석하였다.[134] 조소앙은 1913년 신규식의 주선으로 상해에 망명한 이래 대종교인들과 깊이 교유하였으며, 대종교인들과의 상의 속에 「대동단결선언」(1917)과 「대한독립선언서」(1919)를 기초하기도 했었다. 젊은 시절부터 그는 국수보전론을 주창하였다. 민족에 고유한 국수가 보전되어야만 민족적 생존발전이 가능하다고 보았던 것이다. 그는 단군의 건국을 실재했던 사실로 생각하였으며, 단군시대에 이미 영토·주권·어문·경제와 민족정기를 갖춘 독자적 민족으로 출발하였다고 여겼다. 해방 후 환국해서는 단군성적호유회聖蹟護維會를 결성(1949)하여 단군의 유적을 보존하는 운동에 나서기도 하였다.[135]
　　조소앙은 고조선의 건국정신 역시 평등을 기조로 하였다고 본다. 특히 두 가지의 근거를 든다. 단군신화에 나오는 홍익인간론과 「신지비사」에 나오는 균평흥방론均平興邦論이 그것이다.[136]

---

133 주봉호, "조봉암과 진보당 : 제3의 길", 「동아시아문화학회 2009년도 추계국제학술대회 자료집」, 501-509.
134 정영훈, "민족고유사상에서 도출된 통일민족주의 -삼균주의와 신민족주의를 중심으로-", 「단군학」 40 (2019), 145-155.
135 같은 글, 145-146.
136 같은 글, 147.

조소앙은 '홍'은 '널리' 또는 '균등'이라는 뜻이며, 홍익인간은 인간세상(국가)을 균등하게 운영하라는 의미로 이해하였다. '우리민족이 지킬 바 최고 공리'인 홍익인간이 세상을 균등하게 다스리라는 명제로 받아들여졌던 것이다. 이같이 이해된 홍익인간은 삼균주의의 '역사적 근거'의 하나가 된다.[137]

조소앙은 「신지비사」에 나오는 서경, 중경, 남경(한양) 세 수도(三京)가 "저울의 머리와 꼬리처럼 수평을 이루어야" 한다는 언급을 신분·계층을 초월한 균등을 촉구한 것이라고 해석하였다. 「신지비사」의 핵심 취지는 '균평홍방론'이라는 것이다.[138]

정영훈은 조소앙의 정치·경제·교육 삼균론의 연원은 대종교의 삼일사상이라고 한다. 대종교의 영향을 받은 조소앙이 대종교에서 말하는 삼일신三─神 신앙 즉, 조화주·교화주·치화주를 안호상 등이 이미 정치·교육·경제 영역으로 해석한 바 있으므로 그 영향을 받은 것이라는 주장이다.[139]

대한민국 임시정부는 조선왕조의 봉건주의, 일본의 제국주의 그리고 이념적 좌우대립을 극복하기 위해 균권, 균부, 균학의 삼균주의를 국가의 이상으로 삼았다. 하늘을 잘 섬기기 위해서는 모든 사람이 균등한 교육을 받을 수 있도록 교육을 제도화하여야 하며, 물질을 소수가 독점하거나 착취하지 않게 하기 위해서는 부를 가능한 균등하게 하는 경제제도를 세워야 하며, 사람을 지배의 대상이 아니라 섬김의 대상으로 삼게 하기 위해서 모든 사람의 권리를 가능한 균등하게

---

137 같은 글, 145.
138 같은 글, 149-150.
139 위의 글, 150-152.

하는 정치제도를 마련해야 한다는 것이었다.

해월 최시형이 우리 문화의 구성 원리인 천지인 삼재론을 되살려 경천, 경물, 경인의 개인적 영성적 종교적 삶의 지표로 제시했다면, 대한민국 임시정부의 삼균주의는 천지인 삼재론을 새로운 대한민국의 강령으로 삼아 정치적 제도적으로 시행하려고 했다는 점에서 높이 평가하여야 할 것이다.

따라서 한국적인 특수성과 세계적인 보편성을 조화시키면서 보혁논리를 적절하게 수렴하고, 자유와 평등이라는 토대를 안고 출발한 조소앙의 삼균주의는 과거의 통합이념이 아니라, 미래의 이데올로기로서 남북분단의 민족적 갈등을 지양하고 21세기 통일한국을 실현하는 민족통일노선으로 재조명되어야 한다.[140] 이처럼 삼균주의는 해방 이후 남북으로 나누어진 남한과 북한이 모두 수용하여 통일조국의 이상으로 내세울 수 있는 대한민국의 건국정신이라고 할 수 있다.[141]

---

140 정용대, "조소앙의 삼균주의와 민족통일노선", 93.
141 이러한 이상주의적인 이론 및 정책은 8.15해방 후 남한에서의 현실 속에서 상당한 수정을 겪게 된다. 조소앙이 한국독립당을 이탈, 1948년 12월 사회당을 창당하면서 토지 및 대생산기관의 국유론을 삭제하고 대신 '현재의 사유토지와 중기업(中企業)의 사영'을 강조하는 정책을 제시한 것이 대표적인 예이다.

XII. 천지인 조화론의 현대적 재해석

다석 유영모(柳永模 1890-1981)는 1943년 2월 5일에 삼각산 북악마루에서 실제로 천지인이 합일하는 "첨철천瞻徹天 잠투지潛透地"의 체험을 했다고 한다. 이 경험에 대해 다석은 다음과 같은 한시를 남겼다.[142]

瞻徹天 潛透地 우러러 하늘 트고 잠겨서 땅 뚫었네
申身膽澈極乾元氣 몸 펴고 우러러 끝까지 트니 하늘 으뜸 김!
沈心潛透地坤軸力 맘가라 앉혀 잠기고 뚫어서 땅 굴대 힘 가운데 디뎠네(박재순, 『다석』, 54에서 재인용)

신·인간·우주적 주체성의 발견을 다석은 '가온찍기'라고 칭한다. 간단히 말해서 가온찍기는 천지인의 연결 그물망 속에서 '나'의 자리를 찾고, 그 점 가운데(中)에 내 점을 찍는 것을 말한다. 이것은 우주 속에서 '내 자리'를 찾아서, 나의 궁극적 주체를 실현하는 것이다. 한글로 보면 하늘(天)을 상정하는 'ㄱ'과 땅(地)을 상징하는 'ㄴ' 사이에 태극점 ' · '(ㅅ)을 찍는다. 그것이 가온찍기(ㄹ)이다. 그곳이 천지인天

---

142 김흡영, 『가온찍기』 (서울: 동연, 2013), 23.

地人이 합일하는 '나'의 자리이다.[143]

1955년 10월 9일 한글날을 맞이하여 다석은 일지에 "五百九期
ㄱ ㄴ 생각"이라는 메모를 적었다. 김흥호는 이 구절을 다음과 같이
해설한다.

> 류 선생님은 한글은 우리 민족에 보내주신 하나님의 계시라고 생각한
> 다. 한글은 하나님의 글이요 정음은 복음이다. 한글만으로도 인간은
> 구원받을 수 있다. 으이아(一 ㅣ ·)는 세상을 꿰뚫고 하늘로 올라가
> 서 하나님 아버지를 만나는 것이다. 그것은 동시에 십자가며 평등 독
> 립 통일이다(공부1:192).[144]

『훈민정음 혜례』에 의하면 한글의 기본 모음(· 一 ㅣ)은 각각 천
지인 삼재를 형상화한 글자이다. 유영모는 "一는 세상, ㅣ는 세상을
꿰뚫고 곧장 올라가는 고디신(인간), · 는 하나님 아버지의 사랑 평
등 박애"[145]로 보았다. 세상 죄의 수평선(一)을 의의 수직선(ㅣ)으로
뚫고 올라가서 하나님 아버지의 가슴 한 복판에 가온찍기(·)하라는
하나님의 명령이라고 생각한 것이다. 따라서 천지인(天地人)의 구조
로 되어 있는 한글에서 "아래 아(·)" 자는 인人에 해당하며, 바로 '가
온찍기'요, 태극점이다. 그래서 다석은 한글에서 아래아가 빠진 것을
걱정하며, "태극점을 써야 한다고 주장한다"(공부 1:207).[146]

---

143 같은 책, 35.
144 같은 책, 48.
145 김흥호, 『제소리』(서울: 풍만, 1983), 322-323; 오정숙, 『다석 유영모의 한국적
    기독교』(서울: 미스바, 2005), 260-261.
146 김흡영, 『가온찍기』, 61.

단군신화의 삼재론은 장일순 등이 발기한 '한살림 운동'147과 김지하의 '생명운동'과 주요섭의 '생명민회'와 우실하의 '홍익인간의 현대적 해석'을 통해 새로운 조명을 받고 있다. '한살림 선언'에는 "산업문명은 인간과 인간, 인간과 사회, 인간과 자연을 분열시킴으로써 서로 대립하고 투쟁하게 하는 갈등의 세계"라고 전제하고 한살림 운동의 성격을 다음과 같이 선언한다.

첫째, 한살림은 생명에 대한 우주적 각성(覺醒)이다.
둘째, 한살림은 자연에 대한 생태적 각성이다.
셋째, 한살림은 사회에 대한 공동체적 각성이다.148

한 살림 선언이 사상적으로는 동학과 해월 최시형의 삼경론에 기초하여 있기 때문에 기본적인 세 가지 선언을 천天으로서 우주적 생명, 지地로서 자연 생태, 그리고 인人으로서 사회공동체에 대한 각성을 통해 천지인 조화의 현대적 지침을 제시하고 있다.

한 살림 운동이 생활환경 실천운동에 초점을 둔 반면에, 김지하

---

147 장일순, 『한살림』(서울: 영진출판사, 1990). 한 살림 운동은 동학의 생명 이해에 기초하여 인간 생존의 기초인 먹거리를 자연생태계와 조화를 이루는 농법으로 생산해서 이웃들과 함께 나눠 먹는 운동을 벌이고 있는 운동이다. '한살림 선언'에서 그들은 이 운동의 구체적 실천과제로 일곱 가지를 제시한다.
148 한살림모임 편, 『한살림』(서울: 영진문화사, 1990), 36-41. 모두 일곱 가지 선언 중 처음 세 가지는 천지인의 조화에 대한 현대적 각성을 다루었고 나머지 네 가지는 천지인의 각성의 실천강령에 해당하는데 그 내용은 다음과 같다.
넷째, 한살림은 새로운 인식, 가치, 양식을 지향하는 '생활문화활동'이다.
다섯째, 한살림은 생명의 질서를 실현하는 '사회실천활동'이다.
여섯째, 한살림은 자아실현을 위한 '생활수양활동'이다.
일곱째, 한살림은 새로운 세상을 창조하는 '생명의 통일활동'이다.

의 생명사상은 '율려운동'을 중심으로 하는 새로운 사회문화운동을 지향하고 있다.149 김지하는 문화적 내용으로부터 인간을 재발견하지 않고, 그로부터 지구와의 관계 문제를 새롭게 이해하지 않으면 앞으로 21세기의 세계적 경제질서나 정치체제나 사회문화적 질서에 대한 새 비전을 찾을 수 없는 것이 오늘날의 현실이라고 지적한다. 그리고 이 문제를 해결할 수 있는 새로운 문화적 대안이 우리 문화의 구성 원리인 삼극三極과 삼재三才사상, 천지인天地人사상인 한국의 고유한 사상이라는 사실을 여러 번 언급하였다.150 새로운 제삼의 길로서 삼재론은 "병든 사회와 문화를 치료하는 항체"151이며, 이것이 현재의 우리를 구제할 사상이라고 보았다.

> 무엇이 우리를 도울 것인가. 천지인(天地人)이다. 역사의 때와 정치 지리적 조건과 우리나라는 기이한 현실에 살고 있는 독특한 정신을 가진 한국 사람이라는 이 3대 요소가 우리를 도울 것이었다.152

김지하는 율려 사상을 통해 천음天音과 지음地音의 조화를 추구하고 신시神市를 경제적 평등사회의 표상으로, 화백和白을 정치적 민주 사상의 표상이라는 화두話頭로 제시하였다. 그러나 보다 포괄적인 의미의 천지인 삼재론에 기초한 새로운 사상을 체계적으로 전개하지는 않았다.

---

149 김지하, 『생명』(서울: 솔, 1992); 김지하, 『율려란 무엇인가』(서울: 한문화, 1999).
150 김지하, "나의 회상, 모로 누운 돌부처(142)", 「프레시안」 2002.9.25.
151 김지하, 『율려란 무엇인가』, 110.
152 김지하, "나의 회상, 모로 누운 돌부처(144)", 「프레시안」 2002.9.27.

"생명가치를 찾는 민초들의 모임"(생명민회) 운동을 주도하는 주
요섭은 명시적으로 천지인 삼재사상을 새로운 생명문화운동의 근간
으로 삼음으로써 천지인 삼재론을 생명운동, 생태운동, 사회운동과
관련시키고 이를 다시 영성, 감성, 이성과 연계함으로써 삼재론의 현
대적 재해석의 한 체계를 사례로 남겼다.

　　저는 생명운동을 '천지인'(天地人) 삼재사상에 기대어 설명할 수 있
다고 봅니다. 즉 생명운동은 첫째 영(靈)의 측면을 갖고 있는데 그건
천(天)에 해당하며 영성(靈性)으로 나타나고, 두 번째는 지(地)와
관련되는 것으로 건강한 먹을거리를 만들고 생태계를 보호하는 환경
운동 등이 그에 해당되는데 이는 감성(感性)에 호소하며, 세 번째는
인(人)의 영역으로 사회운동의 형태로 나타나 주로 이성(理性)에 호
소하는 경향이 강하다는 거지요.
　　그러나 지금 생명운동이라고 하면 주로 두 번째 영역만을 의미하고
있어요. 생명운동이란 그 세 영역을 모두 포함하는 것으로 '그렇게 살
면 좋다'는 가치관의 문제가 아니라 궁극적으로 이 세계를 이해하는
방식의 차이를 가져오는 세계관의 문제라고 할 수 있습니다. 즉, 생명
을 어떻게 이해하는가의 문제죠. 결론적으로 생명운동이란 나를 닦
고(영성 수련), 자연 친화적으로 살면서(친 생태적 삶), 이웃들과 더
불어 끊임없이 창조적인 삶을 일구어 내는 것(사회운동)이라 할 수
있을 것입니다. 그것을 가장 잘 드러내 주는 것이 동학의 살림, 즉 모
심(侍)과 기름(養)의 사상이라고 생각합니다.[153]

---

153 편집실, "생명의 물줄기를 지키는 사람들", 「신인간」 593 (2000년 1월), 8-11.

윤형근에 의하면 주요섭의 이러한 생명운동의 문제 제기는 "해월 선생의 삼경三敬 윤리의 요체"라고 평가하고, "삼재론三才論을 빌어 제기하는 영성·문화운동, 환경·생태운동, 자치·상생체 운동을 통한 영적인 삶(天), 생태적 삶(地), 사회적 삶(人)의 통합적 전망"[154]으로 높이 평가한다.

우실하는 우리나라의 "태초의 태극 관념은 음양태극이 아니라 삼태극/삼원태극이었다"고 한다.[155] 삼족오나 삼태극은 북방 유목 문화에 기반한 '3수 분화의 세계관'을 반영하는 북방 샤머니즘의 사유 체계로 동북아시아의 모태 문화라고 본다. 3수 분화의 세계관의 수數적인 상징들을 정리한 바 있다. 또한 인간과 자연 그리고 신의 세계를 잇는 우주적·자연적 질서를 회복하는 것이 홍익인간의 본래적 의미라고 한다. 홍익인간은 천지인의 조화를 상징하는 개념이므로 이를 통해 현대적 의미의 생태적 세계관과 생태적 합리성을 위한 미래지향적인 새로운 이념을 제공할 수 있다고 주장한다.[156]

천지인(天地人)으로 대변되는, ① 신의 세계-영적인 세계(天), ② 땅의 세계·자연 생태계(地), ③ 인간 세계(人)를 모순 없이 연결하는 우주적 질서·자연적 질서의 회복이야말로 생태적 세계관·생태적 합리성의 가장 근본적인 출발점이 될 수 있다.[157]

---

154 윤형근, "동학과 생명운동의 현재"(하), 『신인간』 620 (2002년 4월), 92-96.
155 우실하, "태초의 태극 관념은 음양태극이 아니라 삼태극/삼원태극이었다", 「동학 사회사학」 제8집(2003), 206.
156 우실하, "3수분화의 세계관과 홍익인간의 이념", 『홍익인간 이념과 21세기 한국』, 단군학회 홍익인간 교육이념 제정 50주년 기념학술대회 자료집(1999), 1-39.
157 같은 글, 41.

마지막으로 김상일은 삼재사상이 현대물리학의 삼극구조와 상응한다고 주장한다. 양자와 전자 사이에 중성자中性子가 있다는 새로운 사실이 알려졌을 때 현대 과학은 우주의 물질 세계가 양극兩極 구조가 아니고 삼극三極 구조로 되어있음을 알게 되었다. 그러나 가운데 요소는 항상 양극을 전제하고 있고, 그것을 상호 관계시켜 생성을 가능하게 하는 것이기 때문에 기본 단위는 대칭(2)으로만 보아야 한다는 것이다. 만물은 생성과정 속에 있고 제3의 중간적 요소가 없이는 생성과 조화가 불가능하기 때문에 결국 양자, 전자, 중성자는 항상 동시적이라고 할 수밖에 없다.[158] 그러므로 물질을 구성하는 양자, 전자, 중성자 이 셋의 관계 역시 "셋이 셋이면서 하나"라는 삼태극의 기본 논리와 상응한다는 것이다.

앞에서 살펴 본 것처럼 단군신화의 내재된 천지인 삼재론의 천지인 조화 전개의 사상은 한국문화의 구성 원리가 되어 한국 문화사를 통해 표층문화뿐만 아니라 기층문화 속에서 면면히 전승되어 오늘날까지 이어져 온 것이다. 그리고 그 시대 시대마다 그 시대에 맞게 새롭게 재해석되고 전승되어 왔다. 그러므로 단군신화는 단지 과거의 역사적 전설이거나 신화가 아니라 미래지향적인 한국문화의 구성 원리라고 할 수 있다.

단군신화에 나타나는 이러한 천지인의 조화라는 삼태극적 구조는 세계의 많은 신화 가운데에 하나인 매우 개별적인 신화이면서도 한국인의 집단적 무의식에 속하는 원형적 신화이며, 더 넓게는 한국적인 것이면서도 한국적인 개별성을 넘어서서 인간 세계의 보편적

---

158 김상일, 『세계철학과 한』, 211.

상징 체계에 놓여져 있는 무의식적 세계의 원형에 속한 것임을 또한 부인할 수 없다. 특수성과 보편성의 논의 가운데서 '개별적인 것이 세계적'이라는 말은 이런 의미에서 가능하다. "한국적인 빠롤은 세계적인 랑게에 속한 것이고, 한국적인 집단 무의식은 더 넓게 세계적인 집단 무의식에 속한다"[159]고 말할 수 있다.

왜냐하면 천지인의 조화라는 한국적인 너무나 한국적인 단군신화의 삼재론은 서양 중심의 인류 문명이 안고 있는 심각한 현안들에 대한 대안적인 사상이 될 수 있기 때문이다. 전통적인 서양의 이원론적 실체론으로 인해 신과 인간, 자연과 인간, 몸과 마음, 정신과 물질이 대립적인 실체로 분열되어 신성神聖의 포기와 자연의 파괴와 인격의 파탄이라는 인류문명의 생존과 관련되는 심각한 결과를 초래하였다. 그러므로 수직적 대신관계, 수평적 대인관계, 순환적 대물관계라는 삼태극의 원리를 회복하는 것이 가장 구체적이고 현실성 있는 대안이 될 수 있기 때문이다.

---

159 이경재, 『단군신화의 철학』 (서울: 성서연구사, 1994), 75-76.

제5장

최치원의 「난랑비서」해석의
쟁점과 천지인 묘합의
삼재지도(三才之道)

I. 「난랑비서(鸞郎碑序)」해석의 여러 쟁점*

　　고운孤雲 최치원(857-?)은 경주에서 태어나 12세(경문왕 8년)에
당나라 서경(西京, 이후의 長安)으로 사비私費 유학을 떠나게 된다. 18
세에 그곳에서 빈공과賓貢科에 장원급제를 하고 강남도 선주(현재의
揚州)의 표수현위漂水縣尉라는 관직에 임명되어 5년간 근무하였다.
879년 자신을 도와주었던 회남절도사淮南節度使인 고변高騈이 제도행
영병마도통諸道行營兵馬都統이 되어 황소黃巢 토벌에 나설 때 그의 종사관
從事官으로 서기의 책임을 맡아 표장表狀·서계書啓 등을 작성하였다.
881년에 지은 「격황소서檄黃巢書」는 명문장으로 그의 문명文名을 천하
에 떨치게 하였다.

　　그는 중국 당나라에서 유불도를 접할 수 있었다. 그러나 "내 나라
에 건너가서 풍류도를 하느니만 못하겠다"는 말을 남기고 신라로 돌
아오고 말았다.[1] 28세(885년)에 귀국하여 시독侍讀 겸 한림학사兼翰林
學士, 수병부시랑守兵部侍郎 지서서감知瑞書監이 되어 외교문서 등의 작성
을 담당하게 된다. 문란한 국정을 통탄하고 외직外職을 자청, 태산(太

---

* 이 장은 "최치원의 난랑비서 해석의 여러 쟁점"(「한국조직신학논총」 31 [2011],
　255-284)을 재정리한 것이다.
1 김상일, "풍류도와 선맥 그리고 차축시대"(2003년 10월 모심과 살림 학교 발표 논
　문), 10.

山: 지금의 전북 태인) 등지의 태수太守를 지내다가, 894년 2월 진성왕에게 시무책 10여 조를 올렸다. 골품제사회의 누적된 모순이 심화됨에 따라 야기된 여러 가지 문제점들에 대한 개혁안을 제시한 것이다.[2] 진성왕은 이를 가납嘉納하고 그에게 아찬의 관직을 내리지만, 신라는 이미 자체적인 체제 정비 능력을 상실한 상태였으므로 이 시무책은 실효를 거둘 수 없었다. 기득권의 시기로 최치원은 효공왕 2년(898) 모종의 사건에 휘말려서 면직된다.

그 후 관직을 내려놓고 명산대찰을 유람하면서 도우들과 교분을 쌓으며 자유로운 은둔생활을 즐기기도 하였다. 최치원은 문집 30권을 썼으나 『계원필경』과 『사선비명四仙碑銘』 등만이 남아 있다. 중국 유학을 통해 그는 국제적인 안목을 가지고 귀국한 후 신라의 골품제도의 폐해를 개혁하기 위하여 과거제도를 제안하는 등 많은 개혁적 글과 시를 쓰면서 현묘지도玄妙之道를 정치 사회적으로 구현하려고 한 정치개혁가로 새롭게 평가되고 있다.[3]

「난랑비서」는 최치원이 만년에 지은 것으로 『삼국사기』에 수록되어 있다. 76자로 이뤄진 단편이지만 한국의 종교와 사상의 자기 정체성을 최초로 밝힌 보기 드문 자료이다. 최치원의 후손 최국술이 1925년 편찬한 『최문창후전집』의 「고운선생사적」편에 「단전요의檀典要義 천부경天符經」과 「난랑비서鸞郎碑序」가 나란히 실려 있다.[4] 천부경에 관해서는 전병훈이 1920년 중국에서 발간한 『정신철학통편』에

---

2 최영성, 『최치원의 사상연구』 (서울: 아세아문화사, 1990), 6-21, 22-226. 최치원의 생애에 대한 자세한 최근의 연구서인 당인평의 『최치원신연구』 (춘천: 한림대출판부, 2004)를 참고 할 것.

3 최영성, 『최치원의 철학사상』 (서울: 아세아문화사, 2001), 343-396.

4 최국술, 『최문창후전집』 (서울: 경인문화사, 1972), 334-335.

서 "동방의 현인으로 선진仙眞인 최치원이 '단군 천부경 81자가 신지神志가 지은 전자[篆]로 새겨진 것을 옛 비문에서 보고, 이 글자를 풀어 白山에 삼가 새겼다"고 하였다.5

그의 「난랑비서」는 비록 짧기는 하지만 고대로부터 풍류도라는 고유한 종교사상이 있었음을 밝혀 민족 주체사상을 천명한 역사적 의미는 크다. 김상일은 한국의 사상적 특징과 논리 구조를 이만큼 선명하고 간결하게 보여주는 자료도 없을 것이라고 평하였다.6 「난랑비서」의 풍류도는 일찍이 신채호, 최남선, 양주동, 안호상, 김범부에 의해 소개되었고,7 유동식의 '한 멋진 삶의 풍류신학'을 통해 한국 신학계에도 알려지게 되었다.

따라서 「난랑비서」의 주석적 해석을 통해 최치원이 말한 우리나라 고유의 현묘지도인 풍류도에 관한 쟁점들을 검토해 보고자 한다. 또한 삼교묘합의 풍류도는 그 기원을 살펴볼 때, 고조선 이래로 전승되어온 「단군신화」의 핵심을 요약한 것으로 주장되는 '단전요의檀典要義'인 「천부경」에 잘 드러나 있는 '천지인 조화와 묘합의 삼재지도三才之道'8와 관련성이 있다는 사실을 밝히려고 한다. 아울러 유동식의 '풍류신학'에 나타난 최치원의 '난랑비서'의 해석의 문제점도 지적하려고 한다. 「난랑비서」의 전문은 다음과 같다.

---

5 김성환, "최치원 '國有玄妙之道'설의 재해석", 「도교문화연구」 34 (2011), 33.

6 김상일, "풍류도와 선맥 그리고 차축시대", 6.

7 김범부, "풍류정신과 신라문화", 한국사상강좌편집위원회 편, 『한국사상 강좌 3』 (서울: 고구려문화사, 1960), 98-109.

8 단군신화의 삼신을 천신, 지신, 인신을 가르킨다. 이를 환인, 환웅, 단군으로 보는 것은 후대의 조부손의 3대를 지칭하는 가부장적 해석이다.

國有玄妙之道 曰風流 設敎之源 備詳仙史 實內包含三敎 接化群生 且如入則孝於家 出則忠於國 魯司寇之旨也 處無爲之事 處無爲之事 行不言之敎 周柱史之宗也 諸惡莫作 諸善奉行 竺乾太子之化 也"(『三國史記』, 「新羅本紀」 眞興王條)

「난랑비서」에 언급된 풍류도에 관한 많은 선행적인 연구들이 있으므로 이를 종합하여 「난랑비서」의 주요 단어들의 해석과 관련된 쟁점들을 살펴보고자 한다.

II. 난랑(鸞郎)

「난랑비서」에 관한 연구에서 '난랑'이 고유명사인지 보통명사인지가 쟁점이 되고 있다. 만약 난랑이 비문의 표제가 될 정도로 유명한 인물이라면 다른 많은 비문처럼 인적사항에 관한 기록이 있을 터인데, 다른 사서史書에도 그러한 기록을 전혀 찾아볼 수 없다. 한 개인의 비명에 한 나라의 사상이나 성격을 담을 이유가 없기 때문에 화랑花郎 또는 선랑仙郎이 고유명사가 아니듯이 난랑鸞郎도 보통명사로 보인다.

'난鸞'에 대해서는 중국의 전설적인 봉황과 같은 '난새'라는 뜻이 있으므로 「난랑비서」는 "화랑을 봉황(난새)에 비유"하여 화랑도의 진작과 부흥을 위해 세운 비라고 추정되기도 한다.[9]

그러나 난鸞은 또한 '방울'을 뜻하므로 단군신화에 나오는 천부인天符印 중의 하나로 여겨지는 방울(鸞)로 치장한 화랑을 '난랑鸞郎'이라 칭하게 되었을 가능성도 배제할 수 없다.

'난랑'은 '화랑'과 관련된 것이 분명하다. 중국 정사인『삼국지』동이전 고구려조 등에는 '남녀무리가 모여 서로 노래와 놀이를 좋았다'(男女群聚 相就歌戲)[10]는 기록이 있는데, 신라시대에 '도의를 연마

---

9 안창범,『천지인 사상과 한국본원 사상의 탄생』(서울: 삼진, 2007), 120.
10 김충렬, "화랑오계의 사상배경고",「아세아연구」44 (1971/ 12), 206.『위서』고구

하고 가악을 즐기며 산수를 유오'[11] 했던 화랑들은 이러한 고대의 유풍에서 유래한 것이다. 고려시대에는 연등회와 팔관회의 무동舞童을 선랑仙郎이라고 하였다.[12] 943년에 발표한『태조십훈요太祖十訓要』제6조에서 "팔관八關은 천령天靈과 오악五嶽 명산대천名山大川과 용신龍神을 섬기는 것"[13]이라고 하였다.

김대문은 「화랑세기」에서 "화랑은 선도仙徒이다. 우리나라에는 옛부터 신궁神宮을 받들어 하늘에 큰 제사를 지냈다. … 옛날의 선도는 신을 받드는 일(封神)을 주로 했다"[14]고 하였다. 그는 화랑 보종을 찬贊하여 "물고기와 새를 벗으로 삼고 하늘의 이치(天理)를 달관達觀하니, 말없이 화化하고 도모하지 않아도 훌륭하다"고 하였다.[15] 선랑仙郎은 이처럼 명산과 대천을 찾아다니며 천신과 더불어 지신인 산신山神과 수신水神을 섬기는 종교적인 행사의 주관자였다.

한편 무계巫界에서는 남무男巫를 화랭이라고 부르는데 이에 대해 다산 정약용은 「아언각비雅言覺非」에서 "화랑은 신라 때 귀족 유람단체의 이름이다. 지금 무당이나 창부倡夫 등 천한 무리를 화랑이라고 이르는 것은 잘못이다. 화랑은 복장이 화려했고 오늘날 창부의 복장이 화려하기 때문에 생겨난 이름이다"[16]라고 하였다.

려전, 夜則男女群聚而戱;『북사』 고구려전 男女每夜群聚歌戱.

11 『삼국사기』 진흥왕 37년조 相磨以道義 或相悅以歌樂 遊娛山水.

12 『고려사』 권 제94 열전 제7 서희, 復行先王燃燈八關仙郎等事.

13 「태조훈요십조」 其六, 八關所以事天靈及五嶽名山大川龍神也.

14 김대문/이종욱 역주해,『화랑세기』(서울: 소나무, 1999), 230. 花郎者仙徒也 我國 奉神宮 行大祭于天… 古者仙道只以封神爲主.

15 같은 책, 286. 漁鳥爲友, 達觀天理 不言而化.

16 정약용,『與猶堂全書』第一集 第二十四卷「雅言覺非」, 花郎者, 新羅貴游之名也, 今以巫夫倡優之賤, 謂之花郎, 非矣…郎服麗 而今之倡夫 亦服裝麗 故冒是名與.

신라에 와서 화랑은 원화源花와 선화仙花 등으로 불리우다가 진흥왕 37년 이후로는 국선國仙의 관직으로 사용되었다.[17] 신라가 6세기에 중앙집권적 국가로 성장하면서 촌락공동체 중심으로 발전해온 화랑제도가 왕권 중심의 인재 선발과 양성제도로 정착된 것이다.[18]

최근에 발굴된 『환단고기』에 수록된 「단군세기」에는 단군조선 시대에 이미 제천단인 삼신단三神壇 또는 삼랑성三郞城에서 삼신을 모시는 삼랑三郞[19]이 있었으며, 삼시랑三侍郞[20]으로도 불렸다고 한다. 이들은 소도蘇塗에 천지화天指花를 심고 천지화를 머리에 꽂고 다녔으므로 천지랑天指郞 또는 천지화랑天指花郞[21]이라 하였다. 삼랑 또는 삼시랑은 천신·지신·인신을 삼신三神을 섬기는 종교적 지도자를 지칭한 것으로 보인다. 따라서 삼랑이라고도 불린 화랑 역시 단군신화의 삼신신앙을 풀이한 「천부경」의 천지인 삼재의 현묘를 종지宗指로 이어온 것으로 볼 수 있다.

---

17 『삼국유사』 3권, 彌勒仙花 彌尸郎 眞慈師條.
18 송양섭, "화랑도(花郎徒) 교육에 관한 연구", 「인문사회교육연구」 8 (2005), 79.
19 임승국 역주, 『한단고기』 (서울: 정신세계사, 1986), 66, 72.
20 같은 책, 193.
21 같은 책, 89.

III. 국유(國有)

국유國有라는 표현에서 '국'은 외국과 구별한 것으로 신라국을 가리킨다. 최치원이 중국에서 유학하고 벼슬을 하는 동안 찾아볼 수 없었던 우리 민족 고유한 사상이 신라에 존재하고 있다는 사실을 강조한 어법이다. 『삼국사기』 등에 국선國仙을 세웠다고 기록한 것으로 보아, 최소한 최치원 이전까지는 삼교三敎를 포함하는 '국교'가 있었다는 의미로 해석된다.[22] 최치원은 당나라를 신라 서쪽에 있다 하여 여러 차례 '서토'나 '서국'이라 불렀다. 최치원 이전에도 이런 지칭은 없었고 그 이후 천 백년이 지난 오늘까지 중국을 이렇게 부른 이는 없다. 반면에 그는 조선을 '서국'에 대비되는 '동국'이라 하였다. 그의 글에는 유난히 '동東'이라는 말이 많이 나타난다.[23] 이는 신라의 문화전통에 대한 주체적 자각과 경외감의 표현이다.[24] 당시 중화문화를 추종하던 사대주의 지식인과는 달리, 최치원은 민족주체적인 '동인

---

22 김범부, "풍류정신과 신라문화", 한국사상강좌편집위원회 편, 『한국사상 강좌 3』 (서울: 고구려문화사, 1960), 107.

23 김상일, "풍류도와 선맥 그리고 차축시대", 12. '동제후'·'반동'·'동표'·'동유'·'동인'·'동귀'·'동점'·'동사'·'동국'(「지증대사적조지탑비문」), 해동·'동반'·'동방'·'동면'·'동이'·'동류'·'동화'·'동계림'(「백월보광지탑비문」) 등이다.

24 유승국, "최치원의 동인의식에 관한 연구", 『제4회 국제불교학술회의 자료집』 (1981), 65. 갑골문이나 금문에 의하면 '동이(東夷)'가 '동인(東人)'으로 적혀 있다. '이(夷)'와 '인(人)'을 동일시했다.

의식東人意識'을 자각한 최초의 조선인으로 평가된다.

최치원이 정리한『제왕연대력帝王年代曆』에는 신라의 왕들을 '거서
간, 차차웅, 니사금'이라 부르지 않고 '제왕'이라 승격하여 기록하였
다.『삼국사기』를 쓴 김부식도 "신라 말기의 명유名儒 최치원은『제왕
연대력』을 지으면서 모두 모왕某王이라고만 일컫고, 거서간 등으로
말하지 않았다. 혹시 말이 비아鄙野해서 족히 부를 것이 못 된다는 까
닭일 것이다"[25]고 하였다. 당시 중국인들은 외국의 황제를 결코 황제
라 부르지 않았다. 주변 민족을 야만으로 보고 그들의 지도자는 추장
酋長 정도로 여긴 것이다. 이에 최치원은 중국에서 군주君主를 왕이라
칭하는 것을 보고 신라도 '제왕국가'라는 민족주체의식을 드러낸 것
이다.[26] 이는 통일신라의 왕권을 강화하고 그 민족적 주체성과 정통
성과 우월함을 선언하기 위한 그의 역사의식의 반영이기도 하다.[27]

이처럼 최치원이 '국유國有'라고 쓴 배경에는 중국과 다른 우리 민
족의 고유한 현묘지도의 종교사상에 대한 주체적 자각이 반영되어
있다.[28] 무엇보다도 민족의 '고유사상에 대한 우리 역사상 초유의 관
심이자 정의를 내린 것'으로서 매우 중요한 의미를 지닌다. 그러므로
최치원이 「난랑비서」 서두에 '국유'를 명시한 것은 풍류라는 현묘지
도가 중국의 유불선이나 풍류와는 전적으로 다른 우리 민족의 고유
사상임을 강조하여 드러내기 위한 어법이기도 하다.

25『삼국사기』, 新羅本紀 卷四, 智證麻立干紀, 羅末名儒崔致遠作帝王年代曆 皆稱
　某王 不言居西干等 豈以其言鄙野不足稱也.

26 최영성,『최치원의 사상연구』, 23.

27 신영식, "최치원의 역사관", 동국대신라문화연구소 편,『신라 최고의 사상가 최치원
　탐구』(경주: 주류성, 2001), 89.

28 최영성,『최치원의 철학사상』, 427.

IV. 현묘지도(玄妙之道)

현묘지도가 선仙이냐 무巫냐 아니면, 선과 무 이전에 한국의 고유한 도道인가 하는 것도 주요 쟁점이다. '현묘지도'는 『도덕경』 1장에 나오는 "玄之又玄현지우현, 衆妙之門중묘지문"와 15장에 나오는 "微妙玄德미묘현덕"에서 유래한 것으로도 해석된다.[29] 도광순 역시 현묘지도를 선도仙道로 보았다. 『포박자』에서는 '玄현'을 '도가 신선의 明명'이라 하였고, 『고려도경』(권18)에는 노자의 도를 '玄教'로, 『역대신선통감』(권4, 5절)에는 '仙女선녀'를 '玄妙王女현묘왕녀'라 칭했으며, 그리고 「난랑비서」에는 "가르침의 근원이 선사仙史에 자세히 기록되어 있다"고 한 것을 그 증거로 제시한다.[30]

김범부는 '현묘라는 두 글자야말로 가장 현묘한 것'으로 풍류도의 성격을 드러내는 것이며, 이 현묘지도는 불교의 '圓妙之道원묘지도나 大覺之道대각지도', 유교의 '正大之道정대지도나 中正之道중정지도' 그리고 도교의 '玄虛之道현허지도나 靑虛之道청허지도'와는 전혀 다른 종지를 일컫는 개념이라고 주장한다.[31]

---

29 김성환, "최치원 '國有玄妙之道'설의 재해석", 「도교문화연구」 34 (2011.4), 14.
30 도광순, "풍류도와 신선사상", 「신라종교의 신연구」 5 (1984), 307.
31 김범부, "풍류정신과 신라문화", 107-109.

현묘지도란 말은 얼른 쾌독(快讀)만 해서 넘길 것이 아니라, 실로 미영(味詠)과 사엄(思嚴)이 필요한 것이다. 고인이 금석지문(金石之文)을 지을 때는 그 일자일구를 소홀히 하지 않음을 우리는 알아야 한다. 고인의 필법으로서 유교를 적을 경우엔, 반드시 '정명지도(正大之道)'라 하던지 혹은 '중정지도(中正之道)'라 했을 것이고, 만일 불교일 경우에는 혹시 현묘지도라 할는지도 모르지만, 역시 고인의 신중한 필법으로선 현묘와는 의미를 달리해서 '원묘지도(圓妙之道)'라 하던지 대닥지도(大覺之道)라 할 것이다. 그리고 오직 도교나 선도일 경우에는, 아닌 게 아니라 현묘지도라고 할 수 이유가 가장 그럴 수 있을 것이다. 그러나, 고인의 필법으로서는 여기에도 지예(指預)가 있을 터이다. 말하자면, 현허지도(玄虛之道)라든가 청허지도(靑虛之道)라고 할 편이 더 많으리라고 생각된다. 대저 풍류도는 지나풍(支那風)의 도교나 선도(仙道)와 거리가 자재(自在)함은 물론이지만, 풍류도인 화랑을 국선이라 일컫고, 화랑의 사적을 선사(仙史)라고 한 것을 보면, '仙'자와 사리가 상통함을 침작할 수 있는 것이다. 따라서 선도를 현묘지도라 할 경우에는 역시 그대로 통과할 수는 있겠지만, 그러나 그것은 그대로 통과한다는 정도이지, 꼭 적확(適確)한 것은 아니다. 그만치 상통하는 것이고, 그만치 거리가 있다는 것만 짐작하면 그 진상(眞相)은 언간(這間)에 자재(自在)할 것이다.32

현묘지도는 유불선을 '포함하고 초월'[包越포월]하는 그 무엇을 지칭하는 특수한 용어임에 틀림없다. 그것이 선교仙敎로 표현되기도 하

---

32 같은 글, 107-109.

였지만 여기서 말하는 선교는 중국의 도교와도 그 성격을 달리하는 것임을 강조한다. 이강오는 우리나라에 전해져 내려오는 고유한 고신도古神道로서 현묘지도는 다음과 같은 다양한 이름을 가지고 있다고 하였다.

> 부여의 영고, 예의 무천, 삼한의 끽음(喫飮), 가야의 끽라(喫儸), 고구려의 동맹, 백제의 교천(郊天)이 바로 그것이다. 그리고 종교적인 형태로는 신시교·신선도·대신교가 고구려에서는 경천교·선인도·동맹제로, 신라에서는 경천교·풍류도·화랑도로, 백제에서는 왕신교·풍월도로, 발해에서는 천신도·진종대도로, 요금에서는 천신교로, 고려에서는 왕검교·팔관회·연등제로, 조선에서는 대종교·단군교가 있었다.[33]

그 밖에 여러 민족종교들이 신교神敎, 선교仙敎, 수두교, 부루교 등 상이한 표현을 사용했지만 모두 단군에서 비롯된 한국 고유 종교의 존재와 맥락을 밝히는 작업을 시도했고 "거의 예외 없이 명시적으로나 묵시적으로 최치원의 「난랑비서」를 논의의 단서"로 삼았다.[34]

안창범은 국유현묘지도를 민족사상의 원류이며 사상적 근원인 삼신三神 하느님 신앙이라고 보았다. 그리고 삼신 하느님의 원래 뜻은 "天一·地一·人一의 三才一體삼재일체"에 있다고 하였다.[35] 삼재일체의 묘합에 의하면 일신이 나뉘어 조화造化·교화敎化·치화治化의 삼신이

---

33 이강오, 『한국의 신흥종교총람』(서울: 대흥기획, 1995), 395.
34 손문호, "최치원의 정치사상연구 – '풍류'론과 시무론을 중심으로", 『경주문화연구』 2 (1999.8), 67-68.
35 안창범, 『천지인 사상과 한국본원 사상의 탄생』(서울: 삼진, 2007).

되고, 삼신이 다시 일신이 된다. '하나가 셋으로 쪼개져도 근본은 다함이 없다'(一析三極, 無盡本, 「천부경」)는 것과 '하나를 잡아 셋을 포함하고 셋을 모아 하나로 돌아간다'(執一含三, 會三歸一, 「삼일신고」)는 '삼재일체의 천지인 조화와 삼재지도의 묘합妙合'이 바로 우리나라 고유의 현묘지도라는 것이다.

V. 풍류(風流)

최치원은 현묘지도를 다른 말로 풍류風流라고 하였다. 그리고 이 풍류는 유불선 사상이 전개되기 이전에 이미 그 주지主旨들을 포함하고 있던 우리의 고유 사상이라고 설명했다. 풍류에는 공자의 충효, 노자의 무위, 석가의 선행의 요소가 내재해 있다는 것이다.

최남선은 풍류를 조선의 고유한 종교로 보고, "한 마디로 신도神道라는 뜻"이라고 하였다.[36] 또한 풍류교는 조선의 역사와 사상의 시원이라고 하였다.

'풍류'란 교는 유교 불교 도교의 주된 요소를 겸비한 것이옵니다. 이것은 오늘의 조선의 역사라든가 사상을 조사하는 사람은 마땅히 맨 먼저 조사하여야 할 만한 것이라고 생각합니다.[37]

『삼국사기』와 『삼국유사』 등에 나타나는 '풍류'와 관련된 주요 기록을 통해 이들의 주장의 근거를 살펴보자.

왕(眞智王)은 또 천성이 풍미(風味)가 있어서 크게 신선(神仙)을

---

36 최남선, "조선의 고유신앙", 『육당 최남선 전집』 (서울: 현암사, 1974), 250-251.
37 같은 책, 249-250.

숭상하여 민가(民家)의 처녀들 중에 아름다운 자를 뽑아서 원화(原(源)花)를 삼았다(『삼국유사』, 미시랑전).[38]

대왕(진흥왕)은 또 나라를 일으키려면 반드시 풍월도(風月道)를 먼저 만들어야 한다고 생각하고 다시 영을 내려 양가(良家)의 남자 중에 덕행(德行)이 있는 자를 뽑아 이름을 고쳐 화랑(花娘(郞))이라 하고, 비로서 설원랑(薛原郞)을 받들어 국선(國仙)을 삼으니, 이것이 화랑(花郞) 국선(國仙)의 시초이다(『삼국유사』, 미시랑전).[39]

왕(眞智王)은 그(彌勒仙花)를 존경하고 사랑하여 받들어 국선(國仙)을 삼았다. 그는 화랑도(花郞徒) 무리들을 서로 화목하게 하고 예의(禮儀)와 풍교(風敎)가 보통사람과 달랐다. 그는 풍류(風流)를 세상에 빛내더니 7년이 되자 갑자기 어디로 갔는지 알 수가 없었다. (『삼국유사』, 미시랑전)[40].

예전에 신라에는 선풍(仙風)이 크게 유행하였다(『고려사』 毅宗 22년).[41]

---

38 『삼국유사』, 彌勒仙花 末尸郎 眞慈師, 又天性風味 多尙神仙 擇人家娘子美艶者 捧爲原花 要聚徒選士 敎之以孝悌忠信 亦理國之大要也.

39 『삼국유사』, 彌勒仙花 末尸郎 眞慈師, 於是大王下令 廢原(源)花累年 王又念欲 興邦國 須光風月道 更下令選良家男子有德行者 改爲花娘(郞) 始奉薛原郎 爲國 仙 此花郞國仙之始.

40 『삼국유사』, 彌勒仙花 末尸郎 眞慈師, 王敬愛之 奉爲國仙 其和睦子弟 禮義風敎 不類於常 風流耀世 幾七年 忽亡所在.

41 『고려사』 毅宗 22년, 昔新羅仙風大行.

이 모든 기록을 종합해 보면 '풍류'는 '풍미風味', '풍월도風月道', '풍교風敎', '선풍仙風'으로도 표현되었다. '원화原(源)花' 또는 '화랑花娘(郞)'의 무리를 화랑도花郞徒라 하였는데, 화랑은 '신궁神宮을 받들어 하늘에 큰 제사'를 지내며, '다만 신을 받드는' '선도仙徒'로서 '선화仙花'로도 불렸고 '국선國仙'으로 뽑히기도 하였다. 고대의 현묘지도로서 풍류風流가 신라에 와서 화랑의 무리(花郞徒)들에 의해 전승되었음을 알 수 있다.

김부식이 『삼국사기』에서 화랑의 유래를 설명하면서 최치원의 '난랑비서'를 인용한 것이나, 최치원이 '화랑'에 관한 비문을 쓰면서 현묘지도인 '풍류'를 언급한 것은 '화랑과 풍류의 불가분의 관계'를 설명하기 위함이다. 고대의 풍류도가 신라시대의 화랑정신에 반영되어있음을 밝히려는 목적이 분명하다.[42]

근대에 와서 최남선, 양주동, 안호상, 도광순 등은 풍류, 풍월, 풍교, 선풍을 우리나라 고유의 단군신화를 통해 전승된 환인 하느님 신앙에서 유래하였다고 해석하였다. 최남선은 '풍류'는 신명을 나타내는 고어 '밝은' 또는 '붉'을 한문으로 표기한 것이며, 풍류도는 '붉道'라 하였다.[43]

조선 고유 신앙으로 '풍류'는 신명을 나타내는 고어 '밝은' 또는 '붉'을 한문으로 표기한 것인데, 허다한 이형이 있다고 하였다. 백, 박은 붉에서 ㄹ형이 숨은 형태라며, ㄱ이 숨은 형태는 볼이 되어서 팔(八),

---

42 김충렬, "화랑오계의 사상배경 고(考)", 206. 김충렬은 "풍류도는 개념적 명명(命名)이고 화랑도는 형식적 명칭"이라고 한다; 도광순, "풍류도와 신선사상", 321. 도광순은 "전자[풍류도]는 종교적 정신적 일반적 개념이라면, 후자[화랑도]는 현실적 실천적 특수적 개념"(도광순, "풍류도와 신선사상", 321.)이라고 하였다.
43 최남선, 『불함문화론』(서울: 우리역사연구재단, 2008), 181.

발(鉢), 벌(伐), 불(弗)) 등으로 소리 나는 대로 적게 되었다. 이것이 바뀌어 '부루'로 되어서는 비로(毘盧), 부노(夫老), 비래(飛來), 풍류(風流), 백록(白鹿), 반룡(盤龍), 반야(般若; 범어로 parajina) 등의 차자(借字)를 썼다.[44]

우리나라에는 옛날부터 태양신이자 천신인 붉신을 섬기는 고대 종교가 있었으며, 이는 단군신화를 통해 전승되어오는 광명세계의 최고 주재신인 하느님 숭배신앙을 말한다고 하였다. 이 고대 종교의 단장은 풍월주, 원화, 국선 또는 선랑 등 여러 이름으로 불렸고, 이들의 신조와 덕목은 풍월도, 풍류도, 화랑도, 선풍이라 하였다. 그리고 이 모든 용어는 모두 '부루'에서 나왔다고 하였다. 예로부터 붉도가 "점차 국가적 색채를 띠게 되었는데, 신라에서는 개국 당초부터 '박朴, Pak'이란 제사 계급에 의해 그것이 전승되었다"는 것이다.[45]

양주동은 『고가연구』에서 '風流와 風月'의 '風풍'은 '불'을, '流류'와 '月월'은 의자말음첨기법義子末音添記法으로서 '불'의 발음이 'ㄹ'임을 표시한 것이라고 하였다.[46] 안호상은 이에 근거하여 풍은 '바람'(발)이고, 류는 '다라날'(달) 류이고, 월은 '달'이므로 풍류도나 풍월도는 발달길 또는 배달길을 이두문으로 적은 것이라고 하였다.[47]

---

44 최남선/전성곤·허용호 역, 『단군론』(서울: 경인문화사, 2013), 281-281.

45 최남선, 『조선상식문답』(서울: 삼성문화재단, 1974), 106, 151.

46 도광순, "풍류도와 신선사상", 296 주 28 참고.

47 안호상, 『민족사상의 전통과 역사』(서울: 한뿌리, 1992), 112. 신라에서 맨 먼저 풍월주라 하였다가, 그 후에 이를 화낭-화랑이라 하였으므로, 풍월주는 발달님이고 배달님이며, 또 이것의 다른 이름이 곧 화랑이다.

風月道의 '風'은 옛날엔 발함 풍자요 또 바람은 배람이라고도 하며, 풍월의 '月'은 달월자다. 이들 '발'과 '배'와 '달'을 합쳐 보면 풍월도는 '발달길'이요, '배달길'이란 말이다. 風流道의 '流'는, 흐를 류자인 동시에 다라날 류자임으로, 風流道 역시 '발달길'이요, '배달길'이다.[48]

안호상은 "최치원의 글을 보면, 배달님인 화랑들이 받들고 따르는 배달길(風流道, 화랑길)과 배달교(풍류교)는 노자의 선교仙教, 道教와 석가의 불교와 공자의 유교, 이 세 종교의 근본교리와 근본원리를 제속에 지닌 것으로서, 이들의 통일근본교統一根本教임이 분명하다."[49]고 하였다. 배달길은 달리 말하면 '밝달임금(단군)의 道'라는 것이다. 따라서 이러한 배달교(단군교)를 신봉하는 사람을 화랑 즉 배달사람과 배달님(풍월주, 풍류주)이라 호칭하고, 특히 신라 사람들이 단군교를 크게 되살렸다고 보았다.[50]

도광순은 안호상처럼 풍류도를 발달길 즉 배달길로 보면 '한국의 도' 정도는 되지만 유불선에 대등한 종교의 고유명사가 되지 못한다고 비판한다. 또한 '붉길'로서 풍류도는 고대의 동명東明, 무천舞天, 영고迎鼓, 소도蘇塗[51]와 고려와 신라시대의 연등燃燈, 팔관八關, 선랑仙郎 등의 제천祭天 의식으로 전승되어온 고유의 '하느님 신앙'이라고 주장한다.[52] 잘 알려진 것처럼 신라의 화랑들은 '도의를 연마하고 가악을

---

48 같은 책, 112. 신라에서 맨 먼저 풍월주라 하였다가, 그 후에 이를 화낭-화랑이라 하였으므로, 풍월주는 발달님이고 배달님이며, 또 이것의 다른 이름이 곧 화랑이다.
49 안호상, 『민족사상의 전통과 역사』, 75.
50 한흥섭, "풍류도의 어원", 「신라학연구」 8 (2004), 69.
51 도광순, "풍류도와 신선사상", 294-295.
52 같은 책, 291-292.

즐기며 산수를 유오했다'고 한다.53 이러한 노래와 춤은 상고부터 제천의식으로 행해졌으며, 먼저 하늘에 제사하고 신과 일체를 이루는 신내림의 신명神明에 이르기 위한 것이었다. 이는 단순히 가무를 즐기는 것이 아니라, 처용무의 경우처럼 가무로써 역신疫神을 감동시키기 위함이었다.54 유오산수 역시 단순히 산수유람을 즐김이 아니라, "팔관八關은 천령天靈과 오악五岳 명산대천名山大川과 용신龍神을 섬기는 것"55이다. 이는 명산과 대천을 찾아 다니며 천신天神인 천령과 지신地神인 용신을 섬기는 신앙의 표현이다.56

이도흠에 의하면 산신은 『삼국사기』에는 '오악삼산의 신들'(五岳三山神等)57로 표현되어 있으며, 특히 삼산三山을 호국신護國之神58이라 하여 산신에게 제사하는 사당이 있었다. 산신신앙은 단군이 태백산 산신이 되었다는 단군신앙에서 유래한 것이며, 선도는 원래 천신과 산신을 숭배하는 산천제山天祭를 지내는 집단이었다.59

『고려사』에는 신라에 크게 유행한 선풍仙風의 내용을 '龍天歡悅용천환열', '民物安寧민물안녕', '人天咸悅인천감용'이라 했으니 이는 명백히 천지인의 통전적 조화를 포함하는 내용이다.

---

53 『삼국사기』 진흥왕 37년조. 相磨以道義 惑相悅以歌樂 遊娛山水.

54 김태준, "화랑도와 풍류정신", 「한국문학연구」 18 (1995/12), 334-335.

55 「태조훈요십조」 其六, 八關所以事天靈及五嶽名山大川龍神也.

56 김태준, "화랑도와 풍류정신", 337-338.

57 『삼국유사』 景德王 忠談師 表訓大德, 德經等 大王備禮受之 王御國二十四年 五岳三山神等.

58 『삼국유사』 金庾信, 穴禮 骨火等三所護國之神. 오악은 토함산, 지리산, 계룡산, 태백산, 父岳(公山)이고, 삼산은 祭歷, 骨火,穴禮이다.

59 이도흠, "풍류도의 실체와 풍류도 노래로서 찬기파랑가 해석", 「신라학연구」 8 (2004), 39.

예로부터 신라에는 선풍이 크게 유행하였다. 이는 하느님을 기뻐 즐거워하며(龍天歡悅) 사람과 만물이 더불어 안녕(民物安寧)을 누리려는 데서 유래한 것이다. 먼 옛 조상 이래로 이러한 풍속이 숭상하는 것이 근래의 팔관회를 통해 계속되고 있다. … 이러한 고풍을 통해 사람과 하늘이 함께 즐거워하는(人天咸悅) 데에 이르려고 하는 것이다.[60]

신라가 고풍에 따라 팔관회(붉은회)를 통해 숭상해 온 선풍 즉 풍류도의 사상적 신앙적 경지를 도광순은 천인天人이 교령·교감하는 가운데서 천지신명과 만물(생명체와 무생명체를 막론하고)로 더불어 화락과 안녕을 누리는 '신인합일의 경지'[61]로 보았다. 그러나 내용적으로 보면 단순한 신인합일의 경지가 아니라, 단군신화의 삼신신앙으로 전승된 '천지인 합일의 경지'로 보아야 할 것이다. "천·지·인 삼재의 조화와 균형이 풍류도"이며, 삼신신앙으로 전승된 "풍류도의 근원은 단군성조이고 극치는 화랑도"이고 그리고 "풍류도가 낳은 가장 위대한 학자 시인이자 도인이 최치원"[62]이라 한 박희진의 분석이 더 적합하다.

무엇보다도 국유현묘지도라고 규정한 풍류는 중국의 풍류와 본질적으로 다르다. '풍류도는 아득한 한국 고래의 원시 토속적 하느님 신앙을 그 근원으로 하여 발달된 것'[63]으로서 단군신화의 삼신신앙

---

60 『고려사』권18, 世家 권18, 毅宗 22년(1168), 昔新羅仙風大行 由是龍天歡悅 民物安寧 故祖宗以來 崇尙其風久矣 近來兩京八關之會·依行古風 致使人天咸悅.
61 도광순, "풍류도와 신선사상", 292, 299.
62 박희진, "한국인의 자연관과 풍류도", 『숲과 문화 총서』 4 (1996), 25.
63 도광순, "풍류도와 신선사상", 297.

에 기초한 천지인 조화의 삼재지도를 지향하는 반면, 중국에서는 풍류나 풍월이 전혀 다른 의미로 사용되었다.

중국의 『시경詩經』은 풍風, 아雅, 송頌 셋으로 분류되는데, 전체 305편 중에서 남녀의 애정(男女相悅之詞)을 노래한 풍이 160편으로 절반 이상을 차지한다.[64] 당唐대에 와서 풍류는 풍루風樓로 여겨졌고 가무오락을 겸한 기생집을 뜻하였다.[65] 그 영향으로 조선왕조 시대에는 궁내宮內의 노래와 춤을 맡아보던 창기娼妓를 내풍류內風流라 하였다.[66] 왕조 초기 이서李舒의 상소문에는 이러한 풍류는 군주가 삼가야 할 금기로 지적되었다.[67] 현대에 남녀 간의 불륜을 '바람 피운다'는 말로 표현하는 것도 이런 배경에서 이해되어야 한다.

두보(杜甫, 712-770)의 시 적벽부赤壁賦에는 '청풍과 명월'[68]이라는 시구가 등장하고 취적시吹笛詩에도 '풍월'[69]이라는 단어가 등장한다. 원元나라 때의 정광조鄭光祖의 작품 중에 '한림풍월翰林風月'이라는 것이 있다. 이러한 중국 시가문학의 영향으로 조선시대의 가사문학

---

64 최병규, "중국문학의 풍류정신", 「솔뫼어문논총」 7-1 (1995), 6. 풍(國風이라고도 함)은 여러 나라의 민요로 주로 남녀 간의 정과 이별을 다룬 내용이 많다. 아(雅)는 공식 연회에서 쓰는 의식가(儀式歌)이며, 송은 종묘의 제사에서 쓰는 악시(樂詩)이다.

65 같은 글, 3.

66 『조선왕조실록』 태종 35권, 18년(1418 무술/명 영락(永樂) 16년) 5월 30일(기묘) 1번째 기사. 『조선왕조실록』 태종 24권, 12년(1412 임진/명 영락(永樂) 10년) 11월 30일(신해) 1번째 기사.

67 『조선왕조실록』 태조 15권, 7년(1398 무인/명 홍무(洪武) 31년) 12월 17일(기미) 1번째 기사. "군주는 물건을 가지고 노는 일에 즐겨해서는 안 되니, ― 옛사람의 글귀를 따서 풍월(風月)을 읊조리는 것은 소중한 자기의 본심(本心)을 잃게 되는 것으로, 군주의 정치하는 방법이 아닙니다."

68 江上之淸風 與山間之明月.

69 김태준, "화랑도와 풍류정신", 325. 吹笛秋山風月靑.

에는 '풍류가사'라는 장르가 전승되어 왔다.

풍류는 여러 의미로 구분된다. 앞서 언급한 풍루風樓 및 내풍류로
서의 '색정적 풍류'와 청풍명월로서의 '감흥적 미학적 풍류' 이외에
조선의 풍류가사는 내면적 풍류에서 나오는 강호江湖 한정閒靜의 '은일
형隱逸形 풍류'와 사시四時 감흥感興의 '계절형 풍류' 그리고 유람遊覽 기행
紀行의 '순례형 풍류'로 분류된다.[70]

중국에서 사용되고 유래한 풍류라는 용어와 내용을 비교해 보아
도 한국의 경우 풍미, 풍교, 풍월, 선풍 등의 다양한 표현은 모두 붉에
서 유래한 것으로 유불선 이전의 한국의 고유한 삼신 하느님(붉) 신
앙과 관련된 것임을 알 수 있다.[71] 따라서 현묘지도로서 풍류는 인도
人道가 아니라 단군신화의 삼신신앙을 지칭하는 신도神道로서 고신도
古神道로 해석하는 것이 정설이다.[72] 따라서 최치원이 말한 풍류는 색
정적, 감흥적, 미학적 풍류가 아니며 은일형, 계절형, 순례형 풍류도
아니다. 다른 유형의 풍류와는 전적으로 차별화되는 '붉신'을 섬기는
'종교 신앙형 풍류'이기 때문이다. 그러므로 최치원이 말한 현묘지도
로서의 풍류도는 단군신화의 삼신신앙으로 표상되는 천지인 묘합의
천지신명 하느님 신앙과 관련이 있다고 할 수 있다.

---

70 최영희, "전기 풍류가사의 유형연구", 『한국언어문학』 37 (1996), 421.

71 신은경, 『風流: 동아시아 美學의 근원』 (서울: 보고사, 1999), 64-65. 중국의 풍류
   개념이 주로 노장적(老莊的) "정신의 자유분방함"이 특징이고, 일본의 풍류개념이
   사물의 외면에 미적 요소를 강조한다면, 한국의 풍류개념은 "宗敎性"을 강조한다
   고 한다.

72 최영성, 『최치원의 철학사상』, 440.

VI. 실내포함삼교(實乃包含三敎)

최치원은 풍류도에는 '유불선 삼교가 포함_{包含}'되어 있다고 했다. '들어가면 집안에 효_孝하고 밖에 나오면 나라에 충_忠'했으니 이는 공자 (魯司寇)의 가르침이요, '무위_{無爲}한 일에 처하여 불언_{不言}의 교_敎를 행' 했으니 이는 도교(周桂史)의 가르침이요, '제악_{諸惡}을 짓지 않고, 제선 _{諸善}을 봉행'했으니 이는 불교(竺乾太子)의 가르침이라 하였다. 화랑도 _{花郎徒}의 세속오계73 역시 포함삼교의 사례로서 충효신인용의 유교와 살생유택의 불교 도덕률이 모두 포함되어 있는 것이라고 분석된다.74

안창범은 사전적 의미로 '포함_{包涵}'과 '포함_{包含}'을 구별한다. '포함_{包涵}' 에는 "밖으로부터 널리 모두어 싼다"는 뜻의 포섭이나 포용의 의미 가 있다. 그러나 '포함_{包含}'은 "이미 그 속에 들어 있다"는 내포_{內包}를 뜻한다. 삼교가 외부에서 이입되기 이전에 풍류도 안에는 이미 삼교 가 들어 있었다는 의미에서 '포함삼교_{包含三敎}'라 하였으니, "근본적으 로 삼교의 사상을 이미 자체 내에 지니고 있다"로 번역해야 한다.75

그러나 포함삼교는 삼교를 단순히 자체 안에 포함하는 것이 아니

---

73 『삼국사기』 열전귀산조 今有世俗五戒 一曰事君以忠 二曰事親以孝 三曰交友以 信 四曰臨戰無退 五曰殺生有擇.

74 김충열, "花郎五戒와 三敎思想의 現實的 具現", 「신라문화제학술발표회논문집」 10 (1989), 121-138.

75 안창범, 『천지인 사상과 한국본원 사상의 탄생』, 121.

다. 그 이상의 '무엇'이 있었다는 뜻이다. 김범부는 이 포함包含이라는 단어를 '조화, 집성, 절충, 통일, 통합, 집합'으로 잘못 해석하면 우리 문화사 전체가 비뚤어진다고 지적하였다.

이 포함(包含) 두 자를 잘못 해석하면 우리 문화사의 전체가 사뭇 비뚤어지게 된다. 이를테면, 삼교를 조화했다거나, 혹은 집성했다거나, 혹은 절충했다거나, 혹은 통일했다거나, 혹은 통합했다거나 할 경우에는 본디 고유의 연영(淵泱)은 없이 삼교를 집합한 것이 될 것이다. 그런데, 이건 '包含'이라 했으니 말하자면 이 고유의 정신이 본디 삼교의 성격을 집합했다는 의미로 해석해야 될 것이다.[76]

그는 "풍류도가 이미 유불선 그 이전의 고유 정신"이라면, 유불선 각 면을 내포한 동시에 그보다도 유불선이 소유하지 않은, 오직 풍류도만의 고유한 특색이 있다고 하였다. 그런데 "이 난비鸞碑의 단편적 수절數節에는 이것이 언급되지 못했으니, 과연 천고의 유감遺感이다"[77]라고 탄식하였다. 더불어 문전文典으로 남아 있는 난랑비서가 전문이 아닐 수도 있다고 하였다. 그러므로 포함삼교는 삼교를 포함하고 초월하는 '포월包越'의 개념으로 해석하여야 한다.

포함삼교에 대한 언급은 최치원 자신이 경험한 당시의 중국 및 한국 종교의 상황을 반영하는 것으로 보인다. 첫째로, 최치원은 자신의 삶 속에서 이미 유불선 삼교를 두루 넘나드는 경지를 경험하였기 때문이다. 그는 유교를 배워 유교의 종주국인 중국에서 벼슬을 하였

76 김범부, "풍류정신과 신라문화", 109.
77 같은 논문, 109.

고 유교에 관한 무수한 글을 남겼다. 연담蓮潭이 쓴 「사산비명」의 서문에는 "선생이 이미 儒冠유관을 쓰시고 儒服유복을 입으셨으니, 반드시 유교로 前茅전모를 삼고, 그 문장을 통해 孔공·孟맹을 본받아 밝힌"[78] 바 있다고 하였다. 최치원은 또한 불교에 심취하여 신라불교의 고승과 함께 명승사찰의 비명에 관한 「사산비명」을 찬술하였다. 그는 관직에서 물러난 다음 명산대천을 유람하다가 말년에는 가족에게도 그의 소재를 알리지 않고 마치 단군이 태백산에 들어가 신선이 된 것처럼 도교의 정신에 따라 가야산에 들어가 '영화를 뒤로 하고 산 속에 은거'하다가 종적을 감추었고, 그의 죽음에 관해 아무것도 알 수 없게 되었다. 그는 자신의 삶을 통해 이처럼 유불선을 두루 섭렵涉獵한 것이다.

둘째로, 그는 한국의 고유한 사상이 이미 유불선을 포함하고 있기 때문에 외래의 어느 한 종교만을 고집하여 갈등을 빚을 이유가 없다고 주장하였다. 유일有—(1720-1799)이 쓴 「사산비명」의 서문에는 최치원의 '삼교 통관統貫의 삶'이 분명히 드러난다.

옛적에 세 성인께서 희씨(姬氏)의 주나라 시대에 같이 일어나셨는데, 비록 가르침을 베푼 것은 각기 달랐으나, 대도에 돌아가는 것은 한 가지였다. 그런데, 삼교의 후학들은 대개 모두가 각자의 익힌 것만을 편안히 여기고, 자기가 좋아하는 것에만 의지하여, 진위(指麈)의 다툼과 세력(玄黃)의 싸움이 세상 다하도록 그치지 않을 지경이다. 내 일찍이 지붕을 쳐다보며 탄식하지 않는 바 아니나, 고운 선생이

78 최치원/ 최광식 역주, 『역주 최고운선생문집』 1 (서울: 고운국제교류사업회, 2016), 「사산비명」, 50-51.

지은 글을 읽음에 미쳐서는, 머리를 조아리고 소리 높여 말하기를, '하늘이 우리 선생을 내시어 삼교를 통관(統貫)하게 하셨으니, 위대하여 더 말할 것이 없도다.[79]

이 점에 대해서 서산대사西山大師 휴정休靜 (1520-1604) 역시 「지리산쌍계사중창기」에서 진감眞鑑 선사의 비명을 쓴 고운과 진감의 인품을 평하면서 이들이 '유불선 골수의 조화'를 실현하였다고 썼다.

옛날에 유교와 불교를 정밀하게 꿰뚫고, 내·전에 널리 통달한 사람들은 공명을 헌신짝처럼 벗어 던지고, 한 개의 표주박으로 가난을 잊었으니, … 어느 겨를에 유교가 그르다 불교가 그르다 하고, 불교가 그르다 유교가 그르다 하여, 서로 원수 사이가 되어 비난만 하겠는가. … 고운은 비를 세워 널리 유·불의 골수를 드러냈으니, … 한·당·송으로부터 이래로 유·불의 허명을 부수고 천지의 대전(大全)을 즐겨 황홀해하면서, 초연히 홀로 허명을 돌아보지 않는 이는 오직 이 두 대인[孤雲과 眞鑑]인가 한다.[80]

이능화에 의하면 "삼국 중세에 유불이 동시에 중국에서 전래되어 유교는 세상을 다스리는 문학이 되었고, 불교는 인민을 교화하는 종교가 되었다. 고구려 말기에 잠시 도교가 시행되었으나 국가가 망하고 난 뒤로 폐지되었다. 신라에서는 중엽에 풍류교가 성해졌다. 유·불·도와 병행되었으나 서로 어긋나지 않고 평안하여 무사했다"고 한다.[81]

---

79 같은 책, 50.
80 같은 책, 「淸虛堂集」 卷 3에 실린 「지리산 쌍계사 重創記」 발문 참조.

김범부는 최치원이 풍류도를 한국 사상의 원류라고 명시한 것은 풍류도야말로 "삼교 등 외래사상이 혼용할 수 있도록 훌륭한 기저를 형성하여 교파 상호 간의 대립이나 갈등을 지양토록 하는 원동력 구실"[82]을 하기에 충분했기 때문이라고 보았다. 이런 관점에서 김상일은 최치원이 중국에서 눈으로 직접 본 것은 '중국적 균열'(Chinese dissociation)이라고 분석한다. 중국에서 유불도가 개별적 독립체계로서는 상당한 수준으로 발달한 것은 인정했다. 그러나 유불도 삼교가 서로 분열되어 서로 배타적인 태도를 보이는 것에 실망했으며 그것을 하나로 묶을 수 있는 사상체계가 결여되어 있는 중국사상에 싫증을 느끼지 않을 수 없었다. 그가 "내 나라로 돌아가 풍류도를 하느니만 못하다"는 말을 남긴 것은 바로 이런 맥락에서 이해할 수 있다.[83] 삼교가 서로 배타적이었던 중국의 종교적 풍토와 달리 유불선 삼교 이전의 붉신앙이며 고신도古神道인 풍류도로 인해 포함삼교가 가능했던 한국적 풍토에서는 '삼교의 골수의 조화와 통관統貫'이 실현되었기 때문이다.

최근에는 한국뿐 아니라 세계적으로도 종교 갈등이 고조되고 있어 종교 간의 대화나 종교다원주의가 쟁점이 되고 있다. 이런 관점에서 보면 최치원은 종교 간의 대화를 넘어서 유불선 '삼교의 통관'과 '삼교의 골수의 조화'를 자신의 삶을 통해 몸소 실현한 '실천적 종교다원주의자'라고 평가될 수 있을 것이다.

셋째로, 포함삼교의 구체적인 내용은 외래의 유·불·도 삼교의 단순한 종합이 아니라, 삼교의 교화를 통해 천지인 조화의 현묘지도

---

81 이능화, 『조선기독교급외교사』 (경성: 조선기독교영문사, 1928), 영인본, 70.
82 김범부, "풍류정신과 신라문화", 126.
83 김상일, "풍류도와 선맥 그리고 차축시대", 10.

가 이루어진다는 것이다. 고려시대의 승려 함허涵虛(1376-1433)의
『유석질의론儒釋質疑論』에는 삼교三敎의 교화가 천하에 이루어지면 우
리 고유의 천지인 조화가 이루어지게 된다는 출전出典이 남겨져 있다.

> 삼교(三敎)가 서로 의지하여 교화가 천하에 이루어지면 자연의 음양
> 이 어긋나지 않고, 바람과 비가 적시에 순조로워 사람과 신(神)이 기
> 뻐하고 화기로우며, 백성의 풍속이 악하지 않아서 군신(君臣) 상하
> (上下)가 그 분수를 잃지 않으며, 어록(漁鹿) 곤충(昆蟲)까지도 다
> 그 천성을 지킨다.[84]

특히 주목할 것은 서산대사 휴정休靜이 최치원의 인품에서 천지인
조화의 현묘가 묻어난다고 본 것이다. 그가 쓴 「지리산쌍계사중창기」
에는 최치원을 유불선을 통달하고 '천지, 신명, 진인'과 더불어 산 사
람이라고 묘사하고 있다.

> 천지와 더불어 나란히 서고, 신명(神明)과 더불어 같이 가며, 혹 무위
> 진인(無位眞人)과 더불어 놀거나, 혹 시종(始終)이 없는 자와 더불
> 어 벗하기도 하였다.[85]

최치원의 사람됨 자체가 이처럼 삼신신앙의 근간인 천지인 삼재
의 조화와 현묘의 온전한 실현이었다는 평가이다.

---

84 함허,『儒釋質疑論』, 80.
85 休靜, 「지리산쌍계사중창기」 與天地拉立, 與神明同往 或無位眞人 爲之遊 或 始
  與無始終者爲之友.

VII. 접화군생(接化群生)

군생群生이라는 말이 좁은 의미로 인생人生을 뜻하는 것인지, 아니면 넓은 의미로 불교의 중생衆生과 같은 개념인지 하는 논쟁이 있다. 전자를 따를 경우 접화接化는 인간교육을 위한 교화敎化와 치화治化라는 의미로 좁혀지고 접화군생은 인간학적 의미로 축소된다.

그러나 군생을 모든 중생 즉 인간뿐 아니라 삼라만상 산천초목의 모든 생명체를 모두 포괄하는 개념으로 볼 때 접화 역시 단순히 인간학적 교화 뿐 아니라 만물에 미치는 감화나 덕화의 뜻으로 사용된다. 최영성은 '접화接化'라고 할 때의 '화'는 최치원의 「지증대사비문」 서두 부분에 나오는 '은은상고지화隱隱上古之化'의 '화'와 같은 것으로, 단군신화에 나오는 '재세이화在世理化'의 '화'와도 의미가 서로 통하며, 그런 의미에서 이 '화'에는 '교화'의 의미도 있지만 '감화'의 의미가 더 크다고 하였다.[86]

접화군생은 홍익인간의 교화(敎化)보다 더욱 넓은 한국 고유의 '어짊'의 표현이요, 풍류도의 범생물적인 생생(生生)의 자혜(慧惠)를 의미하는 말이다. 초목군생이나 동물에까지도 덕화(德化)를 베풀어

---

86 최영성, 『최치원의 철학사상』, 438.

생을 동락동열(同樂同悅)하도록 하는 것을 '접화군생'이라고 표현한
까닭이다.[87]

도광순 역시 접화군생은 홍익인간의 교화보다 더 포괄적인 것으
로 초목군생에게 베푸는 '덕화'의 의미라고 설명한다.[88]

접화군생이란 말은 박시제중(博施濟衆)이나 하화중생(下化衆生)
등과도 다른 독특한 표현이다. 비단 인간뿐 아니라 모든 생명 있는
동식물을 주체적으로 접화할 수 있는 풍류도의 사상성이라면, 그것
은 과연 삼교의 사상성을 모두 포괄하는 것보다 더 심원고대하다 아
니할 수 없으니 그러한 의미에서 현묘지도라 하지 않을 수 없었던 것
이다.[89]

김성환은 접화군생이 포함삼교의 내재적 원리로서 실천적 구현
이라고 하였다. 따라서 "'化'는 곧 治化, 造化, 敎化"라고 해석한다.
포함삼교의 핵심인 유교의 충효는 치화의 요체요, 도교의 무위는 조
화의 요체요, 불교의 선행은 교화의 요체라는 것이다.[90] 「천부경」의
천일·지일·인일을 해설한 『환단고기』의 「태백일사」에서는 상계의
주재신인 天一이 조화를 주관하고, 하계의 주재신인 地一이 교화를
주관하며, 중계의 주재신인 太一이 치화를 주관하는데, 주체는 一神

---

87 같은 책, 439.
88 도광순, "한국의 전통적 교육가치관", 『철학과 종교』 (서울: 현대종교문제연구소,
    1981), 101.
89 도광순, "풍류도와 신선사상", 288-289.
90 김성환, "최치원 '國有玄妙之道'설의 재해석", 27-32.

으로 그 작용이 삼신일 뿐이라고 한 내용을 인용한다.[91] 하늘의 조화, 땅의 교화, 사람의 치화라는 천지인의 조화를 '접화군생'의 뜻으로 해석한 것이다.

유동식은 접화군생을 "모든 민중을 접하여 교화敎化한다"[92]는 좁은 의미로 해석하여 '한 멋진 삶'의 세 요소 가운데 '인간화의 삶의 신학 또는 민중신학'에 상응시켰다. 앞서 살펴본 관점에서 보면, 접화군생의 전우주적 생명의 차원을 유동식은 정치신학적이고 인간학적인 민중 교화의 차원으로 축소해버렸다는 한계를 지닌다.

---

91 『桓檀古記』, 「太白逸史」, '三神五帝本紀': "稽夫三神, 曰天一, 曰地一, 曰太一, 天一主造化, 地一主敎化, 太一主治化."
92 유동식, 『풍류신학의 여로』 (서울: 전망사, 1988), 55.

VIII. 「난랑비서」와 「천부경」의 천지인 묘합

『환단고기』의 태백일사 「소도경전본훈」편에는 "'천부경'은 천제
天帝의 환국桓國에서 입으로 전해내려 온 글이다. 환웅 대성존이 하늘
에서 내려온 뒤 신지혁덕神誌赫德에게 명하여 녹도문鹿圖文(사슴발자국
모양 문자)으로 기록하였는데, 고운 최치원이 일찍이 신지의 전서篆書
로 쓴 옛 비석을 보고, 다시 문서를 만들어 세상에 전한 것이다."93라
고 기록되어 있다. 『환단고기』를 편집한 계연수는 1916년 묘향산
바위에 새겨진 「천부경」 81자를 탁본하여 1917년 단군교당(현재의
대종교)으로 보냈고, 이를 "고운 선생의 기적奇跡"이라고 하여 『환단
고기』에 수록하였다. 최치원의 글을 모은 『최창후문집』에는 「난랑
비서鸞郎碑序」 바로 앞에 「단전요의檀典要義」가 수록되어 있다. "태백산
에 단군전비檀君篆碑가 있는데, 글 뜻이 어려워 읽기가 힘드나 고운이
번역했다"94는 설명과 함께 「天符經」으로 알려진 81자를 전하고 있
다. 그러나 단군신화의 삼신신앙의 천지인 조화의 묘의妙義를 담은 「
천부경」이 기록된 『환단고기』가 1917년 이후에 등장하였고, 『최문
창후전집』은 1925년에 출간된 것이어서, 그 역사적 진위여부가 논
쟁이 되고 있다.

---

93 임승국 역, 『환단고기』, 232.
94 『崔文昌候全集』, 「단전요의」, 太白山有檀君篆碑佶倔難讀孤雲譯之其文曰.

그러나 최근 농암聾巖 이현보(李賢輔, 1467-1555) 선생의 문집에서 「천부경」 81자가 발견되면서 「천부경」 자체의 역사성에 새로운 근거로 제시된다.[95] 그러므로 최치원이 「난랑비서」에서 밝힌 우리나라 고유의 현묘지도와 그가 녹두글자로 쓴 묘향산 전비인 「천부경」 사이에는 내재적 관련성이 있다고 보인다. 「단군신화」는 붉신 신앙의 요체인 천지인 조화를 천신·지신·인신의 삼신신앙이라는 신화적인 표상으로 기록하였지만, 「천부경」이야말로 이러한 천지인 조화의 삼재지도의 묘합을 철학적 수리학적 그리고 교리적으로 체계화한 천지인 조화론의 압권이기 때문이다. 「천부경」 전비의 최초 발굴자이자 해독자가 최치원이며 그가 「난랑비문」에 '국유현묘지도왈풍유'라고 한 것은 바로 단군신화와 「천부경」에 나오는 삼신신앙의 천지인 조화의 현묘지도라고 볼 수 있다. 최치원의 '천부경 해설'로 알려진 글에는 이 "팔십일자의 신결神訣에는 만법이 요약되어 갖추어져 있다"[96]라고 쓰여 있기 때문이다. 대종교에서는 「천부경」에 대하여 "천수天數·지리地理·인사人事의 기본이 되는 만물의 섭리攝理가 이 틀에 있고 가르침의 묘리妙理가 이 속에 숨쉬며 다스림의 순리順理 또한 이 안에서 작용한다"[97]고 해설하였다. 천부경이나 난랑비서는 모두 하늘엔 운수運數가 있고 땅에는 이치理致가 있으며, 인사人事에는 법도法度가 있다는 천지인 조화의 묘리를 밝힌 것이다.

조선 후기에 와서 정치가 문란하고 서구와 일본의 제국주의 침략이 본격화되자 새로운 민족 주체사상의 뿌리로서 민족 고유의 종교

---

95 "갑골문자 天符經 발견, 단군. 환웅 실재성 높아", 「일요시사」 2002. 9. 29.
96 八十一字神訣 神訣字雖八十一 萬法具略.
97 "천부경 해설", http://www.daejonggyo.or.kr/html/cheonbugyung.htm.

를 회복하려는 운동이 활발하게 펼쳐졌다. 최치원의 후손인 최제우는 동학을 창시하여 환인 하느님 신앙을 재건하였고, 최시형은 단군신화의 붉신앙인 삼신신앙의 천지인 조화론을 발전시켜 경천敬天·경물敬物·경인敬人의 삼경론을 주창하였다.[98] 최근에는 조자룡[99], 우실하[100], 이은봉[101], 김지하[102] 등이 단군신화와 삼신신앙 등을 통해 드러나는 한국문화의 구성 원리는 이수분화의 음양론이 아니라, 3수 분화의 삼태극적인 삼재론이라는 것을 정교하고 다양하게 그리고 현실적합성 있게 논증한 바 있다. 특히 우실하는 최치원이 전했다는 「천부경」이 비록 후대에 쓰인 위서라는 논쟁이 있지만, 「난랑비서」에서 말하는 우리 고유한 현묘지도로서 '한국인의 사유체계와 세계를 이해의 인식의 틀'인 '3수 분화의 세계관에 근거한 삼태극/삼신사상의 원리'인 붉신앙이 내재하고 있다고 주장한다.[103]

단군신화의 천신인 '환인과 환웅', 지신인 '웅녀', 인신인 '단군'을 섬기는 붉신앙의 삼신신앙을 요약한 단전요의檀典要義라고 불리우는 「천부경」에는 천지인 삼재의 조화와 묘합의 현묘지도가 가장 잘 드러나 있다. 이러한 삼재지도의 묘합은 통시적이고, 공시적이며 동시에 기층 및 표층 문화에 모두 나타나는 통전적인 한국인의 영성이다. 또한 한국의 신화, 종교, 정치, 문화, 예 술, 의식주뿐 아니라 '한글'

98 허호익, "해월 최시형의 삼경론의 구조와 천지인 신관", 「한국기독교신학논총」 제28집 (2003. 4), 309-336; "해월 최시형의 천지인 삼경론과 천지인의 신학", 「한국기독교신학논총」 제27집 (2003. 1), 437-466.

99 조자룡, 『삼신민고』 (서울: 가나아트, 1995).

100 우실하, 『전통문화의 구성 원리』 (서울: 소나무, 1999).

101 이은봉, 『한국고대종교사상 - 천신, 지신, 인신의 구조』 (서울: 집문당, 2002).

102 김지하, 『율려란 무엇인가』 (서울: 한문화, 1999).

103 우실하, 『전통문화의 구성 원리』, 303.

등에 적용되는 한국문화의 구성 원리로서 전승되어 오고 있다. 그리고 이를 문양으로 표현한 삼태극은 천지인 조화와 현묘의 삼재지도를 표상한 것으로 가장 보편적이고 현재까지 널리 통용되며 한국의 얼을 표상하는 한국의 대표적인 문양이기도 하다.[104] 최치원이 중국에서 배타적인 삼교를 경험하였기 때문에 우리나라의 고유한 천지인 삼재의 조화의 묘리를 자각하고 실천할 수 있었던 것이다.

그러므로 천지인 조화의 묘를 한국신학의 새로운 해석학적 원리로 수용할 필요가 있다. 왜냐하면 서양 신학의 전통에서는 신과 인간, 자연과 인간, 몸과 마음, 정신과 물질이 대립적인 실체로 분열되었고, 결과적으로 신성神聖의 포기와 자연의 파괴와 인격의 파탄이라는 인류문명의 생존과 관련되는 심각한 결과를 초래하였기 때문이다. 수직적·영성적 대신관계, 수평적·연대적 대인관계, 순환적·친화적 대물관계라는 천지인의 조화의 원리를 회복하는 것만이 그 대안이 될 수 있다.[105]

---

104 www.theologia.kr에 올려놓은 삼태극 관련 788개 사진 참조.

105 허호익, "천지인 신학의 성서적 신학적 근거 모색: 한국신학은 한국적이고 신학적 인가?", 「문화와 신학」 3 (2008), 11-40.

IX. 유동식의 풍류신학에 나타난 「난랑비서」 해석의 문제점

유동식은 '우리들의 영성靈性에 입각한 한국신학으로서의 풍류신학의 모색'이 '평생에 걸친 나의 학문적 과제'[106]라고 하였다.

> 나름대로의 신학적 사고를 하기 시작한 것은 60년 경부터였다. 그리고 신학적 관심은 60년대, 70년대, 80년대에 각각 조금씩 변해 왔다. 그러나 전체를 통괄한 신학적 주제는 하나였다. 곧 토착적인 한국신학의 모색이 그것이다. 그리고 80년대에 도달한 것이 풍류신학이다. 말하자면 나의 신학 여정은 '풍류신학으로의 여로(旅路)'였다.[107]

유동식은 자신의 신학적 여로가 60년대의 선교신학으로서의 토착화론에서, 70년대의 한국인의 영성과 종교 문화를 거쳐 1983년부터 풍류신학을 전개하기 시작했다고 자술한 바 있다.[108] 80년대에는

---

106 유동식, 『풍류신학으로의 여로』, 3. 머리말 참조.
107 같은 책, 9.
108 같은 책, 26-27 쪽 "'풍류신학'을 처음으로 발표한 것은 1983년 초여름 「신학사상」 제41호의 신학수상 난에서였다. 그 후 "풍류도와 기독교"를 「신학논단」 제16집 (1983. 11. 연세대 신과대학)에 실었다. 1984년 10월에는 전국 신학대학 협의회와 한국기독교학회가 주최하여 "한국기독교 100년 기념 신학자대회"를 열었는

풍류신학에 관한 논문을 모아 출판한 『풍류신학으로의 여로旅路』(1988)를 거쳐 90년대는 풍류신학의 대로大路에 접어들어 두 권의 저서 『풍류도와 한국신학』(1992)와 『풍류도와 한국의 종교사상』(1999)을 통해 정리되었다.

1980년대에 영성신학이 새롭게 등장하면서 비서구 문화나 타종교 속에서 발견되는 다양한 영성에 관한 긍정적인 관심이 고조되었다. 이런 배경에서 유동식은 한국인의 영성 즉 민족적 영성의 원초적 형태를 단군신화와 풍류도에서 찾으려고 하였다. 그리고 한국인의 시원적 영성은 단군신화에 나타나는 하느님 신앙, 자기부정을 매개로 한 하느님과의 결합의 종교의례로서 가무강신의 신인융합, 그리고 하느님과 하나된 인간의 생산과 문화 창조라고 보았다. 이는 "삼태극으로 표현되는 천·지·인 삼재의 원융구조"이기도 하다. 이 원시적인 영성이 형이상학적으로 승화된 것이 화랑도이며, 이 화랑도가 바로 최치원이 『난랑비서문鸞郎碑序文』에서 말한 현묘지도(靈性)로서 포함삼교包含三敎, 접화군생接化群生의 풍류도風流道라고 한다.

풍류란 말이 '불' 또는 '붉'의 하느님 신앙에서 유래한 것이지만 "풍류란 일반적으로 신선도神仙道 이상인 자연과 인생과 예술이 혼연일체된 삼매경에 대한 심적 표현"(『풍류도와 한국신학』, 18쪽)이라 정의한다. "풍류도는 고대 제천에 나타난 원시적인 영성이 삼교三敎 문화를 매개로 승화된 한국인의 영성"이라는 것이다. 풍류도는 고대 종교에 대한 명칭이 아니라 각 종교 문화의 장으로서 한국문화의 기초

데, 나는 주최자측의 요청에 의해 '한국문화와 신학사상: 풍류신학의 의미"를 발표했다. 이것이 후에 「신학사상」 제47집(한국신학연구소. 1984 겨울)에 실리게 된 것이다.

이며, 현대 한국인의 의식에도 살아 있는 불변의 정신적 원리와 구조라는 것이다.

유동식은 신라시대에 최치원이 한국인의 영성인 현묘지도를 풍류도, 포함삼교, 접화군생으로 해석한 것을 현대의 일상적인 용어로 재해석한다. 첫째 풍류는 곧 '멋'이다. 멋이란 세속을 초월한 자유의 삶에 뿌리를 내린 생동감과 조화에서 나오는 미의식이다. 둘째 포함삼교한다는 풍류도의 포월성包越性은 '한'이다. 셋째로 중생을 접하여 교화하여 사람 되게 하는 풍류도의 효용성은 '삶'이다. 이 '한 멋진 삶' 세 개념은 각각 독자적이면서도 상호내재적이며 포월적인 것이라고 한다(209쪽).

그리고 이 '멋, 한, 삶'의 원시종교의 풍류가 한국종교사를 통해 '멋'은 문화 예술적으로 전개되고, '한'은 종교 형이상학적으로 전개되고, '삶'은 윤리 사회적으로 전개되었는데, 불교는 초월적인 한이 지배적이고,[109] 유교는 현실치리적 삶의 성격이 지배적인데 비해 기독교는 영적 초월과 역사적 현실의 조화를 강조하는 멋의 이념이 지배적인 종교라 하여 이를 나선삼각원추형상으로 도해화한다(23쪽).

유동식은 '난랑비서'를 신학계에 소개하고 이를 해석학적 원리로 하여 풍류신학이라는 독창적인 신학을 전개하였다. 그럼에도 풍류신학의 해석학적 원리에는 몇 가지 문제점이 발견된다.

첫째는 풍류를 '멋'과 '여유'로 해석한 것이다. 유동식은 풍류가 한국인의 원초적 영성이며 현대적 의미로는 멋으로 해석하고 최근에는 풍성한 여유라고 풀이하기도 하였다. 그러나 앞에서 언급한 것처

---

109 그러나 이 책 255-259쪽에서는 원광(531-630)은 삶의 불교요, 의상(625-702)은 한의 불교요, 원효(617-686)는 멋의 불교를 전개하였다고 한다.

럼 최치원이 말한 풍류는 색정적, 감흥적, 미학적 풍류가 아니며 은일형, 계절형, 순례형 풍류도 아니다. 이러한 모든 유형의 풍류와는 전적으로 다른 '붉신'을 섬기는 '종교 신앙형 풍류'이기 때문이다. 풍류의 옛 뜻은 유동식도 인정했듯이 '부루' 즉 밝은 하느님(붉신)에 유래한 것이다. 현묘지도로서 풍류도는 인도人道가 아니라 신도神道로서 고신도古神道라고 해석하는 이들이 적지 않다. 따라서 풍류를 신명神明으로 해석하는 많은 논저가 발표되었다. 풍류의 붉이 한자식으로 표현된 것이 신명神明이라 할 수 있다.

『삼국사기』에서는 화랑도의 특징을 "서로 도의를 닦고, 서로 가악歌樂으로 즐겁게 하며, 명산과 대천大川을 찾아 멀리 가보지 아니한 곳이 없으며"라고 하였다. 고대문헌에 나오는 제천의식과 가무강신은 단순한 일상 예술적인 멋의 추구가 아니라, 보다 종교적이고 초월적인 엑스타시를 추구하는 그야말로 무속적인 가무강신의 신명神明이기 때문이다. 동양 삼국의 풍류를 비교해 보아도 한국의 경우 종교적인 신명에 가까운 것임을 알 수 있다.110 그렇다면 최치원이 말한 현묘지도로서 풍류도는 멋과 여유보다는 천지신명 하느님 신앙과 더 관련이 있는 것이 아닌가?

풍류신학을 전개한 유동식은 "그 현묘한 풍류도란 무엇인가? 그것은 샤머니즘, 특히 한국적인 샤머니즘이었다"고 하였다.111 그러나 샤머니즘은 보편적인 종교현상 중의 하나이므로 우리 민족의 고

---

110 신은경, 『風流: 동아시아 美學의 근원』, 64-65. 중국의 풍류개념이 주로 노장적 (老莊的) "정신의 자유분방함"이 특징이고, 일본의 풍류개념이 사물의 외면에 미적 요소를 강조한다면, 한국의 풍류개념은 "宗敎性"을 강조한다고 한다.
111 유동식, 『한국 종교와 기독교』 (서울: 대한기독교서회, 1969), 24-25.

유한 종교라고 할 수 없다는 비판을 면할 수 없다.[112] 또한 한국인의
원초적 영성인 풍류를 현대적 의미로 해석하여 미학적 멋의 예술신
학으로 전개하였다.[113] 풍류의 우리말 어원은 '부루'인데 이는 불·밝
·환·한·한울로도 표기되며 그 의미는 종교적 대상인 하느님을 뜻하
는 것임을 인정하였음에도 불구하고, 이 풍류를 일상적인 '한 멋진
삶'이라는 멋의 신학과 예술 신학이라고 본 것이다.[114] 그러나 고대
문헌과 최치원의 사상을 고찰해 볼 때 풍류를 미학적인 '멋'으로 풀이
한 것은 해석학적으로 무리가 있다고 여겨진다.

둘째로 포함삼교를 포월의 한을 성부 하나님으로 해석한 것이다.
포함삼교는 풍류도의 민족주체적 성격에 대한 최치원의 '동인의식'東
人意識의 표현으로도 해석된다.[115] 최치원은 아버지의 강권으로 12세
에 자비로 조기 유학하여 당나라에서 급제하면서 문명文名을 떨치고
16년 만에 귀국하였다. 이후 태백산에 있는 신지현덕의 전비문篆碑文
에서 「천부경」을 발견하고 이를 번역하여 전하는 등 민족 고유정신
에 대한 자각이 싹터 '주체적 고대정신의 계승자'로 평가받는다.

이런 배경에서 볼 때 나라의 현묘지도는 중국의 유불선을 수용하
여 습합 즉 '포함包涵'한 것이 아니라, 삼교 유입 이전 고래로부터 있어
왔고 삼교를 포함包含 즉 포월하는 고유한 종교사상이라는 주체적 자
의식의 선언이다. 따라서 '포함삼교'는 문맥과 배경으로 볼 때 비교
종교학적 방법론의 개념인데 이를 내용적으로 수용하여 '한, 하늘,

---

112 김상일, "풍류도와 선맥 그리고 차축시대", 7.
113 유동식, 『풍류도와 예술신학』 (서울: 한들출판사, 2006).
114 유동식, 『풍류도와 한국종교사상』 (서울: 연세대학교출판부, 1997), 58-59.
115 최영성, 『최치원의 철학사상』, 397-447.

한울, 하느님'으로 해석하고 이를 다시 삼위일체론에 적용하여 포월적인 존재인 성부 하나님과 상응시킨 것이다.

이처럼 유동식은 '포함삼교'를 모든 것을 하나로 묶는 '한의 신학'으로 풀이하였다. 포함삼교는 방법론을 지칭하는데, 이를 내용으로 보아 '한'으로 해석하여 한님 곧 하나님이라고 하였다. 해석의 방법과 해석의 내용을 혼돈한 것으로 보인다.

셋째로 접화군생을 인간교화로 해석한 것이다. 유동식은 최치원의 접화군생을 "모든 민중을 접하여 교화敎化하였다"(55쪽)고 해석하여 '인간화의 삶의 신학 또는 민중신학'에 상응시키지만, 최근에는 "중생을 접하여 감화시킨다"는 뜻으로도 해석된다. "접화군생은 홍익인간의 교화敎化 보다 더 광범위한 재세이화의 '감화感化'로 해석되어야 한다"[116]는 것이다. 이는 '생명 친화'의 개념으로 화랑도에서는 명산대천의 오유산수遊娛山水로 실천되었고, 해월 최시형은 우주론적 경물론敬物論과 물오동포物吾同胞 사상으로 발전시켰고, 최근에는 김지하 등에 의해 우주생태학과 여성적 생명 모티브로 재해석되고 있다. 유동식이 밝힌 것처럼 장공 김재준도 일찍이 「천부경」에 포함되어 있는 대종교의 『환단고기』를 읽고 떼이야르 드 샤르뎅에서 발견한 '전우주적 사랑의 공동체'의 이상을 발견하였다고 한다.

넷째로 한국인의 영성을 '한 멋진 삶'으로 해석한 것이다. 여기에서는 한국인의 영성의 뿌리가 '풍류'인가 하는 본질적인 질문이 제기된다. 이것은 나라의 현묘지도에 대한 최치원의 해석에 지나지 않으며, 유동식의 풍류신학은 최치원의 해석을 재해석한 것이거나, 김광

---

116 같은 책, 437.

식이 지적한 것처럼 신학적 해석이라기보다는 '기독교 교리의 무교적 예증'(Shamanistic illustraion)[117]이 아닌가 하는 질문이다. 최근 조자룡[118], 우실하[119], 이은봉[120], 김지하 등은 단군신화와 삼신신앙을 통해 드러나는 한국문화의 구성 원리는 이수분화의 음양론이 아니라 삼수분화 삼태극적인 삼재론이라는 것을 논증한 바 있다. 이 천지인 조화의 삼재론은 통시적이고, 공시적이며 동시에 기층 및 표층 문화에서 모두 나타나는 통전적인 한국인의 영성이며 한국의 신화, 종교, 정치, 문화, 예술, 의식주뿐 아니라 한글 등에 사용되는 가장 보편적이고 현재에도 널리 통용되는 한국의 얼을 표상하는 대표적인 개념이기 때문이다.[121]

유동식 역시 단군신화를 비롯한 고대신화에 나타나는 삼태극적 구조와 천지인의 조화를 한국인의 영성이라고 하였지만, 최치원의 풍류도 해석에서 천지인 조화의 영성을 '한 멋진 삶'이라는 개인적 실존적 의미로 축소한 것이 아닌가 하는 질문이 제기된다. 최치원이 최초로 전한 「천부경」에는 천지인 삼재론이 가장 구체적으로 서술되어 있으므로, 최치원이 발견한 현묘지도는 천부경에 나타난 천지인 조화론으로 보아야 할 것이다. 이러한 풍류도를 계승한 천도교의 교리를 체계화한 최시형은 천지인 조화론을 경천, 경물, 경인의 삼경으

---

117 김광식, "샤머니즘과 풍류신학", 「신학논단」 21 (1993), 79. 김광식은 칼 바르트가 해석과 예증을 구분한 것에 근거하여 풍류신학은 기독교의 무교적 해석이라기보다는 무교적 예증이라고 설명한다.
118 조자룡, 『삼신민고』 (서울: 가나아트, 1995).
119 우실하, 『전통문화의 구성 원리』 (서울: 소나무, 1999).
120 이은봉, 『한국고대종교사상 - 천신, 지신, 인신의 구조』 (서울: 집문당, 2002).
121 www.theologia..kr에 올려놓은 삼태극 관련 788개 사진 참조.

로 구체화하였다. 따라서 최시형의 삼경론이야말로 밝사상을 계승
한 천지인 조화론의 사례라고 볼 수 있다.

제6장

훈민정음 창제 원리와
천지인 조화론

I. 한국어와 한국문화의 구성 원리*

인간의 사유는 언어로 표현된다. 이러한 의미에서 라이프니츠는 "언어는 인간 정신의 가장 좋은 거울"이라고 하였다.[1] 나아가 인간의 정신과 사유가 개발되고 축적된 것이 문화文化이다. 문화는 문자화文字化의 준말이다. 문화는 문자화를 통해 개발, 축적, 전승되어 오고 있으므로, 한 민족의 고유한 문화는 그 민족의 고유한 언어를 통해 고유한 방식으로 드러나기 마련이다.

이런 관점에서 보면T. Boman도『히브리적 사유와 그리스적 사유의 비교』라는 저서에서 한 민족, 종족, 인종의 특수성은 그 고유한 언어에서 표현된다고 하였다. 동일한 입장에서 서양문화의 두 주류인 히브리 문화와 그리스 문화 사이에 나타나는 사유의 차이는 히브리어와 그리스어의 차이에서 비롯된 것이라는 실제적인 연구 결과를 제시한 바 있다.[2]

홈볼트W. Humboldt를 창시자로 볼 수 있는 현대 언어철학은 언어가 그 민족—아주 원시적인 민족일지라도—의 독특한 사유의 표현이라

---

* 이 장은 "훈민정음의 천지인 조화의 원리와 천지인신학 가능성 모색" (「신학과 문화」 14 [2004. 5], 226-252)를 재정리한 것이다.
1 N. Chomsky, 『언어에 관한 지식』 (서울: 민음사, 1990), 19 재인용.
2 T. Boman/ 허혁 역, 『히브리적 思惟와 그리스적 思惟의 比較』 (서울: 분도, 1975).

고 하였다. 뮐러M. Mueller는 언어에 응결된 철학이 들어 있다고 역설하였다.3 소쉬르도 "언어가 한 국민의 정신적 특성을 반영한다는 것은 매우 일반적으로 받아들여지는 견해"라고 하였다.4

하이데거는 한 걸음 더 나아가서 언어가 단지 사유를 반영하는 것이 아니라, 사유를 결정한다고 주장하였다. 생각이 다르기 때문에 언어가 달라진 것이 아니라, 언어가 다르기 때문에 생각이 달라졌다는 것이다. 그는 널리 알려진 개념인 "언어는 존재의 집"이라는 새로운 언어관을 통해 새로운 해석학을 모색하였다.5 하이데거에 의하면 언어는 단지 인간이 사유하기 위해 만들어 낸 도구가 아니다. 언어에 의해 인간의 존재 방식이 드러나기 때문이다. 따라서 언어는 '존재의 수단'이 아니라 '존재의 집'이라고 정의한 것이다. 언어라는 거처에서 인간은 자신의 존재를 드러내는 것이다.

그리고 하이데거는 언어가 사유와 문화의 차이를 가름할 뿐만 아니라, 존재구조와 존재방식의 차이도 좌우할 만큼 중요하다는 점을 강조한다. 인간은 언어를 통해 사유하는 것이 아니라, 언어에 의해 사유되어진다. 그런 의미에서 "우리가 사유하는 것이 아니라 사유가 우리에게 온다"고 하였다.6 새로운 사유는 새로운 언어에 의해서만 가능하다고 보았기 때문에 자신의 실존철학을 설명하기 위해 수많은 새로운 용어를 만들기도 하였다. 이러한 하이데거의 언어관을 따

---

3 같은 책, 28-29.

4 F. De Saussure/ 최승언 역, 『일반 언어학 강의』 (서울: 민음사, 1990), 266.

5 M. Heidegger, "휴머니즘에 관하여", 『세계사상전집 제6권』 (서울: 삼성출판사, 1982), 99.

6 M. Heidegger, *Aus der Erfahrung des Denkens* (Nesks, 2. Aufl. 1965), 11. "Wir kommen nie zu Gedanken. Sie kommn zu uns."

르면 한국문화의 구성 원리는 우선적으로 한글의 구성 원리에서 드러나게 된다. '한글'이라는 고유한 언어가 있었기 때문에 한 민족의 고유한 사상이 전승되어 왔다고 주장할 수 있다.

서양의 사상이 이원론적인 이유는 서양의 언어 자체가 이원론적으로 이루어져 있기 때문이다. 김상일은 "한국말의 과정철학적 풀이"에서 여러 어휘들을 풀이하면서 한국어가 비실체론적이고 비이원론적이고 유기체적 언어이기 때문에 한국사상이 그러한 성격을 띠게 된 것이라는 결론을 맺었다.7 예를 들면 언어 현상학적으로 볼 때 나가는 문(Exit)과 들어오는 문(Enterance)이라는 말만 있고 이둘을 한꺼번에 표현하는 '출입구'라는 언어가 없을 경우, 출구와 입구가 둘이면서 동시에 하나라는 생각을 가질 수가 없게 된다. 그러나 한글에도 이 둘을 동시에 표현하는 말들이 많이 있다. '나들이', '빼닫이'처럼 '나고 들고'나 "빼고 닫고"를 동시에 표현하는 비이원적이며 비시원적인 언어가 발달해 있는 것이다.

물론 현상적으로 언어의 차이에 대한 연구들도 필요하겠지만, 우선 한글의 언어학적 구조 자체가 비이시원적이고 비실체적인 것은 한글의 표기, 표음, 표의의 삼중적인 구조에서 비롯된 것임을 살펴보려고 한다.

한글은 어떤 글자인가? 훈민정음에 관한 연구는 대체로 다음의 세 가지로 전개되어 왔다. ① 훈민정음 자형의 기원과 제자 원리를 다루는 한글의 표기에 관한 연구, ② 훈민정음의 성음과 음운 원리를 다루는 한글 표음에 관한 연구, ③ 그리고 훈민정음의 철학적 기초를

---

7 김상일, 『한사상』 (서울: 온누리, 1986), 118.

다루는 한글의 표의에 관한 연구이다.[8]

이 장에서는 한글이 표기, 표음, 표의의 삼중적으로 조화를 이룬 예외적인 문자라는 것을 밝히려고 한다. 아울러 이러한 표기와 표음과 표의의 공통된 구성 원리가 한국문화의 구성 원리인 천지인 삼재론이라는 사실을 논증하려고 한다. 이러한 삼재론적 원리는 조선 건국 초기의 문화사적 배경에서 더욱 분명하게 논증할 수 있을 것이다.

특히 훈민정음의 철학적 사상적 원리에 대하여 신경준과 어윤적 같은 학자들은 훈민정음이 음양 오행설에 기초한 태극 사상에서 기원했다는 주장을 하였다.[9] 그러나 훈민정음의 철학적 사상적 원리가 이태극에 기초한 음양설이 아니라, 삼태극으로 상징되는 천지인 삼재론이 훈민정음의 중심적 구성 원리라는 사실을 규명하려고 한다.

천지인의 조화라는 삼태극적 삼재론의 원리가 훈민정음의 창제원리에도 그대로 반영되었다는 점을 전제로, 훈민정음의 제자, 음운, 운용 원리로 제시된 천지인 조화론을 구체적으로 논증하도록 하겠다.

---

8 이성구, 『訓民正音硏究』 (서울: 동문사, 1985), 116.
9 이근수, 『훈민정음 신연구』 (서울: 보고사, 1995), 23-24.

II. 훈민정음 자형의 기원

한글의 표기에 관한 연구는 훈민정음 자형의 기원과 제자 원리에 대한 연구로 전개되어 왔다. 우선 훈민정음의 자형이 외국문자에서 기원하거나 아니면 우리의 옛 글자에서 기원하였다는 두 가지 주장으로 대별된다.[10]

외국문자 기원설에는 한자漢字 약자略字 기원설, 범자梵字 기원설, 몽고문자인 파스파자八思巴字 기원설, 서장(티베트)문자 기원설 등이 주장되었으나,[11] 1940년에 『훈민정음해례訓民正音解例』가 발견된 뒤에는 우리의 옛 글자에서 기원했다는 고전古篆 기원설이 대체로 수용되고 있다.[12]

정인지는 『훈민정음해례』의 첫머리에서 '고인古人이 소리에 따라 글자를 만들었다'고 했으며, '상형象形을 하되 그 글자는 옛날의 전자篆字 비슷하다'고 하였다. 이처럼 옛사람이 만든 옛 글자가 이미 있었다는 것을 전제하였다.

---

10 김윤경, 『朝鮮文字 及 語學史』(서울: 진학출판협회, 1946); 윤덕중, 『훈민정음 기원론』(서울: 국문사, 1983); 이상백, 『한글의 起源 : 訓民正音 解說』(서울: 통문관, 1957); 김형규, "訓民正音과 그 前의 우리 文字", 『한글』제12권 제1호 (1947년 1-3월)/제12권 제1호 (1947년 1-3월).

11 김민수 외, 『외국인의 한글 연구』(서울: 태학사, 1977), 33-53.

12 이근수, 『훈민정음 신연구』, 16-25.

『세종실록』에서 "언문은 모두 옛 글자를 본받아 되었고, 새 글자는 아니다. 언문은 '녹도문자' 전 조선시대에 있었던 것을 빌어다 쓴 것이다"(세종실록 103권)라고 하였으며, "이 달에 상감께서 친히 스물 여덟 자를 지으시니, 그 자는 고전을 모방한 것이다"(세종 25년)라고 하였다.

최만리 등도 상소문에서 "언문은 모두 옛 글자를 근본삼은 것으로 새로운 글자가 아니며 곧 자형은 비록 옛날의 전문을 모방했더라도 용음과 합자가 전혀 옛것과 반대되는 까닭에 실로 근거할 바가 없는 바입니다"[13]라고 하였다.

김윤경은 여러 문헌에 근거하여 훈민정음 이전의 글자로 오늘날까지 전해지지 못한 글자는 '삼황내문三皇內文, 신지비사문神誌碑詞文, 왕문문王文文, 각목문刻木文, 고구려문자, 백제문자, 발해문자, 향찰, 고려문자' 등이 있고, 이것을 전하는 글자로서 '이두와 구결'이 있다고 하였다. 김석득은 평양 범수교비문, 서시徐市의 제명이라고 전해지는 남해도南海島의 바위에 새겨진 글자 등이 전서篆書와 다른 고대의 고유문자라고 한다. 따라서 11종류의 고대문자가 있었다고 주장한다.[14]

1987년에 번역된 『환단고기』에 수록된 조선조 중종 때 이맥이 쓴 『태백일사』에는 3대 단군 가륵 제 2년(BC 218) 삼랑三郞 을보륵이 편찬한 정음 38자로 이루어진 가림토(또는 가림다) 문자(그림 1)가 소개되어 있다.[15] 단군시대에 이미 이러한 한글이 사용되었다는 것이다.

---

13 有駭觀聽. 儻曰諺文皆本古字, 非新字也, 則字形雖倣古之篆文, 用音合字, 盡反於古, 實無所據.

14 김석득, 『우리말 연구사』 (서울: 김석득, 정음문화사, 1992), 398-399.

15 임승국 역, 『환단고기』 (서울: 정신문화사, 1987), 244.

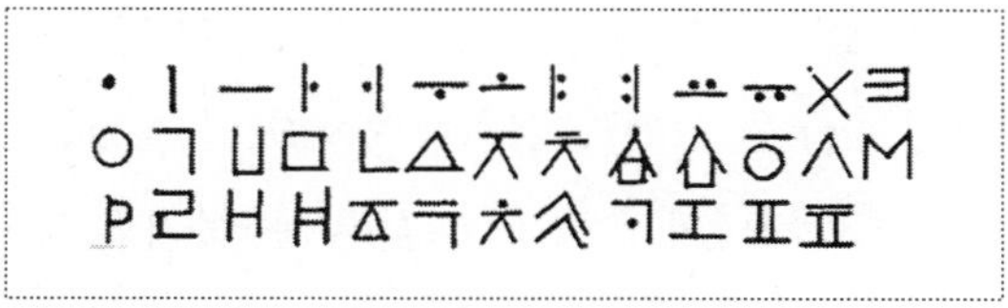

(그림 1) 가림토 문자 (『환단고기』, 「단군세기」)

가림토 문자설은 1983년 10월에 열린 제2회 한국사 학술회의에서 제기되었다. 이 회의에 참석한 안호상은 "단군시대에 한글이 창제되었다는 기사가 『한단고기』에 있다"고 주장하였다. 그 후 송호수도 본격적으로 가림토 문자 기원설을 제기했다.

고려 말기의 학자 이암이 쓴 「단군세기」에 의하면 3세 단군 가륵 재위 2년(서기전 2181년)에 삼랑 을보륵에게 명해 정음 38자의 가림토 문자를 만들었다. 가림토 문자 38자 속에 28자가 거의 다 원형 그대로 들어 있다. 다만 가림토 문자 38자에서 10자를 제거한 것이 곧 28자인 훈민정음이다. 한자문화의 팽창으로 가림토 문자가 우리나라에서는 거의 사라진 반면, 상대적으로 안전지대였던 일본에서는 가림토 문자를 모방한 아히루 문자(신대문자의 일종)가 남아 있다.[16]

물론 이에 대한 여러 반론이 제기되었다. 이근수는 "원래 이암이 쓴 「단군세기」에는 가림토 문자가 없었는데, 후대에 한글의 자형을 가필·첨가한 것으로 보인다"고 했다. 단군시대에 창제되었다는 가림토 문자와 관련하여 무려 3200년이 지난 고려 초까지 단 한 조각

---

16 송호수, 『위대한 민족: 한글은 세종 이전에도 있었다』 (서울: 보림사, 1989), 109-143.

의 언어자료도 남아 있지 않다는 점을 지적했다.[17]

세종대왕이 한글을 창제하기 위하여 집현전 학자들을 7-8차례
에 걸쳐 만주, 몽고 지방까지 보내서 잃어버린 문자를 찾으려 했다는
것으로 보아 옛 한글이 세종 이전에도 이미 변방지역에서 사용되고
있었음을 헤아려 볼 수 있다는 주장도 있다. 옛 한글이 어떤 연유로
사라져 버렸는지 자세히는 알 수 없다. 김상일은 철기시대에 들어와
한사군이 설치되고 중국의 한자 문명이 홍수처럼 들어오면서 그런
현상이 생긴 것이라고 추측할 뿐이라고 하였다.[18]

조철수는 가림토 문자설에 근거하여 "훈민정음은 히브리 문자를
모방했다"고 주장하여 많은 논쟁을 일으켰다.

> 훈민정음이 본떴다는 옛 글자(古篆)는 「단군세기」에 기록된 가림토
> 문자이다. 그리고 이 가림토 문자는 11-15세기에 중국 유태인들이
> 쓰던 히브리 문자를 모방한 것이다. 따라서 훈민정음은 가림토 문자
> 를 바탕으로 중국 음운학과 히브리어 문자·히브리어 음운학을 참조
> 해 창제했을 가능성이 높다.[19]

---

17 이근수, "한글은 세종 때 창제되었다", 『광장』 1984년 2월호. 가림토 문자의 출전인
　『단군세기』가 1911년 계연수가 편찬한『환단고기』에 들어 있는데, 『단군세기』가
　고려시대의 원본이라는 보장이 없다는 지적이다. 『단군세기』의 저자 이암도 「고기
　(古記)」에 의지해 쓴 것으로 되어 있다.

18 김상일, 『한사상』 (서울: 지식산업사, 1986), 185. "우리 옛 문헌에도 신지(神誌)
　라는 옛 문자가 있었다는 기록이 나오지만 지금 우리가 확인할 길은 없다. 평양 범
　수교 다리 밑에서 발견된 범수교 문자, 남해 낭하리에 있는 석벽에서 발견된 문자,
　얼마 전 단양의 석굴에서 발견된 신석기 문자 등은 우리 옛 조상들이 지금은 잃어버
　린 문자를 사용하고 있었음이 분명하다고 본다."

19 조철수, "훈민정음은 히브리 문자를 모방했다", 『신동아』 1997년 5월호, 360-373;
　강규선, 『훈민정음연구』 (서울: 보고사, 2000), 22-27.

1489년 중국 개봉부開封府에 거주하던 유태인들이 회당會堂을 중 건하고 이를 기념하기 위하여 중건청진사기重建淸眞寺記를 한문으로 기 록하였다. 그런데 이들 중국 유대인들이 사용했던 모음은 히브리어 모음이었으며 한글의 'ㆍ ㅡ ㅣ'와 그 기본이 같다. 중성자는 가림토 문자의 처음 11개 부호와 같으며 모두 히브리어 모음 부호와 그 기본 구조가 유사하다. 전 세계에 알려진 알파벳 중에 히브리어나 훈민정 음의 모음부호와 비슷한 것은 없다는 것이다.

히브리어의 'ㆍ'의 음가는 [o]이며 훈민정음 'ㆍ'의 음가도 [o]와 [a]의 사이음이다. 히브리어의 [ㅁ]은 훈민정음의 ㅁ과 동일하고, 그 외에 훈민정음 ㅈ, ㅊ, ㄱ, ㄴ, ㄷ, ㅌ, ㅋ 등과 같은 히브리 문자(그림 2)와 흡사한 것들을 대비시키고 있다. 대부분의 히브리 문자의 형태 를 약간만 바꾸면 가림토 문자와 훈민정음의 초성자를 만들 수 있다 고 한다. 그리고 중국 유태인의 음운서였던 『창조서』와 훈민정음 5체 계의 순서가 같다는 점을 들어 히브리어 음운학의 영향이라 하였다.

בְּרֵאשִׁית בָּרָא אֱלֹהִים אֵת הַשָּׁמַיִם וְאֵת הָאָרֶץ׃

(그림 2) 히브리어 창세기 1장 1절

조철수는 고려가 원나라 지배를 받았던 시기는 민족주의가 발흥 하던 시기이므로 선조인 단군에 대한 책을 만들면서 고유문자의 필 요함을 느껴 당시 중국의 유태인이 쓰던 히브리 문자를 차용해서 만 든 가림토 문자를 도입했을 가능성이 있다고 주장한다.

단군과 무관한 중국 유태인의 히브리 문자를 차용할 만한 근거가 있는가라는 질문에 대해 조철수는 중국 유태인의 문화와 종교가 우리와 유사한 점이 많으며, 민족의 시조始祖를 하늘과 연결하고 있다는 점 등을 제시한다. 물론 이에 대한 찬반양론이 팽팽한 것이 사실이다.

이근수는 두 문자의 유사성에는 한계가 있으며, 두 문자가 중국의 성운학의 이론을 차용했기 때문이라고 반박한다.

> 훈민정음의 자음 가운데 'ㅁ, ㄱ' 등 몇 개의 자형만 히브리문자와 유사하다. 근본적으로 기원을 같이 한 것이라면 음소체계나 제자원리와 자형에 대응이 있어야 하는데 그것을 찾기 힘들다. 모음의 'ㆍㅡㅣ'나, 자음과 모음을 합해서 쓰는 합자법이 훈민정음과 같은 것은 주목할 만하다. 하지만, 'ㆍㅡㅣ'가 훈민정음과 같은 것은 중국 유태인이 중국학문과 운서를 접하면서 역리사상을 이용해 그들의 운서를 만들었기 때문에 이러한 일치를 가져온 것이 아닌가 생각한다. 히브리어가 음소문자이면서도 음절 단위로 쓴 것은 훈민정음이 중국 성운학의 이론을 따라 음소문자이면서도 초·중·종성을 합자해서 쓴 것과 같은 이유일 것으로 추정된다.[20]

단군 시대에 창제된 가림토 문자와 훈민정음의 관계도 아직은 정설로 수용되는 것은 아니지만 일부 민족계열 학자들은 그 관련성을 강력하게 주장하고 있다.[21] 따라서 가림토 문자가 단군신화의 천지

---

20 이기혁, "히브리 문자 기원설을 계기로 본 훈민정음 – 세종대왕이 독창적으로 훈민정음을 만든 건 아니다",「신동아」1997년 5월호.
21 아직은 양자의 관련성에 대한 비판적인 견해가 더 강하므로 가림토 문자와 히브리어의 유사성에 관한 연구가 좀 더 진전된다면, 히브리 성서의 천지인 조화론과 훈민정음의 천지인 조화론의 관련성을 새롭게 검토할 수 있는 근거가 될 가능성을 모색해 볼 수도 있을 것이다.

인 삼재론에 바탕을 둔 것이라면 가림토 문자를 바탕으로 창제된 훈민정음의 천지인 조화의 삼재론적 근거는 훨씬 과거로 소급될 수 있을 것이다. 훈민정음의 기원에 관한 논의는 아직 진행중이므로 확실한 결론을 도출하기 어렵지만, 『훈민정음해례』의 발견(1940)으로 인해 훈민정음 창제의 내재적인 철학적 사상적 동기에 천지인 삼재론과 음양론과 오행설이 모두 포함되어 있다는 것이 확인되었다.

우실하는 서양문화와 구별되는 동양문화의 구성 원리를 음양론, 삼재론, 오행론 세 가지로 보았다. 그리고 동양 삼국의 문화 중에서 한국문화의 구성 원리는 삼재론 중심의 음양 이원론이라고 하였다. 삼신사상三神思想 또는 삼재론三才論은 우리 민족의 가장 깊은 사상의 뿌리인 동북방 샤머니즘과 태양숭배 사상과 연결된 것으로 수렵 문화를 토대로 하는 3수 분화(0=無→1=道→3=三神·三才→9=3×3→81=9×9)를 특징으로 한다고 하였다.

한국의 경우 북방 샤머니즘의 전통에 기반한 '3수 분화의 세계관'이 『단군신화』를 통해 신화적으로 전승되고, 삼태극 문양을 통해 미학적으로 수용되면서 삼재론三才論, 삼신사상三神思想, 풍류도風流徒 등을 통해 천지인의 조화를 중시하는 특성을 지니게 되었다고 본 것이다.[22]

따라서 한글의 성음, 제자, 운행의 원리에는 삼재, 음양, 오행의 원리가 다 적용되었으며 그중에서도 삼재론이 그 중심이라는 점을 살펴보려고 한다.

---

22 우실하, 『전통문화의 구성 원리』 (서울: 솔, 1999), 18-19.

III. 훈민정음의 성음·제자·운행의 천지인 조화 원리

『훈민정음』을 반포하면서 정인지는 서문에서 창제 원리가 삼극(三極, 천지인)의 뜻을 담는 것이라고 밝혔다.

천지(天地) 자연의 소리가 있으면 반드시 천지 자연의 글이 있게 되니, 옛날 사람이 소리로 인하여 글자를 만들어 만물(萬物)의 정(情)을 통하여서, 삼재(三才)의 도리를 기재하여 뒷세상에서 변경할 수 없게 한 까닭이다. …

계해년 겨울에 우리 전하(殿下)께서 정음(正音) 28자(字)를 처음으로 만들어 예의(例義)를 간략하게 들어 보이고 명칭을《훈민정음(訓民正音)》이라 하였다. 물건의 형상을 본떠서 글자는 고전(古篆)을 모방하고, 소리에 인하여 음(音)은 칠조(七調)에 합하여 삼극(三極, 천지인)의 뜻과 이기(二氣, 음양)의 정묘함이 구비 포괄(包括)되지 않은 것이 없어서, 28자로써 전환(轉換)하여 다함이 없이 간략하면서도 요령이 있고 자세하면서도 통달하게 되었다.

(『세종실록』 113권)

한글의 제자 원리에 대한 '창호窓戶 상형설' 등 여러 억측이 있었으나, 『훈민정음해례』가 발견된 후에는 자음이 발음기관을 형상한 것이라는 발성기관 형상설形象說이 정설이 되었다.[23]『훈민정음해례』의 제자해制字解에 의하면 닿소리 다섯 즉, 'ㄱㄴㅁㅅㅇ'은 소리 값을 적은 것이며, 그러한 소리가 날 때의 발성기관의 모양을 따온 것이다. 그리고 기본적인 홀소리 셋 즉, 'ㆍ ㅡ ㅣ'도 역시 천지인 삼재三才를 본뜬 것이라고 밝혔다.[24]

이처럼 혜례에서 초성(닿소리) 및 중성(홀소리)의 성음 이론과 제자원리가 각각 삼재론 중심으로 음양, 오행의 이치를 포함시켰다고 설명한다.

1. 초성의 성음 및 제자의 천지인 조화 원리

초성인 닿소리(子音) 17자의 기본음은 'ㄱ ㄴ ㅁ ㅅ ㅇ'으로 나누어지며, 이는 각각 아음牙音, 설음舌音, 순음脣音, 치음齒音, 후음喉音에 해당한다. 그리고 그 제자의 원리는 발음기관의 모양을 본뜬 것이라는 발성기관 형상설形象說은 정설로 널리 인정되고 있다.

어금니 소리 글자 ㄱ은 혀뿌리가 목구멍을 닫는 형상을 본뜨고, 혓소리 글자 ㄴ은 혀가 윗잇몸에 붙는 소리를 본뜨고, 입술소리글자 ㅁ은 입의 형상을 본뜨고, 잇소리글자 ㅅ은 이의 형상을 본뜨고, 목구멍소리 글자 ㅇ은 목구멍의 현상을 본떴다.[25]

---

23 이성구,『훈민정음 연구』, 116
24 이정호,『訓民正音의 構造 原理: 그 易學的 研究』(서울: 아세아문화사, 1975).
25 牙音 ㄱ, 象舌根閉喉之形. 舌音 ㄴ, 象舌附上齶之形. 脣音 ㅁ, 象口形. 齒音 ㅅ, 象齒形. 喉音 ㅇ, 象喉形.

초성의 기본이 되는 오음의 형상에 따라 닿소리 기본 오자五字가 만들어졌다. 이 다섯의 기본자를 부淨, 중中, 침沈의 삼성三聲으로 구분하기 위해 획을 더하여(加劃) 15자가 이루어지고, 여기에 반치음과 반설음이 각각 첨가되어 모두 17자가 된 것이다.[26] 이처럼 초성은 삼재 중심의 오행의 이치가 담겨 있다고 설명한 해례의 내용을 도표로 그리면 다음과 같다.[27]

<표 1> 초성(五字三聲)의 성음 및 제자 원리

五字三聲 제자원리	調音 器官	조음기관 특성	聲의 특성	오행 특성	오행	사시	방위	오성
ㅇ(ㆆ,ㅎ)	喉	邃而潤	聲虛而通	水之虛明而流通	水	冬	北	羽
ㄱ(ㅋ,ㆁ)	牙	錯而長	聲似喉而實	木之生於水而有形	木	春	東	角
ㄴ(ㄷ,ㅌ)	舌	銳而動	聲轉而颺	火之轉展而揚揚	火	夏	南	徵
ㅅ(ㅈ,ㅊ)	齒	剛而斷	聲屑而滯	金之屑琑而鍛成	金	秋	西	商
ㅁ(ㅂ,ㅍ)	脣	方而合	聲含而廣	土之含蓄萬物而廣大	土	季夏	中央	宮

닿소리의 기본은 부淨, 중中, 침沈 삼성론에 기초해 있는 것이다. 오음五音과 오자五字는 각각 오행五行의 근본이치로 이루어져 있지만, 여기에 삼성이라는 삼재의 원리가 포함되었기 때문에 닿소리 전체를 구성할 수 있게 된 것이다.

2. 중성의 성음 및 제자의 천지인 조화 원리

중성인 홀소리(母音) 11자는 기본음은 'ㆍ ㅡ ㅣ'이다. 홀소리의 성

---

26 이성구, 『훈민정음연구』, 67.
27 같은 책, 74.

음과 제자의 원리를 해례는 다음과 같이 설명한다.

· 의 발음은 혀가 움츠러지고 소리가 깊은 데서 하늘이 자(子)에서 처음 열리는 이치이다. 글자 모양이 둥근 것은 하늘을 본뜬 것이다. ㅡ의 발음은 혀가 조금 움츠러지고 소리가 깊지도 않고 얕지도 않으니, 땅이 축(丑)에서 처음 열리는 이치이다. 글자의 모양이 평평한 것은 땅을 본뜬 것이다. ㅣ의 발음은 혀가 움츠러지지 않고 소리가 얕은 데서 나니 사람이 인(寅)에서 처음 생기는 이치이다. 글자의 모양이 서 있는 것은 사람을 본뜬 것이다.[28]

중성 '·ㅡㅣ'는 각각 원(○), 방(□), 각(△)을 형상화한 것이고 이는 천원天元, 지평地平, 인립人立을 상징하여 한글의 천지인 삼재론적 구조와 조화의 뜻이 가장 잘 드러나는 부분이다. 이를 도표로 그리면 다음과 같다.[29]

〈표2〉 중성의 성음, 제자, 운행 원리

제자 원리	음성학적 특징		성리학적 특징				상 형
	조음	청각	(ㄱ)	(ㄴ)	(ㄷ)	(ㄹ)	
·	舌縮	聲深	天	開	子	形之圓	象乎天
ㅡ	舌小縮	聲不深不淺	地	闢	丑	形之平	象乎地
ㅣ	舌不縮	聲淺	人	生	寅	形之立	象乎人

---

28 · 舌縮而聲深, 天開於子也. 形之圓, 象乎天也. ㅡ 舌小縮而聲不深不淺, 地闢於丑
也. 形之平, 象乎地也. ㅣ 舌不縮而聲淺, 生於寅也. 形之立, 象乎人也.

29 이성구, 『훈민정음연구』, 163.

중성 삼자 'ㆍ ㅡ ㅣ'가 다시 음양으로 조합되어 초출자初出字 'ㅏ ㅑ ㅗ ㅛ'와 재출자再出字 'ㅓ ㅕ ㅜ ㅠ'로 자형이 생겨난다. 전자는 양에 해당하고 후자는 음에 해당한다. 최석정崔錫鼎은 『경세훈민정음經世訓民正音』에서 "중성 11자는 태극 음양의 팔괘를 형상한 것"(中聲十一字 太極兩儀八卦之像)[30]이라고 하였다. ㆍ은 일동일정지간一動一靜之間으로서 태극에 해당하고, ㅡ 는 동動, ㅣ 는 정靜으로서 양의에 해당하고 초출자와 재출자 여덟은 팔괘에 해당한다고 해석한다. 홀소리에는 이처럼 음양과 팔괘의 원리까지 적용되어 있다.

그러나 훈민정음해제에서는 홀소리의 성음과 제자원리도 기본적으로 음양 양의와 팔괘에서 비롯된 것이 아니라 삼재에서 출발하였음을 밝힌다. 훈민정음의 경우 초출자와 재출자 여덟 자는 팔괘가 아니라, ㆍㅡㅣ 세 글자에서 시작된 것이라고 분명히 하였다.

> 하늘 – 땅 – 사람에서 본을 취하여 삼재(三才)의 이치를 갖춘 것이다. 그런데 삼재(三才)는 만물의 으뜸이 되고, 하늘은 또 삼재(三才)의 시초가 되는 이치는 ㆍㅡㅣ 세 글자가 여덟 글자의 우두머리가 되고, ㆍ가 또 세 글자의 으뜸이 되는 것과 같다.[31]

3. 초성·중성·종성의 운행원리와 천지인 조화 원리

한글의 초성, 중성, 종성 역시 천지인 삼재론적 원리로 이루어졌

---

30 같은 책, 80; 유창균, 『훈민정음』 (서울: 형설출판사, 1977), 40-41.

31 取象於天地人而三才之道備矣 然三才爲萬物之先, 而天又爲三才之始, 猶 ㆍㅡㅣ 三字爲八聲之首, 而ㆍ字又爲三字冠也.

다. 한 음절에 나타나 운용되는 원리 역시 천지인 삼재론적 구조인 천지인의 조화의 틀을 그대로 담고 있다.

> 초성은 처음 일어나 움직임(發動)의 뜻이니 **하늘의 일**이요, 종성은 그쳐 머무름(止定)의 뜻이니 **땅의 일**이요, 중성은 초성에서 생긴 것을 이어 받아서 종성이 완성하는데 이어주니 **사람의 일**이다.[32]

이 삼성三聲의 관계에는 천지인 삼재론의 구조와 삼재의 이치를 중심으로 음양과 동정의 엇바뀌는 순환의 원리가 담겨 있다.

> 초성, 중성, 종성이 합하여 이루어진 글자를 가지고 말하면, 또한 동과 정이 서로 근거가 되고, 음과 양이 엇바뀌어 변하는 뜻이 있으니, 동하는 것은 **하늘**에 해당하는 초성이고, 정하는 것은 **땅**에 해당하는 종성이며, 동과 정을 겸한 것은 **사람**에 해당하는 중성이다.[33]

한글의 경우 초성이 종성이 되고 종성이 다시 초성이 되는 무시무종의 독특한 순환구조를 가지고 있다. 그리고 모음과 자음이 모양과 기능을 달리하면서도 한 음절로 조화를 이루고 있다. 이러한 운용 원리는 천지인의 삼중적 삼중관계의 순환적 비시원성을 나타내 보이는 요소라고 할 수 있다.

---

32 初聲有發動之義, 天之事也, 終聲有止定之義, 地之事也. 中聲承初之生, 按終之成, 人之事也.
33 以初中終合成之字言之, 亦有動靜互根陰陽交變之義焉.動者天也, 靜者地也, 兼乎動靜者人也.

중성이 심천합벽(深淺闔闢)으로 앞에서 부르면, 초성이 오음 청탁 (淸濁)으로 뒤에서 화합하여, 초성이 되었던 것이 또 종성이 되니, 또한 만물이 처음 땅에서 나서 다시 땅으로 돌아가는 이치를 볼 수 있다.34

네 계절의 운행이 끝없이 순환하므로 끝에서 다시 시작되고, 겨울에 서 다시 봄이 되는 것이니 초성이 다시 종성이 되고 종성이 다시 초성 이 되는 것도 다 이런 뜻을 가지고 있다.35

해례에 설명되어 있는 초중종성의 운용 원리에는 천지인 삼재론 적 삼중관계의 순환적인 특징이 강조되어 있다. 해례의 설명을 도표 로 그리면 다음과 같다.36

〈표 3〉 초·중·종성의 운행 원리

삼재	초·중·종	동정	의의	오행작용
天	初聲	動者	發動之義	神之運也
地	終聲	靜者	止定之義	質之成也
人	中聲	兼乎動 靜者	承初之生 按終之成	仁禮信義智: 神之運也 肝心脾肺賢: 質之成也

---

34 中聲以深淺闔闢唱之於初聲以五音淸濁和地於後, 而爲初亦爲終, 亦可見萬物初 生於地, 復歸於地也.

35 四時之運, 循環無端, 故貞而復元, 冬而復春. 初聲之復爲終, 終聲之復爲初, 亦此 義也.

36 이성구, 『훈민정음연구』, 103.

이처럼 한글의 초성인 닿소리(子音)의 기본 5자의 성음 및 제자원리는 오행으로 구성되었지만 활용에 있어서는 삼성의 삼재 원리에 따라 모두 15자로 구성되어 있다. 또한 중성인 홀소리(母音)도 음양과 동정에 따라 10자의 기본 단모음과 그 밖의 무수한 복모음을 구성하지만 기본 모음 3자는 천지인의 원리로 되어 있다. 초성과 중성과 종성의 원리의 중심은 천지인 삼재론적 삼중관계의 구조이다. 한글의 제자 원리에 음양과 오행의 원리가 응용되긴 하였지만 초중종성에 공통으로 적용되는 원리는 삼재의 원리이기 때문이다. 따라서 한글의 제자, 성음, 운용의 기본 원리는 천지인의 조화라는 삼재론적 원리라고 할 수 있다.

한글이 이러한 천지인 삼재론적 구조를 지니게 된 이유가 무엇일까? 고려시대부터 생기기 시작한 서원과 향교는 조선 초기에 이르면 각 군마다 최소한 하나는 세워졌다. 이러한 서원과 향교의 정문은 예외 없이 세 개의 문으로 이루어진 외삼문外三門 형태를 띠었는데, 삼태극 또는 이태극을 반드시 그려 넣음으로써 서원과 향교임을 표시하게 하였다. 초기에는 주로 삼태극이 그려졌고 후대에 중국의 성리학과 태극도설의 영향으로 이태극이 그려지기도 하였다. 일부 향교나 사찰에는 이태극과 삼태극이 같이 그려지기도 하였다. 학문의 중심지였던 서원과 향교에서도 천지인 조화를 그 이상으로 삼은 것이다.[37]

삼봉 정도전(1342-1398)은 고려 말 조선 초의 문신이자 유학자이면서 조선 건국의 기틀을 마련한 경세가이다. 정도전은 이성계를

---

37 서원과 향교의 외삼문의 삼태극 문양 사진에 대해서는 필자의 홈페이지의 "천지인 신학/삼태극 문양"을 참고할 것(www.theologia..kr).

도와 한양을 설계하면서 경북궁을 중심으로 좌우에 종묘와 사직단의 위치를 지정하고, 여러 궁전 및 궁문의 칭호와 8개 문의 명칭을 지었다. 정도전은 "해달과 별은 하늘의 무늬이고, 산천과 초목은 땅의 무늬이고, 시서와 예악은 사람의 무늬"라 하여, 이를 각각 천문天文, 지문地文, 인문人文이라고 하였다.[38] 문文을 통해 성인들은 하늘과 땅의 도를 담았기 때문이다.

태조 이성계는 조선을 건국하고 즉위 다음 해인 1394년 새로운 궁궐 경북궁을 지으면서 삼태극 문양을 왕실의 공식적인 문양으로 그려 넣었다. 이어서 창덕궁(1405년), 창경궁(1418년), 덕수궁(1593년), 경희궁(1616년)에도 정전正殿과 침전寢殿의 돌계단을 살펴보면 반드시 삼태극 문양이 새겨져 있는 것을 알 수 있다.[39]

그리고 1396년(태조 5)에 건립되고 1453년(단종 1)에 중수되었으며, 1869년(고종 6)에 이르러 이를 전적으로 개축하여 현재의 모습을 갖춘 흥인지문(동대문)과 돈화문의 문루 사방으로 난 대창大窓 30개에 크게 장식되어 있는 무늬 역시 삼태극으로 새겨져 있다. 그리고 종묘의 정전과 영녕전 태실의 문설주에도 삼태극 문양이 남아 있다.

태조 이성계가 1408년(태종 8) 사망하자 왕실의 묘역으로 동구릉이 조성되었다.[40] 동구릉에는 9개의 왕릉을 모셨는데 삼태극이 그

---

38 정도전, "關隱文集序", 『삼봉집』 권3, 日月星辰 天之文也 山川草木 地之文也 詩書禮樂 人之文也.

39 5개 궁궐의 삼태극 문양 사진에 대해서는 필자의 홈페이지의 "천지인신학/삼태극 문양"을 참고할 것.

40 동구릉에는 태조 이성계의 능인 건원릉(健元陵)을 비롯하여 현릉(顯陵: 5대 문종과 그의 비 현덕왕후), 목릉(穆陵: 14대 선조와 그의 비 의인왕후, 계비 인목왕후), 휘릉(徽陵: 16대 인조의 계비 장렬왕후), 숭릉(崇陵: 18대 현종과 그의 비 명성왕후), 혜릉(惠陵: 20대 경종의 비 단의왕후), 원릉(元陵: 21대 영조와 그의 계비 정

려진 태극살과, 음양태극문양 12면, 삼태극 문양 24면을 볼 수 있어 마치 태극문양 종합박물관을 방불케 한다.

성현은 『악학궤범樂學軌範』 서문에서 "악樂이란 하늘에서 나와서 사람에게 붙인 것이요, 허虛에서 발하여 자연自然에서 이루어지는 것이니, 사람의 마음으로 하여금 느끼게 하여 혈맥血脈을 뛰게 하고 정신을 유통流通게 하는 것이다"[41]라고 하였다. 따라서 왕실의 무수한 악기에는 모두 삼태극 문양을 그려 넣었다. 조선왕조는 의식적으로 국호를 조선으로 하고 고조선 단군신화의 삼신신앙을 삼태극 문양으로 상징화하여 왕실의 징표로 삼은 것이다.[42]

따라서 이러한 문화사적 배경에서 볼 때 조선 초기에 세종대왕에 의해 집현전 학자들이 창제한(1446년) 훈민정음이 천지인 조화의 삼재론적 구조를 담을 수밖에 없었던 것이다. 그리고 한글의 천지인 삼재론적 구조는 훈민정음 이전에 옛 한글에 소급되며, 이 옛 한글은 단군신화의 천지인의 조화라는 삼재론의 구조와 상응한다고 볼 수 있다.[43]

일본학자 중촌완中村完은 훈민정음의 제자 원리나 자형의 구조는

<hr />

순왕후), 수릉(綏陵: 23대 순조의 세자인 추존왕 익종과 그의 비 신정왕후), 경릉(景陵: 24대 헌종과 그의 비 효현왕후, 계비 효정왕후) 등 모두 아홉 개의 능이 다듬어져 있으며 사적 제193호로 지정된 국가 문화재이다.

41 『국역 악학궤범』(서울: 민족문화문고간행위, 1983). 서문 참조

42 방영주, "조선조태극문양 연구", 18-29, 도록 40-49. 조선 후기에는 이러한 삼태극 문양이 왕실뿐만 아니라 민중들의 생활용품 전반에 골고루 사용된 것이다. 방영주는 "조선조 태극문양 연구"에서 목공예(가구, 능화판, 떡살, 다식판 등), 금속공예(가구장식, 담배통, 수저 등), 직물공예(흉배, 보 장침마구리 등), 지공예(받짓고리, 갓집 등), 석공예(벼루, 옥장식, 인간 등) 그리고 무수한 도자공예에 나타난 삼태극 문양의 사례를 수집하여 제시한 바 있다.

43 허호익, 『단군신화와 기독교』(서울: 대한기독교서회, 2003).

지극히 독장적인 것으로서 훈민정음 제작자는 삼분법(초성, 중성, 종성)의 형식에 매료되어 있었을 것이라고 지적한다. 그리고 기본 모음도 3종이라고 생각하고 있으며, 자음자의 기본에서 파생하는 가획법도 삼분법의 경향을 보이며, 성점의 기호도 3종이라고 하였다.[44] 훈민정음의 삼분법은 단군신화를 통해 전승된 한국문화의 구성 원리인 천지인 조화의 삼재론에서 비롯된 것이 분명하다.

---

44 김민수 외, 『외국인의 한글연구』, 197.

IV. 훈민정음의 형태적 특징과 표기·표음·표의의 삼중적 조화

　세계의 언어는 글자의 발생에 따라 계통적으로 분류되고, 글자의 종류에 따라 형태적으로 분류된다. 일제시대 일본에 외교관으로 와 있던 랑스테드J. Langsted라는 덴마크 학자는 당시 동경에서 만난 한국 학생으로부터 체계 없이 듣고 배운 한국말 지식을 근거로 한글이 계통적으로 우랄 알타이어계에서 기원하였다고 단정하였다. 그리하여 우리말이 우랄 알타이 어족의 범주 중에서 퉁구쓰 말에 해당한다는 것이 정설로 받아들여졌다. 그러나 지금은 이를 주장할 수 없게 되었다. 한국어는 근원을 알 수 없는 원시언어에서 출발하여 도중에 우랄 알타이계를 만나 그 일부가 섞여 들어온 것은 부인할 수 없지만, 우리 말이 처음부터 우랄 알타이계에서 유래했다고는 볼 수 없다.[45]

　슐라이어(August Schleicher 1823-1868)라는 언어학자가 언어를 형태적으로 분류하여 고립어, 교착어(부착어, 첨가어), 굴절어(고절어)로 구분한 바 있는데, 한글은 어간에 보조적인 요소 등이 첨가되는 교착어에 속한다고 하였다. 그러나 슐라이어의 분류가 언어의

---

45 김봉태,『훈민정음의 음운체계와 글자모양: 산스크리트 티벳 파스타 문자』(서울: 삼우사, 2002); 전정례,『훈민정음과 문자론』(서울: 역락, 2002); 강규선,『訓民正音 研究』(서울: 보고사, 2001).

모든 형태적인 특징을 설명하는 것은 아니다.[46]

소쉬르 학파의 구주주의자들에 의해 비로소 "언어란 소리 체계와 개념들의 관련 체계"라는 포괄적인 언어 이해에 이르게 되었다.[47] 소쉬르가 말한 것처럼 언어행위는 크게 '개념-정신'의 복합단위인 '言語Langue'와 '청각-음성'의 복합단위인 '話言Parole'으로 나눠진다.[48] 언어는 소리와 글자로 이루어진 것이기 때문에, 언어의 표음表音 기능과 표의表意 기능에 따라 기본적인 특징이 드러난다. 따라서 언어는 형태적으로도 크게 뜻을 그린 그림 글자表意文字와 소리만 나타낸 소리글자表音文字를 포함하여 다음 네 가지가 있다.

1) **그림 글자**: 문자의 발달사를 통해 볼 때 최초의 문자는 뜻을 그려놓은 그림 글자이다. 기원전 3,100년경에 수메르의 쐐기글자가 처음으로 사용되었는데, 이는 대부분이 그림 글자이다. 거의 같은 시대의 이집트 상형문자 700여 자 대부분이 그림 글자이고, 소리마디(音節)를 나타내는 글자는 100자에 지나지 않는다. 동양의 대표적인 언어인 한자는 전형적인 그림 글자인데 기원전 200년경에는 3,000자, 서기 100년쯤에 9,353자였는데 현재에는 6만 자로 늘어 난 것이다. 그림 글자의 경우 더 많은 뜻과 소리를 표현하기 위해 이처럼 많은 글자가 필요하게 된 것이다.

2) **소리마디音節 글자**: 기원전 1700년경 수메르의 쐐기글자에서

---

46 문정규, 『中國言語學』(서울: 민음사, 1990), 17.
47 N. Chomsky, 『언어에 관한 지식』, 40.
48 F. De Saussure/최승언 역, 『일반언어학강의』, 20-57.

셈어의 소리마디 글자가 생겨났다. 한자를 변형한 일본글자 50자는 각각 다른 소리마디를 나타내기 때문에 소리마디(音節) 글자라고 한다. 소리마디 글자는 받침소리를 표기하지 못한다는 약점을 지닌다.

3) **소리값**音素 **글자**: 소리마디 글자의 다음으로 소리값(音素) 글자가 등장하였다. 이집트의 그림 글자에서 암소란 뜻의 'aleph'라는 페니키아문자가 생겨났고, 그 소리값 'A'만이 남아 알파벳이라는 문자 체계가 생겨났다. 이를 바탕으로 무수한 유럽어가 파생되었다. 소리값에 따라 자음과 모음으로 나누어지고 이를 다시 조합하여 글자를 이루는 것이 바로 음소 글자이다. 그러나 음소 글자 중에 영어는 가장 많이 사용되지만 단어의 구성에 따라 같은 글자라도 전혀 다른 소리로 발음해야 한다는 약점이 있다.

4) **소리바탕**音韻資質 **글자**: 한글은 그림 글자(表意 文字)나 소리마디 글자(音節文字)로나 소리값 글자(音素文字)로도 분류할 수 없는 특수한 성격을 지닌 언어이다. 한글은 닿소리의 소리값을 나타낼 때 그 음소音素의 음성학적 요인인 소리바탕(音韻資質)까지 나타낸다. 영국의 언어학자 셈프슨Geoeffrey Sampson은 한글의 이러한 특성들을 지적하면서 한글이 음소글자 즉, '소리값 글자'가 아니라 그보다 한 걸음 더 나아간 "소리바탕 글자"(音韻資質文字)라고 격상시켜 분류하였다.[49]

레드야드G. K. Ledyard는 한글의 가장 특이하고 흥미로운 요소는 닿소리와 홀소리의 시각적인 모양과 기능이 완벽하게 조화를 이루었

---

49 김정수, 『한글의 역사와 미래』 (서울: 열화당, 1990), 60.

으며 소리의 종류에 따라 그 소리의 발성 기관의 모양을 따서 글자의 형상을 만들었다는 사실에 있음을 찬탄하였다.

> 이처럼 멋과 뜻을 갖춘 합리적인 낱소리 글자는 세상에 다시 없다.…
> 모양과 기능의 관계라는 생각과 그 생각을 구현한 방식에 대해서는
> 참으로 찬탄하지 않을 수 없다. 글자의 오래되고 다양다기한 역사를
> 통틀어 볼 때 그와 같은 것은 없다. 소리 종류를 따라 글자 모양을 체
> 계적으로 한다는 것만으로도 족히 그렇다 할 것이다. 그런데 하물며
> 그 모양 자체가 그 소리와 관련된 발음 기관을 본 떠 꾸민 것이라니…
> 이것은 정녕 언어학적 호사의 극치이다. 조선의 음운학자들은 참으
> 로 솜씨가 많았거니와 창조적인 상상력도 모자람이 없었다.[50]

겔브_{J. Gelb}에 의하면 슈메르의 그림 글자(기원전 3100년)가 셈어의 소리마디 글자(기원전 1700년)로 발전하는 데는 1400년이 걸렸고, 셈어의 소리마디 글자가 그리스말(기원전 900년)의 음소글자로 바뀌는 데는 800년이 흘렀다고 한다. 그러나 한글은 이 모든 시간을 뛰어넘어 세계에서 유일한 소리바탕 글자(音韻資質文字)로 창조된 것이다.

한글이 소리바탕 글자로서 표음력과 표기력뿐만 아니라 표의력에 있어서 가장 훌륭한 글자라는 사실이 간과되고 있다. 말(음성 구조)과 글(문자 구조)과 뜻(의미 구조)이 삼위일체로 통하는 글자이기

---

50 G. K. Ledyard, *The Korean Language Reform of 1446: The Orgin, Background, and History of the Korean Alphabet*, 1980, 199-203; 김정수, 『한글의 역사와 미래』, 28-29에서 재인용.

때문이다.

첫째로 한글은 무엇보다도 음성구조에 있어서 표음력이 뛰어난 글자이다. 소리바탕인 말소리(聲音)의 원리에 따라 글자(文字)를 만들었기 때문에 정인지는 한글로 표음하지 못할 소리가 없다고 하였다.

> 스물 여덟 글자로서 전환이 무궁하고, 간단하면서도 요령이 있으며, 정밀하고 잘 통한다.… 글자의 운(韻)은 청탁(淸濁)을 분별할 수 있고, 가락은 율려(律呂)가 잘 조화된다. 사용하는데 부족함이 없고, 전하여 통하지 않음이 없다. 바람소리, 학의 울음소리, 닭 울음소리, 개짓는 소리라도 다 적을 수 있다.[51]

이처럼 한글은 초·중·종성의 전환이 무궁하여 표음능력이 뛰어날 뿐만 아니라, 그 음율도 청탁의 조화를 이루는 글이다. 한글은 발성기관의 모양을 표음하여 닿소리 다섯 자를 만들고, 천지인 삼재의 뜻을 표의하여 홀소리 세 자를 만들고, 이를 초성, 중성, 종성으로 조합하여 표음 가능한 단어 수가 모든 언어 중에서 최다에 속한다는 사실이 널리 인정되고 있다.

둘째로 한글은 표음뿐 아니라 표기 능력이 뛰어나다. 한글의 초·중·종성으로 조합할 수 있는 자모 총수는 12,768자에 이르기 때문이다.[52] 그리고 이 자모들을 조합하여 무수한 단어를 만들 수 있다. 또한 한글은 소리바탕 글자이기 때문에 디지털 시대에 자판으로 입력

---

51 以二十八字而轉換無窮, 簡而要, 精而通. 字韻則淸濁之能辨, 樂歌則律呂之克諧. 無所用而不備, 無所往而不達. 雖風聲鶴唳, 鷄鳴狗吠, 皆可得而書矣.

52 원광호, 『이것이 한글이다 – 한글 우수성의 과학적 논증』 (서울: 삼중당, 1986), 48.

하는 데도 손색이 없는 글자라는 것이 증명되었다.

중국의 한자 수는 얼마나 될까? 중국의 가장 큰 사전에 수록된 한자만도 5만 6천여 자에 이른다고 한다. 한자를 자판에 나열하는 것이 불가능해 중국어 발음을 영어로 묘사해(한어 병음) 알파벳으로 입력한다. 예를 들어 '北京'을 입력하려면 영어로 'beijing'이라고 치면 자동으로 한자가 입력이 된다. 그리고 '韓國'을 치고 싶다면 영어로 'Hanguk'를 치면 입력기가 알아서 '韓國'을 찾아서 입력해 준다. 그런데 여기서 불편한 게 있다. 같은 병음을 가진 글자가 보통 20개 이상이므로 그중에 맞는 한자를 선택해 입력해야 하는 번거로움이 있다. 타이핑을 많이 하는 중국의 전문직을 가진 사람은 한자의 획과 부수를 나열한 또 다른 자판을 이용한다. 자판을 다섯 번 눌러 글자 하나가 구성되므로 익히기 어려워 일반인은 꿈도 못 꾼다.[53]

일본의 경우는 어떠할까? 일본어 자판은 'セ'를 영어식 발음인 'se'로 컴퓨터에 입력하는 방법을 쓴다. 각 단어가 영어 발음 표기에 맞게 입력되어서야 화면에서 가타가나로 바뀌는 것이다. 또한 한자를 많이 쓰는 일본어의 특성상 쉼 없이 한자 변환을 해야 하므로 입력 속도가 더디다. 똑같은 내용의 문장을 키보드로 완성할 때 한국어와 7배 정도의 시간 차이가 난다는 비교가 있다.

셋째로 한글이 표음 및 표기력이 뛰어나고, 음율에 조화가 있고, 간단하고 쉬운 글이라는 것을 인정하지만, 뜻과 개념을 표현하는 표

---

53 "중국 – 일본의 자판기를 통해 본 한글의 우수함", http://m.blog.naver.com/sik5150/100086281081.

의력表意力은 한자에 뒤쳐진다며 국한겸용에서 더 나아가 한자 전용을 주장하는 학자들이 있다. 그러나 이는 오랫동안 한글을 천시해오고 한글의 뜻글자로서의 우수성을 깨닫지 못하였기 때문이다. 정인지도 한글의 자음이 발성 기관의 모양을 본뜬 표음문자이지만, 한글의 모음은 천지인이라는 단군신화의 천지인 삼재의 이치를 의미구조로 담아 만물의 뜻을 통하게 한 표의문자라고 하였다.

> 천지자연의 소리(聲)가 있으면, 반드시 그것을 기록할 천지자연의 글자(文)가 있다. 그러므로 옛사람이 이 소리를 따라 글자를 만들어서 그것으로 만물의 뜻을 통하게 하고 삼재의 이치를 싣게 하였다.[54]

자음과 모음이 초성, 중성, 중성으로 구성된 것 역시 천지인 조화의 뜻을 담고 있다. 이처럼 삼성으로 구성된 단어 하나 하나가 모두 의미 구조상 천지인의 조화의 뜻을 담았다는 것은 놀라운 일이 아닐 수 없다.

한글이 뜻글자로서의 표의력이 떨어진다고 하지만, 이는 한글의 뜻과 개념을 사상적으로 발전시키거나 일반적인 용어로 사용하지 않았기 때문이다. 한글이 색깔이나 소리라는 감각의 미묘한 차이를 가장 잘 표현할 수 있으며 동시에 생각과 사상의 미묘한 차이도 가장 잘 표현할 수 있는 글이라는 점은 정인지도 주장한 바 있다. 그는 "한글이 그 뜻과 개념이 정밀할 뿐만 아니라 뜻과 개념이 잘 통하는(精而通) 글자"라고 하였다. 한글은 비이원적이고 비시원적인 개념을

---

54 有天地自然之聲, 則必有天地自然之交. 所以古人因聲制字, 以通萬物之情, 以載三才之道.

어느 언어보다도 잘 표현할 수 있는 뜻글자이다.

알(물질)과 얼(정신), 맘(내면)과 말(외면), 나(주관)와 남(객관), 데(공간)와 때(시간) 그리고 있다(존재)와 잇다(생성)처럼 대립적인 개념을 비슷하면서도 다른 말로 표현하거나, 빼닫이(빼고 닫고), 나들이(나고 들고)처럼 모순되는 두 행위를 하나로 통합하여 표현함으로써, 두 개념의 비이원성과 비시원성을 나타내고 있는 용어들이 많기 때문이다.

무엇보다도 한국민족의 문화목록어인 '한'이라는 낱말은 한글이 개념과 논리를 나타내는 데에도 특수하며 뛰어나는 점을 밝혀준다. 문화인류학자들은 어떤 문화의 고유한 사상적 철학적인 개념이 심오하고도 포괄적인 단어로 응축되어 나타나는 것을 문화목록어라고 하였다. 그리스인들의 아르케Arche나 로고스Logos, 히브리인들의 토라Torah나 다바르Dabar, 인도인들의 브라만Brahman, 중국인들의 도Tao 같은 어휘들이 여기에 속하는 것들이다.

이에 견주어 보면 우리의 고유한 문화목록어는 '한'이라고 할 수 있다. 일찍이 안호상은 한의 사전적 의미를 22가지로 정의한 적이 있는데, 한이란 말은 이처럼 표의력에 있어서 아주 뛰어난 언어인 것이다.55 김상일은 그중에서도 철학적 의미를 함축하고 있는 다섯 가지를 개념화하였다.56

---

55 안호상, 『국민윤리학』 (서울: 배영출판사, 1977), 147-150.

56 김상일, 『한사상』, 91-99. 한이란 단어에서 파생한 '하다'라는 단어에 대한 한 사상적 풀이도 필요하다고 생각된다. '하다' 역시 품사적으로는 동사, 조동사, 대동사, 사역동사, 파생접미사 등으로 사용되며, 의미면에서 행동성과 과정성과 상태성을 동시에 담고 있다고 한다. 이기동(1991), "동사 '하다'의 문법", 『갈음 김석득교수 회갑기념논문집』 (서울: 한국문화사), 155-187.

① 하나(一, One): 한, 하나.

② 많음(多, Many): 하기도 하다.

③ 같음(同, Same): 한 가지.

④ 가운데(中, Middle): 한 가운데.

⑤ 얼마(或, About): 한 십리.

 이처럼 '한'이라는 말 속에는 여러 가지의 철학적인 개념이 다의적으로 함축되어 있다. 철학적인 너무나 철학적인 언어이다. 한 문장에서 '한'이란 말이 서로 다른 다섯 가지 의미로 표현할 수 있는 다음의 문장을 만들어 보았다. 자연스러운 일상적인 표현은 아니지만 그러나 표현 가능한 문장으로서 한글의 다의적 표의력의 실례라 할 수 있다.

 한(中) 낮에 한(一) 잠을 한(多)참 자고 나니 한(或) 동안 한(同) 가지로 힘이 솟는다고 표현할 수 있는 한글은 하늘(한) 아래 가장 위대한 글이다.

 김상일이 말한 한의 다섯 가지 개념은 서양철학의 다섯 가지 논리에 상응한다. 서양의 다섯 가지의 논리는 다섯 가지의 서로 다른 말로 개념화되었으나, 한글에서는 단 한 마디로 이 모든 개념과 논리를 설명하고 있다. 이러한 한의 논리는 다음과 같이 요약할 수 있다.

① 하나로서 한의 논리(一, One); 연역deductive의 논리로서 一에서 多를 추론한다.

② 많음으로서 한의 논리(多, Many); 귀납inductive의 논리로서 多에

서 一를 논증한다.

③ 같음으로서 한의 논리(同, Same); 역설paradox의 논리로서 모순
   율에 근거하여 A와 非A를 한 가지同로 설정한다. 일치와 차이
   를 병용한다.

④ 가운데로서 한의 논리(中, Middle); 변증법dialect의 논리로서 정
   과 반 사이의 합으로 절충되는 한 가운데中를 지향한다. 일치와
   차이를 승여乘餘하여 공변共辨한다.

⑤ 얼마로서 한의 논리(或, About); 불확정성about의 논리는 애매모
   호성도 논리로 인정한다.

한글은 '한'이라는 하나의 단어로 이러한 다섯 가지 논리가 모두
표현되기 때문에, 개념과 논리의 표의성에 있어서도 가장 뛰어난 언
어라 할 수 있다. 서양 논리학에 있어서 연역과 귀납은 일의적一義的인
논리이고 역설, 변증법, 불확정성의 논리는 다의적多義的인 논리로 이
해된다.

이처럼 소리바탕 글자로서 한글은 형태상 표음(음성구조), 표기
(문자구조), 표의(의미구조)가 일치하는 예외적인 문자이므로 모든
소리를 쉽고 표현하고 쉽고 간편하게 표기하며, 다의적인 의미를 함
축하는 뛰어난 문자이기 때문에 누구라도 쉽게 배우고 표현하고 쓸
수 있는 글이라고 할 수 있다.

일반 도자기는 무늬와 색깔을 도자기 표면에 칠해 놓은 것에 비
해, 고려 상감청자는 도자기에 무늬에 따라 홈을 파서 다른 색깔의
흙을 채워 만듦으로서 "형체와 무늬와 색깔"을 일체화시킨 것처럼,
훈민정음은 한글 자체에 표음, 표기, 표의를 일치시킨 것이다. 한글

자모 하나 하나가 이처럼 표음, 표의, 표기가 일치하는 삼중적 삼중 관계의 조화의 구조를 지니고 있다는 사실은 단군신화의 천지인의 조화라는 삼태극적 구조와 상응하는 것으로 풀이할 수 있을 것이다.

그래서 렘지R. Ramsey는 "훈민정음의 제자 원리는 언어학적 분석과 철학의 원리의 결합이며, 그 자형에 있어서 명확한 기하학적 형태를 취한 형태상의 명확성으로 인하여 혼돈의 우려가 없는 것도 이 표기 체계의 우수성"이라고 극찬하였다.57 이처럼 한글은 **언어학적 분석으로서 표음과 철학적 원리로서 표의 그리고 기하학적 형태로서의 표기**가 완벽하게 조화를 이루고 있는 세계사에 유례가 없는 특수한 문자 체계인 것이다.

---

57 김민수 외, 『외국인의 한글연구』, 281.

제7장

『정감록』의 천지인 개벽 사상과
한국의 이단 기독교

I. 『정감록』의 개벽 사상과 천지인 삼재론

『정감록』은 『토정비결』과 함께 한국 민간 예언서 중에서 경전의 위치를 가진 책이다. 다만 그 성격에 있어 『토정비결』이 개인의 길흉화복에 중점을 둔 것인데 반해, 『정감록』은 왕조의 변천이라는 거대담론에 초점을 두었다.[1]

『정감록』은 실존 여부를 알 수 없는 이심李沁과 정감鄭鑑이 금강산金剛山 비로대飛蘆臺에서 만나 서로 문답問答한 것을 기록한 「감결」을 비롯한 50편 내외의 감결류鑑訣類와 비결서祕訣書를 집성한 것으로 민간에 전해 내려오는 동안 다양한 이본異本이 생겼다.[2] 따라서 원본이란 없다고 보아도 무방하다. 출간된 것만도 십수 종에 이르며 필사본이 다양하다.[3] 『정감록』에 포함되는 문헌에서 각종 이본들에 공통적으

---

1 차용준, "풍수 참위 정감록", 『전통문화의 이해 7』 (전주: 전주대학교출판부, 2001), 175.

2 한승훈, "전근대 한국의 메시아니즘: 조선 후기 진인출현설(眞人出現說)의 형태들과 그 공간적 전략", 「종교와 문화」 27 (2014), 35. "『정감록』으로 통칭되는 현행본 도참비기들은 주로 1923년 이후 출간되었던 출판본들을 저본으로 하고 있다. 이들은 대부분 조선총독부에서 수집한 11권 24편의 도참비기모음집인 『비결집록(秘訣集錄)』을 활자화하고 개별적으로 수집한 문헌들을 추가시키는 방식으로 편집된 것으로 보인다."

3 안춘근 편, 『鄭鑑錄 集成』 (서울: 아세아문화사, 1973). 총 871쪽의 영인본. 『뎡감록 비결』, 『異本 鄭鑑錄』을 비롯하여 9권의 이본들이 포함되어 있다.

로 나타나는 것은 다음과 같다.4

> 감결(鑑訣), 삼한산림비기(三韓山林秘記), 화악노정기(華岳路程
> 記), 구궁변수법(九宮變數法), 동국역대본궁음양결(東國歷代本宮
> 陰陽訣), 무학비결(無學秘訣), 도선비결(道詵秘訣), 남사고비결
> (南師古秘訣), 징비기(徵秘記), 토정가장비결(土亭家藏秘訣), 경
> 주이선생가장결(慶州李先生家藏訣), 삼도봉시(三道峰詩), 옥룡자
> 기(玉龍子記) 등.5

『정감록』은 여러 도참문서인 감결, 비기, 비결, 장결 등을 집성한
것이다. 그 표제表題가 의미하듯 은어隱語·우의寓意·시구詩句·파자破字를
사용하여 표현한 내용을 담고 있다. 우선 읽어서 그 의미를 쉽게 이
해할 수 없는 밀서密書의 성격을 띠고 있어, "삼가 새어나게 하거나,
…망령되이 퍼트리지 말라. 오로지 집안을 보존하는 방책으로 삼아
야" 하며,6 "함부로 전하거나 누설하지 않으면 복을 받고 자비로운
은혜가 미치리라"7고 하였다.

『정감록』은 참위서讖緯書의 일종이다. 주로 국가나 왕국의 성쇠를
예언하는 내용이 담겨 있다. 이처럼 『정감록』은 천문天文과 지리地理의
조건이 인간사의 길흉화복과 관련된다는 담론으로 구성되어 있다.

최남선은 "정감록은 임진 병자 대란 이후 이씨의 조정에 대한 민

---

4 김수산, 『원본 정감록』(서울: 홍익출판사, 1968), 82-85.
5 "정감록", 『한국민족문화대백과』(www.aks.ac.kr).
6 「土亭家藏訣」, 愼勿虛漏妄傳陰謠之人 只位保家之方也.
7 「三韓山林祕記」, 勿忘傳世 則福生慈惠存.

중의 신뢰심이 극도로 박약하고 장래에 대하여 암담한 정을 이기지 못할 즈음에 당시의 애국자가 민중에게 희망과 위안을 주기 위하여 이씨가 결딴나도 정씨가 있고 조씨, 범씨, 왕씨도 있어서 우리 민족의 생명은 영원코 불멸하느리라는 하는 신념을 심어 주려고 한" 것이라고 하였다.[8]

그동안의 정감록에 대한 연구는 대체로 정감록의 형성 시기에 대한 연구와 정감록이 사회민중 변혁운동에 끼친 영향 등에 대한 연구에 집중되어 있었다. 그리고 정감록의 중심 사상과 관련하여서는 여러 가지 단편적인 해석이 이루어졌다.

이 글에서는 『정감록』에서 내우외환의 역사적 실존적 위기를 겪은 민중의 후천개벽의 천시론天時論과 새로운 도읍지와 피장지인 십승지에 대한 지리론地利論 그리고 새로운 나라를 세울 정도령이라는 진인의 출현을 대망하는 인물론人物論으로 구성되어 있다는 점을 분석하려고 한다. 이처럼 『정감록』을 통해 염원한 후천 시대에 이루어질 '천지인의 개벽 사상'에는 단군신화를 통해 전승되어온 천지인 조화론이라는 한국문화의 구성 원리가 그대로 반영되어 있다는 점을 살펴보려고 한다.

그리고 이러한 『정감록』의 종말사상에 젖어 있던 이들이 6.25 전쟁을 전후로 기독교를 수용하면서 특히 요한계시록에 나타난 묵시문학적 종말론과 『정감록』의 참위론적 말세론을 혼합하여 한국고유의 이단 기독교 교리를 형성한 과정을 아울러 살펴보려고 한다.

『정감록』에는 홍수와 한발, 흉년과 기근, 염병과 호환 같은 천재

---

8 최남선, 『조선상식문답』 (서울: 삼성미술문화재단, 1972), 161.

지변, 임진왜란(1592)과 병자호란(1636)의 대규모 병란, 지배층의 무능과 부패, 사회윤리의 붕괴, 사회통제의 와해로 인한 사회적 혼란 이 반영되어 있다.9 민초들은 여러 절망적 위기를 겪으면서 이를 적 극적으로 표현하는 동시에 새로운 사회에 대한 기대와 희망을 예언 의 형식으로 유포한 것이다. 이것이 정감록의 한 핵심으로 이씨의 나 라(조선)가 망하고 정씨의 새로운 나라가 세워진다(李亡 鄭興)는 천지 개벽의 종말론적 신앙을 펼쳤다.10 이러한 『정감록』의 요지는 책 머 리에 수록된 「감론」에 잘 나타나 있다.

> 정(鄭)이 말했다. 곤륜산(崑崙山)으로부터 온 맥이 백두산에 이르고 원기가 평양에 이르렀으나 평양은 이미 천 년의 운수가 지나고 송악 (松岳)으로 옮아가서 5백 년 도읍 할 땅이 되나 요망한 중과 궁녀가 난을 꾸미고 땅 기운(地氣)이 쇠퇴하고 하늘 운수(天運)가 비색하여 지면 운수는 한양으로 옮길 것이다. … 심(沁) 말했다. 백두산에서 내려온 산줄기가 금강산으로 옮겨 안동의 태백산과 풍기의 소백산에 이르러 산천의 기운이 모여 계룡산으로 들어갔으니, 정씨(鄭民)가 8 백 년 동안 도읍 할 땅이로다.11

「감결」에는 "하늘에는 성신星辰의 변화가 있고, 땅에는 운기運氣의

---

9 윤병철, "정감록의 사회 변혁 논리와 사회적 의의", 「정신문화연구」 28권 1호 (2005), 107-113.
10 윤병철, "정감록의 사회 변혁 논리와 사회적 의의", 117.
11 「勘決」, 鄭曰 自崑崙來脈 至白頭山 元氣 至于平壤 平壤已過千年之運 移于松岳 五百年之地 妖增宮姬作亂 地氣衰敗 天運否塞 運移于漢陽 … 沁曰 來脈 運移金 剛至于太白(在安東) 小白(在順興) 山川鍾氣 入於鷄龍山 鄭氏八百年之地.

남음과 모자람이 있다. 고로 3대가 융성할 때에도 나라의 흥폐성쇠의 운은 항상 있는 것이다"라고 하였다.[12] 이러한 논지를 주로 담고 있는『정감록』의 핵심 내용은 조선 말기의 천시설天時說과 쇠운설衰運設에 근거하여 선천先天 시대의 운이 다하여 새로운 왕조가 도래한다는 것과 정도령이라는 이상적인 인간眞人이 나타나 계룡산에 새로운 도읍을 정하고 후천선경의 8백년 왕국을 건설하여 세상을 구한다는 개벽 사상이다. 그리고 풍수설에 따라 미래에 다가올 멸망을 대비할 수 있는 십승지라는 피난처를 이상경理想境으로 제시하고 있다.

김탁은『정감록』의 기본 사상을 분석하여 풍수지리사상, 천운순환사상, 말세사상, 비결秘訣사상, 진인眞人사상, 음양오행사상, 승지勝地사상이 있다고 하였다.[13] 우윤은 정감록의 핵심 내용을 왕조교체사상, 십승지, 진인 출현이라고 분석하였다.[14]

황선명은 정감록은 "先天後天의 교역交易을 기정사실로 전제하고 피장처避藏處라든지 정도인正道人의 출현을 설하고 있는 것이 확실하다"고 한다.[15]

신정암은 정감록의 사상을 "첫째는 현실부정이요, 둘째는 메시아니즘救世主主義이요, 셋째는 천도설遷都說이요, 넷째는 은둔주의요, 다섯째는 낙관적 운명설"이라고 하였다.[16]

---

12 「土亭家藏訣」, 有星辰之變端 地有運氣之盈縮 故三代之隆 國之興廢盛養之運.
13 김탁,『새 세상을 꿈꾸는 민중들의 예언서 정감록』(서울: 살림, 2005), 258-311.
14 우윤, "19세기 민중운동과 민중사상 - 후천개벽, 정감록, 미륵신앙을 중심으로",
　　「역사비평」2호 (1988.3), 226-229.
15 황선명,『조선조 종교사회사 연구』(서울: 일지사, 1985), 275-276.
16 신정암, "정감록의 역사적 영향",『한국사상』I-II 합본 (서울: 경인출판사, 1982),
　　124 이하.

윤성범은 정감록이 "피안적이라기보다 현실에서 변화와 혁신을 갈망"하는 '종말론적 메시아니즘'이며, "한국의 역사의식 속에 일련의 고향상실"에 근거 '실향성의 회복'이라고 하였다.[17]

정다운은 "정감록은 우리 민족의 예언서이기 때문에 민족사상의 근본인 천부인天符印을 의미한 천지인天地人을 근거로 풀어나간 실증학적實證學的 비결秘決이다"라고 규정하였다.[18] 따라서 정감록의 대의大意를 크게 네 가지, 즉 첫째는 천시론天時論, 둘째는 지리론地理論, 셋째는 인물론人物論, 넷째는 방법론方法論이라 하였다.

천시론(天時論)은 전쟁이나 사회 혼란으로 인한 나라 안팎의 변화에 대한 시대적 양상과 연관성을 예시 하고 있으며, 지리론(地理論)은 새 시대를 전개할 도읍지와 안위를 도모할 피장처(避藏處)를 제시하고 있고, 인물론(人物論)은 끊임없이 전개될 민족사의 혁명을 주도해 갈 정도령(鄭道令)에 대한 언품과 출현방법 등을 제시하고 있다. 방법론(方法論)은 새 시대가 열리게 될 구체적인 양상을 단계적으로 설명하고 있는 교외문답(敎外問答)과 새 시대를 잉태하게 될 말세의 징조를 열거한 말속론(末俗論)과 새 시대가 전개될 시기를 감지하고 있는 청구비결(靑丘秘訣)이 있다. [19]

하늘과 땅과 인간의 변화무상함을 골자로 하여 천지인의 새로운 조화를 비결의 형태로 기록된 것이 『정감록』의 주 내용이다. 따라서

---

17 윤성범, "정감록의 입장에서 본 역사관", 「기독교사상」 14-1 (1970), 105, 115.
18 정다운, 『정감록원본해설』 (서울: 밀알, 1986), 6.
19 같은 책, 7.

후천개벽의 천시론, 십승지의 지리론, 정도령과 같은 말세의 구세주 출현의 인물론, 파자풀이의 비결론의 구체적인 내용들을 한국문화의 구성 원리인 천지인의 조화라는 해석학적 원리에 입각하여 자세히 살펴보려고 한다.

II. 후천개벽 사상과 천시론

「감결」은 이씨 왕조의 선조인 이심李沁과 그 대응자가 될 정씨의 조상인 정감鄭鑑의 대화로 이루어져 있는데, 천년의 운수가 다함에 따라 한양 이씨의 멸망과 계룡 정씨의 흥기를 예언하였다.[20]

『정감록』에는 천문에 대한 기록이 의외로 많이 등장한다. 동양전래의 천체관에 입각하여 어떤 별이 어느 별자리에 나타나는가에 따라 지상에 있는 나라의 운세가 영향을 받는다는 생각이 반영되어 있다.[21]

> 내가 비록 재주가 없지만, 하늘을 우러러보고 땅을 굽어살피며 여러
> 해 동안의 성수(星數)를 추산해보니, 한양(漢陽)은 5백 년을 넘기지
> 못할 것이라.[22]

『정감록』에는 천시天時와 천운天運을 상징하는 염정성廉貞星, 미성尾星, 요성妖星, 복성福星, 곡성穀星 등 하늘의 별들에 대해 언급되어 있다.[23]

---

20 고려의 王氏와 조선의 李氏에 이어서 鄭氏 왕조가 새롭게 등장하고 그 후에 趙氏와 范氏 왕조가 새로운 도읍지에서 교체되어 일어날 것을 예언하고 있다.
21 김탁,『새 세상을 꿈꾸는 민중들의 예언서 정감록』, 270.
22 「土亭家藏訣」, 吾雖不才 仰觀俯察 統以積年星數之分 則漢陽不過五百年.
23 김탁,『새 세상을 꿈꾸는 민중들의 예언서 정감록』, 217-273.

가장 뛰어난 성인(上聖)은 천지 끝의 일을 알고, 보통 성인(中聖)은 1만년의 일을 아는데, 우리들은 대체로 세 차례 나라가 바뀌고 다섯 차례 도읍을 옮기는 일 정도만 알 따름이다. 이 비결을 명산에 감추어 두고 알아볼 사람을 기다리니, 큰 난리가 일어 날 즈음에 혹시라도 이 글이 나오면 현명한 군자가 그대로 실행한다면 우리들의 소원인 구세(救世)가 얼마라도 이루어질 것이다.[24]

『정감록』에서는 곳곳에서 천운이 다하여 조선왕조가 멸망할 수 밖에 없으며 그 정황을 드러내는 말세의 여러 징조에 해당하는 참혹한 사건들에 대해 자세히 열거하고 있다.

말세의 재앙을 내가 자세히 말하리라. 아홉 해 동안 큰 흉년에 인민들이 나무껍질을 먹고 살 것이요, 4년 동안 역병에 인명이 반은 죽을 것이다.…[25]

그 큰 운을 논하자면, 80년 난리이다. 작은 운을 논하자면 20년 병화이다. 9년간의 흉년과 7년간의 수재(水災)와 3년간의 역병(疫病)에 열 집에 한 집만 남을 것이다. 이상하다, 세상의 재난이여! 병란(兵亂)도 아니고, 칼날도 아니다. 가뭄이 아니면 홍수요, 흉년이 아니면 역병이다.[26]

---

24 「三韓山林祕記」, 上聖 知終天地之事 中聖 知一萬年之事 吾輩 粗知三易國五徒 都而己 藏之名山 以矣知者 大亂之際 此文或出 賢明君子 體而行之 吾輩救世之 願覬少伸也…勿忘傳世 則福生慈惠存.
25 「勘決」, 末世之災 吾且詳言 九年大歉 人民食 木皮而生 四年染氣 人命除半.
26 「서계이선생가장결」, 論其大運 八十年亂 驚數論之 二十四年 論其小運 二十年兵

흉년과 홍수와 간발 같은 수재, 전염병과 전쟁은 말할 것도 없고 말세에는 무수한 천재지변이 일어나리라고 예언하고 있다.

　　하늘에서 불이 떨어지고 땅이 진동하고 해와 달이 빛을 잃을 것이다.[27]

　　냇물이 마르고 산이 무너지며 … 한양 남쪽 백리에 어찌 사람이 살 수 있겠는가?[28]

　　단군 사당의 지반이 한 길이나 내려앉고, 수양(首陽) 남문에 샘물이 저절로 솟으며, 큰 거북과 날개가 달린 물고기가 동해에서 나오고, 쓰러진 버드나무와 엎어진 돌이 남주(南州)에서 일어나면, 시사(時事)가 크게 달라질 것이며.[29]

　　이외에도 사회의 위계질서가 붕괴되고 도덕적 해이감이 만연될 것이며 인륜이 파괴될 것이라고 예언한다.[30]

　　말세가 닥치면 아전이 태수를 죽이는 데 조금도 거리낌이 없고, 상하의 구분이 없어져서 사람의 도리에 어긋나는 변고가 잇달아 일어나리라.[31]

九年之歉 七年之水 三 年病疫 十戶餘 - 異鼓世難 非兵非刃 非旱非水 非凶非病.
27 「土亭家藏訣」, 天火落地震動 日月無光.
28 「勘決」, 川渴山朋 … 漢南百里 人何居焉.
29 「삼한산림비기」, 檀君之祀 地陷一祀 首陽南門 有泉自達 窮龜翼魚 出於東海 僵柳仆石 起於南州 時事大異.
30 김탁, 『새 세상을 꿈꾸는 민중들의 예언서 정감록』, 274.

요사스런 신하가 나라를 좀 먹고… 사나운 신하를 제압하기 어렵고 …형제간에 서로 다투되 항복하는 쪽이 없고 동기간에 변이 생기고.[32]

백성은 난리를 깨닫지 못하고 재상은 쓸모 없는 글만 숭상하니… 방백과 수령은 위에서 도둑질하고 아전과 군교는 아래에서 약탈을 일삼으니 백성들이 불안하여 들에 살지 못할 것이다.[33]

관료들은 부귀를 누리고 백성들은 빈곤에 허덕인다. 기근이 중첩되어 인민이 굶어 죽게 되면 마침내 반란이 일어나서 상류층들의 피가 강물처럼 흐르게 된다.[34]

「정순옹결」에는 "父子가 서로 싸우고 부부가 서로 자기 몫을 챙기는 변이 있을 것"(父子爭 則夫婦異儲)이라고 하였다. 하늘의 재앙과 변괴에 기근까지 겹쳐 "굶주린 사람끼리 서로 잡아먹는"(「경주이선생가장결」) 극한 상황에서 "죄 없는 백생은 만에 하나 살까 말까"(「三道峰詩」)한 재난이 일어날 것이라고 경고하고 있다.

외우내환에 시달리던 대다수의 민중들은 조선왕조의 패도정치悖道政治가 더 이상 희망이 없다고 본 것이다. 따라서 고칠 수도 없고 고

31 「勘決」, 若至末世 則更殺太守 少無忌憚 上下之分蔑裂 網常踵出 畢竟 主少國危孑孑之際.

32 「삼한삼림비기」, 妖臣竊國 … 悼臣難制 … 昆季牽牙不降 變生同氣.

33 「무학비결」, 賴水火相生 人民不識干戈 宰相徒尙虛文… 而伯守令 自上剽竊 吏胥軍校 自下侵掠 是以民不安土 野無居民.

34 「말속론」, 各官富貴萬民飢困 年又饉而 萬民飢死 終被兵起僧血滿江.

처 봐야 쓸 수도 없는 조선 왕조는 멸망할 것이며 이를 대체할 새로운 왕조가 세워질 것을 기대하는 '이망정흥李亡鄭興'의 열망이라는 반왕조 전승이 형성된 것이다.

「삼한산림비기」에는 정씨가 나라를 새로 도읍할 땅에 관해 구체적으로 '계룡산'이라고 명시하고 있다. 그리고 "현명한 재상과 지혜로운 장수와 고승과 선비가 왕국에 많이 나서 한 시대의 예악을 찬란하게 장식하리니. 세상에서 드물게 보는 일일 것이다"[35]라고 하였다. 이 외에도 계룡산에 대한 언급은 「도선비결」,「서계이선생가장결」에도 등장한다.

계룡산이 특별히 언급되는 것은 조선 왕조가 처음에는 계룡산에 천도하려다가 한양으로 수도를 옮긴 역사적 사실과 관련이 있다. 태조 2년(1393년) 1월 21일 태조 임금이 송경松京을 출발하여 계룡산鷄龍山의 지세地勢를 친히 보고 장차 도읍을 정하려고 하였다. 왕이 친히 계룡산으로 행차하여 2월 8일 계룡산 아래까지 갔다가 돌아온 것이다. 도읍지로 조성할 준비까지 하였으나 신하들 사이에 반대 의견이 분분하였다.[36] 결국 다음 해에 왕이 한양의 무악산 등지를 돌아본 다음 계룡산 대신 한양을 서울로 정하고 천도하였다. 따라서 조선왕조에 대한 기대를 접은 도참가들은 이러한 역사적 사실을 바탕으로 한양 도읍의 시대가 끝나고 계룡산 천도를 통해 새 시대를 열어야 한다는 열망을 공유하게 되었다. 후천개벽과 지기쇠운설이 결합하여 천지개벽의 새로운 대안으로 계룡산을 선호한 것이다.

---

35 「삼한산림비기」, 鷄龍山下 有都邑之地 鄭民立之… 賢相智將 佛士文人 多生王國 賁飾代禮樂 希觀龍 希觀歲.
36 「태조실록」, 태조 2년(1393) 1월 21일-2월 8일.

그 사례로 인조 6년(1628) 역모 사건을 진압하여 관련자를 국문하고 처벌하는 내용에서 "초계草溪에 조수潮水가 들어오고 계룡鷄龍에 서울을 건립하는데 조선 사람들이 모두 벙거지를 쓰고 털옷을 입는다"는 기록이 나온다.37 따라서 역모를 꾀한 자들도 이러한 도참사상을 이용하여 천운이 끝난 한양 대신 계룡산 천도를 앞세우게 된 것이다.

조선왕조 초기부터 조정에서는 이러한 참위설을 배척하였고 관련 서적의 소장자를 처벌하였다. 태종 17년(1417) 11월 국왕은 "참위 같은 것은 허탄許誕한 데에서 나온 것이라, 심히 믿기에 족하지 못한 것"으로 규정하였다. 그러한 요서妖書들을 모두 불에 태우고 민간에서 몰래 소장하면서 납본하지 아니한 자는 엄벌에 처할 것을 훈령했다. 세조 때 17종과 성종 때 12종의 참서들이 금서로 지정되어 분서하였다. 정조 6년(1782) 문인방 등의 죄인을 국문하여 역모사건에 대해 알아내는 과정에서 『정감록』 등의 참서들이 "모두 매우 요망하고 허탄한 글로서 오로지 거짓 핑계대어 대중을 현혹시키려고 꾀한 책"이라는 최초의 언급이 조선왕조 실록에 기록되어 있다.38 정조 9년(1785)에는 구례求禮 화엄사花嚴寺의 중 윤장允藏이 일찍이 그 절에 『정감록』을 숨겨둔 죄로 흑산도黑山島에 귀양갔다는 기록이 이어서 나온다.39

그러나 『정감록』은 단순히 왕조교체의 차원을 넘어서 후천개벽이라는 거대한 종말론적 담론으로 확장되었다. 전쟁이나 사회적 혼란으로 왕조가 교체되는 것을 넘어서서 시운時運이 바뀌는 후천개벽

---

37 「인조실록」, 인조 6년(1628) 1월 3일 草溪潮入, 鷄龍建都, 朝鮮皆着毛笠毛衣.
38 「정조실록」, 정조 6년(1782) 11월 20일 皆是至妖至誕之書, 專出於假托惑衆之計.
39 「정조실록」, 정조 9년(1785) 3월 16일 求禮 花嚴寺僧允藏, 曾以其寺藏置.

이나 말세론末世論의 우주적 차원을 비의秘義와 도참圖讖으로 전승되어
온 것이다. 오행의 운수가 돌고 돌아 목운木運의 운수를 받아 마지막
금운金運에 이르게 된다고 했으니, 선천시대와 후천시대를 거처 중천
시대가 도래한다는 천시론天時論으로 발전한 것이다.[40]

이처럼 『정감록』에는 천문에 따라 천운이 다하였으므로 '이망정
홍李亡鄭興'을 통해 천재개벽이 일어날 것이라는 예언이 반복하여 등장
한다. 천지개벽에 대한 소망은 '억눌린 민중의 한恨, 즉 원怨과 망望의
표출'이라고 할 수 있다.

이러한 말세론과 후천개벽 사상은 송대의 소강절邵康節의 철리哲理
에서 비롯되었다. 조선 중초기의 도학자인 화담 서경덕을 통해 수용
된 후 중기 이후 지식인들 사이에 알려졌다. 임진왜란(1592)과 병자
호란(1636)을 거치면서 『정감록』을 중심으로 하는 비결 사상이 널
리 확산되었다. 그리고 100여 년 이후 후천개벽 사상은 사회변혁의
동력으로 그리고 보편적인 용어로 자리 잡게 되었다.[41] 동학을 창도
한 최제우도 '괴이한 동국참서東國讖書'라고 하면서 『정감록』에 관해
깊은 관심을 표명하고 자신이 지은 「몽중노소문답가夢中老少問答歌」에
서 "이씨조선 4백년에 운運이 역시 다했던가"라고 왕조쇠운설王朝衰運
說을 제창했다. 일제치하 반일反日 여론의 저변에도 『정감록』에 가탁
한 참위설이 큰 영향을 끼쳤다. 『정감록』류의 참설은 반왕조적인 민
중사상民衆思想이요, 혁명 대망待望의 민간신앙이라고 할 수 있다.[42]

동학, 증산교 및 원불교는 하나같이 이러한 개벽 사상을 바탕으

---

40 유경환, 『한국 예언문학의 신화적 해석: 격암유록의 원형적 탐구』, 39.
41 황선명, "후천개벽과 정감록", 「한국종교」 제23집 (1998), 261-162
42 차용준, "풍수 참위 정감록", 187.

로 곧 밝아올 새 세상을 노래했다. 그들이 선포한 천지개벽은 성리학자들이 추구해 온 목가적 이상세계와는 달랐다. 역사상 존재했던 여러 왕조 가운데 하나가 아니라, 근본적으로 다른 새 하늘과 새 땅이었다. 따라서 조선 왕조 이래 치자治者의 이데올로기만이 지배적이고 피치자被治者의 이데올로기는 없었다고 생각하는 것은 전통사상의 일변만을 보는 데서 온 잘못된 견해이다. 피지배자인 서민들도 그들 나름의 무속巫俗 등을 꾸준히 지켜 왔고, 왕권王權이나 관도官途에서 소외된 지식인들도 『정감록』과 같은 참설을 조작하여 반왕조적 이데올로기를 만들어 유포시켜 왔다. 이러한 점에서 참위설도 한국사상의 한 축을 이루어 전승된 것이다.

도참사상의 천시론적 후천개벽 사상은 특히 6.25 전쟁 이후 한국의 이단 기독교에도 큰 영향을 미쳤다. 박태선의 신앙촌과 문선명의 통일교 그리고 이만희의 신천지 집단을 비롯하여 시한부 종말론을 주장하는 이단집단들에 의해 『정감록』의 후천개벽 사상은 '새 하늘과 새 땅'을 고대하는 요한계시록의 묵시사상과 혼합되었다. 특히 성부시대와 성자시대와 성령시대를 구분하고 현재를 말세의 성령시대라고 주장하는 이단들의 삼시대론이나 시한부 종말론은 『정감록』의 후천개벽적 천시론에 상응한다.

III. 십승지와 지리론(地利論)

"사람이 세상에서 피신하기 가장 좋은 땅"인 십승지에 대한 기록은 『정감록』에 수록된 감결鑑訣, 징비록懲毖錄, 유산록遊山錄, 운기귀책運奇龜策, 삼한산림비기三韓山林秘記, 남사고비결南師古秘訣, 도선비결道詵秘訣, 토정가장결土亭家藏訣 등에 나타난다. 이 십승지는 "병화, 수재, 기근'이 침범하지 못하는 곳"[43]이며, 삼재三災를 피할 수 있는 길한 땅이고 길한 운수를 갖춘 땅이다.

금강산 서쪽 오대산 북쪽은 2년간 도둑의 소굴이 될 것이다. 9년간의 수해와 12년간의 병화가 있을 것이니, 어느 누가 그것을 피할 수 있겠는가. 그러나 십승지에 들어간 사람은 시국을 잘 관망하면 살리라.[44]

십승지는 "하늘과 땅과 사람이 도와 주는 곳"으로 "족히 삼재三災를 피할 수 있으니, 절대로 누설하지 말고 이곳에 들어가서 열심히 일하여 곡식을 비축하면 진실로 삶을 도모하고 생명을 보전할 수 있는 백년지기의 땅"이라고 하였다.[45]

---

43 「삼한삼린기」, 兵水饑饉 不得侵犯.
44 「勘決」, 十二年賊穴 九年之水 十二年兵火 何人避之乎 入於十勝地者 觀其時而生.

십승지는 아무리 좋아도 다른 산이나 다른 지역과 다르지 않다. 혹은 하늘이 도와주고 혹은 땅이 비밀스러운 데가 있어 사람이 도와주기도 할 때 이들이 최고의 좋은 곳이 되는 것이다.[46]

후세에 만약 지각 있는 사람이 먼저 십승지에 들어가면 가난한 자는 살고 부자는 죽을 것이다.… 부자는 많은 돈과 재물이 있으므로 섶을 지고 불 속에 들어가는 것과 같고, 가난한 자는 일정한 생업이 없어 빈천하니 어디를 간들 못 살겠는가?[47]

이 십승지는 임진왜란과 병자호란과 같은 전란시戰亂時의 피장처로 소개되고 있다. 그래서 "임진王辰에 섬 오랑캐가 나라를 좀 먹으면 송백松相에 의지하고, 병자丙子에 북쪽 오랑캐가 나라에 가득하면 산도 불리하고 물도 불리하며 궁궁弓弓에 이로움이 있으리라"[48]고 하였다. 십승지는 그 지형이 "땅이 낮게 드러나고 바다가 가깝지만 적의 배가 이르지 못하고 토별이 쳐들어 올 수 없으니, 이는 약함이 능히 강함을 이기고, 허한 가운데 실함이 있어 하늘이 정한 궁형의 땅弓基"이기 때문이라고 한다.

문헌상으로 「영조실록」에 궁궁弓弓이 최초로 언급되어 있다. "왜

---

45 「土亭家藏訣」, 地雖淺露近海 戰船不到 土兵不侵 此弱能勝强 虛中有實 天定弓基. 用有一時… 足避三淡 切勿漏泄 入於此所 動力積穀 眞可圖生 亦可保命百年之地.

46 「낭선결」, 十勝之地 異於他山他地者 或有天助 而或地秘 而或有人救 而其中最吉之地.

47 「勘決」, 後人若知覺 則先入十勝 而負者生 富者死… 富者多錢財 故負負薪入火也 貧者無恒産之致 安往而不得負賤購哉 然而稍有知覺者 觀其時而行.

48 「도선비결」, 壬辰 島夷蠹國 可依松相 丙子 坎胡滿國 山不利水不利 利於弓弓.

인倭人같지만 왜인이 아닌 것이 남쪽에서 올라오는데 산도 아니고 물도 아닌 궁궁이 이롭다"고 했다. 그러나 "이른바 궁궁은 무슨 뜻인지 알 수 없다"고 하였다. 궁궁의 의미가 무엇인지 여러 논란이 있었다. 이영손은 활 '궁弓'을 "고문古文에 유자留字"라고 했고 "광활이라는 뜻"이라고 하였다.49 한편으로 궁궁弓弓은 '약弱'으로 해석되기도 하였다.50

「고종실록」에 수록된 서헌순의 장계에는 "활 궁자를 쓴 것… 두 개의 활 궁자를 마주한 것"51이라 했다. 그에 따르면 궁궁弓弓이 마주한 형상은 '亞아'를 이룬다. 따라서 궁궁은 '십승지'의 '十'을 형상한 것이 된다.

'궁궁'은 동학東學의 최제우崔濟愚를 통해 수용되었다. 그는 상제上帝에게 받은 영부靈符는 '태극과 궁궁弓弓'의 형태였다고 전한다.

    나에게 영부가 있으니 그 이름은 선약이요, 그 형상은 태극이요 또
    그 형상은 궁궁이니… (『東經大全』, 「德文」).

또한 최제우는 당시의 도참비기들에 나오는 궁궁처에 대하여 인식하고 있었다.

    매관매직 세도가도 일심은 궁궁이오 전곡 쌓인 부첨지도 일심은 궁궁

---

49 「영조실록」, 영조 24년(1748) 5월 23일, 24일.
50 이찬구, "동학의 영부관 고찰 – 태극과 궁궁의 천도적 이해", 「동학학보」 4(2002), 279.; 조재훈, "동학가요에 나타난 궁을의 의미망", 「공주사대논문집」(1983), 33-35.
51 「고종실록」 고종 1년(1864) 2월 29일: 이찬구. "동학의 영부관 고찰 – 태극과 궁궁의 천도적 이해", 285.

이오 유리걸식 패가자도 일심은 궁궁이오 풍편에 뜨인 자도 혹은 궁
궁촌 찾아 가고… (『龍潭遺詞』, 「몽중노소문답가」).

동학농민전쟁 당시 동학군들은 「궁을가弓乙歌」를 만들어 불렀으
며, 궁을弓乙의 형태로 진을 치기도 했다(『梧下記文』首筆).[52]
「고종실록」에는 동학군들이 "잡병雜病을 앓는 사람들에게는 궁弓
자를 쓴 종이를 불에 태워 마시게 하면 이내 병이 나았다"고 주장하
였고,[53] "궁궁弓弓과 을을乙乙자를 새긴 부적으로써 백성들을 현혹시
켰으며 도당徒黨을 체결"한 이유로 최시형을 처형하였다는 기록이 있
다.[54]

궁을부는 신통력이 있다. 비 오듯 쏟아지는 관군의 총탄과 화살도 무
력하게 만드는 게 궁을부다. 그 효력은 이미 큰 스승 최제우 선생께서
밝히신 바다. 궁을은 이미 너희가 잘 아는 『정감록』에도 나와 있다.[55]

최제우는 '弓乙'을 태극의 상징으로 보았다. 따라서 정감록에서
말하는 십승지로서 이재궁궁利在弓弓을 찾는 것을 어리석은 짓으로 보
았다. 도가 태극道爲太極이므로 무극대도無極大道의 천도天道 자체이신 한
울님의 뜻에 의해 비로소 이재궁궁이 실현된다고 보았다.[56] 동학의

---

52 한승훈, "전근대 한국의 메시아니즘: 조선 후기 진인출현설(眞人出現說)의 형태들
　　과 그 공간적 전략", 「종교문화」 27 (2014), 43. 주 51.
53 「고종실록」, 고종 1년(1864) 2월 29일.
54 「고종실록」, 고종 35년(1898) 7월 18일.
55 홍진영, "동학가사「몽중노소문답가」의 예언적 성격 -『정감록』과의 비교를 중심으
　　로", 「동학학보」 38 (2016), 278.

2대 교주 최시형 역시 "궁은 바로 천궁天弓이요. 을은 바로 천을天乙이니, 궁을은 우리 도의 부도符圖요, 천지의 형체形體이다. 그러므로 성인이 받들어 천도를 행하고 창생을 건진다"[57]고 하였다. 실제로 천도교에서는 궁궁과 태극의 상징을 조합하여 '궁을기'를 만들어 사용하고 있고 있다.[58]

『정감록』에는 십승지를 설명하면서 "이 때에 이로운 것이 궁궁이니 궁궁이란 낙반고사유"이며, "그 모양이 활 시위를 당긴 듯 기이하다"[59]고 하였다. 그리고 "낙반고사유落盤孤四乳"를 파자풀이하면 "소반의 네 (젖)꼭지가 따로 떨어져 나갔다"는 뜻인데, 그 형태가 바로 십자형이다.

따라서 궁궁이나 궁을은 둘 다 십승지의 상징이다. 활(궁)은 하늘을 향해 쏘고, 새(을)는 땅에 앉으므로 궁은 수직적인 하늘天과 수평적인 땅地이 합한 모양을 지닌 십+을 상징하기 때문이다. 궁궁을을은 위서로 알려진 『격암유록』에도 무수하게 등장하는데, 弓弓이 서로 마주보면 십자형(亞)이 되고[60], 乙乙 중 하나가 누우면 역시 십자형(卍)이 된다고 풀이한다.[61] 따라서 궁궁을을은 십승지에 대한 영부

---

56 이찬구, "동학의 영부관 고찰 - 태극과 궁궁의 천도적 이해", 306.

57 최시형, 『법설』 8(영부주문), 弓是天弓 乙是天乙 吾道之符圖也 天地之形體也 故聖人受支 以行天道 以濟蒼生也.

58 이찬구, "동학의 영부관 고찰 - 태극과 궁궁의 천도적 이해", 288.

59 「土亭家藏訣」, 可利弓弓 弓弓者 落盤孤四乳也… 其形如彎弓之奇.

60 『格庵遺錄』 「弓乙論」에는 "弓弓이 서로 화합하지 못하고 동서(東西)로 등(背)을 마주 한 사이에서 십자형(亞)이 나온다. 사람들이 이러한 이치를 깨우치고 따르면 소원성취(所願成就)할 것이다."(弓弓不和向面 東西背弓之間 出於十勝人覺 從之所願成就)고 하였다.

61 『格庵遺錄』 「弓乙論」, "左乙相交一立一臥 歐雙乙之間 出於十勝 性理之覺無願不通"(왼쪽의 을이 서로 교합하여 하나는 서고 하나는 누운 두 개의 을 사이에서

라고 할 수 있다.62 재앙을 피하기 좋은 피장처避藏處 중에서 10군데를 특히 십승지十勝地라고 부르기 때문에 이를 상징한 것이 궁궁을을인 것이다.

「감결」에는 십승지의 구체적인 지명을 다음과 같이 열거하고 있다.

① 풍기 차암 금계촌, ② 영월 정동 상류, ③ 봉화 춘양 일대, ④ 예천 금당동 북쪽, ⑤ 보은 속리산 증항 근처, ⑥ 공주 유구와 마곡 두 강 사이, ⑦ 합천 가야산 남쪽 만수동, ⑧ 무주 무풍 북쪽 덕유산 아래 방음, ⑨ 부안 변산 동쪽 호암 아래, ⑩ 합천 가야산 만수동63

십승지는 굳이 열 군데만은 아니다. 「남사고비결」과 「정순옹결鄭淳翁訣」에는 천 년 동안 싸움으로 오염되지 않은 12승지가 언급되어 있다. 실제로『정감록』의 여러 비결서에는 각기 다른 십승지의 지명이 열거되어 있다. 「남격암산수십승보길지지」에는 십승지를 산으로 소개하는데 소백산, 태백산, 속리산, 계룡산, 덕유산, 가야산, 지리산, 두류산, 금오산, 조계산, 조령, 변산, 월출산, 내장산, 수산, 보미산, 오대산, 상원산, 팔령산, 유량산, 온산, 청량산 등 20여 곳이나 된다.64

십자(卍)이 나오는데, 그 성질과 이치를 깨달으면 원하는 것이 통하지 않는 것이 없다.

62 정다운,『정감록원본해설』, 120. 이에 대해 정다운은 궁궁을을은 약(弱)자의 파자 인데, 기독교 신흥 종교일파에서 "乙乙을 겹치면 만(卍)자가 되고 弓弓에서 한글자 를 돌려 대치시키면 두 글자 사이에 십(十)자가 만들어짐을 기묘하게 이용"한 것이 라고 한다.

63 김탁,『새 세상을 꿈꾸는 민중들의 예언서 정감록』, 302-303.

64 정다운,『정감록원본해설』, 204.

「토정가장결」에는 십승지를 '송松, 가家, 전田'의 비의로 해석한다. "송은 먼저 왜적에 대하여 이롭고, 가는 중간에 오랑캐의 난에 있어서 이로우며, 전은 마지막으로 흉년에 이르러서 이로울 것"이라는 것이다. 따라서 "궁궁이란 무궁에 크게 이롭고 토궁에 약간 이로울 것"[65]이라고 하였다. 무궁武弓은 병란을 피하는 장소, 토궁土弓은 어떤 경우든 농사를 지을 수 있는 장소를 의미한다.

풍수지리설이 가미된 자연지리서『택리지擇里地』에는 살기 좋은 곳(可居地), 피병지避兵地, 복지福地, 은둔지隱遁地 등의 선택기준이 제시되어 있으나. 십승지는 피병지와 은둔지로서 교통이 매우 불편하여 접근하기 힘든 오지이다. 전통사회에서 전쟁이나 난리가 났을 때 백성들이 취할 수 있는 방도란 난리가 미치지 않을 만한 곳으로 피난하여 보신하는 것뿐이었기 때문이다.

그런데 이 십승지가 모두 남한에 집중되어 있다. 북한지방에는 단한 고장도 없다는 점에서 최남선은『정감록』이 '남조선신앙南朝鮮信仰'과도 깊은 관련이 있다고 주장했다.[66] 십승지는 모두가 북침北侵을 예상한 피병의 땅이란 점에서 임진왜란보다 병자호란의 전쟁경험이 반영된 것으로 보인다.

십승지는 조선 후기의 이상향에 관한 민간인들의 사회적 담론이었다. 십승지 관념은 조선 중·후기에 민간계층에 깊숙이 전파되어 거주지의 선택 및 인구이동, 그리고 공간인식에 큰 영향력을 주었다. 십승지는 조선 후기의 정치·사회적 혼란과 민간인들의 경제적 피폐

---

65 「土亭家藏訣」, 讖曰 李氏之運 有三秘字 松家田 三字也 松先利於倭 家中利於胡 田末利於凶… 弓弓者 大利 於武弓 小利於土弓.
66 최남선,『조선상식문답』, 162-164.

라는 역사적 배경에서 생겨났다. 십승지의 입지조건은 자연환경이
좋고, 외침이나 정치적인 침해가 없으며, 자족적인 경제생활이 충족
되는 것이었다.[67] 피병을 위한 도피 은둔사상이 반영되어 있는 것으
로 보인다. 이러한 십승지와 그에 관련된 도참·풍수 사상은 우리 민
중들이 끊임없는 전쟁, 폭정, 억압, 착취, 가난, 질병의 고통 속에서
도 삶을 꾸려오면서 역사를 이어온 원동력으로 작용하였다. 십승지
에 대한 열망은 조선 후기와 일제강점기에 매우 두드러지게 나타났
으며, 한국전쟁 때에도 광범위한 영향력을 미쳤다.

　김탁은 "자연과의 친화를 부각시키고 환경의 중요성을 강조하는
점은 현재에도 긍정적 의의가 있다"[68]고 하였다. 여기에는 천운이 다
하고 땅기운이 쇠퇴하면 그곳에 사는 사람들이 영향을 받는다는 천
지인 조화의 사상이 반영되어 있다. 특히『정감록』이 그리스도교의
종말론적 신앙과 일견 유사한 것 같으면서도 전혀 내세관이 없고, 현
세적이요 소극적인 피병避兵 유토피아에 머물고 있다는 점은 주목된
다.[69] 그러나 정감록을 믿고 피난민들이 들어와 모여 살던 십승지는
거의 소멸하였고, 현재는 둘레길 여행 명승지로 새로운 관심을 끌고
있다.[70]

---

67 "십승지지(十勝之地)",『한국민족문화대백과사전』, http://encykorea.aks.ac.
　　kr/.
68 김탁,『새 세상을 꿈꾸는 민중들의 예언서 정감록』, 265-266.
69 차용준, "풍수 참위 정감록", 185
70 최어중,『십승지 풍수기행』(서울: 동학사, 1999).

IV. 진인 정도령과 인물론

『정감록』의 「감록」은 정감鄭鑑과 이심李沁이라는 인물의 대화로 구성되어 있다. 이 대화는 궁극적으로 정씨鄭氏의 성을 지닌 진인眞人이 출현하여 세상을 구원하고 새 왕조를 세울 것이라는 후천개벽의 역성혁명易姓革命 사상을 담고 있다. 천명天命을 받은 이인異人이나 신인神人이 출현하여 왕위에 오르거나 도읍을 옮길 것이라고 예언한다. 특히 진인眞人이나 성인聖人이 남쪽에 나온다(聖人生南, 眞人南出)는 예언이 여러 번 등장한다.

이 땅에 들이 넓고 물살이 빨라서 반드시 이인(異人)이 날 것이다. 마땅히 천명(天命)을 받아 세상에 나와 혹은 황제 혹은 왕이 되리라. … 이때를 당하여 금담 아래 이인(異人)이 나타나리라. 조용히 그의 말을 들으면 중흥(中興)의 업적을 이룰 수 있을 것이다.[71]

신인이 두류산에서 도읍을 옮기는 계책을 세우고 2백 년이나 국운을 연장시킬 것이다.[72]

---

71 「삼한산림비기」, 此地野廣水駛 必生異人 當命世而起 或爲帝皇 或位王者… 此時 金坍册之下 有異人出 靜聽其言 則可造中興之業.
72 「무학비결」, 神人自頭流山 獻遷都之計 加延二百年國祚.

바위가 바다 밖으로 나오면 성인(聖人)이 남쪽에서 나온다. 임금의
수레가 이르면 백성들이 태평성대를 누리리라.… 진인(眞人)이 남쪽
에서 나오고, 도읍을 화산(花山)에 정하면, 백성이 세금과 부역을 면
하고.73

그리고 이 말세의 구세주인 이인異人, 신인, 성인, 진인이 바로 정
도령이라는 것을 명시하고 있다.

활짝 핀 운세를 막을 자 없으니 도도히 뻗어 나가는 국운은 멈추지
않으리라. 나라에 비로소 새 시대가 들어섰으니 문물이 열리리라. 하
늘이 금포에 열리니 정도령이요. 땅은 화산에서 열리니 물러난 이씨
가 망하게 된 것이니라.74

정도령의 출현이 곧 도탄에 빠진 중생을 구제함이니 도탄이 없음이란
곧 정도령의 출현이라.75

이처럼 천지의 끝을 아는 가장 뛰어난 성인(上聖)이 출현하면 "우
리들의 소원인 구세救世가 얼마라도 이루어질 것"이라고 하였다.76
『정감록』의 진인은 도가에서 정의되는 진인과는 다른 민중들의 구

---

73 「오백론사」, 石出海潮 聖人生南 王駕正臨 民樂太平 … 眞人南出 國都花山 民免
   兵役.
74 「土亭家藏訣」, 天開錦浦進尊邑 地關華山退李亡.
75 「교외문답」, 八字將免斬 島中今朝 塗炭無如委井: 정다운, 『정감록원본해설』,
   119. 井은 鄭鑑錄의 원명인 井監錄의 井을 말한다.
76 「三韓山林祕記」, 上聖 知終天地之事 … 吾輩救世之願覬少伸也.

세주요 메시아이다. 그는 왕조를 건설하여 민중을 구원한다는 점에서 정치적 군주로 등극할 인물인 동시에 도덕적으로도 완벽한 존재인 진리를 깨달은 참인간으로 여겼다.[77]

『정감록』 첫머리에는 말세에 출현할 진인眞人인 정감鄭鑑에 대해 "鑑은 사마휘(司馬徽, 제갈공명의 지혜를 알아보고 유비 현덕에게 천거한 사람)나 제갈공명보다 낫다"고 했다. 이능화는 "조선 중엽 뜻을 잃고 나라를 원망하는 무리가 지었다. 그러므로 당정에서 실패한 사람들과 애써 관직을 구하던 선비들이 조선 왕조를 전복시키고자 할 때 반드시 정감록의 예언에 의지하게 되었던 것이다"[78]고 했다. 따라서 『정감록』에 나오는 정씨가 고려의 충신이었지만 조선 왕조에 의해 선죽교에서 격살당한 정몽주나 개국공신이지만 반역자로 몰려 일생을 마감한 정도전이라는 주장이 생겨난 것이다.

그러나 정도전鄭道傳은 조정의 대신들은 대부분 참위서를 믿었고 "진산 부원군晉山府院君 하윤河崙이 심히 이 책을 믿어 도읍을 모악母岳으로 정하고자 하였지만, 나만이 믿지 아니하고 한양漢陽으로 도읍을 정하였다. 만약 참서를 불살라 버리지 않고 후세에 전한다면 사리事理를 밝게 보지 못하는 자들이 반드시 깊이 믿을 것이니, 빨리 불살라 버리게 함이 이씨李氏 사직社稷에 있어서 반드시 손실損失됨이 없을 것이다"라고 하였다. 그러므로 『정감록』을 불신한 정도전을 정도령으로 보기는 어려울 것이다.[79]

---

77 김탁, 『새 세상을 꿈꾸는 민중들의 예언서 정감록』, 293
78 이능화, 『朝鮮基督教及外交史』(1928), 하편 20. "정감록 미신의 유래": 안춘근 편, 『鄭鑑錄 集成』, 9-10.
79 「태종실록」, 태종 17년(1417) 6월 1일.

최남선은 "이씨조선이 정씨의 혁명을 만난다는 운명설은 선조宣祖 시대 이전부터 행하여 정여립(1546-1589)이 역모한 것이 실로 이를 배경으로 하였으며 그 뒤 광해군, 인조 이래의 모든 혁명 운동에는 정씨의 계룡산 그림자가 반드시 어른거렸고"[80]라 하였다. 1589년에 역모 사건을 일으켰다가 자결한 정여립에 관한 기록이 실록에 등장하기 때문이다. 이외에도 1728년 무신난戊申亂 이후 경상도에서 병사를 일으킨 정희량[81]도 정도령으로 추정되었다. 정몽주, 정도전, 정여립, 정희량이 모두 정씨이어서 이들의 성을 가탁假託하여 『정감록』이 형성되고 유포되었다고 추정할 수 있다.[82]

『정감록』에는 "계룡산 아래 도읍할 땅이 있으니 정씨가 나라를 세우리라"[83]는 내용이 여러 번 등장한다. 『선조실록수정』에 의하면 조선 왕조 초기에 이미 "계룡산鷄龍山 개태사開泰寺 터는 곧 후대에 정씨鄭氏가 도읍할 곳이다"는 참위설이 있었다고 적고 있다. 도참 사상가들은 조선왕조가 몰락하는 까닭은 수도인 한양의 지덕地德이 이미 쇠퇴해지기 때문이라고 한다. 그리고 산천의 기운이 뭉치어 계룡산으로 들어갔으니, 8백 년 도읍할 땅이라고 주장하여 지형地形, 지상地相, 지력地力으로 정씨의 새 왕조가 계룡산에 도읍을 정할 것이라고 예언한다. 정여립의 모반 사건을 다루면서는 그가 산천을 두루 유람하다가 어느 폐사廢寺의 벽에 다음과 같은 계룡산에 관한 시를 남겼다고

---

80 최남선, 『조선상식문답』, 160-161.

81 김우철, "조선 후기 변란에서의 鄭氏 眞人 수용 과정 - 『정감록』 탄생의 역사적 배경", 「조선시대사학보」 60 (2012), 96.

82 백승종, "18세기 전반 서북(西北) 지방에서 출현한 『정감록』", 「역사학보」 164 (1999), 113.

83 「삼한삼림비기」, 溪龍山下 有都邑之地 鄭民立之.

전한다.

> 손이 되어 남쪽 지방 노닌 지 오래인데 / 계룡산이 눈에 더욱 환하여
> 라 / 무자·기축년에 형통한 운수 열리거니 / 태평 성세 이루는 것 무
> 엇이 어려우랴[84]

정도령과 같은 진인출현설眞人出現說로 인해 18세기 말부터 계룡산
의 인기가 급상승하였고 일제강점기를 거치면서 계룡산 아래 신도
안에는 시천교侍天敎와 보천교普天敎 등 무수한 신흥종교집단들이 몰려
들었다. 이는 민간 도참 신앙으로서 『정감록』의 영향력이 만만치 않
았다는 것을 보여준다.

한승훈은 18세기 이후 『정감록』을 포함한 도참비기의 유행이 후
천개벽의 천시설을 통해 말세에 대한 불안감을 대중화함으로써 조
선 후기의 종말론적 집단심성 형성에 결정적인 기여를 하였다고 한
다.[85] 그는 정도령과 계룡산 도읍은 "장소가 된 메시아, 메시아가 된
장소"라는 중의적 성격을 띤다고 하였다. "장소 표상과 인물 표상의
이러한 중첩"은 '한양을 대신할 장소'와 '한양을 멸망시킬 인물'을 동
시에 지시하는 중의적 예언의 성격을 지닌다는 것이다.[86] 그러나 보
다 엄밀하게 따져보면 정도령이라는 인물 표상과 계룡산이라는 장
소 표상과 더불어 후천개벽이라는 말세 표상이 중첩되어 있어 천지

---

84 「선조실록 수정」 23권, 22년 10월 1일 連山縣鷄龍山開泰寺基, 乃他代鄭氏所都.
85 한승훈, "전근대 한국 메시아니즘: 조선 후기 진인출현설의 형태들과 그 공관적 전
　략", 39.
86 같은 글, 42.

인의 조화를 지향하는 것으로 풀이할 수 있다.

조선 후기에는 섬으로 이주하는 유민流民들이 늘었고, 정치적으로 몰락한 양반의 후예들이 섬으로 유배되는 일도 잦아지면서 이들이 해랑적海浪賊이라 불린 저항세력이 되었다. 이것이 섬 출신 진인에 대한 예언에 영향을 주었을 것이다.

17세기에 현재의 타이완臺灣을 점거하고 청淸에 맞서 싸웠던 정鄭씨 왕조에 대한 인식이, 조선의 정씨진인설과 결합하여 나타난 것이 해도진인설이라고 보는 견해도 있다. 섬은 중앙권력의 통제가 약한 곳이었다. 『홍길동전』, 『허생전』 등 조선 후기의 소설에서 국가의 영향이 미치지 않는 대안사회를 '섬'으로 설정하고 있다는 점도 이 때문일 것이다. 『허생전』에서는 새 세상을 여는 곳으로 무인도를 들고 있고, 『홍길동전』은 율도국栗島國 또는 무석국無石國을 명시하고 있다. 섬은 민중을 괴롭혀온 조정의 힘이 미치지 않는 공간이며, 권력의 공백 지대는 음모와 꿈이 무르익을 수 있는 곳이기 때문이다. 게다가 17세기부터 낯선 서양 선박이 출몰하였으므로 민중들은 바다에서는 상상하지 못한 일도 가능하다고 확신하게 되었다. 이러한 경향이 해도진인설로 굳어졌다고 분석되기도 한다.

중국인 신부 주문모周文謨가 처음 조선에 입국했을 때, 그와 접촉했던 일부 젊은 유교적 지식인들은 그가 먼 서쪽의 섬에 살고 있는 '도중성인島中聖人' 혹은 '서방미인西方美人'이라는 환상의 인물이 보낸 이인異人이라고 이해하였다. 1801년 신유교옥辛酉教獄 당시의 심문기록에 따르면, 당시 천주교인들 사이에서는 "성스러운 해, 인천과 부평 사이에는 배 1000척이 밤에 머무를 것"(聖歲, 仁富之間, 夜舶千艘)이라는 유명한 예언이 회자되고 있었다고 한다. '성스러운 해'를 예수가 태어난 해와 같은 경신년(庚申年, 1800년)으로 이해하고, 배 1000척을 서양인의 군함으로 해석한 것이다.[87]

실제로 1940년을 전후로 하여 평남도민 사이에서는『정감록』에 나오는 "가정假政 끝나고 6년 후에 인정仁政이 온다"는 참설이 유포되어, 가정假政, 즉 왜정倭政이 물러가고 인정仁政으로서의 한국 독립이 도래한다고 굳게 믿는 사람들이 많았다고 일제 총독부 조사 자료가 전하고 있다.[88]

한국전쟁 중에 십승지 신앙은 광범위한 영향을 미쳤다. 심지어 "진인해도출眞人海島出"의 구절에서 진인眞人은 미군의 참전을 승인한 미국의 트루먼Harry S. Truman 대통령의 이름으로 보고 그가 '진인 True+man'이라고 풀이하고『정감록』의 예언이 이루어졌다고 주장하기도 하였다.

---

87 같은 글, 44-45.
88 백승종, "1923년 일본인들의 정감록 처형",「서울신문」2005.5.18.

V. 『정감록』과 한국 이단 기독교의 종교혼합

크게 물의를 일으킨 대표적인 기독교 이단에 속하는 신앙촌의 박태선, 통일교의 문선명, 영생교의 조희승, 신천지의 이만희 등이 주장하는 교리들의 출처가 『정감록』을 근거로 위작된 『격암유록』이라는 사실은 잘 알려지지 않고 있다.[89] 세계일주평화국의 양도천뿐 아니라 증산교와 단전호흡 단체 심지어 한국의 파륜궁에서도 『격암유록』을 단편적으로 원용하여 자신들의 교리와 이론을 합리화하고 있다.[90] 불교계에서도 『격암유록』을 통해 이 땅에 올 미륵부처의 비밀을 풀이하기도 한다.[91]

『격암유록』에는 『정감록』의 도참사상의 기본 논지인 영부론, 후천개벽 말세의 천시론, 십승지의 지리론地利論, 정도령 출현의 인물론眞人論, 파자풀이의 비결론 등을 기독교의 이단 종파인 박태선의 신앙촌의 교리와 혼합하여 놓은 여러 사례들이 두드러진다. 구체적인 내용을 구분하면 다음과 같다.

첫째로 궁궁을을의 영부론이다. 궁궁을을이나, 양궁과 쌍을은 『

---

89 허호익, "『격암유록』의 위조와 기독교 이단들의 종교혼합주의", 「장신논단」 36 (2009), 41-70.

90 김하원, 『격암유록은 가짜 「정감록」은 엉터리 송하비결은?』 (서울: 인언, 2004), 122-134.

91 김순열 해독, 『남사고 예언서 격암유록』 (서울: 대산, 2002).

정감록』에 여러 번 등장한다. 양궁은 "대개 인간 세상에서 피신하여
면 산도 좋지 않고 물도 좋지 않고 兩弓이 좋으리라"[92]고 하였으니
십승지의 상징하는 영부靈符이다.

『格庵遺錄』「弓乙論」에는 "弓弓이 서로 화합하지 못하고 동서東
西로 등(背)을 마주 한 사이에서 십자형(亞)이 나온다. 사람들이 이
러한 이치를 깨우치고 따르면 소원성취所願成就할 것이다"[93]라고 하였
다. 궁궁弓弓에서 뒤의 弓자를 좌우로 바꾸어 서로 마주보면 '亞'(아)
가 된다. 乙乙에 대해서는 "왼쪽의 을이 서로 교합하여 하나는 서고
하나는 누운 두 개의 을 사이에서 십자(卍)가 나오는데, 그 성질과
이치를 깨달으면 원하는 것이 통하지 않는 것이 없다"고 하였다.[94]

청일전쟁과 러일전쟁 당시 이승륜은 한문신약의 마태복음 첫 단
어인 아브라함(亞伯拉罕)의 첫 글자 亞에 암호가 숨어 있다고 여기
고 파자를 했다. 아브라함의 자손인 예수 그리스도가 십자가에 달려
서 세상을 구원하였으므로 그 이름 첫 글자에 비의秘義가 있다고 본
것이다. 그는 글자 亞의 양쪽이 弓弓이며, 안에 십자가(十)가 있는
데, 하늘(l)과 땅(一)을 연결하는 십자가가 바로 궁궁을을의 구원
방도라고 파자 풀이했다.[95]

『격암유록』에는 이러한 해석을 수용하고 예수를 십승도령이라

---

92 양궁은『정감록』「감결」에 "대개 인간 세상에서 피신하여면 산도 좋지 않고 물도
　좋지 않고 兩弓이 좋으리라"(蓋人世避身 不利於山 不利於水 最好兩弓)고 하였
　다.
93 『格庵遺錄』「弓乙論」, 弓弓不和向面 東西背弓之間 出於十勝人覺 從之所願成
　就.
94 『格庵遺錄』「弓乙論」, " 左乙相交一立一臥 歐雙乙之間 出於十勝 性理之覺無願
　不通."
95 Sung-Deuk Oak, *The Making of Korean Christianity*, chapter 2.

고 칭하였다. 십자十字의 파자풀이로는 '滿七加三만칠가삼', '一字從橫일자종횡'이라는 파자破字와 '田田'전전이라는 단어들이 자주 나오는데 이 모든 것은 십승도령과 십승지의 상징이다.[96] 이처럼 비결과 기독교인들은『정감록』과 같은 도참사상에서 흔히 등장하는 영부와 십승十勝을 십자가를 통한 마귀에 대한 승리로 해석한 것이다.

둘째로 천시론은 전쟁이나 사회적 혼란으로 왕조교체나 시운時運이 바뀌는 후천개벽이나 말세末世를 논한다. 오행의 운수가 돌고 돌아 목운의 운수를 받아 금운에 이르게 된다고 했으니 선천시대와 후천시대를 거친 중천시대라고 한다.[97] 도참사상의 천시론적 후천개벽 사상은 신천지를 비롯한 각종 시한부 종말론적 이단집단들에 의해 '새 하늘과 새 땅'으로 수용되었다. 그래서 이들은 삼시대론적 종말론을 주장하기도 한다. 성부시대와 성자시대와 성령 시대를 구분하는 이단들의 삼시대론이나 시한부 종말론은『정감록』의 후천개벽적 천시론에 상응한다.

셋째로 지리론은 새 시대에 맞는 도읍지나 환란날에 안위를 도모할 피장처避藏處인 십승지十勝地를 논하고 있다. 을을궁궁처乙乙弓弓處나 십승지十勝地의 지리론地利論에 의거하여『격암유록』에서는 '말세의 방주方舟요 구원선救援船'[98]이 바로 박태선의 신앙촌이라고 주장한다. 따라서 "죽어서 영생하는 것이 참 진리인데 신앙촌에 들어오면 살고 나가면 죽는다"[99]고 하였다. 영생교 조희승의 '승리제단'도 십승지의

---

96 유경환,『한국 예언문학의 신화적 해석 : 격암유록의 원형적 탐구』(서울: 대한출판공사. 1986), 202-213.

97 같은 책, 39.

98『격암유록』「弓乙道歌」, "十勝方舟 豫備하여 萬頃滄波 風浪속에 救援船을 띠어시니 의심말고 속히 타소."

십승제단에서 비롯된 것이다.

통일교는 2004년 5월 5일 쌍합십승일雙合十勝日을 기하여 후천개
벽의 개시를 선포하고, 2005년 9월 2일 뉴욕 링컨센터에서 천주평
화연합 창설하였다.[100] 쌍합십승일은 선천시대가 끝나고 후천시대
가 시작되는 대 전환점을 선포한 날이다. 십승일은 『정감록』에 나오
는 십승지十勝地의 변형이다. 『정감록』에는 참위설讖緯說과 풍수지리설
을 통합되어 국가에 변란이 일어나거나 외침이 있을 경우 피해 도망
가면 살 수 있는 10개의 벽촌 지역을 십승지라고 하였다. 문선명은
이러한 『정감록』의 도참사상의 영향을 받아 십승지를 십승일로 바
꾸고 후천개벽 사상과 연관시킨 것이다.

신천지는 청계산의 계자가 시내 계溪자이므로 동양의 시내산이라
고 주장하고 과천시를 온갖 과실나무(果)와 네 개의 강(川) 있는 새
에덴이라고 풀이한다. 그리고 그곳에 있는 신천지 본부인 증거장막
성전을 하나님의 집이라고 하며 이곳이 알곡을 모으는 곳간이므로
이곳에 등록하는 자에게만이 구원과 영생이 있다고 가르치고 있다.
문선명 집단은 청평에 통일교 왕국인 천일국天一國을 세우고 그곳이
영계와 육계가 통하는 유일한 곳이라고 주장한다. 이처럼 십승지에
들어가는 사람만이 구원함을 받는다는 『정감록』의 사상에 따라 한
국의 이단들은 자신들이 주장하는 특정한 장소에 들어오는 특정한
사람들만 구원을 얻을 수 있다고 주장한다.

넷째로 인물론은 말세에 새 시대의 새로운 지도자나 구원자로 출

---

99 강덕영 해역, 『한글세대도 쉽게 볼 수 있는 격암유록』, 57.
100 손병호 편, 『천일국 화보집 - 온 누리에 참사랑 그득하고 평화가 넘치네』 (서울:
　　세계평화통일가정연합, 2007).

현할 진인眞人이나 신인神人으로서 정도령이 출현한다는 사상이다.[101] 1950년대 용문산의 나운몽은 정감록이 예언한 鄭도령을 예수 그리스도라고 풀이했다. 鄭자를 '八팔, 乃내, 酉서(酉의 代字), 天천(大의 代字)'으로 파자하여 '팔레스틴 총각'인 나사렛 예수로 풀이하기도 한다. 『정감록』 주인공인 정도령鄭道令을 『격암유록』에서는 십자가로 승리한 십승도령, 진리로 호령하는 正道令정도령(7회), 보혜사 성령을 지칭하는 正道靈정도령(2회), 보혜사를 뜻하는 保惠大使보혜대사(5회)라고 설명한다. 그래서 박태선, 조희성, 이만희, 문선명은 각각 자신이 재림 예수 정도령이라고 주장하게 것이다. 심지어 정자鄭字를 파자하여 '유대읍'이나 '팔레스타인'이라고 해석하여 정도령을 나사렛 예수라고 풀이하기도 한다.[102] 이처럼 한국에는 자칭 재림 예수가 50여 명에 달하고 심지어는 재림예수라 주장하다 죽은 구인회의 묘비명(모란공원)에는 "재림 예수님의 묘"라고 되어 있다.

이처럼 『정감록』의 골자 역시 천시, 지리, 인화의 천지인 조화가 적용된 천지인 삼재론적 개벽 사상이요 종말론이라고 할 수 있다.

---

101 우윤, "19세기 민중운동과 민중사상 - 후천개벽, 『정감록』, 미륵신앙을 중심으로", 226-229.
102 영생교에서는 鄭씨를 파자하면 팔(八=人) 유(酉) 대(大) 읍(邑)이라고 한다.

제8장

해월 최시형의 삼경론(三敬論)과
천지인 조화론

I. 삼경론의 재조명*

일반적으로 동학 또는 천도교는 1대 교주 수운 최제우(1824-1864)의 시천주侍天主 사상에서 시작하여 2대 교주 해월 최시형(1827-1898)의 양천주養天主 사상을 거쳐 3대 교주 의암 손병희(1860-1920)의 인내천人乃天 사상으로 전개되어 왔다고 알려져 있다. 그러나 이러한 견해는 해월이 심화시킨 천지인 삼경론에 대한 몰이해에서 비롯된 것이라고 볼 수 있다.

동학의 역사를 보면 1대 교주 수운은 동학을 창시했지만 3년이라 짧은 기간동안 포교활동을 하다가, 1863년 8월에 해월 최시형에게 도통道統을 계승한 후 그다음 해인 1864년 8월 순도한다. 반면에 해월은 장장 34년 동안 천도교의 교주로서 활동하였다.[1] 이는 1대 교

---

* 이 장은 "해월 최시형의 삼경론과 천지인신학" (「한국기독교신학논총」 27 [2003], 437-466)을 재정리한 것이다.

1 해월의 생애에 대해서는 다음의 논문을 참조. 표영삼, "해월신사의 발자취 1-24", 「신인간」 359-410 (1978.6-1983.7·8); 표영삼, "해월신사 년표", 「신인간」, 427 (1985. 3-4); 崔時亨(初名은 慶翔, 호는 海月)은 1827년 3월 21일 경주 동촌 황오리에서 태어났다. 가난하고 불우한 청 소년기를 보내고 19세 결혼하여 화전을 일구어 농사를 짓다가 35세 때(1861) 수운으로부터 도를 받아 동학에 입도한다. 37세에는 수운으로부터 도통을 전수받아 제2대 교주가 되었다. 1864년(고종 1) 정부의 탄압으로 최제우가 처형되자 도피 생활을 하면 포교에 힘쓰다가 『동경대전(東經大全)』, 『용담유사(龍潭遺詞)』 등 주요 경전(經典)을 발간하였다. 1894년 고부 접주(古阜接主) 전봉준(全琫準)이 주도한 동학농민운동에 가담하였다가 1898년 원주(原州)에

주 수운의 활동 기간의 10배가 넘는다. 또한 해월은 동학사상을 심화시키고 신도수를 확충하고 교단 조직을 강화하고 체계화하여 명실상부하게 동학을 착근시켰다. 무엇보다 1879년 10월 이후로 수운의 법설을 모아『동경대전東經大全』과『용담유사龍潭遺詞』등 주요 경전經典을 직접 발간하였다.[2] 전국을 순례하며 포교하여 입도하는 이들이 많아지자, 신도들을 통솔하기 위해 1882년부터는 접주제, 포제, 육임제 등을 창시하여 조직의 전문화와 효율화를 꾀하였다.[3] 그리고 자신의 수많은 법설을 통해 천도교의 교의教義를 심화하고 체계화하였다. 이처럼 해월이 초기 동학운동이 발전하는 데에 가장 큰 역할을 했다고 볼 수 있다.

수운의 동학사상은 그의 하느님 체험에서 비롯된 경천사상이라고 할 수 있다. 수운의 하느님 체험에서 비롯된 시천주侍天主 사상이란 한마디로 각자가 스스로 천주를 모신 주체임을 자각하고 "마음 속의 하느님을 부모처럼 섬기는(事天)"것이다.[4] 따라서 수운에게는 '하느님을 모시는 일'과 '하느님을 공경'[5]하는 일은 별개가 아니었다. 그는 동학이 가르치는 시천주의 가르침을 '천도天道'[6]라 칭하고, 이는 "천명

서 체포되어 서울로 압송, 처형되었다. 1907년 고종의 특지(特旨)로 신원되었다.
2 오문환, 『사람이 하늘이다 – 海月의 뜻과 사상』 (서울: 솔, 1999), 121-124. 경전 간행 역사에 관한 자세한 내용을 참고할 것.
3 같은 책, 191-199.
4 『東經大典』·「論學文」 13, 侍者 內有神靈 外有氣化 一世之人 各知不移者也 主者 稱其尊而與父母同事者也, "시(侍)라는 것은 안으로 신령(內有神靈)이 있고 밖으로 기화(外有氣化)가 있어서 온 천상 사람이 각각 옮기지 못할 것을 아는 것(各知不移)이고, 주(즉, 天主)라는 것은 존칭해서 부모와 마찬가지로 섬긴다(즉, 事天)는 것이다"라고 시천주를 주석하고 있다.
5 「勸學歌」, "하느님만 恭敬하면 我東方 三年 怪疾 죽을 염려 있을소냐." "하느님만 공경하면 自兒時에 있던 身病 勿藥自效 아닐런가."

天命을 공경恭敬하고 천리天理를 따르는 것"7이라고 하였다. 이처럼 수운은 시천侍天 체험을 통해 천명天命을 공경하는 경천敬天을 강조하였다.

그러나 2대 교주 해월 최시형은 스승의 도통을 이어받아 동학도들에게 '시천侍天'의 경천과 더불어 '대인접물對人接物'에 관한 여러 법설을 통해 경인과 경물의 도에 이르도록 하는 삼경론을 설파한다.

신일철은 수운의 동학사상에서 해월에게 전수된 핵심적 교리는 '경'이라고 단언한다. 그리고 수운의 시천주 사상이 해월에게 승계되면서 "수운의 시천주적 경천 신앙도 대폭 세속화되어 서민이나 평민들의 일상 생업, 일상생활 속에서 경천을 실천하는 '경천, 경인, 경물'의 '삼경' 사상으로 발전"8하였다고 평가한다. 차옥숭도 비슷한 견해를 피력하였다.9

그러나 이제까지 해월의 삼경론은 큰 주목을 받지 못해왔다. 해월 사상이나 동학의 여러 논지를 다루는 과정에서 삼경론을 단편적으로 소개한 글이 있지만, 삼경론 자체를 주제로 삼아 심도 있게 해월의 사상을 분석한 논문은 거의 없는 실정이다. 발견된 논문은 오문환의 "해월의 삼경사상"과 유정원의 "해월의 삼경론과 프란치스코 교종의 회칙「찬미받으소서」 비교연구"10뿐이다.

---

6 「東經大典」·「論學文」 8, 今天靈降臨先生… 曰天道也.

7 「東經大典」·「布德文」 3, 是敬天命而順天理者也.

8 신일철, "해월의 최시형의 시와 경의 철학", 부산예술문화대학 동학연구소 편, 『해월 최시형과 동학사상』 (서울: 예문서원, 1999), 95. "수운의 천은 한울님이 범신론적 일신론의 보편자 신앙이었으나, 해월에게 와서는 범천론적(汎天論旳) 측면이 더욱 강조되어 대인접물(對人接物)에서의 경인과 경물의 '경' 사상으로 전개된 것이다."

9 차옥숭, 『한국인의 종교경험 – 천도교·대종교』 (서울: 서광사, 2000), 39, 41.

10 오문환, "해월의 삼경사상", 『해월 최시형과 동학사상』 (서울: 예문서원, 2006), 109-132; 유정원, "해월의 삼경론과 프란치스코 교종의 회칙「찬미받으소서」 비교

해월 자신의 저서도 소수이다.[11] 주로 제자들의 기억에 의한 기록들이 남아 있는데, 손천민, 서인주 등 한학자들에 의해 쓰여졌다고 한다.[12] 원자료에 대한 논란이 있긴 하지만 천도교 중앙총부에서는 해월의 가르침을 모은 「海月神使法說」을 『천도교경전』(포덕 142년, 2001 제5판)에 포함시켜 출판하였다.[13] 여기에는 37가지 주제의 법설이 포함되어 있다.

해월의 삼경론이 수운의 시천주론을 심화하여 동학의 체계로 완성된 것으로 전제한다면, 해월의 천지인 삼경론이 하나의 사상체계로서 그의 모든 법설에 산재되어 있으므로 이를 체계적으로 재구성해야 한다는 필요성이 제기된다. ① 경천론은 양천주養天主와 십무천十毋天으로 구체화되었음 밝힌다. 전자는 내 속의 한울을 키우는 것이고 후자는 내 속에 한울이 아닌 것을 배제하는 것이다. 전자는 적극적이고 긍정적인 경천의 실천이라면 후자는 소극적이고 부정적인

연구", 「생명연구」 50/1 (2018).

11 해월이 직접 지은 글로 인정되고 있는 것은 다음과 같다. "최시형의 「內則」, 「內修道文」, 「遺訓」, 「韓國學報」 12 (1978); "東學 第二代 教主 崔時亨의 理氣大全." 「韓國學報」, 21 (1980); "東學第二世教主 崔時亨調書-判決書," 「韓國學報」, 2 (1976). 최근에는 해월이 발견한 敬通과 通論文 등을 모은 『海月文集』이 있다.

12 박맹수, "해월 연구를 위한 문헌자료 재검토", 「청계사학」 3 (1997). 해월에 대한 이차적인 기록으로는 천도교 쪽에서 나온 『天道教會史草稿』(프린트본), 『本教歷史』, 『海月神師實史』, 『海月先生七十二年史』, 『天道教書』(1920), 시천교본부에서 펴낸 『侍天教宗歷史』(1915), 시천교총부에서 펴낸 『侍天教歷史』(1920), 천도교 구파에서 펴낸 『天道教會史』(1930), 이돈화의 『天道教創建史』(경성: 천도교 종리원, 1933), 오지영의 『東學史』(1938년) 등이 있다.
해월의 언행에 관해서는 다음을 참고할 수 있다. 이돈화, 『天道教創建史』; 천도교사편찬위원회, 『天道教百年略史』, 未來文化社, 1981.

13 천도교 중앙총부, 『천도교경전』 (서울: 천도교중앙총부출판부, 2001). 포덕 142년, 제5판, 241-436. 이하 『해월신사법설』은 이 책에서 인용한 것이다.

의미의 경천의 실천 강목이다. ② 경인론은 나와 나 자신과의 관계인 '아심아경 향아설위我心我敬 向我設位'와 부부관계의 원리인 '부부화순夫婦和順' 그리고 대인관계의 척도인 '인오동포 사인여천人吾同胞 事人如天'으로 전개되었음을 논증한다. ③ 경물론은 만물이 한울이며 만사가 한울이라는 '물오동포 물물천 사사천物吾同胞 物物天 事事天'의 가르침과 만물이 천이므로 '이천식천以天食天'하라는 가르침으로 전개된 것임을 살펴보려고 한다.

II. 삼경론의 체계

수운은 "우리 도는 넓고도 간략하니 많은 말을 할 것이 아니라, 별로 다른 도리가 없고 誠·敬·信 석자이니라"고 하였다.[14] 해월도 이를 계승하여 자세히 설명하면서 "과연 성·경·신에 능하면 성인되기가 손바닥 뒤집기 같으니라"[15]고 하였다. 또한 성경신 관계를 설정하고 그중에서도 경을 강조하여 믿고(信) 정성(誠)을 다하는 것이 공경(敬)이라고 하였다.

사람이 혹 정성은 있으나 믿음이 없고, 믿음은 있으나 정성이 없으니 가히 탄식할 일이로다. 사람의 닦고 행할 것은 먼저 믿고 그 다음에 정성드리는 것이니, 만약 실지의 믿음이 없으면 헛된 정성을 면치 못하는 것이니라. 마음으로 믿으면 정성을 다하면 공경은 자연히 그 가운데 있느니라.[16]

따라서 "공경으로 마음을 지키되 태연히 하면 산하가 실로 푸른

---

14 「海月神師法說-座箴」, 吾道博而約 不用多言義 別無他道理 誠敬信三字.

15 「海月神師法說-誠-敬-信」1, 吾道只在 誠 敬 信 三字 若非大德 實難踐行 果能誠敬信 入聖如反掌.

16 「海月神師法說-誠-敬-信」7, 心信誠 敬自在其中也.

바다로다"[17]라고 노래했으며, "경이란 것은 도의 주체요 몸으로 행하는 것이니, 도를 닦고 몸으로 행함에 오직 공경으로 종사하라"[18]고 하였다. 경심, 경인, 경물의 공경함이 위대하다고 역설하기도 하였다.

> 사람마다 마음을 공경하면 기혈이 크게 화하고, 사람마다 사람을 공경하면 많은 사람이 와서 모이고, 사람마다 만물을 공경하면 만상이 거동하여 오니, 거룩하다 공경하고 공경함이여![19]

여기서 경심을 마음속에 모신 하느님으로 해석할 경우 경천이라 보아도 무방할 것이다. 따라서 해월은 경천 경인 경물의 삼경을 강조하여 공경하고 공경하는 것의 위대함을 강조하였다. 수운도 천도가 "천명天命을 공경恭敬하고 천리天理를 따르는 것"[20]이라고 하여 경천敬天을 주장한 바 있다.

해월은 1872년 1월 5일에 49일간의 기도를 마친 후 '대인접물對人接物'이라는 제목의 법설을 한다. 당시는 1871년 영해에서의 변란으로 인하여 조정으로부터 일대 탄압을 받아 동학이 위기에 처해 있던 때였다. 이때 해월은 소백산의 깊은 골짜기에서 "사람을 대하는 곳에서 세상을 기화할 수 있고, 물건을 접하는 곳에서 천지자연의 이치를 깨달을 수 있으므로 도를 구하는 자는 이 두 가지 길에 충실해야 할 것"[21]이라고 가르쳤다. 그리고 "사람은 경천함으로써 자기의 영생을

---

17 「海月神師法說·降詩」1, 守心敬而泰然 山河實於碧海.
18 「海月神師法說·降書」18, 敬者 道之主 身之用 修道行身 唯敬從事.
19 「海月神師法說」·「誠·敬·信」4, 人人敬心則氣血泰和 人人敬人則萬民來會 人人敬物則萬相來儀 偉哉敬之敬之也夫.
20 「東經大全」·「布德文」3, 是敬天命而順天理者也.

알게 될 것이요, 경천함으로써 인오동포人吾同胞 물오동포 物吾同胞의 전적 이체理體를 깨달을 것이라"고 가르쳤다. 대인對人에 있어서는 인오동포하고 접물接物에 있어서는 물오동포하라고 가르친 것이다. 경천자가 대인함에 있어 인오동포를 실천하는 것이 경인이요, 대물함에 있어 물오동포를 실천하는 것이 경물이라고 할 수 있다.

해월은 마침내 경천과 경인과 경물의 삼경은 삼중적 삼중관계에 있음을 천명한다.

> 사람이 혹 天을 敬할 줄은 알되 人을 敬할 줄은 알지 못하며 人을 敬할 줄은 알되 物을 敬할 줄은 알지 못하나니 物을 敬치 못하는 자 人을 敬한다 함이 아직 道에 達하지 못한 것이다.[22]

앞에서 서술한 것처럼 천지인일리일기론과 천지부모배포태론과 천지인개벽 사상의 전개로 볼 때 천지인 삼경의 삼중적 삼중관계는 자연스러운 논리적 귀결이라고 할 수 있다.

1. 경천론

해월은 법설「三敬」에서 경천을 수운 선사의 가르침이며, 모든 '진리의 중추'라고 하였다.

> 사람은 첫째로 敬天을 하지 아니치 못할지니, 이것이 선사(先師)의

---

21 천도교사편찬위원회, 『天道教百年略史』(서울: 미래문화사, 1981), 128.
22 이돈화, 『천도교창건사』(서울: 경화문화사, 1970), 18.

창명(創明)하신 법도라. 敬天의 원리를 모르는 사람은 진리를 사랑할 줄 모르는 사람이니, 왜 그러냐 하면 한울은 진리의 충(衷)을 잡은 것이므로써이다. 그러나 敬天은 결단코 허공을 향하여 상제를 공경한다는 것이 아니요, 내 마음을 공경함이 곧 敬天의 도를 바르게 하는 길이니, 「오심불경(吾心不敬)이 즉 천지불경(天地不敬)이라」함은 이를 이름이었다. 사람은 敬天함으로써 자기의 영생을 알게 될 것이요, 敬天함으로써 인오동포 물오동포의 전적 이체(理諦)를 깨달을 것이요, 敬天함으로써 남을 위하여 희생하는 마음, 세상을 위하여 의무를 다할 마음이 생길 수 있나니, 그러므로 敬天은 모든 진리의 중추를 파지함이니라.[23]

여기에서 경천은 초월적인 상제를 공경하는 것이 아니라, 내재적인 내 안에 모신 한울을 공경하는 것이기 때문에 경천은 세 가지 내용으로 구성된다. 자신 속에 내재하는 영원한 생명을 아는 것이요, 대인함에 있어 인오동포로 남을 위해 희생하는 것이요, 접물함에 있어 물오동포로서 세상을 위하여 의무를 다하는 것이다. 따라서 모든 진리의 중추가 경천이라고 한 것이다.

해월 경천론의 구체적인 방식은 양천주와 십무천을 통해 보다 자세하게 전개되었다. 전자는 내 속의 한울을 키우는 것이고, 후자는 내 속에 한울이 아닌 것을 제하는 것이다. 전자는 적극적이고 긍정적인 경천의 실천이라면, 후자는 소극적이고 부정적인 의미의 경천의 실천 강목이다. 해월은 이러한 실천적인 가르침을 용시용활用時用活이

---

23 「海月神師法說-三敬」 1.

라고 하였다. "살아 있는 도道란 그때에 따라 생활 속에 훌륭하게 적용되고 또 활용되어야 한다"는 가르침을 강조하기 위해 자신의 이름마저 최경상崔慶翔에서 시형時亨으로 고쳤다고 설명한다. 24

1) 양천주(養天主)

해월은 법설「養天主」에서 다음과 같이 가르쳤다.

한울을 養할 줄 아는 者라야 한울을 모실 줄 아나니라. 한울이 내 마음 속에 있음이 마치 종자의 생명이 종자 속에 있음과 같으니, 종자를 땅에 심어 그 생명을 양(養)하는 것과 같이 사람의 마음은 도에 의하여 한울을 양(養)하게 되는 것이라. 같은 사람으로도 한울이 있는 것을 알지 못하는 것은, 이는 종자를 물속에 던져 그 생명을 멸망케 함과 같아서, 그러한 사람에게는 종신토록 한울을 모르고 살 수 있나니, 오직 한울을 양(養)한 자에게 한울이 있고 양(養)치 않는 자에게는 한울이 없나니, 보지 않느냐, 종자를 심지 않은 자 누가 곡식을 얻는다고 하더냐.25

스토아 학파는 신적인 로고스의 종자(Spermatikos)가 모든 인간에게 내재한다고 가르쳤다. 칼빈도 자연적인 인간의 본성에는 영혼의 내적 선을 지향하고 하나님을 알만한 의식(Divivntis sensum)으로

---

24 천도교중앙총부,『천도교: 한국에서 꽃핀 우주적 차원의 세계종교』(서울: 천도교 중앙총부 출판부, 2002), 12.
25「海月神師法說 · 養天主」1.

서의 '종교의 씨앗'(a seed of religion)이 있다고 하였다.26 이처럼 해월은 한울 생명의 종자가 인간의 마음속에 심어져 있다고 하였다.

해월은 수운의 시천주 사상을 해설하면서 "내 안에 신령한 한울이 내재한다"(內有神靈)고 가르쳤다. 내유신령을 모시는 시천주의 적극적인 방식이 양천주인 것이 분명하다. 내 안의 내재하는 신령의 종자를 키우듯이 한울을 종신토록 양하는 자(養天主)만이 한울을 모실 수 있다(侍天主)는 것이다. 이처럼 해월은 시천주와 양천주의 관계를 구체적으로 제시한 것이다. 내 안에 한울을 키우는 자만이 내 안에 한울을 모실 수 있는 것이다. 양천 없이 시천이 불가능하다는 점에서 시천주 사상을 심화했다고 여겨진다.

해월에 의하면 내 안에 한울을 키우는 생활은 시비是非하지 않는 생활이며, 물욕에 번잡하게 매이지 않는 생활이며, 스스로 높이지 않는 생활이며, 교만과 사치를 하지 않는 생활이다. 그리고 이 모든 양천의 방식은 그대로 경천의 실천인 것이다.

> 내 혈괴(血塊)가 아니거니 어찌 시비의 마음이 없으리오마는 만일 혈기를 내어 추궁하면 천심을 상케 할까 두려워하여 내 이를 하지 않노라.

> 내 또한 오장이 있거니 어찌 물욕을 모르리오마는 그러나 내 이를 하지 않는 것은 한울을 양(養)하지 못할까 두려워함이니라.

> 내 이제 제군의 행위를 본즉 자존하는 자 많으니 가탄(可歎)할 일이

---

26 J. Calvin/ F. L. Battles, Tr., *Institutes of the Christian Religion* (Philadelpia: Westminster) Vol.2, I.iv.1.

로다. 내 또한 세상 사람이거니 어찌 이런 마음이 없겠느냐마는 내
이를 하지 않음은 한울을 양(養)하지 못할까 두려워함이니라.

내 평생에 외식을 피하고 내실을 주(主)하는 것은 오로지 한울을 양
(養)함에 유감이 없기를 기함이니라.[27]

해월은 양천주는 한울을 닮아가는 것 즉 한울의 품성을 키우고
닮아가는 것이라고 생각했다. 그래서 이기적인 때가 낀 마음이 아닌
본래의 순수한 마음(바로 한울의 씨앗)으로 돌아와 그것이 가득 커져
서 '오심즉여심吾心卽汝心' 즉 한울님 마음이 내 마음이 되어 천인합일
의 경지에 이른다고 이해했다. 내 안에 하늘을 키우는 양천주를 통해
내유신령의 신인합일의 경지에 이르는 것이 시천주라고 본 것이다.

2) 십무천(十毋天)

해월은 기독교의 십계명에 상응하는 「十毋天」의 계율을 가르쳤
는데, 십무천은 양천과 경천의 용시용활用時用活의 구체적인 계율이라
고 할 수 있다.[28]

① 무사천毋欺天하라: 한울님을 속이지 말라.
② 무만천毋慢天하라: 한울님을 거만하게 대하지 말라.
③ 무상천毋傷天하라: 한울님을 상하게 하지 말라.

---

27 천도교사편찬위원회, 『천도교백년약사』, 122.
28 「海月神師法說-十毋天」.

④ 무난천毌亂天하라: 한울님을 어지럽게 하지 말라.

⑤ 무요천毌夭天하라: 한울님을 일찍 죽게 하지 말라.

⑥ 무오천毌汚天하라: 한울님을 더럽히지 말라.

⑦ 무뇌천毌餒天하라: 한울님을 주리게 하지 말라.

⑧ 무괴천毌壞天하라: 한울님을 허물어지게 하지 말라.

⑨ 무염천毌厭天하라: 한울님을 싫어하게 하지 말라.

⑩ 무굴천毌屈天하라: 한울님을 굴하게 하지 말라.

이 십무천의 계율에서 '한울님'을 어떻게 보느냐에 따라 다양한 해석이 가능하다. 십무천에 대한 해설을 시도한 홍장화는 한울님을 내유신령한 사람의 마음과 만유신령한 자연 양자에 적용하였다. 한울님을 속이고, 거만하게 대하고(마음의 교만), 어지럽게 하고(마음의 혼란), 일찍 죽게하는(자살이나 살육)것은 전적으로 사람의 몸과 마음에 해당하는 것으로 보았다. 그러나 한울님을 상하게 하는 것이나, 더럽히는 것이나, 주리게 하는 것이나, 허물어지게 하는 것이나, 싫어하게 하는 것은 인간의 몸과 마음, 그리고 사회환경과 자연환경에 적용되는 것으로 해설하였다.[29] 마지막으로 무굴천毌屈天은 "경외

---

29 홍장화, "해월신사 십무천", 한국종교인평화회의 편, 『종교와 환경』(서울: 한국종교인평화회의, 1993), 180-191. 홍장화의 십무천의 해설을 참고할 것.

무상천(毌傷天): 이것은 내유신령(內有神靈)하는 자신의 몸과 마음, 그리고 다른 사람이나 일체 생물을 상하지 않게 보호해야 한다는 가르침이다.

무오천(毌汚天): 이것은 사사로운 욕심과 탐욕으로 자신의 몸과 마음을 더럽히지 말며 자연환경을 오염시키지 말라는 가르침이다.

무뇌천(毌餒天): 이것은 우주만유의 생성원리가 이천식천(以天食天)임을 깨닫는 것이다.

무괴천(毌壞天): 이것은 사회질서나 자연질서를 파괴하지 말라는 가르침이다.

무염천(毌厭天): 이것은 모든 생명이 즐겁고 기쁘게 살도록 쾌적한 사회환경을 이루

지심敬畏之心을 말하며, 자연을 정복의 대상으로 삼는 강권주의를 금지하는 가르침"이므로 전적으로 자연을 한울님으로 규정한 것이다.

이처럼 십무천에 나타난 한울은 천지인으로서의 한울을 의미한다고 볼 수 있다. 천(하느님)으로서 한울, 인(사람)으로서의 한울, 지(자연)로서의 한울을 모두 포함하는 삼재론적 신관이라고 할 수 있다. 따라서 "한울을 속이는 것"은 천지인 한울님 모두를 속이는 것이라고 해석하여야 할 것이다. 이런 해석이 가능하다면 해월의 신관은 "내 위에 있는 天으로서의 하나님과 내 안에 있는 人으로서의 하나님과 내 밖에 있는 地로서의 하나님이 모두 한 하나님"이 되는 것이다. 따라서 해월의 경천론은 경인론과 경물론으로 확장될 수 밖에 없는 것이다.

동학의 신관은 초월신관이나 내재적 범신론Pantheism이 아니라 초월적인 신을 내 안에 키우고 모신다는 '내유신령'과 '외유기화外有氣化'의 관점에서 범재신론 또는 만유재신론Panentheisim이라고 평가된다.[30] 그러나 해월의 삼경론적 천지인 신관은 삼재론적 신관이라는 관점에서 재평가되어야 할 것이다.

2. 경인론

해월은 법설「三敬」2에서 경천만 있고 경인이 없음은 '농사의 이

어나가자는 뜻이다.

30 김경재, "파니카의 우주신인론적 체험과 최재우의 시천주 체험의 비교연구", 김진 편,『종교간의 대화. 파니카의 종교신학』(서울: 한들출판사, 1999); 김경재,『문화신학담론』(서울: 대한기독교서회, 1997). 특히 "동학의 신관", "시천주 사상과 창조적 과정 안에 계신 하나님"을 참고할 것.

치는 알되 실제로 종자를 땅에 뿌리지 않는 행위'와 같으며 '물을 버리고 해갈을 구하는 자'와 같다고 하였다.

둘째는 敬人이니. 敬天은 敬人의 행위에 의지하여 사실로 그 효과가 나타나는 것이다. 敬天만 있고 敬人이 없으면 이는 농사의 리치는 알되 실지로 종자를 땅에 뿌리지 않는 행위와 같으니, 도닦는 자 사람을 섬기되 한울과 같이 한 후에야 처음으로 바르게 도를 실행하는 자니라. 도가에 사람이 오거든 사람이 왔다 이르지 말고 한울님이 강림하였다 이르라 하였으니, 사람을 공경치 하니하고 귀신을 공경하여 무슨 실효가 있겠느냐. 우속(愚俗)에 귀신을 공경할 줄은 알되 사람은 천대하나니, 이것은 죽은 부모의 혼은 공경하되 산 부모는 천대함과 같으니라. 한울이 사람을 떠나 별로 있지 않는지라, 사람을 버리고 한울을 공경한다는 것은 물을 버리고 해갈을 구하는 자와 같으니라.[31]

해월에 의하면 경인의 근거는 경천에 있다. 한울과 인간이 둘이 아니니, 한울을 공경하는 것은 곧 인간을 공경하는 것이 된다. 이러한 경인 사상은 경아(我心我敬)의 도리로서 향아설위向我設位, 부부의 도리로서 부부화순夫婦和順, 대인對人의 도리로서 사인여천事人如天으로 분석할 수 있다.

---

31 「海月神師法說·三敬」 2.

1) 향아설위·아심아경(向我設位 我心我敬)

해월은 앞에서 인용한 경인에 관한 가르침에서 귀신을 공경할 줄은 알되 사람은 천대하는 제사 풍속은 죽은 부모의 혼은 공경하되 산 부모는 천대함과 같은 어리석음이라고 공격하였다. 이러한 유교적인 제사제도에 대한 혁명적인 가르침이 소위 제사를 지낼 때 '벽을 향하여 위를 베풀 것'(向壁設位)이 아니라 나를 향하여 위를 베풀어야 한다는 '향아설위向我設位'라고 가르친다.32

임규호가 묻기를 '나를 향하여 위를 베푸는 이치는 어떤 연고입니까' 신사 대답하시기를 '나의 부모는 첫 조상으로부터 몇만 대에 이르도록 혈기를 계승하여 나에게 이른 것이요, 또 부모의 심령은 한울님으로부터 몇만 대를 이어 나에게 이른 것이니 부모가 죽은 뒤에도 혈기는 나에게 남아있는 것이요, 심령과 정신도 나에게 남아있는 것이니라. 그러므로 제사를 받들고 위를 베푸는 것은 그 자손을 위하는 것이

---

32 「海月神師法說·向我設位」1, 神師問曰 "奉祀之時 向壁設位可乎 向我設位可乎" 孫秉熙答曰「向我設位可也」, "신사 물으시기를 '제사 지낼 때에 벽을 향하여 위를 베푸는 것이 옳으냐, 나를 향하여 위를 베푸는 것이 옳으냐. 손병희 대답하기를 "나를 향하여 위를 베푸는 것이 옳습니다'; 이돈화(1933), 41. "古來로 享祀할 때에 壁을 向하여 位를 設케 함은 眞理에 어그러진 일이니라. 이제 묻노니 父母의 死後 精靈이 어데로 갔으며 또 先師의 精靈이 어데 있다는 믿음이 理에 합할 것이냐 생각컨데 父母의 精靈은 子孫에게 傳하여 왔으며 先師의 精靈은 弟子에게 降臨되었을 것이라는 믿음이 가장 理에 合當하도다. 그러면 내 一父母를 위하나 先師를 위하야 享禮할 때에 其位를 반드시 自我를 向하야 設함이 可치 아니하냐 누가 생각하든지 死後問題가 없다면 몰라도 萬一 있다하면 未來의 人間을 버리고 그 精靈이 어데에 依據할 수 있겠느냐 그럼으로 向我設位는 直接 神人合一의 理를 表示하는 것이며 天地萬物이 吾身에 갖추어 있는 理致를 밝힘이니라."

본위이니, 평상시에 식사를 하듯이 위를 베푼 뒤에 지극한 정성을 다하여 심고하고, 부모가 살아계실 때의 교훈과 남기신 사업의 뜻을 생각하면서 맹세하는 것이 옳으니라.[33]

"제사를 받들고 위를 베푸는 것은 그 자손을 위하는 것이 본래의 위치"라는 해월의 항아설위법向我設位法은 왕조사회에서 가장 중요한 의례인 제사의식에서 지금까지 행해져 왔던 의식의 모든 틀을 뒤엎는 혁명적인 논지였다. 향아설위의 개벽적인 관점을 주목하고 높이 평가한 이는 김지하이다. 이전까지의 항벽설위向壁設位는 "저 벽 쪽에, 내 시선 저쪽, 시간적으로는 미래에, 내일에 신이 있고, 천국이 있고, 행복된 낙원이 있다는 제사 구조"[34]라면, 이와 달리 향아설위는 그 방향이 전환되어 하느님이 '지금 여기'에서 제사 드리고 있는 사람 속에 있음을 밝히는 것으로 평가한다.

그러므로 향벽에서 향아로 역전되는 개벽은 경천에서 경아로의 개벽이라고 할 수 있다. 이런 의미에서 해월은 1985년 1월 31일 앵산동에서의 최초의 향아설위의 제사를 드린 후 손병희에게 "내가 어젯밤에 오만 년 동안 바꾸지 못한 법을 바꾸었다"고 하였다고 전해진다.[35]

---

33 「海月神師法說·向我設位」8, 任奎鎬問曰「向我設位之理 是何故也」神師曰「我之父母 自始祖以至於幾萬代 繼承血氣而至我也 又父母之心靈 自天主幾萬代繼承而至我也 父母之死後血氣 存遺於我也 心靈與精神 存遺於我也 故奉祀設位爲其子孫而本位也 平時食事樣 設位以後 致極誠心告 父母生存時教訓 遺業之情 思而誓之可也」.

34 김지하, "개벽과 생명운동", 『생명』(서울: 솔, 1992), 28.

35 김지하, 『동학 이야기』(서울: 솔, 2000), 139.

해월이 설파한 향아설위의 목적은 아심아경我心我敬에 있다고 볼
수 있다. 아심아경의 향아설위야말로 경인의 출발점이기 때문이다.
그리고 아심아경은 곧바로 경천과 이어진다. "내 마음을 내가 공경하
면 한울이 또한 즐거워"(我心我敬 天亦悅樂)하기 때문이다.36

> 내 마음을 공경치 않는 것은 천지를 공경치 않는 것이요, 내 마음이
> 편안치 않은 것은 천지가 편안치 않은 것이니라. 내 마음을 공경치
> 아니하고 내 마음을 편안치 못하게 하는 것은 천지부모에게 오래도록
> 순종치 않는 것이니, 이는 불효한 일과 다름이 없느니라. 천지부모의
> 뜻을 거슬리는 것은 불효가 이에서 더 큰 것이 없으니 경계하고 삼가
> 하라.37

내 마음을 지켜 내 마음을 공경하는 것이 천지를 공경하는 것이
며, 내 마음을 공경하지 않는 것은 천지부모에게 불효하는 것이다.
따라서 아심아경에서 제가齊家와 치국治國과 평천하平天下가 이루어지
는 것이다. 유가의 의성정심意誠正心의 수신修身을 수심정기守心精氣로서
의 아심아경으로 화해론적 관점에서 새롭게 전개하였다고 평가할
수 있는 근거는 다음과 같다.

---

36 해월은 나를 공경하는 구체적인 방식으로 수심정기(守心正氣)를 강조한다. 수심
정기는 수운이 옛사람의 가르침인 인의예지 대신 새롭게 세운 가르침으로서 해월
에게 도통을 계승하면서 내린 가르침이기도 하다.
37 「海月神師法說-守心正氣」, 我心不敬天地不敬 我心不安天地不安 我心不敬不安
天地父母長時不順也 此無異於不孝之事 逆其天地父母之志 不孝莫大於此也 戒
之愼之.

한 사람이 착해짐에 천하가 착해지고, 한 사람이 화해짐에 한 집안이 화해지고, 한 집안이 화해짐에 한 나라가 화해지고, 한 나라가 화해짐에 천하가 같이 화하리니.[38]

2) 부화부순(夫和婦順)

수심정기守心正氣로서의 아심아경이 향아설위를 제시한 즉자적 경인사상이라면, 부부유순과 사인여천은 대자적인 경인사상이라고 할 수 있다.

해월은 수운의 부화부순夫和婦順[39]의 가르침을 계승하여 더욱 발전시켰다. 해월은 부부관계를 천지의 조화로 이해하였다. 따라서 부부유별의 남존여비나 여필종부 등은 천지음양의 불화라고 보았다.

남자는 한울이요 여자는 땅이니, 남녀가 화합치 못하면 천지가 막히고, 남녀가 화합하면 천지가 크게 화하리니, 부부가 곧 천지란 이를 말한 것이니라.[40]

도를 통하고 통하지 못하는 것이 도무지 내외가 화순하고 화순치 못하는 데 있느니라. 내외가 화순하면 천지가 안락하고 부모도 기뻐하며, 내외가 불화하면 한울이 크게 싫어하고 부모가 노하나니, 부모의

---

38 「海月神師法說·待人接物」 11, 一人善之天下善之 一人和之一家和之 一家和之 一國和之 一國和之天下同和矣.

39 『天道敎經典』, 「용담유사」, 120.

40 「海月神師法說·夫和婦順」 5, 男乾女坤 男女不和則天地丕塞 男女和合則天地泰和矣 夫婦卽天地者 此之謂也.

진노는 곧 천지의 진노이니라.[41]

심지어 부부의 불화는 천지가 막히고 하늘이 싫어하는 것이므로 부부가 화순하지 못하고서는 도통道通이 이루어질 수 없다고 단언한다. 그리하여 "夫和婦順부화부순은 우리 道도의 제일 宗旨종지"[42]라고 강조하였다. 해월은 "한울을 공경하는 것과 제사를 받드는 것과 손님을 접대하는 것과 옷을 만드는 것과 음식을 만드는 것과 아이를 낳아서 기르는 것과 베를 짜는 것이 다 반드시 부인의 손이 닿지 않는 것이 없다"는 점에서 남편이 아니라 "아내가 가정의 주인"(婦人一家之主也)[43]이라고 주장함으로써 남자를 가장으로 여기는 여필종부 삼종지도의 가부장제도를 넘어선 것이다. 해월은 누구보다도 여성에 대한 앞선 의식을 가지고 있었으며, 부녀자들의 입도와 수도를 장려하고(吾道之內婦人修道獎勵)[44], 이들을 위한 「內修道文」과 「內訓」과 같은 가르침을 남기기도 하였다. 그리고 자신 아내에게 당호堂號를 지어 주고 부부간에 경어를 쓰도록 하였다. 이러한 가르침을 이어받은 의암 손병희는 기녀 출신 아내 주옥경을 수의당守義堂이라는 당호로 불렀다.[45]

부부화순의 가르침은 당시 유교문화의 부부유별과 남존여비, 여

---

41 「海月神師法說·夫和婦順」2, 道之通不通 都是在 內外和不和 內外和順則天地安樂父母喜悅 內外不和則天大惡之父母震怒矣 父母震怒卽天地之震怒也.

42 「海月神師法說·夫和婦順」1, 夫和婦順吾道之第一宗旨也.

43 「海月神師法說·夫和婦順」4, 敬天也 奉祀也 接賓也 製衣也 調食也 生産也 布織也 皆莫非必由於婦人之手中也.

44 「海月神師法說·夫和婦順」1.

45 김응조, 『수의당 주옥경』(서울: 천도교여성회본부, 2005).

필종부, 삼종지도의 가부장제의 병폐를 척결한 혁명적인 부부관과 여성관이라고 평가되고 있다. 46

3) 인오동포, 사인여천(人吾同胞, 事人如天)

마지막으로 해월은 인오동포를 대인對人함에 있어 사인여천事人如天으로 실행할 것을 가르친다.47 꿈에도 잊지 못할 수운 스승의 가르침인 "인내천의 참뜻도 사람을 한울같이 섬기라"는 것이라고 하였다.

사람이 바로 한울이니 사람 섬기기를 한울같이 하라(人是天 事人如天).48

여(余) 몽침(夢寐)의 간인들 어찌 선생의 유훈을 망각하리오. 선생이 인내천(人乃天)의 본의를 설 하시되 왈(曰) 사인여천(事人如天)하라 하셨나니라.49

사람이 한울이므로 어린아이일지라도 "아이를 때리는 것은 곧 한

---

46 하정남, "천도교 여성운동의 새로운 전기", 「신인간」 595/2(2000), 49-57. 당시 여성의 주요임무는 아들을 낳아 남자의 가문을 이어주는 것, 시부모를 잘 모시고 시집의 조상에게 제사지내는 것, 그리고 남편을 잘 받드는 일과 남편의 성적 대상이 되는 것으로, 철저히 남편과 시집을 위해 봉사하는 일 외에 여성의 지위라는 것은 말할 수가 없었다는 점을 고려할 때 동학의 여성존중 사상은 과히 개벽적인 것이었다.

47 차옥숭, 『한국인의 종교경험 - 천도교, 대종교』 (서울: 서광사, 2000), 39-41. 사인여천이 경인사상의 핵심이라고 한다.

48 「海月神師法說·待人接物」 1.

49 「海月神師法說 · 其他」 17.

울님을 때리는 것이니 한울님이 싫어하고 한울의 기운이 상하는 것"[50]이라고 하여 교편校鞭을 잡고 초달하는 유교의 교육의 방식인 일체의 체벌조차도 금지하였다. 나아가서 모든 사람을 진실하게 대하고,[51] 악한 사람일지라도 선하게 대하도록 가르친다.[52] 해월은 사인여천을 실생활에서 실천하였다. 걸인이 와도 밥을 똑같이 차려주었다. 만일 걸인에게 대하여 조금이라도 차별적 대우를 하는 빛이 보이면 크게 꾸중을 하였다고 한다. 따라서 해월은 1865년 10월 도인들에게 다음과 같이 말한다. "人은 乃天이라. 평등이오 차별이 없나니 사람이 인위로써 귀천을 분별함은 곧 천의를 어기는 것이니 제군은 일체귀천의 차별을 철폐하야 선사先師의 뜻을 잇기로 맹서하라."[53] 해월은 재산, 권력 그리고 지식의 유무에 따라 인위적으로 사람을 차별하는 것을 철폐하였다. "비록 아무리 빈천한 사람이라도 정성만 있으면 도를 닦을 수 있다"[54]고 가르쳤다. 김구는 이러한 "동학의 평등주의가 더 할 수 없이 고마웠다"[55]고 술회하였다. 인위적인 차별적 위계를 철폐한 해월의 경인사상은 "하늘적 평등사상"이라고 평가된다.[56]

---

50 「海月神師法說·待人接物」 5. 打兒卽打天矣 天厭氣傷
51 「海月神師法說·待人接物」 7, 以詐交者亂道者 悖道者逆理者也.
52 「海月神師法說·待人接物」 6, 惡人莫如善待 吾道正則 彼必自正矣.
53 이돈화, 『천도교창건사』, 7.
54 「海月神師法說·篤工」 3, 雖貧賤者有誠可以修道也.
55 김구, 『백범일지』 (서울: 백범김구선생기념사업회, 1969), 28.
56 오문환, 『사람이 하늘이다 - 海月의 뜻과 사상』, 120.

3. 경물론

해월은 三敬의 셋째는 경물이라고 가르친다. 경천과 경인에 경물이 보완되어야 도덕이 극치에 이르게 된다는 것이다.

셋째는 敬物이니 사람은 사람을 공경함으로써 도덕의 극치가 되지 못하고, 나아가 物을 공경함에까지 이르러야 천지기화(天地氣化)의 덕(德)에 합일될 수 있나니라.[57]

해월은 무엇보다도 "接物은 우리 道의 거룩한 교화이니 제군은 一草 一木이라도 무고히 이를 해치 말라"고 가르친 후 경천하고 경인할 지라도 "敬物하지 못하는 자는 아직 道에 달하지 못한 자"[58]라고 단언한다. 이러한 경물 사상은 물오동포 물물천 사사천설과 이식천식설로 구체화된다.

1) 물오동포(物吾同胞)·물물천(物物天)·사사천(事事天)

해월은 경물의 근거로서 주장한 물오동포物吾同胞에서 한걸음 더 나아가 물물천物物天을 주장한다. "物物이 또 하나의 동포이며 物物이 또 한울의 표현"[59]이라는 것이다. 이처럼 모든 만물(특히 生物)이 천지부모의 포태에서 배태된 것이므로 '같은 배'(동포)일 뿐만 아니라,

---

57 「海月神師法說·三敬」 3.
58 이돈화, 『천도교창건사』, 17-18.
59 같은 책, 18.

만물이 또한 한울(天)이라고 가르친 것이다. 그에 따르면 천지인은 일기일체이므로 한울은 내 안에 있을 뿐만 아니라 천지만물 안에도 존재하신다. 인간만이 한울을 모시고 있는 것이 아니다. 그러므로 "만물이 시천주 아님이 없다"(萬物莫非侍天主)고 하였다.[60] 만물이 하늘을 모시고 있으므로 경물이 곧 양천이다. 그래서 "物을 공경함은 한울을 공경함이며 한울을 양養하는 것"[61]이라고 하였다.

그리하여 해월은 "살생의 금지"[62]는 물론 "一草 一木이라도 무고히 이를 해치 말며," "육축이라도 다 아끼며 나무라도 생순을 꺾지 말라"[63]고 가르쳤다. 스스로 금주 금연뿐 아니라 한평생 동안 약간의 생선은 먹었으나 육종은 일체 먹지 아니하였다고 했다. 심지어 "사람이 고기를 먹을 적에 그 고기(魚肉)의 아프다는 소리가 귀에 들리지 않는가?"라고 반문하였다.[64] 물물천이므로 "一生物이라도 무고히 해치는 것"을 경계한 까닭은 "이는 天主를 傷하게 하는 것"[65]이기 때문이라고 하였다.

이처럼 해월은 생물生物을 헤치면 하늘을 헤치는 것이고 "물을 공경하면 덕이 만방에 미친다"고 하였다. "초목의 싹을 꺾지 아니한 뒤에라야 산림이 무성하리라. 손수 꽃가지를 꺾으면 그 열매를 따지 못할 것"이라고 하였다.[66]

---

60 「海月神師法說·待人接物」 17.
61 이돈화, 『천도교창건사』, 18.
62 「海月神師法說·內修道文」 6. "살생하지 말고."
63 「海月神師法說·內修道文」 1.
64 박래홍, "해월신사의 일생,"「天道教會月報」 195호 (1927), 16.
65 이돈화, 『천도교창건사』, 36.
66 「海月神師法說·待人接物」 17, 能知此理則 殺生不禁而自禁矣 雀之卵 不破以後 鳳凰來儀草木之苗 不折以後 山林茂盛矣 手折花枝則 未摘其實 遺棄廢物則 不得

해월은 물물천에서 한 걸음 더 나아가서 사사천을 주장한다. 만물 중에 유기체인 모든 생물(物物)뿐만 아니라, 무기체인 모든 사물(事事)까지도 하늘이라는 것이다. 그래서 해월은 "物物天 事事天"을 아울러 가르친 것이다. "만물이 한울이며 만사가 한울"(物物天 事事天)이라는 뜻이다.[67] 해월은 무기체인 사물도 죽어 있는 대상이 아니라, 살아 있는 유기체적 생명공동체로 이해하고 있다. 같은 맥락에서 해월은 무생물과 물건까지도 소중히하기를 가르쳤다.

가신 물이나 아무 물이나 땅에 부을 때에는 멀리 뿌리지 말며, 가래침을 멀리 뱉지 말며, 코를 멀리 풀지 말며, 침과 코가 땅에 떨어졌거든 닦아 없이 하고, 또한 침을 멀리 뱉고, 코를 멀리 풀고, 물을 멀리 뿌리면, 곧 천지 부모님 얼굴에 뱉는 것이니 부디 그리 아시고 조심하옵소서(「內修道文」 2.).

폐물을 버리면 부자가 될 수 없나니라.[68]

해월의 이러한 경물의 생각은 "한 어린이가 나막신을 신고 빠르게 지나갈 때, 그 소리가 울리어 (땅을 치는 것으로 인해) 나의 가슴까지 아팠다"고 말하면서 "땅을 소중히 여기기를 어머님의 살같이 하라"[69]고 가르쳤다.

致富 羽族三千 各有其類 毛蟲三千各有其命.

67 「海月神師法說·以天食天」 1.

68 박우균, "환경보전과 천지부모", 한국종교인평화회의 편, 『종교와 환경』(1993), 199 재인용.

69 「海月神師法說·誠·敬·信」 5 ; 최준식, "우리 스승 우습게 보지 말라", 부산예술문

물을 경공하는 것은 생물·무생물을 포함한 만물 속에 내재하는 한울을 모시고 한울을 키우는 것이니 경물이 곧 시천주와 양천주의 실천이라고 본 것이다. 이는 서양의 세속화 신학과 반대 방향으로 나아간 것으로 볼 수 있다. 심지어 땅을 천지 부모의 얼굴이요 살갗으로 여긴 그의 경물론은 "성의 세속화가 아니리 속의 성화를 시도한 것"이라고 평가된다.[70] 하비 콕스가 말한 서양정신의 "자연의 비신화화나 비마성화"가 아니라, 자연의 재신성화라고 할 수 있다.

2) 이천식천(以天食天)

해월의 물물천物物天 사상은 이천식천以天食天으로 이어진다. 이는 만물 속에 만물이 있으니 만물이 곧 하늘이며, 만물이 만물 속에 있으니 만물이 만물을 먹고 마시는 것이요, 만물이 곧 하늘이니 하늘로서 하늘을 먹을 것이라는 뜻이다. 이를 가르쳐 해월은 '이천식천以天食天'이라고 하였다.

> 이천식천은 천지의 대법(大法)이라 천지신명(天地神明)이 物로 더불어 추이(推移)하는지라 제군은 物을 食함을 天을 食하는 줄로 알며 人이 來함을 天이 來하는 줄로 알라.[71]
> 천지만물이 侍天主 아님이 없나니, 그러므로 사람이 다른 물건을 먹음은 이 곧 이천식천이니라.[72]

화대학 편, 『해월 최시형과 동학사상』 (서울: 예문서원, 1999), 34.
70 오문환, 『사람이 하늘이다·海月의 뜻과 사상』, 90.
71 이돈화, 『천도교창건사』, 18.

해월은 "만사를 안다는 것은 밥 한 그릇 을 먹는 이치를 아는데 있다"(萬事知 食一碗)[73]고 하였다. 일상생활에 있어 식사를 하는 것도 한울이 한울을 먹는 것이므로 이로부터 바로 물오동포, 물물천 사사천의 원리를 밝게 깨닫게 된다는 것이다.

해월은 이천식천의 이치를 내유신령內有神靈과 외유기화外有氣化로 풀이하기도 하였다. 만물이 하늘이므로 내 속에 하늘이 있다는 것은 '내유신령'의 의미요, 만물이 하늘이니 하늘로 하늘을 먹고 마신다는 것이 곧 외유기화의 의미라는 것이다.[74]

김지하는 해월의 향아설위와 이천식천을 계승하여 '밥이 하늘'이라는 자신의 생명사상을 전개하였다.[75] "제사가 바로 식사가 되고 식사가 바로 제사가 되는 것은 밥을 통해서이다"라고 전제하고 향벽설위에서 향아설위로 전환시킨 것은 5만 년 동안 계속되어 온 제사는 고상한 것이고 식사는 천박한 것이라는 이원적 분리를 일치시키는 개벽 사상이라고 하였다.[76]

최동희도 해월의 경물론에 포함된 범천론적인 세계관은 지난날의 양반 사회나 다른 사회의 사상에서는 유례를 찾기 힘든 신경지를

---

72 같은 책, 36.

73 「海月神師法說 · 天地父母」 11.

74 「海月神師法說 · 以天食天」 1. "大神師께서 侍字를 解義할 때에 內有神靈이라 함은 한울을 이름이요, 外有氣化라 함은 以天食天을 말한 것이니 至妙한 天地의 妙法이 도무지 氣化에 있느니라."

75 김지하, 『밥』 (왜관: 분도, 1984). "밥은 하늘입니다./ 하늘은 혼자 못 가지듯이/ 밥은 서로 나눠 먹는 것/ 밥은 하늘입니다./ 하늘의 별을 함께 보듯이/ 밥은 여럿이 같이 먹는 것/ 밥이 입으로 들어갈 때에/ 하늘을 몸속에 모시는 것/ 밥은 하늘입니다./ 아아 밥은 모두 서로 나눠 먹는 것."

76 김지하, 『동학 이야기』, 249, 251.

개척한 것이라고 평가한다. "해월은 놀랍게도 식사는 '한울이 한울을 먹는 일'이라고 하여 식사의 존귀함을 한울님의 일로 높이고 신성화 하였다. 우리가 늘 하는, 밥을 먹고 찬을 먹는 바로 그 행위에 '천을 먹는다'라는 의미를 부여할 때, 국가 행정이나 사회 정책으로부터 식량 문제, 부엌일, 식탁 예절 등에 이르기까지 모두가 신성한 것이 되지 않을 수 없다"고 하였다.[77]

해월의 경물론이 서양의 인간중심적 자연이해와는 달리 모든 존재가 한울님을 모시고 있다는 점에서 동등하며(物吾同胞), 공경의 대상이 되어야 한다(敬物)는 생태학적 사유체계를 지니고 있음을 알수 있다.[78] 이러한 경물의 세계관은 인간중심주의의 환경론이 아니라, 사람과 가축, 각종 동식물, 그리고 모든 생명체와 자연환경이 공생하는 자연 친화적 유기체라는 관점에 서 있는 것이다.

---

77 최동희, "해월의 종교사상에 대한 이해", 107-108.
78 조용훈, "천도교의 자연관에 대한 기독교환경 윤리적 이해", 「한국기독교신학논총」 제24집 (2002), 389.

III. 해월 최시형의 삼경론과 단군신화의 삼태극적 구조

　무엇보다도 삼경 사상은 기본적으로 천지인 삼재 사상에 기초하여 있다. 수운도 「論學文」에서 동학은 천도天道, 지리地理, 인령人靈[79]의 천지인의 도라고 하였다. 선교는 천이요, 불교는 지요, 유교는 인의 가르침이라 규정하고 삼재도三才道를 살핀 후 천도天道를 설파한다.[80] 그리고 하늘은 오행의 벼리이고, 땅은 오행의 바탕이고, 사람의 오행의 기이므로 이러한 천지인 삼재지리三才之理와 삼재지수三才之數에서 천도天道의 출발점을 삼는다.[81]

　해월 역시 수운의 뒤를 이어 천지인 삼재가 한 기운—氣임을 주장한다. 이 점에 있어서는 3대 교주 의암 손병희도 예외가 아니다. 그역시 "하늘과 땅과 사람의 세 가지 존재(三才)가 모든 일기—氣의 조화"[82]라고 보았기 때문이다.

---

79 「東經大典」·「論學文」1, 夫天道者 如無形而有迹 地理者如廣大而有方者也 故天有九星 以應九州 地有八方 以應八卦而 有盈虛迭代之數 無動靜變易之理 陰陽相均 雖百千萬物 化出於其中 獨惟人最靈者也.

80 김상일, 『동학과 신서학』(서울: 지식산업사, 2000), 334.

81 「東經大典」·「論學文」2. 故定三才之理 出五行之數 五行者何也 天爲五行之綱 地爲五行之質 人爲五行之氣 天地人三才之數 於斯可見矣.

82 최동희, "해월종교사상에 대한 이해", 81 재인용.

먼저 천지가 한 물 덩어리(一水塊)이며[83] 한 기운 울타리(一氣圓)[84], 한 기운 덩어리(一氣塊)[85]로서 하나(一氣)이듯이 천지, 음양, 일월, 모든 만물이 하나라고 하였다.[86]

그리고 하늘과 인간과 내가 하나라고 하였다. "사람이 바로 한울이요 한울이 바로 사람이니, 사람 밖에 한울이 없고 한울 밖에 사람이 없으며"[87] "내가 바로 한울이요 한울이 바로 나니, 나와 한울은 도시 일체"이므로 "나 밖에 어찌 다른 한울이 있겠느냐"[88]고 하였다. 따라서 천과 지가 하나이고, 천과 인이 하나이므로, 결과적으로 천지인 역시 하나인 것이다.

> 천·지·인은 도시 한 이치 기운 뿐이니라(天地人都是一理氣而). 사람은 바로 한울 덩어리요, 한울은 바로 만물의 정기이니라. 푸르고 푸르게 위에 있어 일월성신이 걸려 있는 곳을 사람이 다 한울이라 하지마는, 나는 홀로 한울이라고 하지 않노라. 알지 못하는 사람은 나의 이 말을 깨닫지 못할 것이니라.[89]

---

83 「海月神師法說·天地理氣」 1. 天地一水塊也.
84 「海月神師法說·天地人–鬼神–陰陽」 9. 天地一氣圓也.
85 「海月神師法說·篤工」 1. 天地一氣塊也.
86 「海月神師法說·天地理氣」 10. 或問曰「理氣二字 何者居先乎」答曰「天地 陰陽 日月於千萬物化生之理 莫非一理氣造化也 分而言之 氣者 天地 鬼神 造化 玄妙之總名 都是一氣也」.
87 「海月神師法說·天地人–鬼神–陰陽」 7. 人是天天是人 人外無天天外無人.
88 「海月神師法說·修道法」 2. 我是天天是我也 我與天都是一體也
  「海月神師法說·修道法」 3. 我外豈有他天乎 故「人是天人」也
  「海月神師法說·修道法」 4. 然則 我與天都是一氣一體也.
89 「海月神師法說·天地人·鬼神·陰陽」 2. 天地人都是一理氣而已.

여기서 해월은 천지인 삼재의 본체를 '一氣'라 하지 않고 '一理氣'라고 하였다. 이와 기의 논쟁을 염두에 둔 듯이 이와 기 역시 둘이 아니고 하나라고 한 것이다.

나아가서 천과 지(만물)와 인의 관계에 대해서는 "인간과 하늘이 한 덩어리이고 하늘은 만물의 정수"(人是天塊 天是萬物之精也)가 되는 관계라고 하였다. 이를 법설 「其他」에서는 "天은 만물을 造하시고 만물의 내에 거하시나니, 고로 만물의 精은 天이니라. 만물중 최영最靈한 자 人이니, 고로 人은 만물의 主"[90]라고 설명하였다. 이 관계를 더 구체적으로 설명하면 천지인은 상호 '感應遂通감응수통의 순환적 관계'이며 '以天食天이천식천의 融和 相通융화상통의 관계'인 것이다.

> 사람의 일동일정이 어찌 한울님의 시키는 바가 아니겠는가. 부지런하고 부지런하여 힘써 행하면 한울님이 감동하고 땅이 응하여 감히 통하게 되는 것은 한울님이 아니고 무엇이리오.[91]

> 고로 天은 人에 의하고 人은 食에 의하니, 이에 이천식천의 下에 立한 吾人은 心告로써 천지만물의 융화상통을 득함이 어찌 가치 아니하랴.[92]

그리고 이러한 천지인의 일리일기일체론을 "무극대도"[93]라 하고

---

90 「海月神師法說·其他」8.
91 「海月神師法說·道訣」12. 人之一動一靜豈非天地之所使乎 孜孜力行則 天感地應 敢以遂通者非天而何 孰慮詳察焉.
92 「海月神師法說·其他」8.
93 「海月神師法說·開闢運數」12. 人是天人 道是大先生主無極大道也.

이 도의 영부靈符를 태극도의 형상을 딴 '궁궁形'으로 삼았다. 이는 삼태극의 무극대도를 연상하게 한다. "천황의 도와 지황의 덕을 인황이 밝히나니, 천황·지황이 세상에 난 뒤에 인황이 세상에 나는 것은 이치가 본래 그러한 것이니라"[94]는 가르침에서도 해월의 삼태극의 삼재 사상의 영향을 확인해 볼 수 있다. 그러므로 삼경사상의 뿌리는 단군신화의 삼태극적인 구조라고 할 수 있다.

---

[94] 「海月神師法說·吾道之三皇」 4. 天皇道地皇德 人皇明之 天皇地皇出世以後 人皇出世理之固然矣.

IV. 천지인 삼경론의 현대적 전개

　수운 최제우와 해월 최시형의 동학사상은 장일순의 '한살림운 동'95과 김지하의 '생명운동'을 통해 다시 조명을 받고 있다. 그러나 "'한살림운동'이 유기농 생산을 통해 생산자와 소비자의 생명공동체 를 지향한다면, 김지하의 생명사상은 '율려운동'을 중심으로 하는 사 회문화운동을 지향하고 있다는 점에서 차이가 난다."96

　최근 김지하는 자신의 자서전에서 삼극三極과 삼재三才사상, 천지 인天地人사상이 한국의 고유한 사상이라는 사실을 여러 번 언급하였 다.97 그리고 이것을 현재 구제할 사상으로 보았다. 그래서 "무엇이 우리를 도울 것인가. 천지인天地人이다. 역사의 때와 정치 지리적 조건 과 우리나라라는 기이한 현실에 살고 있는 독특한 정신을 가진 한국

---

95 장일순,『한살림』(서울: 영진출판사, 1990). 한살림운동은 동학의 생명 이해에 기
　초하여 인간 생존의 기초인 먹거리를 자연생태계와 조화를 이루는 농법으로 생산
　해서 이웃들과 함께 나눠 먹는 운동을 벌이고 있는 운동이다. '한살림선언'에서 그
　들은 이 운동의 구체적 실천 과제로 다음 일곱 가지를 제시한다. 첫째, 생명에 대한
　우주적 각성. 둘째, 자연에 대한 생태학적 각성. 셋째, 사회에 대한 공동체적 각성.
　넷째, 새로운 인식·가치·양식을 지향하는 생활문화운동. 다섯째, 생명의 질서를 실
　현하는 사회실천 활동. 여섯째, 자아 실현을 위한 생활수양활동. 일곱째, 새로운 세
　상을 창조하는 생명을 통일 활동.
96 김지하,『생명』(서울: 솔, 1992); 김지하,『율려란 무엇인가』(서울: 한문화, 1999).
97 김지하, "나의 회상, 모로 누운 돌부처", 142(2002.9.25), www.pressian.com.

사람이라는 3대 요소가 우리를 도울 것이었다."[98]고 하였다. 그러나 해월의 삼경론과의 관계를 직접 언급하지는 않았다.

보다 포괄적인 의미의 천지인 삼경론은 최근에 와서 새로운 생명문화운동으로 제시되고 있다. "생명가치를 찾는 민초들의 모임"(생명민회) 운동을 주도하는 주요섭은 명시적으로 천지인 삼재사상을 새로운 생명문화운동의 근간으로 삼는다. 동학과의 관련성도 제시하였지만 해월의 삼경사상을 제시하지는 않았다.

저는 생명운동을 '천지인'(天地人) 삼재사상에 기대어 설명할 수 있다고 봅니다. 즉 생명운동은 첫째 영(靈)의 측면을 갖고 있는데 그건 천(天)에 해당하며 영성(靈性)으로 나타나고, 두 번째는 지(地)와 관련되는 것으로 건강한 먹을거리를 만들고 생태계를 보호하는 환경운동 등이 그에 해당되는데 이는 감성(感性)에 호소하며, 세 번째는 인(人)의 영역으로 사회운동의 형태로 나타나 주로 이성(理性)에 호소하는 경향이 강하다는 거지요. 그러나 지금 생명운동이라고 하면 주로 두 번째 영역만을 의미하고 있어요. 생명운동이란 그 세 영역을 모두 포함하는 것으로 '그렇게 살면 좋다'는 가치관의 문제가 아니라 궁극적으로 이 세계를 이해하는 방식의 차이를 가져오는 세계관의 문제라고 할 수 있습니다. 즉, 생명을 어떻게 이해하는가의 문제죠. 결론적으로 생명운동이란 나를 닦고(영성 수련), 자연 친화적으로 살면서(친 생태적 삶), 이웃들과 더불어 끊임없이 창조적인 삶을 일구어 내는 것(사회운동)이라 할 수 있을 것입니다. 그것을 가장 잘 드러

---

98 같은 글, 144 (2002.9.27.).

내 주는 것이 동학의 살림, 즉 모심(侍)과 기름(養)의 사상이라고 생각합니다.99

윤형근은 주요섭의 이러한 생명운동의 문제 제기가 "해월 선생의 삼경三敬 윤리의 요체"이며, "삼재론三才論을 빌어 제기하는 영성·문화운동, 환경·생태운동, 자치·상생체 운동을 통한 영적인 삶(天), 생태적 삶(地), 사회적 삶(人)의 통합적 전망"100한 것이라고 높이 평가하였다.

반진규는 해월의 삼경사상의 구체적인 실천을 위해 '후천개벽의 삼경문화운동'을 구체적으로 제안한다. "'삼경문화'는 천지인 삼재를 따로 떼어 놓고 보지 않고, 그것이 떼어질 수 없는 일체로 이어진 한 본체(한울)의 이형異形일 뿐이므로 어느 것이든 하나같이 정성과 믿음으로 공경하자는 우리 시대의 '신문화운동'"101이라고 하였다.

---

99 편집실, "생명의 물줄기를 지키는 사람들", 「신인간」 593/1 (2000), 8-11.
100 윤형근, "동학과 생명운동의 현재"(하), 「신인간」 620/4 (2002), 92-96.
101 방진규, "후천개벽의 삼경문화를 세워야 한다", 「신인간」 615/11 (2001), 54-61.

참고문헌

「세종실록」 『三國史記』

「영조실록」 『三國遺事』

「인조실록」 『與猶堂全書』

「정조실록」 『栗谷集』書/答

「태조실록」 『周易本義』

『格庵遺錄』 『周易』

『東經大全』, 『朱子語類』

『東國李相國集』 『太極圖說』

『龍潭遺詞』, 『퇴계집』

『孟子』 『後漢書』

『史記』 『상봉집』

"崔時亨等公訴上奏案(光武二年 七月 十八日 起案).「한국학보」 2 (1976).

강규선.『訓民正音 硏究』. 서울: 보고사, 2001.

_____.『훈민정음연구』. 서울: 보고사, 2000.

강길운.『訓民正音과 音韻體系』. 형설출판사, 1992.

강덕영 해역.『한글세대도 쉽게 볼 수 있는 격암유록』. 서울: 도서출판 동반인, 1994.

강만길 편.『한국근대사상가선집 6: 趙素昻』. 서울: 한길사, 1982.

강석윤.『新羅語 固有名詞의 一考察』. 홍문각, 1985.

강신항.『訓民正音 硏究』. 성균관대학교출판부, 1987.

강영환.『새로쓴 한국주거문화의 역사』. 서울: 기문당, 2002.

강용권. "부산지방의 별신굿고."「문화인류학」 제3집 (1971),

강원돈.『物의 신학: 실천과 유물론에 굳게 선 신학의 모색』. 서울: 한울, 1992.

강태우. "박영효 '최초 태극기' 원형 찾았다."「충청투데이」 2008.2.29.

경암. "신사의 유훈중에서."「천도교회월보」 246.(1931.6).

고운국제교류사업회 편찬.『고운 최치원의 철학·종교 사상』. 서울: 문사철, 2009.

곽만연. "최치원의 유·불·도 삼교관 연구."「佛教硏究」 24.(2006), 9-62.

곽신환. "『훈민정음 해례』에 반영된 성리학의 영향— 태극·음양·오행·삼재론을 중심으로."「유학연구」 37.(2016), 29-59.

국립문화재연구소 편.『조선왕릉 I, 종합학술조사보고서』. 2009.

국립중앙박물관 편.『대한의 상징, 태극기』. GNA커뮤니케이션, 2008.

권병덕. "신사의 사적급 교설보유."「천도교회월보」 244 (1931.4).

＿＿＿. "해월신사의 교리담(속)."「천도교회월보」 288 (1936.7).

＿＿＿. "해월신사의 교리담."「천도교회월보」 287 (1936.6).

＿＿＿. "해월신사의 설교와 강설."「천도교회월보」 292 (1936.12).

＿＿＿. "해월신사의 설법."「신인간」 156 (1941.5).

＿＿＿. "해월신사의 설법."「신인간」 158 (1941.8).

권재선.『훈민정음해석 연구』. 대구: 우골탑, 1988.

금장태.『퇴계의 삶과 철학』. 서울: 서울대학교출판부, 1993.

김탁.『새 세상을 꿈꾸는 민중들의 예언서 정감록』. 서울: 살림, 2005.

김경재, "복음의 문화적 정치적 토착화",「기독교사상」 1979. 9, 58-67.

＿＿＿. "삼태극적 구조론의 의미."「한국문화신학회 논문집」 10 (2007).

＿＿＿. "파니카의 우주신인론적 체험과 최재우의 시천주 체험의 비교연구." 김진 편,『파니카의 종교신학』. 서울: 한들출판사, 1999.

＿＿＿. "한국 종교연구에 있어서 생태학적 전기."「인문과학논집」 3 (강남대학교, 1997).

＿＿＿.『문화신학담론』. 서울: 대한기독교서회, 1997.

김경함. "유아를 타함은 천주를 타함이라."「천도교회월보」 195 (1927.3).

김광식. "신학의 변형과 동양 신학의 제문제."「기독교사상」 6월호 (1971).

＿＿＿. "언행일치의 신학."「현존」 55 (1978), 36-41.

＿＿＿.『토착화와 해석학』. 서울: 한국신학연구소, 1988.

＿＿＿. "분석종합과 조화전개 사이에 선 신학의 과제."「조직신학논총」 1 (1995), 119-146.

＿＿＿. "신학의 변형과 동양 신학의 제문제."「기독교사상」 6월호 (1971), 103-115.

＿＿＿.『선교와 토착화 - 언행일치의 신학』. 서울: 한국신학연구소, 1975.

＿＿＿. "샤머니즘과 풍류신학."「신학논단」 21.(1993).

＿＿＿.『조직신학 II』. 서울: 대한기독교서회, 1990.

김구.『백범일지』. 서울: 백범김구선생기념사업회, 1969.

김균진.『생태학의 위기와 신학』. 서울: 대한기독교서회, 1991.

김낙필.『고운의 도교관: 최고운 연구』. 서울: 민음사.

김낭웅.『구들이야기 온돌이야기』. 서울: 단국대학출판부, 2004.

김대문.『花郎世紀』. 서울: 소나무, 1999.

김동환. "동이의 문화사상- 삼족오를 중심으로."「국학연구」 1 (2008).

김두진. 『한국고대의 건국신화와 제의』. 서울: 일조각, 1999.

김명희. "삼태극의 의미고찰." 「문화재」 45/1 (2012).

김민수 외. 『외국인의 한글 연구』. 서울: 태학사, 1977.

김범부. "풍류정신과 신라문화." 한국사상강좌편집위원회 편, 『한국사상 강좌 3』. 서울: 고구려문화사, 1960.

김병제. "대인접물과 신사의 법설." 「신인간」 80 (1934.6).

_____. "역사적으로 본 향아설위법." 「신인간」 92 (1935.6).

김병준. "사십년설법의 해월신사." 「신인간」 24 (1928.6).

김보현. "조선 건국담론의 신화화 방식연구; 『용비어천가』와 『태조실론총서』를 중심으로." 「시학과 언어학」 제11호 (2006).

김봉태. 『훈민정음의 음운체계와 글자모양: 산스크리트 티벳 파스타 문자』. 서울: 삼우사, 2002.

김상기. "국사상에 나타난 건국신화의 검토." 『동방학논총』. 서울: 서울대학교출판부, 1986.

김상섭. 『태극기의 정체』. 서울: 동아시아, 2001.

김상일. "풍류도와 선맥 그리고 차축시대." 모심과 살림 학교 발표논문 (2003년 10월).

_____. 『동학과 신서학』. 서울: 지식산업사, 2000.

_____. 『세계철학과 한 - 일과 다의 문제로 본 동서철학의 비교』. 서울: 전망사, 1989.

_____. 『초공간과 한국문화』. 서울: 교학연구사, 1999.

_____. 『한사상의 이론과 실제』. 서울: 지식산업사, 1990.

_____. 『한사상』. 서울: 온누리, 1986.

_____. 『한철학 - 한국철학의 과정신학적 해석』. 서울: 전망사, 1983.

_____. 『화이트헤드와 동양철학』. 서울: 서광사, 1993.

김석득. 『우리말 연구사』. 서울: 김석득, 정음문화사, 1992.

김석환. 『훈민정음 연구』. 서울: 한신문화사, 1997.

김성언. "龍飛御天歌에 나타난 朝鮮初期 政治思想硏究." 「石堂論叢」 9 (1984).

김성한. "고운 최치원의 학문정신: 현묘지도(玄妙之道)설에 담긴 혼종과 관용의 사상을 중심으로." 「철학연구」 93 (2011).

_____. "최치원 '國有玄妙之道'설의 재해석." 「도교문화연구」 34.(2011.4).

김성훈. "농업개방과 다산의 3농정책." 「경향신문」 2001.11.23.

김세환. 『기하학적으로 분석한 훈민정음』. 서울: 학문사, 2001.

김수산. 『원본 정감록』. 서울: 홍익출판사, 1968.

김순열 해독. 『남사고 예언서 격암유록』. 서울: 대산, 2002.

김승혜. "한국인의 하느님 개념 - 개념 정의와 삼교 교섭의 관점에서."「한국전통사상과 천주교」 1 (1995).

김영윤. "향아설위."「천도교회월보」 195 (1927.3).

김용덕. "여성운동 및 어린이 운동의 창시자로서 해월선생."「신인간」 370 (1963.8).

김용문. "해월신사의 평등사상."「신인간」 267 (1969.8).

김용옥.『동양학 어떻게 할 것인가』. 서울: 민음사, 1985.

김용찬. "용비어천가(龍飛御天歌)의 정당성 구조 분석."「언론 사회 문화」 1.(1991).

김용한. "『정역』의 민본적 특성 연구."「유학연구」 42.(2018. 2).

김우철. "조선 후기 변란에서의 鄭氏 眞人 수용 과정 -『정감록』 탄생의 역사적 배경."「조선시대사학보」 60.(2012).

김원룡. "고대한국과 서역."「미술자료」 34.(1984.6).

_____.『한국미술사』. 서울: 범운사, 1937.

김월해. "해월신사의 삼경사상."「신인간」 267.(1969.8).

김윤경.『朝鮮文字 及 語學史』. 서울: 진학출판협회, 1946.

김은한. "훈족과 신라, 가야의 친연성 (7): 미추왕릉 지구 장식 보검."「보스톤코리아」 2015.1.12.

김응조.『수의당 주옥경』. 서울: 천도교여성회본부, 2005.

김인회. "21세기 한국교육과 홍익인간 교육이념."「정신문화연구」 22/1 (74).

_____.『한국무속사상연구』. 서울: 집문당, 1993.

김재계. "신사대신사에게 최후로 받으신 문자."「천도교회월보」 195 (1927.3).

김정수.『한글의 역사와 미래』. 서울: 열화당, 1990.

김정환. "정부 로고, 무궁화서 태극 마크로."「조선일보」 2016.3.16.

김주미.『한민족과 해 속의 삼족오 - 한국의 일상문 연구』. 서울: 학연문화사, 2010.

김주훈.「국가상징으로서의 삼태극 문양 연구」. 서울과학기술대학교 박사학위논문, 2014.

_____. "한국, 중국, 일본의 삼태극 문양에 관한 연구."「전보디자인학연구」 21.(2013).

김준봉·리신호『온돌, 그 찬란한 구들문화』. 서울: 청홍, 2006.

김지하. "개벽과 생명운동."『생명』. 서울: 솔, 1992.

_____. "나의 회상, 모로 누운 돌부처."「프레시안」 2002.9.25.

_____.『동학 이야기』. 서울: 솔, 2000.

_____.『밥』. 왜관: 분도, 1984.

_____.『생명학 1·2』. 서울: 화남, 2003.

_____.『생명』. 서울: 솔 1992.

_____.『율려란 무엇인가』. 서울: 한문화, 1999.

김철수. "19세기『정역』의 종교사회학적 의미."「민족문화논총」62.(1916.4).

김충렬. "화랑오계의 사상배경 고(考)."「아세아연구」14/4.(1971).

김충열. "花郎五戒와 三敎思想의 現實的 具現."「신라문화제학술발표회논문집」
       10.(1989).

김태준. "화랑도와 풍류정신."「한국문학연구」18.(1995.12).

김하원.『격암유록은 가짜「정감록」은 엉터리 송하비결은?』, 서울: 인언, 2004.

김하태.『동서철학의 만남』. 서울: 종로서적, 1985.

김항.『정역 釋義』. 서울: 문해출판사, 1971.

김형규. "訓民正音과 그 前의 우리 文字."「한글」12/1 (1947년 1-3월).

김흡영. "생명, 생태, 신학: 신, 우주, 인간(삼태극)의 묘합(도의 신학)."「한국기독교신학논
       총」31.(2004).

_____.『가온찍기』. 서울: 동연, 2013.

_____.『도의 신학』. 서울: 다산글방, 2001.

나정태.『태극기』. 서울: 대원사, 2016.

당인평.『최치원 신연구』. 한림대출판부, 2004.

도광순. "풍류도와 신선사상."「신라종교의 신연구」5/1.(1984), 287-288.

_____. "한국의 전통적 교육가치관."『철학과 종교』, 서울: 현대종교문제연구소, 1981.

동국대신라문화연구소 편.『신라 최고의 사상가 최치원 탐구』. 경주: 주류성, 2001.

廖名春·康學偉·梁韋弦/ 심경호 역.『주역철학사』. 서울: 예문서원, 1998.

류승국. "최치원의 동인의식에 관한 연구."『동방사상논고』, 서울:종로서적, 1983.

李珥.『국영 율곡집』. 서울: 민족문화추진회, 1977.

리준걸. "고구려벽화무덤의 해와 달그림에 대하여."「력사과학」2 (1985).

문룡호.『태극기 이야기』. 서울: 미술문화, 2000.

문성모 "한국 음악의 신학 - 악학궤범의 신학적 해제."「한국문화신학회 논문집」4.(2001).

문정규.『中國言語學』. 서울: 민음사, 1990.

민영순. "내수도에 당한 말씀을 드리나이다."「신인간」11 (1927.3).

민족문화문고간행위 편.『국역 악학궤범』. 서울: 민족문화문고간행위, 1983.

민주식. "동양미학의 기초개념으로서의 풍류."「民族文化論叢」15/1 (1994).

박래홍. "해월신사의 일생."「天道敎會月報」195 (1927).

박맹수. "해월 연구를 위한 문헌자료 재검토."「청계사학」3 (1997).

_____. "해월 최시형의 종교사적 위치."「한국종교사연구」1 (1997).

_____. "해월 최시형의 초기 행적과 사상."「청계사학」3.(1997).

박명림. "한국민주주의와 제3의 길: 민주주의, 사회적 시장경제, 그리고 평화통일의 결합 — 조봉암 사례연구."『죽산 조봉암 전집 6』. 서울: 세명서관, 1999.

박병채.『譯解 訓民正音』. 박영사, 1976.

박병호.「훈민정음 체계의 형성과 성격」. 연세대학교 대학원 박사학위논문, 1976.

박석재. "우리가 만들고 일본에 빼앗긴 삼족오."「Premium Chosun」 2014.9.7.

박성래. "3태극은 천지인 화합의 상징."「조선일보」 1988.9.17.

박순경. "한국신학을 회고하고 미래를 전망하면서."『한국기독교학회 30년사』, 대한기독 교서회, 2002.

박암종. "동서비교를 통한 한국디자인의 원형탐구 1-삼태극과 뫼비우스의 띠."「월간 디 자인」 1992.4.

박용옥. "해월 최시형의 근대 지향적 여성관."「연구논문집」 36 (성신여대, 1998).

_____. "해월의 내수관."「신인간」 389 (1981.7).

박우균. "환경보전과 천지부모." 한국종교인평화회의 편,『종교와 환경, 서울: 한국종교인 평화1993.

박은식.『한국통사』.『박은식전서』 상, 서울: 단대동양학연구소, 1975.

_____.『조선통사』, 서울: 박영사, 1996.

박일영. "한국 무속의 신관."「司牧」 149 (1991).

박종도.「태극기에 내재된 태극사상에 관한 연구」. 성균관대 석사논문, 2017.

박종천. "더불어 살기 위한 계약: 창조의 보전을 위한 한국신학적 기여." 한국기독교학회 편,『창조의 보전과 한국신학』. 서울: 대한기독교서회, 1992.

_____.『상생의 신학』. 서울: 한국신학연구소, 1991.

박종홍.『일반논리학』. 서울: 박영사, 1975.

박준승. "우묵눌 삼자."「천도교회월보」 195 (1927.3).

박희진. "한국인의 자연관과 풍류도."『숲과 문화 총서』 4 (1996).

밝한샘.『새로운 국기 만들기 위한 태극기 보고서』. 아름나라, 2010.

방영주. "조선조 태극문양 연구." 홍익대 산업미술대학원 석사학위논문, 1985.

방종현.『訓民正音通史』. 서울: 홍문각, 1983.

방진규. "후천개벽의 삼경문화를 세워야 한다."「신인간」 615-11 (2001.11).

백광하.『태극기』. 서울: 동양수리연구원출판사, 1967.

백승종. "18세기 전반 서북(西北) 지방에서 출현한『정감록』."「역사학보」 164 (1999).

부산예술문화대학 동학연구소 편.『해월 최시형과 동학사상』. 서울: 예문서원, 1999.

북애자.『揆園史話』. 서울: 대동문화사. 1968.

서남동. "생태학적 신학서설."「기독교사상」 1970.10.

_____. "생태학적 윤리를 지향하며." 「기독교사상」 1972.5.

서영대 · 송화섭 편. 『용, 그 신화와 문화』. 서울: 민속원, 2002.

세계개혁교회연맹 편. 『정의 · 평화 · 창조의 보전 - WARC 서울대회 보고서』. 서울: 대한기독교서회, 1989.

세계신학연구원 편. 『상생신학 - 한국신학의 새 패러다임』. 서울: 세계신학연구원, 1992.

세종대왕기념사업회 편. 『537돌 한글날 기념 학술강연회 : 훈민정음의 음성구조』. 서울: 세종대왕기념사업회, 1983.

손문호. "최치원의 정치사상연구 - '풍류'론과 시무론을 중심으로." 「경주문화연구」 2 (1999.8).

손병호 편. 『천일국 화보집 - 온 누리에 참사랑 그득하고 평화가 넘치네』. 서울: 세계평화통일가정연합, 200.

손진태. 『한국민족사개론』. 서울: 을유문화사, 1967.

이형구 외. 『삼족오』. 서울: 학연문화사, 2007.

송양섭. "화랑도(花郎徒) 교육에 관한 연구." 「인문사회교육연구」 8 (2005).

송재국. "유가(儒家)의 인간 규정에 대한 삼재적(三才的) 의미(意味)." 「동서철학연구」 77 (2015), 115-147.

_____. "『정역』의 개벽 사상." 「한국종교」 35집 (2012.2).

송호수. 『위대한 민족: 한글은 세종 이전에도 있었다』. 서울: 보림사, 1989.

신상순. 『훈민정음의 이해』. 서울: 한신문화사, 1988.

신영식. "최치원의 역사관." 동국대신라문화연구소 편, 『신라 최고의 사상가 최치원 탐구』. 경주: 주류성, 2001.

신용하. "고조선문명권의 삼족오태양 상징과 조양 원대자벽화묘의 삼족오태양." 「한국학보」 105 (2001).

_____. "최시형의 내칙 내수도문 유훈(해제)," 「한국학보」 12 (1978.9).

신우철. "건국강령(1941. 10. 28) 연구 - '조소앙 헌법사상'의 헌법사적 의미를 되새기며." 「중앙법학」 10/1 (2008),

신원봉. "박영효 태극기의 유래와 그 발견의 의미." 「동양고전연구」 43 (2009).

_____. "태극기 중국 유래설에 대한 반박." 「동양문화연구」 8 (2011).

신은경. 『風流: 동아시아 美學의 근원』. 서울: 보고사, 1999.

신일철. "최시형의 범천론적 동학사상." 『숭산박길진박사고희기념 한국근대종교사상사』, 이리: 원광대출판국, 1984.

_____. "해월의 최시형의 시와 경의 철학." 부산예술문화대학 동학연구소 편, 『해월 최시형과 동학사상』. 서울: 예문서원, 1999.

_____.『동학사상의 이해』. 서울: 사회비평사, 1995.

신정암. "정감록의 역사적 영향."『한국사상』I-II 합본. 서울: 경인문화사, 1982.

신정일.『한思想原論: 새로운 辨證法의 展開』. 서울: 한사상연구소, 1982.

_____.『한思想의 本質』. 서울: 정화사, 1981.

신채호.『조선상고사』. 서울: 형설출판사, 1977,

심범섭.「韓國의 三太極 思想 研究」. 성균관대학교 석사학위 논문, 2007.

심성구.「栗谷의 理氣論 研究」. 성균관대학교 박사학위논문, 2005.

심재금.「訓民正音 研究: 해례본을 중심으로」. 이화여자대학교 석사학위논문, 1983.

안창범.『천지인 사상과 한국본원 사상의 탄생』. 서울: 삼진, 2007.

안창호. "전통문양에서 나타난 음양태극과 삼태극 연구."「한국디자인포럼」10 (2004).

_____.「국가상징으로서 국기의 인식과 통일국가기 제작방안 연구」. 홍익대박사학위논문, 2011.

안춘근 편.『鄭鑑錄 集成』. 서울: 아세아문화사, 1973.

안호상. "단군과 화랑의 세한(3·1)철학과 도의원리들."「哲學」15/1 (1981).

_____.『국민윤리학』. 서울: 배영출판사, 1977.

_____.『민족사상의 전통과 역사』. 서울: 한뿌리, 1992,

_____.『배달 동이는 동아문화의 발상지』. 서울: 한뿌리. 2006.

_____.『배달 동이는 동이겨레와 동이문화의 발상지』. 서울: 사림원, 1986.

양기선.『孤雲 崔致遠 研究』. 서울: 한불문화출판, 1995.

양숙경. "훈민정음 풀이에 대하여: 제자해를 중심으로」. 성신녀자대학교 대학원박사학위논문, 1990.

양승무. "退溪와 栗谷의 理氣心性論 비교연구."「유교사상연구」22집 (2005).

오문환.『사람이 하늘이다 - 海月의 뜻과 사상』. 서울: 솔, 1999.

_____. "해월의 삼경사상."『해월 최시형과 동학사상』. 서울: 예문서원, 2006.

오선진. "해월신사의 사인여천의 실행과 삼경설."「천도교회월보」280 (1935.11).

오소미. "옛 그림에서 찾는 전통조경(傳統造景) - 조경(造景)과 그림(圖,畵)."「문화유산채널」2012.1.6.

오영환.『화이트헤드와 인간의 시간경험』. 서울: 통나무, 1997.

오정숙.『다석 유영모의 한국적 기독교』. 서울: 미스바, 2005.

오지섭. "創世神話를 통한 한국인의 하느님 신앙 이해: 한국인의 하느님 신앙, 그 가능성과 문제점."「종교신학연구」7 (1994.12).

왕대유 / 임동석 역.『용봉 문화 원류 - 신화와 전설, 예술과 토템』. 서울: 동문선, 1994.

우윤. "19세기 민중운동과 민중사상 - 후천개벽, 정감록, 미륵신앙을 중심으로."「역사비

평」2호(1988.3).

우실하. "「천부경」, 「삼일신고」의 수리체계와 '3수 분화의 세계관(1-3-9-81)."「선도문화」
    1 (2006).

_____. "최초의 태극은 음양태극이 아니라 삼태극 / 삼원태극이었다."「동학사회사학」
    제8집 (2003).

_____. "3수분화의 세계관과 홍익인간의 이념."『홍익인간이념과 21세기 한국』. 서울:
    단국학회, 1999.

_____. "삼족오(三足烏), 태양조(太陽鳥)의 도시 심양." http://www.gaonnuri.co.kr.

_____. "삼태극(三太極)/삼원태극(三元太極)의 논리와 5음 12율의 산율 수리체계."「한
    국음악사학보」 32 (2004), 73-113.

_____. "삼태극/심원태극문양의 기원에 대하여."「정신문화연구」 29/2 (2006).

_____. "삼태극三太極/삼원태극三元太極 문양의 기원과 삼파문三巴紋의 유형 분류:
    다양한 삼태극 문양의 활용을 위하여."「사회사상과 문화」 21 (2010).

_____. 『동북공정 너머 요하문명론』. 서울: 소나무, 2007.

_____. 『전통문화의 구성 원리』. 서울: 소나무, 1999.

袁珂/ 전인초 역. 『중국신화전설』. 서울: 민음사, 1992.

원용문 외. 「海月先生法設註解」. 서울: 東學宗團協議會 中央摠部, 1978.

유효. "내수도문."「천도교회월보」 203-208 (1927.11-1928.4).

유효. "만사지가 밥 한그릇."「천도교회월보」 195 (1927.3).

유경환. 『한국 예언문학의 신화적 해석: 격암유록의 원형적 탐구』. 서울: 대한출판공사,
    1986.

유동식. 『민속 종교와 한국문화』. 서울: 현대사상사, 1978.

_____. 『풍류도와 예술신학』. 서울: 한들출판사, 2006.

_____. 『風流道와 韓國神學』. 서울: 展望社, 1992.

_____. 『풍류도와 한국의 종교사상』. 연세대학교출판부, 1999.

_____. 『풍류신학의 여로』. 서울: 전망사, 1988.

_____. 『한국 종교와 기독교』. 서울: 대한기독교서회, 1969.

_____. 『한국무교의 역사와 구조』. 서울: 연세대학교출판부, 1975.

유수자. "해월신사의 부인관과 내수도문."「신인간」 417 (1984.4).

유승국. "최치원의 동인의식에 관한 연구."『제4회 국제불교학술회의 자료집』, 1981.

_____. "태극기의 원리와 민족의 이상."「정신문화연구」 여름호 (한국학중앙연구원,
    1983).

유연석 · 서행연. "『단군신화』의 출전과 구조 연구."「과학과 교육」 5 (순천대, 1997).

유정원. "해월의 삼경론과 프란치스코 교종의 회칙 「찬미받으소서」 비교연구." 「생명연구」 50/1 (2018).

유창균. 『훈민정음』. 서울: 형설출판사, 1977.

유한일. "신사환원이 벌써 34년 항아설위와 청수일기." 「천도교회월보」 246 (1931.6).

_____. "천일합일이 자아를 각하는 도리." 「천도교회월보」 195 (1927.3).

윤덕중. 『훈민정음 기원론』. 서울: 국문사, 1983.

윤범하·윤용빈. 『천부경과 삼신사상』. 고양: 백석기획, 2004.

윤병철. "정감록의 사회 변혁 논리와 사회적 의의." 「정신문화연구」 28권 1호 (2005).

윤성범. "정감록의 입장에서 본 역사관." 「기독교사상」 14/1 (1970).

윤이흠. "단군신화와 한민족의 력사." 『단군 - 그 이해와 자료』. 서울: 서울대출판부, 1994.

_____. "동학운동의 개벽 사상." 「한국문화」 8 (1997).

윤형근. "동학과 생명운동의 현재(하)." 「신인간」 620 (2002.4).

이강오. 『한국신흥종교총람』. 서울: 대흥기획, 1993.

이경숙·박재순·차옥숭. 『한국생명 사상의 뿌리』. 서울: 이화여자대학교출판부, 2001.

이경재. 『단군신화의 철학』. 서울: 성서연구사, 1994.

이규태. 『우리의 옷 이야기』. 서울: 기린원, 1991.

_____. 『우리의 음식이야기』. 서울: 기린원, 1991.

_____. 『이것이 우리를 한국인이게 한다』. 서울: 남회, 1997.

_____. 『한국인의 의식구조, 1-4』. 서울: 신원문화사, 2000.

_____. 『한국인의 정신문화』. 서울: 신원문화사, 2000.

이근수. "한글은 세종 때 창제되었다." 「광장」 1984.2.

_____. 『訓民正音 新研究』. 서울: 보고사, 1955.

이기열. "남녀평등." 「천도교회월보」 195 (1927.3).

이기정. "사인여천." 「천도교회월보」 195 (1927.3).

이기혁. "히브리문자 기원설을 계기로 본 훈민정음 - 세종대왕이 독창적으로 훈민정음을 만든 건 아니다." 「신동아」 1997.5.

이남영. "단군신화와 한국인의 사유." 「한국사상」 13 (1975).

이능화. 『조선기독교급외교사』. 경성: 조선기독교영문사, 1928.

_____. 『조선무속고』. 서울: 창비, 2016.

이도흠. "풍류도의 실체와 풍류도 노래로서 찬기파랑가 해석." 「신라학연구」 8 (2004).

이돈화. 『천도교창건사』. 서울: 경인문화사, 1970.

이동철. 『한국 용설화의 역사적 전개』. 서울: 민속원, 2005.

이면우. 『W 이론을 만들자-한국적 기술, 한국적 산업전략』. 서울: 지식산업사, 1992.

이병도. "강서고분벽화의 연구-주로 대묘벽화에 대한 연구."「한국고대사연구」. 서울: 박영사, 1976.

이상백.『한글의 起源: 訓民正音 解說』. 서울: 통문관, 1957.

이선경. "한국문화의 원형적 상상력으로서의 역(易) - 음양·천지인·삼재의 태극을 중심으로."「대동철학」 66집 (대동철학회, 2014).

이성구.『訓民正音 硏究』. 서울: 동문사, 1985.

이성환.『주역 과학과 道』. 서울: 신계사, 2002.

이어령.『신 한국인』. 서울: 문학사상사, 1996.

_____.『이것이 韓國이다: 흙 속에 저 바람 속에』. 서울: 문학사상사, 1968.

_____.『韓國의 25時』. 서울: 서문당, 1971.

_____.『한국인의 신화』. 서울: 서문당, 1972.

이은봉.『중국고대사사의 원형을 찾아서』. 서울: 소나무, 2003.

_____.『증보 한국고대종교사상』. 서울: 집문당, 1999.

_____.『한국고대종교사상 - 천신, 지신, 인신의 구조』. 서울: 집문당, 2002.

이을호. "서양의 변증법 논리를 극복한 한사상."「광장」 10 (1985).

_____.『韓思想과 民族宗敎』. 서울: 일지사, 1990.

_____ 외.『한사상과 한국종교』. 서울: 일지사, 1990.

이인건. "한민족의 정체성과 단군신화."「비교문화연구」 12 (2001).

이재운. "고운(孤雲) 최치원(崔致遠)의 삼교융합론(三敎融合論)."「先史와 古代」 9/1 (1997).

_____.『崔致遠 硏究』. 서울: 백산자료원, 1999.

이정배.『토착화와 생명문화』. 서울: 종로서적, 1991.

_____.『한국적 생명신학』. 서울: 도서출판 감신, 1996.

이정호.『국역주해 정역』. 서울: 아세아문화사, 1988.

_____.『정역과 일부』. 서울: 아세아문화사, 1985.

_____.『正易硏究』. 서울: 국제대학 인문과학연구소, 1976.

_____.『訓民正音의 構造 原理: 그 易學的 硏究』. 서울: 아세아문화사, 1975.

이종태. "해월신사의 법설."「신인간」 209[속간5] (1957.1).

이찬구. "동학의 영부관 고찰 - 태극과 궁궁의 천도적 이해."「동학학보」 4 (2002).

이필영.『솟대』. 서울: 대원사, 2003.

이현희. "수운의 개벽 사상."「동학사상논총」 1 (1982).

이형구. "갑골문화의 기원과 한국의 갑골 문화."「정신문화」 제15 (1982년 겨울호).

_____. "고구려의 삼족오(三足烏) 신앙에 대하여 - 고고학적 측면에서 본 조류숭배사상

의 기원 문제." 「동방학지」 86 (1994).

_____ 외. 『삼족오』. 서울: 학연문화사, 2007.

_____ · 박노희. 『廣開土王陵碑文 新研究』. 서울: 동화출판공사, 1986.

이희덕. "龍飛御天歌와 瑞祥說." 「동방학지」, 54-56(1987).

이희수. 『토착화 과정에서 본 한국 불교』. 서울: 불서보급사, 1971.

일기자. "해월신사의 청명하신 양대교규(향아설위, 내수도)." 「천도교회월보」 103
        (1919.3).

임연. "해월신사의 말씀 몇 마디 -포덕날을 제하야." 「신인간」 53 (1930.11).

임균택. 『한 思想 考察』. 서울: 동신출판사, 1991.

임석재. "한옥에서 발견한 선조들의 지혜, 차경(借景)." 「문화유산정보」 (한국문화재단)
        2013.2.

임승국 역주. 『한단고기』. 서울: 정신세계사, 1987.

장일순. 『한살림』. 서울: 영진출판사, 1990.

장지훈. "한국 고대의 지모신 신앙." 『한국 고대사의 재조명』. 서울: 신서원, 2001.

전남대학교어학연구소 『훈민정음과 국어학』. 광주: 전남대학교 출판부. 1992.

전인초. "龍飛御天歌에 引用된 先秦故事." 「동방학지」 29 (1981).

전재강. "'용비어천가'에 나타난 유교 이념과 표현 현상." 「어문학」 62 (1998.1).

_____ "'용비어천가'의 『易經』적 이해." 「동양대학교 논문집」 3/1 (1997).

전정례. 『훈민정음과 문자론』. 서울: 역락, 2002.

정다운. 『정감록원본해설』. 서울: 밀알, 1986.

정대위. 『그리스도교와 동양인의 세계』. 서울: 한국신학연구소, 1986.

정병석. "'易有太極'의 해석을 통해 본 여헌 장현광의 역학 사상." 「한국학논집」 52
        (2013.9).

정병석. "太極 개념 형성의 淵源的 배경과 해석." 「철학」 88 (2006).

정용대. "조소앙의 삼균주의와 민족통일노선." 「정신문화연구」 27/4 (2004).

정진홍. "하늘님 고." 「기독교사상」 1972.2.

정학습. "일제하 해외 민족 운동의 左右 합작과 三均主義." 「사회와역사」 1권 (1986.12).

정희선. 「訓民正音의 易學的 背景論에 관한 一考察」. 중앙대학교 대학원 박사학위논문,
        1982.

조광. "한국전통신관의 이해에 관한 연구사적 검토." 「司牧」 176 (1993. 9).

조기간. "내칙." 「신인간」 184 (1944.2).

_____. "해월신사 내수도문 십칙." 「신인간」 103 (1936.6).

_____. "해월신사와 내수도." 「신인간」 24 (1928.6).

조성운. "해월 최시형의 도통전수와 초가 포교활동." 「동학연구」 7 (2000).

조소앙. "남북협상안에 대하여." 「서울신문」 1948.4.20.

_____. 『소앙집』. 서울: 삼균학회, 1932.

조용훈. "천도관의 자연관에 대한 기독교 환경윤리적 이해." 「한국기독교신학논총」 24 (2002).

조인수. "태극문양의 역사와 태극도의 형성에 대하여." 「동아시아 문화와 예술」 1 (동아시아문화학회, 2004).

조자룡. 『바니이다 비나이다 내 민족 문화의 모태를 찾아서』. 서울: 삼신학회 프레스, 1996.

_____. 『삼신민고』. 서울: 가나아트, 1995.

조재훈. "동학가요에 나타난 궁을의 의미망." 「공주사대논문집」 22 (1983).

조철수. "훈민정음은 히브리 문자를 모방했다." 「신동아」 1997.5.

조흥윤. "천신(天神)에 관하여." 「동방학지」 77-79 (1993).

주류성. 『신라 최고의 사상가 최치원 탐구』. 서울: 한국사학회, 2001.

주백곤·김학권 역. 『주역산책』. 서울: 예문서원, 2011.

주봉호. "조봉암과 진보당: 제3의 길." 「동아시아문화학회 2009년도 추계국제학술대회 자료집」.

주희/곽신환·윤원현·추기현 옮김. 『태극해의(太極解義)』. 서울: 소명출판, 2009.

周到. "南陽漢書像石中的幾幅天上圖." 「考古」 1 (1975).

증산도도전편찬위원회 편. 『도전(道典)』. 서울: 대원출판사, 1992.

지승. 『피야 피야 三神 피야: 韓思想의 맥락』. 서울: 전예원, 1985.

차옥숭. 『한국인의 종교경험 - 천도교, 대종교』. 서울: 서광사, 2000.

차용준. "풍수 참위 정감록." 『전통문화의 이해 7』. 전주: 전주대학교출판부, 2001.

천도교사편찬위원회 편. 『天道敎百年略史』. 서울: 미래문화사, 1981.

천도교중앙총부 편. 『天道敎經典』. 서울: 천도교중앙총부 출판부, 2001.

_____. 『천도교: 한국에서 꽃핀 우주적 차원의 세계종교』. 서울: 천도교중앙총부 출판부, 2002.

_____. 『천도교경전』. 서울: 천도교중앙총부 출판부, 2001.

_____. 『해월신사법설』. 『천도교경전』, 서울: 천도교중앙총부 출판부, 1993.

최항. 『龍飛御天歌 跋』.

최광식. "한국 고대의 천신관." 「사학연구」 58·59 (1999).

최국술 편. 『최문창후전집』. 서울: 경인문화사, 1972.

최남선/ 전성곤·허용호 역. 『단군론』. 서울: 경인문화사, 2013.

_____/ 정재승·이주현 역주.『불함문화론』. 서울: 우리역사연구재단, 2008.

_____. "고려의 명절."『故事通』. 서울: 삼중당, 1944.

_____. "조선의 고유신앙."『육당 최남선 전집』. 서울: 현암사, 1974.

_____.『불함문화론』. 서울: 우리역사연구재단, 2008.

_____.『육당최남선전집 2』. 서울: 현암사, 1973.

_____.『조선상식문답』. 서울: 삼성문화재단, 1974.

최동희. "해월신사의 양천주사상."「신인간」 219 (1959.9).

_____. "해월의 종교사상에 대한 이해."『해월 최시형과 동학사상』. 서울: 예문서원, 2000.

_____.「海月 崔時亨」. 서울: 중앙서관, 1983.

최미현.「태극문양의 조형적 구조에 관한 연구」. 조선대 석사논문, 1994.

최민홍.『동서비교철학』. 서울: 성문사, 1979.

_____.『한철학과 현대사회』. 서울: 성문사, 1988.

_____.『한철학 - 한민족의 정신적 뿌리』. 서울: 성문사, 1984.

최병규. "중국문학의 풍류정신."「솔뫼어문논총」 7/1 (1995).

최상천 외. "龍飛御天歌 撰述의 역사사회적 의미에 관한 연구."「한국전통문화연구」 7 (1991).

최시형. "內則. 內修道文."「한국학보」 12 (1978).

_____. "理氣大全."「한국학보」 21 (1980).

_____. "海月先生文集."「신인간」 470-471 (1989).

최어중.『십승지 풍수기행』. 서울: 동학사, 1999.

최연식·이승규. "용비어천가(龍飛御天歌)와 조선 건국의 정당화: 신화와 역사의 긴장."「동양정치사상사」 7/1 (2007).

최영성. "『정역(正易)』과 한국사상."「율곡학연구」 34 (2017).

_____.「崔致遠의 哲學思想 硏究: 三敎觀과 人間主體를 中心으로」. 성균관대학교 대학원 박사학위논문, 1999.

_____.『최치원의 사상연구』. 서울: 아세아문화사, 1990.

_____. "전기 풍류가사의 유형연구."「한국언어문학」 37 (1996).

최준식. "우리 스승 우습게 보지 말라." 부산예술문화대학 편,『해월 최시형과 동학사상』, 서울: 예문서원, 1999.

최치원.『(譯註) 崔致遠 全集』 1-2. 서울: 아세아문화사, 1999.

최희식. "단군신화와 용비어천가에서 나타난 통치자의 모습."「역사와 사회」 24 (1999).

편집실. "생명의 물줄기를 지키는 사람들."「신인간」 593 (2000.1).

표영삼. "해월신사 년표", 「신인간」 427 (1985. 3-4).

_____. "해월신사의 발자취 1-24." 「신인간」 359-410 (1978.6-1983.7·8).

馮友蘭/ 박성규 역. 『중국철학사 상』. 서울: 까치, 2002.

하정남. "천도교 여성운동의 새로운 전기." 「신인간」 595/2 (2000).

한국기독교사회문제연구원 편. 『정의, 평화 창조질서의 보전 세계대회 자료집』. 민중사, 1990.

한국문화재 보호협회 편. 『문화재 대관』 7권. 서울: 대학당, 1992.

한병삼. 『한국 미술 전집』 2권. 서울: 통화출판공사, 1975.

한승훈. "전근대 한국의 메시아니즘: 조선 후기 진인출현설(眞人出現說)의 형태들과 그 공간적 전략." 「종교문화」 27 (2014).

한용운. 『조선불교유신론』. 서울: 운주사, 1992.

한종인. 「국가의 절대 상징 표상으로서의 태극기」. 홍익대학교 대학원 석사학위논문, 1992.

한태동. "기독교의 역사." 종교교재편찬위원회편, 『성서와 기독교』. 연세대학교출판부, 1985.

_____. 『성서로 본 신학』. 서울: 연세대출판부, 2003.

한훈. 「태극도의 도상학적 세계관과 그 매체성」. 공주대 박사학위논문, 2013.

한흥섭, "「鸞郎碑序」의 風流道에 대한 하나의 해석." 「한국민족문화」 26 (2005.10), 183-207.

한흥섭. "풍류도의 어원." 「신라학연구」 8 (2004).

함허. 『儒釋質疑論』.

허승욱. "다산삼농과 3농혁신." 「한국농어민신문」 2012.8.27.

_____. 『3農혁신: 더 좋은 변화와 공생의 패러다임』. 서울: 따비, 2015.

허호익. "구원론의 통전적 이해." 「신학논단」 21 (1994).

_____. "단군신화에 대한 기독교 신학적 이해." 「한국기독교신학논총」 제20집 (2001).

_____. "떼이야르 드 샤르뎅의 그리스도의 우주성과 삼성론." 「한국기독교신학논총」 38 (2005).

_____. "죽재 서남동의 통전적 자연신학." 한국기독교학회 편, 『창조보전과 한국신학』. 대한기독교서회, 1993.

_____. "천지인 신학의 성서적 신학적 근거 모색: 한국신학은 한국적이고 신학적인가?" 「문화와 신학」 3 (2008).

_____. "최치원의 「난랑비서」 해석의 여러 쟁점." 한국조직신학논총 31 (2011).

_____. "하나님의 형상론 연구-하나님의 형상의 삼중적 삼중관계와 천지인의 조화." 「한

국기독교신학논총」 제24집 (2002).

_____. "한국신학사 방법론 서설."「한국교회사학회지」 제2집 (1985.9).

_____. "한국신학의 해석학적 원리로서의 천지인의 조화와 삼태극."『구약세계와 신학』, 박준서교수헌정논문집 편찬위원회편, 2001.

_____. "해월 최시형의 삼경론과 천지인 신학."「한국기독교신학논총」 27 (2003).

_____. "해월 최시형의 삼경론의 삼태극적 구조와 천지인 신관."「한국기독교신학논총」 28/1 (2003).

_____. "훈민정음의 천지인 조화의 원리와 천지인신학 가능성 모색."「신학과 문화」 13 (2004).

_____. "『격암유록』의 위조와 기독교 이단들의 종교혼합주의."「장신논단」 36 (2009).

_____.『그리스도의 삼직무론』. 서울: 한국장로교출판사, 1999.

_____.『단군신화와 기독교 - 단군신화의 문화전승사적 해석과 천지인신학 서설』. 서울: 대한기독교서회, 2003.

_____.『성서의 앞선 생각』. 서울: 한국장로교출판사, 1998.

_____.『현대조직신학의 이해』. 서울: 대한기독교서회, 2003.

_____. "한중일 신관 비교를 통해 본 환인 하느님 신관과 한국기독교."「단군학연구」 13 (2005.12).

허흥구. "삼족오의 동북아시아 기원과 사상의 계승."『三足烏』. 서울: 학연문화사, 2007.

_____ · 이형구 · 손환일 · 김주미.『삼족오』. 서울: 학연문화사, 2007.

홍장화. "해월신사의 십무천(十毋天)." 한국종교인평화회의 편,『종교와 환경』. 서울: 한국종교인평화회의, 1993.

홍진영. "동학가사「몽중노소문답가」의 예언적 성격 -『정감록』과의 비교를 중심으로"「동학학보」 38 (2016).

황선명. "후천개벽과 정감록."「한국종교」 제23집 (1998).

_____.『조선조 종교사회사 연구』. 서울: 일지사, 1985.

황승봉. "해월신사의 법설로서."「신인간」 49/7 (1930.7.)

황패강. "韓國神話와 天神."「단군어문논집」 2 (1998).

Barth, K. *Church Dogmatics,* IV-1. Edinburgh: T. &T. Clark, 1954.

Boman, T/ 허혁 역.『히브리적 思惟와 그리스적 思惟의 比較』. 서울: 분도, 1975.

Bonhöffer, D./문희석 역.『창조 타락 유혹』. 서울: 대한기독교서회, 1981.

Bultmann, R./ 허혁 역.『신약성서신학』. 서울: 대한기독교서회, 1954.

Buri, F. "생태학적 신학의 시도."「기독교사상」 1974.4.

Calvin, J. *Institutes of the Christian Religion*, Vol.2, I.iv.1. tr. F. L. Battles. Philadelpia: Westminster.

Chardin, F. Teilhard De/ 이병호 역.『그리스도』. 왜관: 분도출판사, 2003.

_____/ 이병호 역.『물질의 심장』. 왜관: 분도출판사, 2003.

Cheng, Chung-ying. "The Trinity of Cosmology, Ecology, and Ethics in the Confucian Personhood." *Confucianism and Ecology: The Interpretaion of Heaven, Earth, and Human*, ed. Mary Everlyn Tucker and Jhon Berthrong. Harvard University Press, 1998.

Chomsky, N.『언어에 관한 지식』. 서울: 민음사, 1990.

Clark, Charles Allen. *Religion in the Old Korea*. New York: Fleming Revell. Co., 1932.

Cobb, J./ 김상일 역.『존재구조의 비교연구 - 과정 신학의 기독교 이해』. 전망사, 1980.

Crossan, J. D./ 김준우 역.『역사적 예수』. 한국기독교연구소, 2000.

Dallet, Claude Charles/ 안응렬·최석우 역.『한국천주교회사』 상. 서울: 한국교회사연구소, 1979.

Dannemann, U./ 이신건 역.『칼 바르트의 정치신학』. 서울: 한국신학연구소, 1991.

Fox, M./ 송형만 역.『우주 그리스도의 도래』. 왜관: 분도, 2002.

Frazer, J. G. *The Worship of Nature*, vol. I, New York, 1926.

Gale, J. S./ 신복룡 역.『전환기의 조선』. 서울: 집문당, 1999.

Gale, James, S. "Korea's Preparation for the Bible." *Korea Mission Field*, 1912/3.

Gifford, D. L. "Ancestral Worship as practised in Korea." *Korean Repository* I (1892).

Golan, Ariel/ 정석배 역.『선사시대가 남긴 세계의 모든 문양』. 서울: 푸른역사, 2004.

Gottwald, N. K. *The Tribes of Yahweh*. New York: Orbis, 1979.

Gutierrez, G. *A Theology of Liberation*, tr. S. C. Inda & J. Fagleson. New York: Orbis, 1990.

Heidegger, M., *Aus der Erfahrung des Denkens*, Nesks, 2. Aufl., 1965.

Helmut, W. "Heaven, Earth, and Man in the Book of Change." *Seven Eranos Lectures*, Publications on Asia of the School of International Studies, 28 (1977).

Hirschberger, J.『서양철학사 상권』. 서울: 이문문화사, 1987.

Hoyt, James. *Songs of the Dragons Flying to Heaven: Korean Epic*. Seoul: Korean National Commission for Unesco, 1971.

Hulbert, Homer. B./ 신복룡 역.『대한제국멸망사』. 서울: 집문당, 1999.

Jonses, George H. "The Native Religion." *Korea Mission Field*, 4 (1908).

Jonses, George H. "The Spirit Worship of Koreans." *Transcaction of the Korea Branch of the Royal Asiatic Society*, 2 (1901).

Kapra, K./ 이성범 역.『현대문리학과 동양사상』. 서울: 범양사, 1982.

Ke, Yuan/ 전인초 · 김선자 역. 『중국신화전설』 1. 서울: 민음사, 2002.

Ledyard, G. K. *The Korean Language Reform of 1446; The Orgin, Background, and History of the Korean Alphabet*, 1980.

Lee, Peter H./ 김성언 역. 『용비어천가의 비평적 해석』. 서울: 태학사, 1998.

Lee, Sang-Paik. *A History of Korean alphabet and movable types,* Ministry of Culture and Information, Republic of Korea, 1970.

Loomis, H. *Letter to Dr. Gilman*, May 30, 1883.

Moltmann, J./ 김균진 · 김명용 역. 『예수 그리스도의 길』. 서울: 대한기독교서회, 1991.

Moore, Charles A. *Plilosophy, East and West*. Princeton University Press, 1946.

Noss, J. B./윤이흠 역. 『세계종교사 하』. 서울: 현음사, 1986.

Ohm, John, "Die Himmelsverehrung der Koreaner", Antheopos, XXXV-XXXVI, 1940-1941.

Paik, L. G. *The History of the Korean Missions in Korea, 1832-1910*. Union Christian College, 1929.

Palmer, S. J. *Korea and Christianity: the problem of identification with tradition*. Seoul: Hollym Corporation, 1967.

Panikkar, R./ 김진 편, "우주신인론적 직관." 『종교 간의 대화』. 서울: 한들, 1970.

Panikkar, R. *The Cosmotheandric experience: Emerging Religious Consciousness*. New York: Orbis, 1993.

Ross, John. "The Christian Dawn of Missions." *The Missionary Review of the World III*. 4 (1890/4).

_____. *History of Corea, Ancient and Modern*. London, Elliot Stock, 1981.

Saussure F. de/ 최승언 역. 『일반 언어학 강의』. 서울: 민음사, 1990.

Shin, Sang-Soon. *Understanding Hunmin-jongum*. Hanshin Publishing Company, 1990.

Sittler, J. "생태학의 신학." 「기독교사상」 1970.10.

Sovik, E./박근원 역. 『오늘의 구원』. 대한기독교출판사, 1984.

Störig, H. J./ 임석진 역. 『서양철학사』. 왜관: 분도출판사, 1989.

Underwood, L. G./ 이만열 역. 『언더우드, 한국에 온 첫 선교사』. 서울: 기독교문사, 1999.

Whitehead, A. N. *Process and Reality: An Essay in Cosmology*. Cambridge University Press; Corrected edition, New York: The Free Press, 1978.

찾아보기